# 管理会计实务
# 应用案例详解

朱皑绿　邓轶群　编著

人民邮电出版社
北京

**图书在版编目（CIP）数据**

管理会计实务应用案例详解 / 朱皑绿，邓轶群编著
. -- 北京 ：人民邮电出版社，2021.11
ISBN 978-7-115-57424-4

Ⅰ. ①管… Ⅱ. ①朱… ②邓… Ⅲ. ①管理会计—案
例 Ⅳ. ①F234.3

中国版本图书馆CIP数据核字(2021)第192499号

## 内 容 提 要

  全球化、信息化与持续的技术创新推动企业组织及其管理发生了巨大变化，并对企业管理会计提出了新的要求和挑战。为满足广大企业会计人员的工作需要，我们编写了本书。本书共 10 章，分别是管理会计基本指引、战略管理、预算管理、成本管理、营运管理、投融资管理、绩效管理、风险管理、企业管理会计报告和科技与分析，对企业管理会计的具体理论内容与操作进行了详细的讲解。

  本书在管理会计常规内容的基础上，吸收了管理会计理论和实践发展的新成果，从而能够更好地帮助读者了解新的管理会计内容。本书通过对系统的理论知识和具体案例的讲解，帮助读者快速掌握相关知识与实务操作，快速提高业务能力。本书内容涵盖了管理会计日常工作的关键点，既可作为从事会计工作新人的入门指导书，也可作为会计从业人员的案头工具书。

◆ 编　　著　朱皑绿　邓轶群
  责任编辑　李士振
  责任印制　彭志环

◆ 人民邮电出版社出版发行　　北京市丰台区成寿寺路 11 号
  邮编　100164　电子邮件　315@ptpress.com.cn
  网址　https://www.ptpress.com.cn
  大厂回族自治县聚鑫印刷有限责任公司印刷

◆ 开本：700×1000　1/16
  印张：24　　　　　　　　　　2021 年 11 月第 1 版
  字数：458 千字　　　　　　　2021 年 11 月河北第 1 次印刷

定价：99.00 元
读者服务热线：**(010)81055296**　印装质量热线：**(010)81055316**
反盗版热线：**(010)81055315**
广告经营许可证：京东市监广登字 20170147 号

# 前言
## PREFACE

### 一、本书的写作目的

管理会计是现代会计的两大分支之一，在企业中发挥着越来越重要的作用。特别是21世纪以后，面对复杂多变的全球化经济环境，管理会计在保证企业生存发展、推动企业管理转型升级、打造企业核心竞争力和创造企业价值等方面将大有作为。科学技术（特别是信息技术）的快速发展，也给企业会计工作带来了巨大挑战，客观上要求会计工作的重点由日常核算向管理活动转变，这是一种必然的发展趋势。

为帮助读者掌握管理会计的基本理论、基本方法和理论的实践应用，培养为企业做好预测、决策、控制和考核的能力，融合各会计科目的具体应用规则，从而更深刻、更系统、更直接地理解企业管理会计的工作内容，并在实际工作中正确而有效地贯彻实施，我们特编写本书。

### 二、本书的主要内容

本书是综合各类文件、解读重点难点的专业图书，是广大会计人员学习管理会计的指导书。本书既能帮助会计实务工作者解决日常工作难题，也能为会计理论工作者和会计专业学生提供体系参考。

本书简明扼要地对企业管理会计内容进行了全面且清晰的解读，系统介绍了管理会计的基础知识、基本要求和实务操作要点。最为重要的是，本书采用案例与图表等形式，对管理会计的逻辑脉络、操作流程进行了形象直观的描述，使读者清楚了解每一个具体知识点的基本内容与逻辑框架。

### 三、本书的主要特点

#### 特点1：讲解深入，覆盖全面

本书结合具体案例对企业管理会计的具体理论内容与操作进行了详细的讲解，为会计专业学生和各个行业的财务人员提供了内容翔实、全面完善的专业参考资料。

#### 特点2：与时俱进，重点突出

随着社会经济的发展和会计业务的延伸，管理会计信息也在不断地更新，这就需要我们不断地了解新事物，学习新规定，掌握新方法。本书在对管理会计准则进行描述、解释时，以财政部文件为核心，以简明扼要、准确的语言，对管理会计的基本内容进行阐述，避免叙述冗长、知识点不明确等问题，便于读者更好地抓住学习要点。

**特点 3：案例翔实，生动丰富**

本书在准确解读管理会计的同时，还在相应的理论知识后引入丰富、切合实际的关键案例，让初学者从实务角度更好地理解和学习管理会计的内在联系和操作方法，深刻领悟准则在具体实践中的应用；同时，本书有效地解释了管理会计应用指引中的重难点。

**特点 4：图文并茂，通俗易懂**

本书结构清晰，通俗易懂，图文并茂。本书对管理会计的数据处理配有相关的图表，以便能更形象地展现业务处理的逻辑。

本书以大量简明、易懂、形象的图表为载体，提炼准则的重点与难点。本书用结构图表示对业务实质判断的过程，用流程图描绘管理预算操作的流程，用表格列示管理对象的主要特征及差异，具象直观，让人一目了然。

## 四、读者能获得什么

**1. 系统深入地掌握企业管理会计准则**

本书系统深入地讲解了企业管理会计的重要知识点，全面地展示了准则的要点和精髓，确保读者对特定问题有正确的理解与认识。

**2. 深刻理解和掌握企业管理会计准则的实务应用**

本书引入了关键案例，让初学者从实务角度更好地理解和学习管理会计内在联系和操作方法，同时更有效地解释了准则中的重难点。

**3. 轻松地掌握企业管理会计准则的逻辑脉络**

本书采用大量图表说明和实务举例，使读者一目了然，给读者营造一个高效便捷的阅读环境，使读者能轻松地掌握管理会计准则的逻辑脉络。

由于作者自身水平有限，书中难免有不当之处，文责自负，也恳请读者批评指正！

作者

2021 年 10 月

# 目录
## CONTENTS

# 第 1 章
# 管理会计基本指引

## 1.1 管理会计概述

管理会计（management accounting），又称"内部报告会计"，是旨在提高企业经济效益，并通过一系列专门方法，利用财务会计提供的资料及其他资料进行加工、整理和报告，使企业各级管理人员能据以对日常发生的各项经济活动进行规划与控制，并帮助决策者做出各种专门决策的一个会计分支。管理会计在企业的财务管理活动中正在起到越来越重要的作用。在管理会计的核心理念中，价值的创造与维护是最为重要的两点。基于此，管理会计是企业的战略、业务、财务一体化最有效的工具。

### 1.1.1 管理会计的目标

管理会计是为强化企业内部经营管理、提高经济效益服务的。管理会计运用一系列专门的方法，收集、分析和报告各种经济信息，借以进行预测和决策，制定计划，对经营业务进行控制，并对业绩进行评价，以保证企业改善经营管理，提高经济效益。

管理会计的目标是运用管理会计工具方法，参与企业规划、决策、控制、评价活动并为之提供有用信息，推动企业实现战略规划。管理会计的直接目标是为企业内部管理者提供有用的决策信息，根本目标是帮助企业管理层提升企业价值，实现企业战略目标。

### 1.1.2 管理会计的原则

（一）战略导向原则

基于战略管理时代特征，企业应以战略为导向，持续创造价值。管理会计主要侧重于为企业内部的战略制定、经营决策与管理控制服务。因此，管理会计的应用应该以战略规划为导向，以持续创造价值为核心，促进企业可持续发展。

（二）融合性原则

企业是一个不断运转的主体。在企业的经营过程中，业务催生财务，财务推动业务，业务与财务相互依存，业务与财务相互融合，即"业财融合"。管理会计的本质就是"业财融合"。可以说，"业财融合"是管理会计永恒的主题。管理会计处处体现"跨界合作"的"业财融合"。因此，管理会计应该嵌入企业的相关领域、层次、环节，以业务流程为基础，利用管理会计工具方法，将财务和业务有机融合。唯有如此，才能感悟管理会计信息中的特性，更好地发挥管理会计的作用。

（三）适应性原则

企业所处的行业不同、规模不同、发展阶段不同，管理会计的具体应用也不同，企业需要根据自身情况应用管理会计。因此，管理会计的应用应与企业应用环境和自身特征相适应。企业自身特征包括企业性质、规模、发展阶段、管理模式、治理水平等。

（四）成本效益原则

企业应用管理会计可能产生预期效益，但也会产生实施成本。实施成本与预期效益应该相匹配。企业不能漠视或不顾管理会计的实施成本或预期效益而强行应用管理会计。因此，管理会计的应用应该权衡实施成本和预期效益，企业应合理、有效地推进管理会计的应用。

## 1.1.3　管理会计应用环境

企业应用管理会计，应充分了解和分析应用环境。管理会计应用环境，是企业应用管理会计的基础，包括内部环境和外部环境。

（一）内部环境

内部环境主要包括与管理会计建设和实施相关的价值创造模式、组织架构、管理模式、资源保障、信息系统等因素。

（1）企业应准确分析和把握价值创造模式，推动财务与业务的有机融合。

（2）企业应根据组织架构特点，建立健全能够满足管理会计活动所需的由财务、业务等相关人员组成的管理会计组织体系。有条件的企业可以设置管理会计机构，组织开展管理会计工作。组织管理是内部管理活动的起点，组织管理混乱会波及企业文化，不利于各部门协调工作。

（3）企业应根据管理模式确定责任主体，明确各层级以及各层级内的部门、岗位之间的管理会计责任权限，制定管理会计实施方案，以落实管理会计责任。

（4）企业应从人力、物力、财力等方面做好资源保障工作，加强资源整合，提高资源利用效率和效果，确保管理会计工作顺利开展。企业应注重管理会计理念、知识培训，加强管理会计人才培养。

（5）企业应将管理会计信息化需求纳入信息系统规划，通过信息系统整合、改造或新建等途径，及时、高效地提供和管理相关的信息，推进管理会计实施。

（二）外部环境

外部环境主要包括国内外经济、市场、法律、行业等因素。外部环境又分为宏观外部环境和行业环境。宏观外部环境通常指政治和法律、经济、社会和文化以及技术四大因素。行业环境通常包括供应商议价能力、购买者议价能力、潜在进入者的威胁、替代品的威胁、同行业竞争者的力量五大因素。

# 1.2　管理会计活动

## 1.2.1　管理会计活动的含义

管理会计活动是企业利用管理会计信息，运用管理会计工具方法，在规划、决策、控制、评价等方面服务于企业管理需要的相关活动。管理会计活动经常涉及预测、决策、控制、评价等管理活动，它是建立在优良信息的基础上，凭借先进的定量分析方法，生成有关财务与非财务信息，支持和引导企业实现高效的战略管理过程。因此，管理会计活动的使命就是提供有价值的管理信息，以供决策层顺利开展战略管理。

管理会计活动是综合性活动，它与财务会计活动不同。财务会计活动只涉及确认、计量、记录和报告，通常不涉及业务活动；而管理会计活动融合财务和业务等活动，包括利用财务信息与非财务信息进行预测、决策、控制、评价等。因此，管理会计活动是在财务会计活动基础上展开的，前者的活动范围更广。由此可见，管理会计活动贯穿整个管理过程。

## 1.2.2　管理会计活动的范围

企业应用管理会计，应做好相关信息支持，参与战略规划拟定，从支持其定位、目标设定、实施方案选择等方面，为企业合理制定战略规划提供支撑。

企业应用管理会计，应融合财务和业务等活动，及时、充分地提供和利用相关信息，支持企业各层级根据战略规划做出决策。

企业应用管理会计，应设定定量、定性标准，强化分析、沟通、协调、反馈等控制机制，支持和引导企业持续高质、高效地实施企业战略规划。

企业应用管理会计，应合理设计评价体系，基于管理会计信息等，评价战略规划实施情况，并以此为基础进行考核，完善激励机制；同时，对管理会计活动进行评估和完善，以持续改进对管理会计的应用。

# 1.3 管理会计工具方法

## 1.3.1 管理会计工具方法的含义

管理会计与管理密不可分。认识管理会计工具方法，首先需要从管理工具入手。"管理工具"是企业运营管理方法与体系的统称，包括各种规章制度、目标管理、绩效考核、员工职业发展规划、质量管理标准体系等。管理工具对实现组织运营的稳定性、规范性和高效性有重要作用。高效的会计和财务信息系统及相关制度的应用有助于管理效果和效率的提升。因此，管理工具中依赖会计和财务信息、制度、方法等的模块可以归属于管理会计工具方法。同时，管理会计工具方法也是管理会计理论在实践中得到应用的具体体现。

管理会计工具方法是实现管理会计目标的具体手段。管理会计工具方法是企业应用管理会计时所采用的战略地图、滚动预算管理、作业成本管理、本量利分析、平衡计分卡等模型、技术、流程的统称。管理会计工具方法具有开放性，随着实践的发展不断丰富和完善。

## 1.3.2 管理会计工具方法的应用领域

管理会计工具方法主要应用于以下领域：战略管理、预算管理、成本管理、营运管理、投融资管理、绩效管理、风险管理等。

（1）战略管理领域应用的管理会计工具方法包括但不限于战略地图、价值链分析法等。

（2）预算管理领域应用的管理会计工具方法包括但不限于全面预算管理、滚动预算管理、作业预算管理、零基预算管理、弹性预算管理等。

（3）成本管理领域应用的管理会计工具方法包括但不限于目标成本管理、标准成本管理、变动成本管理、作业成本管理、生命周期成本管理等。

（4）营运管理领域应用的管理会计工具方法包括但不限于本量利分析、敏感性分析、边际分析、标杆管理等。

（5）投融资管理领域应用的管理会计工具方法包括但不限于贴现现金流法、项目管理、情景分析法等。

（6）绩效管理领域应用的管理会计工具方法包括但不限于关键绩效指标法、经济增加值法、平衡计分卡等。

（7）风险管理领域应用的管理会计工具方法包括但不限于风险矩阵、风险清单等。

企业应用管理会计，应结合自身实际情况，根据管理特点和实践需要选择适用的管理会计工具方法，并加强管理会计工具方法的系统化、集成化应用。每种工具方法适用于不同的管理活动，企业应根据实际情况选择适合自身的工具方法。如果企业追寻规模经济效益，应重视成本管理活动，优选成本管理方法；如果企业规模较小，且投资风险较高，则应重视预算管理和投融资管理，谨慎选择预算管理方法和进行资本成本分析等。

# 1.4　管理会计信息与报告

## 1.4.1　管理会计信息的含义

管理会计信息包括管理会计应用过程中所使用和生成的财务信息和非财务信息。企业应充分利用内外部各种渠道，通过采集、转换等多种方式，获得相关、可靠的管理会计基础信息。

企业应有效地利用现代信息技术，对管理会计基础信息进行加工、整理、分析和传递，以满足管理会计应用需要。管理会计若仅停留在传统活动层面则无法使企业获得竞争优势，与现代信息处理系统有机结合将使管理会计如虎添翼。

企业生成的管理会计信息应具有相关性、可靠性、及时性和可理解性等特征。

## 1.4.2　管理会计报告的含义

为实现管理会计目标，企业应借助管理会计报告反映相关管理会计信息，以满足管理决策的需要。管理会计报告是管理会计活动成果的重要表现形式，旨在为报告使用者提供满足管理需要的信息。管理会计报告按期间可以分为定期报告和不定期报告，按内容可以分为综合性报告和专项报告等。企业可以根据管理需要和管理会计活动性质设定报告期间。一般应以公历年作为报告期间，也可以根据特定需要设定报告期间。

　　管理会计报告与财务会计报告的相同点在于两者均以财务信息为起点，服务于信息使用者。两者的不同点如下。

　　第一，信息性质不同。财务会计报告主要提供与财务相关的信息，而管理会计报告将财务信息与非财务信息提升到一个重要程度来看待，提供的信息更全面。

　　第二，信息使用对象不同。财务会计报告只对企业外部信息使用者负责，满足投资者、债权人、监管人对企业财务状况、经营成果和现金流量了解的需求；而管理会计报告主要对内部管理层负责，提供有价值的管理信息，帮助管理层实现战略规划、改善管理效率和效果。按照组织的层级划分，管理会计报告的使用主体可以分为战略层管理者、管理层管理者和操作层管理者。由于企业中存在着不同层级的管理者，他们拥有不同的管理和决策权限，因而所需的信息也不同。管理会计报告应当为不同的决策信息需求主体提供相关的管理会计信息。管理会计报告要为各个层级的管理者服务，要结合各个层级的管理层的需求提供信息，而不仅仅是服务于企业的决策层。

　　第三，报告规范程度不同。企业可以根据管理需要和管理会计活动性质设定报告期间，而财务会计报告有严格的规定，报告期间一般为一年，且报告内容是法定的，不得任意修改。因此，管理会计报告更为灵活多样。

# 第 2 章
# 战 略 管 理

## 2.1　战略管理概述

### 2.1.1　战略及战略管理的含义

战略是企业从全局出发做出的长远谋划。

战略管理是指企业确定其使命，根据企业外部环境和内部条件设定企业的战略目标，为保证目标的正确落实和实现进行谋划，并依靠企业内部能力将这种谋划和决策付诸实施，以及在实施过程中进行控制的一个动态管理过程。

### 2.1.2　战略的层次

企业是一个有机整体，协同是企业组织设计的重要目标。企业通常由不同经营单位组成，这些不同的经营单位都有各自的战略。企业的战略通常分为整体战略（即选择可竞争的经营领域的总体战略）、经营单位战略（即某个经营领域具体竞争策略的业务单位战略，也称为竞争战略）和职能战略（即涉及各职能部门的战略）。经营单位战略、职能战略必须服从整体战略。

### 2.1.3　战略管理的基本原则

（一）目标可行原则

战略目标的设定，应具有一定的前瞻性和适当的挑战性，使战略目标通过一定的努力可以实现，并能够使长期目标与短期目标有效衔接。

7

（二）资源匹配原则

企业应根据各业务部门与战略目标的匹配程度进行资源配置。

（三）责任落实原则

企业应将战略目标落实到具体的责任中心和责任人，构成不同层级彼此相连的战略目标责任圈。

（四）协同管理原则

企业应以实现战略目标为核心，考虑不同责任中心业务目标之间的有效协同，加强各部门之间的协同管理，有效提高资源使用的效率和效果。

## 2.1.4　战略管理流程

战略管理流程是确定企业的使命与愿景、战略分析、战略选择与评价、战略实施与控制、战略调整五个环节相互联系、循环反复、不断完善的一个动态管理过程。这个过程建立在充分拥有相关信息的基础上，需要严格按照基本程序，实施必要环节，以确保企业战略管理体系的完整性。企业应用战略管理工具方法，一般按照确定企业的使命与愿景、战略分析、战略选择与评价、战略实施与控制、战略调整等程序进行。战略管理流程如图 2 - 1 所示。

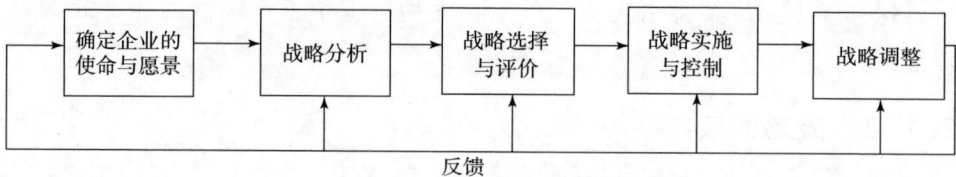

**图 2 - 1　战略管理流程**

（一）确定企业的使命与愿景

企业在制定战略时，首先要界定其所承担的使命、构造企业的愿景，从而为企业战略的制定提供基础性的依据。企业使命与愿景共同表达了企业的根本特征以及所从事的领域，并指明了企业的发展方向。

1. 企业使命

企业使命就是阐明企业的根本性质与存在的目的或理由，说明企业的经营领域、经营思想，为企业目标的确立与战略的制定提供依据。

简单地理解，企业使命应该具有以下含义。

（1）企业的使命实际上就是企业存在的原因或者理由，也就是说，是企业生存的目的定位。这种原因或者理由可能是"提供某种产品或者服务"，也可能是"满足某种需要"或者"承担某种责任"。如果一个企业找不到自己存在的合理理由或者原因，或者找到的理由或原因都不能说服自己，则说明这个企业"已经没有存在的必要了"。

（2）企业使命是企业生存经营的哲学定位，也就是经营观念。企业确定的使命为企业确立了经营的基本指导思想、原则、方向和经营哲学等，它不是企业具体的战略目标，或者是抽象的存在，不一定表述为文字，但影响经营者的决策和思维。这中间包含了企业经营的哲学定位、价值观以及企业的形象定位：我们经营的指导思想是什么，我们如何认识我们的事业，我们如何看待和评价市场、顾客、员工、伙伴和竞争对手等。

（3）企业使命是企业生产经营的形象定位。它反映了企业试图为自己树立的形象，诸如"我们是一个愿意承担责任的企业""我们是一个健康成长的企业""我们是一个在技术上卓有成就的企业"等。

2. 企业愿景

企业愿景，是指组织成员普遍接受和认同的组织的长远目标。企业愿景具有强大的驱动力，共同的愿望将组织成员紧紧团结起来，拥有企业愿景的企业可以有效协调各经营单位之间的关系。

一般而言，企业愿景都是具有前瞻性的计划或开创性的目标，并作为企业发展的方针。在西方的管理论著中，许多杰出的企业大多具有一个特点：强调企业愿景的重要性。因为唯有借助愿景，企业才能有效地培育与鼓舞组织内部所有人，激发每个员工的个人潜能，激励员工竭尽所能，增加组织生产力，从而达到让顾客满意的目标。

（二）战略分析

战略分析，是指对企业的战略环境进行分析、评价，并预测这些环境未来发展的趋势，以及这些趋势可能对企业造成的影响及影响方向。战略分析包括外部环境分析和内部环境或条件分析两部分。

战略分析的目的包括：

（1）在全面和系统的战略分析的基础上得到企业的科学竞争战略；

（2）有明确的发展方向，有清晰的业务发展阶梯；

（3）企业战略在组织内得到充分沟通并达成共识；

（4）企业发展方向一致，企业上下齐心协力达成战略目标；

（5）让员工认同并支持企业的战略和目标，加强员工责任感；

（6）建立战略决策机制，决策具有科学性和前瞻性；

（7）不但重视短期绩效，更重视长期发展；

（8）使企业的整体业绩和核心竞争力不断提升。

战略分析工具是企业战略咨询及管理咨询实务中经常使用的一些分析方法，常用的方法包括 PEST 分析法、波特五力分析法、态势分析法、产业生命周期模型和波士顿矩阵分析法等。

（三）战略选择与评价

一个企业可能会面临达到战略目标的多种战略方案的选择，这就需要对每种方案进行鉴别和评价，以选出适合企业自身实际情况的战略方案。

战略评价是指检测战略实施进展，评价战略执行业绩，不断修正战略决策，以期达到预期目标。战略评价包括三项基本活动：考察企业战略的内在基础；将预期结果与实际结果进行比较；采取纠正措施以保证行动与计划的一致。

一般而言，战略评价的内容包括：

（1）战略是否与企业的内外部环境相一致；

（2）从利用资源的角度分析战略是否恰当；

（3）战略涉及的风险程度是否可以接受；

（4）战略实施的时间和进度是否恰当；

（5）战略是否可行。

（四）战略实施与控制

战略实施，即战略执行，是为实现企业战略目标而对战略规划的实施与执行。企业在明晰自己的战略目标后，就应专注于将其落实转化为实际的行为并确保实现。一般来说，可从三个方面来推进一个战略的实施。

（1）制定职能战略，如生产战略、研究与开发战略、市场营销战略和财务战略等。这些职能战略要能够体现出战略推出步骤、采取的措施、项目以及大体的时间安排等。

（2）构建企业的组织框架，以使构造出的机构能够适应所采取的战略，为战略实施提供有利的环境。

（3）领导者的素质及能力与所执行的战略要相匹配，即挑选合适的企业高层管理者来贯彻既定的战略方案。

战略实施是一个自上而下的动态管理过程。所谓"自上而下"主要是指战略目标在企业高层达成一致后，再向中下层传达，并在各项工作中得以分解和落实。所谓"动态"主要是指战略实施的过程中，常常需要在"分析—决策—执行—反馈—再分析—再决策—再执行"的不断循环中达成战略目标。

战略控制指在企业战略的实施过程中，检查企业为达到目标所进行的各项活动的进展情况，评价实施企业战略后的企业绩效，把它与既定的战略目标与绩效标准相比较，发现战略差距，分析产生偏差的原因，纠正偏差，使企业战略的实施更好地与企业当前所处的内外环境、企业目标协调一致，从而使企业战略得以实现。

对企业战略的实施进行控制的主要内容如下。

（1）设定绩效标准。根据企业战略目标，结合企业内部人力、物力、财力及信息等具体条件，确定企业绩效标准，并将绩效标准作为战略控制的参照系。

（2）绩效监控与偏差评估。通过一定的测量方式、手段、方法，监测企业的实际绩效，并将企业的实际绩效与标准绩效对比，进行偏差分析与评估。

（3）设计并采取纠正偏差的措施，以顺应变化的条件，保证企业战略的圆满实施。

（4）监控外部环境的关键因素。外部环境的关键因素是企业战略赖以存在的基础，这些外部环境的关键因素的变化意味着战略前提条件的变动，必须给予充分的注意。

（5）激励战略控制的执行主体，以调动其自控制与自评价的积极性，以保证企业战略实施切实有效。

（五）战略调整

战略调整就是企业根据其面临环境的发展变化和战略评价结果，及时调整其制定的战略，以保证战略有效指导企业经营管理活动。战略调整通常包括调整企业的愿景、长期发展方向、战略目标及其战略举措等。

# 案例　战略管理流程的应用案例

## 某公司的战略管理流程

图 2-2 所示为某公司的战略管理流程。

| 各子公司 | 各职能部门 | 投资规划部 | 运营部 | 集团公司经理办公室 | 集团公司总经理 |
|---|---|---|---|---|---|

**战略制定**

下发战略计划及通知 ← 副总经理 ← 提出战略规划制定要求

信息提供与业务分析 / 信息提供与业务分析 / 信息搜集与整理

汇总分析

审核

提出初步战略规划方案

讨论沟通 / 讨论沟通 / 提出初步战略规划方案 → 审核 —未通过→ 审核 —未通过→ 审核 —未通过

确定并发布战略规划方案 ← 通过

**战略执行与监控**

战略分解和实施 / 战略分解和实施 / 战略分解和实施

战略执行情况跟踪分析

是否需要调整 —否→

是 ↑ ← 审核 —未通过→ 审核 —未通过→ 审核 —未通过

提出战略调整方案 → 审核

确定战略调整方案 ← 通过

实施战略调整方案 / 实施战略调整方案 / 实施战略调整方案

评估

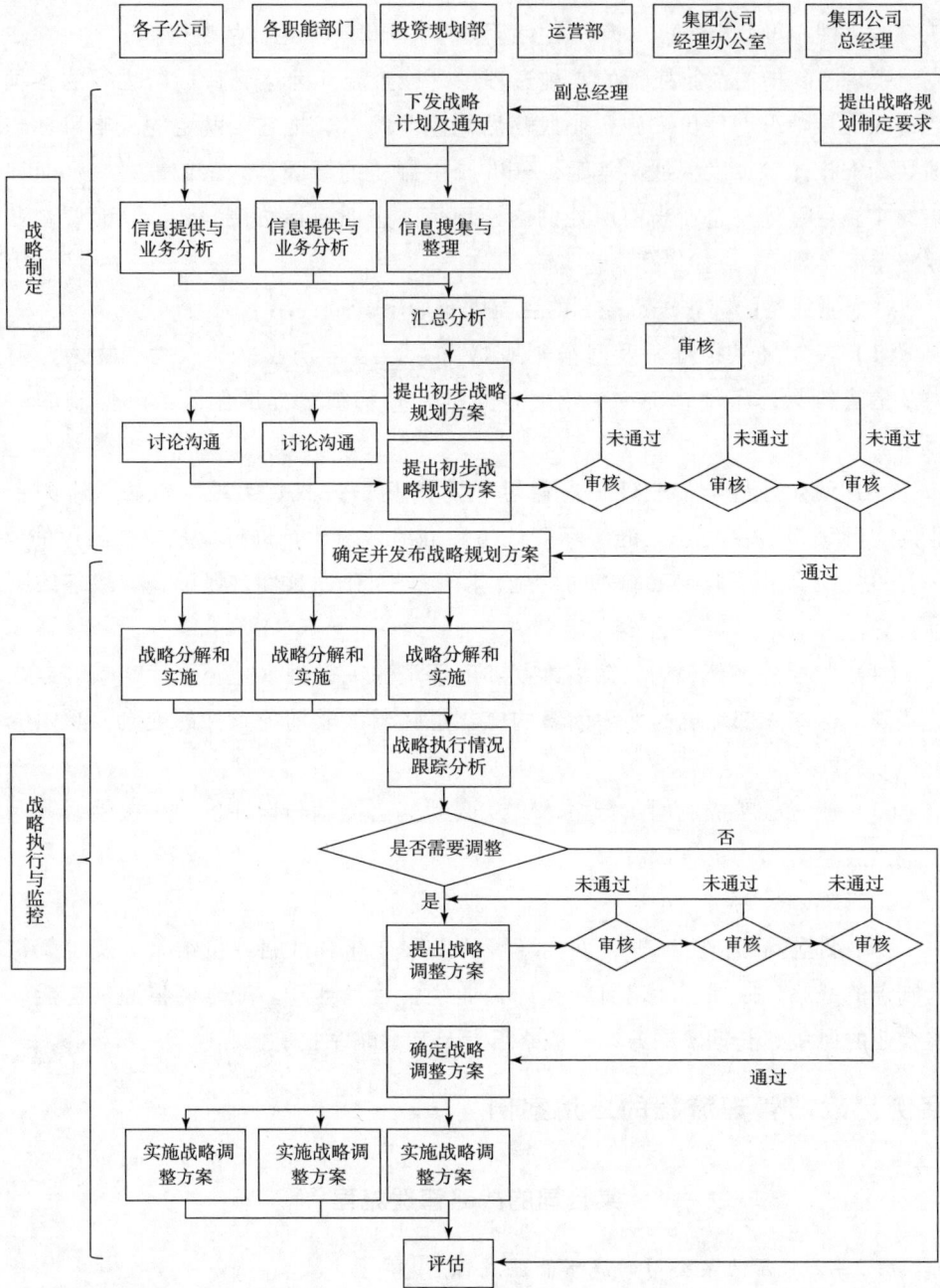

**图2-2 某公司的战略管理流程**

12

## 2.2　战略地图

### 2.2.1　战略地图的含义

战略地图，是指为描述企业各维度战略目标的因果关系而绘制的可视化的战略因果关系图。战略地图由财务、客户、内部业务流程、学习与成长四个维度的指标构成，通过描述指标间的因果关系，形象地表达了驱动企业绩效的关键目标以及它们之间的重要关系，为企业战略的贯彻执行指明了方向。

战略地图通常以财务、客户、内部业务流程、学习与成长四个维度为主要内容，通过分析各维度的相互关系进行绘制。企业可根据自身情况对各维度的名称、内容等进行修改和调整。

战略管理是企业管理的重要组成部分，企业的长期目标只有与企业战略保持一致，企业才能长远发展。战略地图作为一种战略描述工具，能够将企业战略与平衡计分卡四个维度目标间的相互关系清晰地表达出来，引导企业做正确的事，提高管理者与员工之间的沟通效率，确保战略能够在企业中更好地贯彻执行，促进企业长期发展。

战略地图不是将战略划分成孤立的不同维度指标，而是描述各指标之间的相互作用机制，它能使原本看似无关的指标联系在一起。战略地图作为战略描述工具，将四个维度指标联系在一起，形象地表现出各个指标之间的因果关系。

企业应用战略地图工具，一般应按照战略地图设计和战略地图实施等程序进行。

### 2.2.2　战略地图的设计

根据战略设计战略地图是企业应用战略地图的重要步骤。企业设计战略地图的程序通常包括设定战略目标、确定各个维度的战略主题（包括定位客户价值、确定内部业务流程优化主题、确定学习与成长主题）、进行各个维度战略主题的资源配置、绘制战略地图。

1. 设定战略目标

企业没有战略，就不可能有战略地图。因此设定战略目标是战略地图设计的首要环节。企业在设定战略目标时，应该遵循《管理会计应用指引第 100 号——战略管理》的有关要求。

2. 确定各个维度的战略主题

企业只有一个整体战略，但可以有多个战略主题。企业设定了战略目标，就已经将较为抽象的整体战略细化为战略主题。因此，企业应该根据已经设定的战略目标，深入分析现有客户（服务对象）、潜在的新客户和新产品（新服务），努力寻求业务改善和增长的合理路径，并提取"业财融合"发展的各个战略主题。

（1）财务维度。财务维度的战略主题通常可以划分为两个层次：第一层次一般包括生产率提升与营业收入增长，第二层次一般包括创造成本优势、提高资产利用率、增加客户机会和提高客户价值。

（2）客户维度。为了实现财务维度的战略目标，企业应该在深入分析现有客户的基础上，从产品（服务）质量、技术领先、售后服务和稳定标准等方面确定、调整客户的价值定位，从而确定客户维度的战略主题。客户维度的战略主题通常包括客户体验、双赢营销关系建立、品牌形象提升。

（3）内部业务流程维度。企业应该根据业务提升路径和服务定位，梳理业务流程及其关键增值（提升服务形象）活动，分析企业的关键成功要素和风险因素，从企业内部的管理流程、创新流程、客户管理流程、遵循法规流程等方面确定内部业务流程的战略主题，并根据各个战略主题分别制定相应的战略方案。

（4）学习与成长维度。企业应该根据业务提升路径和服务定位，深入分析各种无形资源（如创新和人力资本）在价值创造过程中的独特作用，识别学习与成长维度的关键要素，从而确定学习与成长维度的战略主题。学习与成长维度的战略主题通常包括激励制度创新、信息系统创新和智力资本利用创新。学习与成长维度的战略主题可以为财务维度、客户维度、内部业务流程维度的战略主题及其关键绩效指标提供强有力的支撑。

3. 进行各个维度战略主题的资源配置

任何伟大战略的实施都需要各种资源的支持。企业明确了各个维度的战略主题之后，就应该根据各个维度的战略主题，系统地分析其各种资源（包括有形资源和无形资源）的战略匹配度，进行各个维度战略主题的资源配置，做好资源的保障工作。企业在做好各个维度战略主题的资源配置工作时，还要关注企业的其他资源（如人力资源、信息资源、组织资源）在资源配置过程中的定位和价值创造过程中的作用，充分发挥各种资源的效用。

4. 绘制战略地图

企业可以借助平衡计分卡的四个维度（财务维度、客户维度、内部业务流程维度、学习与成长维度）绘制战略地图，以图形方式展示企业的战略目标以及实现战略目标的关键路径。

战略地图的具体绘制程序如下。

（1）确立战略地图的总体主题。总体主题就是对企业整体战略目标的描述，总体主题必须清晰地表达企业的愿景和战略目标，并与财务维度的战略主题和关键绩效指标衔接。

（2）根据企业的具体管理情景或管理需求，分别确定四个维度的名称。然后，在相应的战略地图内画入已经确定的四个维度的战略主题，并用一个或多个关键绩效指标描述相应的战略主题。

（3）用路径线连接各个战略主题与关键绩效指标，形成战略主题与关键绩效指标相连的战略地图。

根据上述程序绘制的战略地图是一幅企业整体的战略地图。如果企业觉得有必要，还可以进一步绘制企业所属的各个责任中心的战略地图。由于战略地图的篇幅有限，企业所属的各责任中心战略主题、与关键绩效指标相对应的战略举措、资源配置等信息通常难以详尽地绘制到企业整体的战略地图。鉴于此，企业通常会以绘制对应关系表或单独绘制企业所属的各个责任中心的战略地图等方式来展现其战略因果关系。

## 2.2.3　战略地图的实施

战略地图设计只是战略地图应用的起点或手段，战略地图实施才是应用战略地图的终点或目的。显然，战略地图实施更为重要。

所谓战略地图实施，是指企业利用管理会计工具方法，确保企业实现既定战略目标的过程。战略地图实施的程序包括关键绩效指标的设计、关键绩效指标的分解与落实、关键绩效指标的再分解、编制战略执行报告、战略实施的持续改善与提升、战略实施的绩效评价与激励。

（一）关键绩效指标的设计

战略地图实施需要考核指标的引导。这样，企业在应用战略地图时，就应该设计一套可以使各个责任中心负责人（部门主管）明确自身责任与战略目标相联系的考核指标。这就是关键绩效指标的设计。

（二）关键绩效指标的分解与落实

设计关键绩效指标之后，企业应该分解关键绩效指标，落实责任并签订责任书。其具体的程序如下。

（1）将关键绩效指标分解为责任中心的关键绩效指标。企业应该从最高层开始，将关键绩效指标分解到各责任中心，再分解到责任团队。每个责任中心、责任团队或责任人都有对应的关键绩效指标，而且每个关键绩效指标都能找到对应的具体战略举措。为了便于实施战略管控并形成相应的报告，企业可以编制责任表，描述关键绩效指标的权、责、利与战略举措之间的对应关系。每个责任中心的负责人可以根据责任表，在自己的责任中心进一步分解和落实自己的关键绩效指标，层层建立战略实施责任制度。

（2）签订责任书。企业应该在分解明确各责任中心关键绩效指标的基础上，签订责任书，督促各个责任中心落实责任。这里的"责任书"通常由企业领导班子（或董事会）与执行层的各个责任中心签订。责任书应该明确规定一定时期内（通常为一个年度）要实现的关键绩效指标（任务）、相应的战略举措以及相应的奖惩机制。

（三）关键绩效指标的再分解

企业应该以责任书所签订的任务为基础，按责任中心的团队情况和具体人员，进一步分解关键绩效指标（任务）并制定相应的执行责任书。同时，为了确保实现关键绩效指标（任务），企业还需要以各个责任中心的责任书与职责分工为基础，确定相应的负责人与协调人，并根据已设定的战略目标的实现日期，确定相应的执行指引表，采取相应的有效战略举措。

（四）编制战略执行报告

战略实施之后，必定有相应的结果。企业应该在战略实施之后编制相应的战略执行报告，反映各个责任中心的战略执行情况，揭示可能存在的偏差并分析产生偏差的原因，提出具体管控措施。

根据企业的组织架构，每个层级的责任中心都应该向上一个层级责任中心提交战略执行报告，反映战略执行情况，并制定下一步战略实施举措。如此，战略执行报告通常可以分为以下三个层级：

（1）战略层（如董事会）报告，包括战略总体目标的完成情况和原因分析；

（2）经营层报告，包括责任人的战略执行方案所包含的相关指标的执行情况和原因分析；

（3）业务层报告，包括战略执行方案所包含的具体任务的完成情况和原因分析。

当然，企业应该根据各个层级的战略执行报告，深入地分析责任人的战略执行结果与既定目标是否存在偏差。如果存在偏差，还要具体分析产生偏差的原因并提出纠偏建议。这是评价责任人绩效的重要依据。

（五）战略实施的持续改善与提升

根据战略执行报告，企业应该在分析战略执行情况的基础上，本着持续改善的精神，不断提升企业的战略管控水平。

（1）与既定战略目标相比，发现偏差并予以改善。企业应该根据战略执行报告，将战略执行情况与战略目标相比较，揭示偏差，及时发现问题，并提出解决问题的具体措施和改善方案。值得注意的是，有些偏差未必就是企业战略执行过程中的问题。因此，企业在深入分析存在的偏差时，必须关注三点：第一，战略执行的偏差是否为临时性波动；第二，关键绩效指标的分解与执行是否有误；第三，是否因外部环境发生重大变化导致原定战略目标脱离实际情况。企业应该在具体分析这些问题的基础上找出产生偏差的根源并及时纠偏。

（2）如果根据战略执行报告，与既定战略目标相比，企业已经达成既定目标，说明企业具有提升的空间。这时，企业就应该考虑如何提升。例如，企业可以考虑适当增加执行难度，提高战略目标的水平，按持续改善的策略与方法进入一个新的战略循环。

（六）战略实施的绩效评价与激励

绩效评价与激励是一个问题的两个侧面。企业应该按照《管理会计应用指引第 100 号——战略管理》所描述的战略评价的相关要求，评价企业的战略实施情况（绩效评价），并按照《管理会计应用指引第 600 号——绩效管理》所描述的相关要求给予必要的激励，引导责任人自觉地、持续地积极工作，有效地利用企业的各种资源，提高企业的绩效，实现企业的战略目标。

## 2.2.4　战略地图的利弊

管理会计工具方法大多是利弊共存的。

（一）战略地图的优点

战略地图的主要优点是能够将企业的战略目标清晰化、可视化，并与体现战略的关键绩效指标和战略举措建立明确联系，为企业战略实施提供有力的可视化工具。

（二）战略地图的缺点

战略地图的主要缺点在于涉及面非常广，需要多个维度、多个责任中心的协调，实施成本较高，并且还需要与战略管控相融合才能真正实施战略。

战略地图的设计与实施堪称"业财融合"的典范，需要企业各个责任中心通力合作。企业在实施战略地图时务必充分评估战略地图的利弊。

# 案例 战略地图在制造业企业的应用

## 甲公司的战略地图

本案例介绍了战略地图工具方法在制造业企业的应用。甲公司是从事汽车变速器研发、生产和销售的制造业企业。针对战略管理中战略贯彻落实不力、对内外环境缺乏动态适应等问题，该公司采用战略地图工具方法，从财务、客户、内部业务流程、学习与成长四个维度进行战略支撑，绘制了公司级和部门级战略地图，使战略地图在战略管理中发挥牵头和导向的作用，以战略地图指导公司业务计划的分解和年度预算的实施，有利于实现全员参与、上下联动、及时反馈，确保了战略有效落地和动态适应，保障了公司各项经营管理工作向战略目标稳步推进。

一、背景描述

（一）公司基本情况

甲公司是从事汽车变速器研发、生产和销售的制造业企业，下设多个部门和分、子公司。甲公司自 20 世纪 80 年代初通过技贸合作从国外引进汽车变速器技术并开始进入汽车变速器领域，历经技术引进、消化吸收到联合开发再到自主开发的技术创新之路，以小型化、轻量化、清洁化、多档化、自动化作为产品未来发展方向。

（二）公司战略

甲公司愿景为"打造世界一流汽车传动系统企业"。甲公司当前战略目标为"8512"目标，即实现销售收入突破 80 亿元、利润总额突破 5 亿元、职工人均年收入达到 12 万元；力争实现"1615"目标，即力争销售收入突破 100 亿元、利润总额突破 6 亿元、职工人均年收入达到 15 万元。为实现战略目标，甲公司总体业务规划为坚定推进"133"战略体系。即达成"1 个目标"——洞悉市场，苦练内功，达成"8512"的战略目标。实现"3 大突破"——实施业务架构的清理整合、股权多元化，实现公司体制的突破；拓展经营视野，抢抓机遇，实现国际化经营的突破；加快结构调整、产品升级，实现有核心竞争力产品的突破。抓好"3 项创新"——抓好科技创新，深化产品技术改革，持续提升企业市场竞争力；抓好管理创新，深化"333"精益管理体系，全面提升企业发展内生动力；抓好文化创新，深化文化体系建设，不断增强公司领先文化影响力。

（三）存在的主要问题

**1. 战略贯彻落实不力，无法全面支撑公司快速发展**

甲公司分析内外部环境，制定了合理的战略规划，但战略落地缺少一系列工作支持，具体表现在：公司精益管理体系虽已基本成型，但研发、制造、物流、质量、采购等之间的逻辑性、贯通性还需进一步完善；与标杆企业比较，管理体系的"标准化、专业化、细致化、数字化"水平还有较大差距；从战略到年度关键绩效指标、重点工作等，现有的战略细化、落实能力不足，战略牵引能力还需要进一步加强。

战略落实不力，需要厘清战略各维度之间的内在逻辑关系，并用更加直观的描述向各部门和基层员工解释公司的战略，使战略转化为大家都能够理解的语言，将各类资源聚焦公司发展需要的重点领域中，使战略真正成为企业经营管理的"指挥棒"。

**2. 战略对内外部环境的动态适应能力不强**

甲公司所处行业市场环境、技术环境、政策环境正在面临重大、激烈变化，公司战略管理对外部环境的动态适应能力有所欠缺，无法及时做出相应调整。公司战略管理在对内外部环境进行分析的基础上，应能够针对可能发生重大变化的环境因素进行及时调整。

（四）选择战略地图工具方法的主要原因

战略地图能够将企业的战略目标清晰化、可视化，并与战略 KPI 和战略举措建立明确联系，为企业战略贯彻落实提供有力的可视化工具。同时，战略地图的实施要求在对战略执行情况进行分析的基础上持续改善，不断提升战略管控水平，有利于提升战略对内外部环境的动态适应能力。为有效解决战略管理中存在的问题，甲公司采用战略地图工具方法，使战略地图在战略管理中发挥牵头和导向的作用，以战略地图指导公司业务计划的分解和年度预算的实施，有利于实现全员参与，上下联动，及时反馈，确保战略有效落地和动态适应。

二、应用过程

（一）参与部门和人员

甲公司设有战略管理委员会，委员会向公司董事会负责，由技术副总担任主任，成员为公司其他领导，职责是全面指导公司战略管理活动，具体包括：对公司发展战略、中长期发展规划以及战略规划落地方案提出建议，并报董事会审批；对年度投资计划和重大投资项目、合资合作、资本运作、资产重组等重大战略举措提出建议，并报董事会审批；对公司战略地图、平衡计分卡等管理会计工具方法使用进行决策；对战略实施进行监督，对实施过程中的调整进行评估，提出建议，并报董事会审批；对实施的结果进行评估检查，并发布评估结果等。

战略管理委员会下设战略管理办公室，挂靠于综合部，主任由综合部部长担任，成员为综合部、技术中心、品质部、财务会计部、人力资源部、生产制造部、销售总公司、党群工作部等部门主要负责人，主要职责为：公司战略规划的组织编制与滚动调整更新；编制与更新战略地图和与之相匹配的平衡计分卡，并按时定期上报；组织公司进行战略实施评估；组织完成公司外部环境变化分析，并提出应对措施等。

公司级战略地图的编制和滚动更新由战略管理办公室完成基础工作、提出建议，由战略管理委员会负责方案研究及战略落地。

部门级战略地图的编制和滚动更新由各部门主要负责人牵头完成，在公司级战略地图的牵引下，根据部门自身工作性质和工作目标拟订部门战略，部门各班组（员工）在部门级战略地图的指导下拟订班组、个人 KPI 及 GS，并由上一级对其完成情况进行监控。

（二）具体应用流程

甲公司战略地图包含公司级战略地图和部门级战略地图两个层级，公司战略指引公司级战略地图，各部门按职责分解制定相应的部门级战略地图。

1. 公司级战略地图设计

甲公司通过对使命、愿景、发展战略、规划目标的分解设计战略地图，分别编制财务、客户、内部业务流程、学习与成长四个维度的主要工作，以财务为首要目标，通过客户支撑财务目标、内部业务流程支撑客户的达成、学习与成长支撑内部业务流程，四个维度汇总形成公司级战略地图，体现系统性、逻辑性及公司特色。甲公司公司级战略地图编制思路如图 2-3 所示。

（1）公司财务维度战略目标。

甲公司认为财务维度战略目标就是企业"怎样赚钱、从哪里赚钱、做什么赚钱、赚多少钱"，它是其他三个维度的最终目标，也是最终输出结果，公司所有的工作完成情况最终都将通过财务目标来体现。就甲公司而言，公司"8512"目标就是战略地图中财务维度的目标。为实现该目标，首先要实现"3 大突破"，这也是公司战略中主要的战略手段，它定位了公司发展的重要方向，即怎样赚钱——整合业务架构，从哪里赚钱——国际化视野，做什么赚钱——制作有核心竞争力的产品，赚多少钱——"8512"。公司财务维度战略目标如图 2-4 所示。

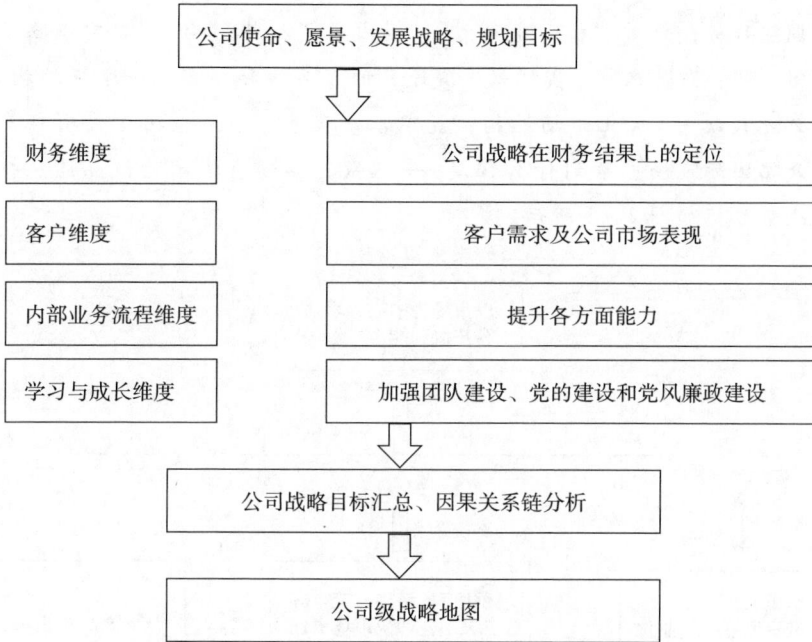

图 2 - 3　甲公司公司级战略地图编制思路

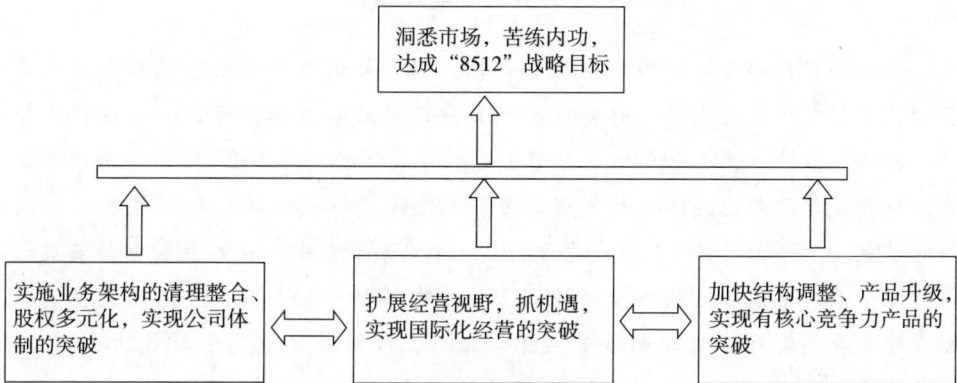

图 2 - 4　公司财务维度战略目标

（2）公司客户维度战略目标。

甲公司认为客户维度战略目标主要用来响应公司战略和支撑财务维度战略目标，要解释"做什么、通过什么方式做、做到什么程度"。针对公司战略和财务维度中的"国际化经营的突破"要求，在客户维度中提出"开拓国际化市

21

场"的明确目标；针对"结构调整、产品升级"，提出了市场结构的调整目标和销售的调整目标；针对"核心竞争力"，提出了"品牌影响力"。它描画了公司客户蓝图，即：做什么——实现先进变速器的产业化和规模化，增强结构效益；通过什么方式做——优化市场结构，筑牢客户关系，加快市场责任项目产业化开发，开拓国际市场；做到什么程度——从做产品逐步提高为做品牌。公司客户维度战略目标如图2-5所示。

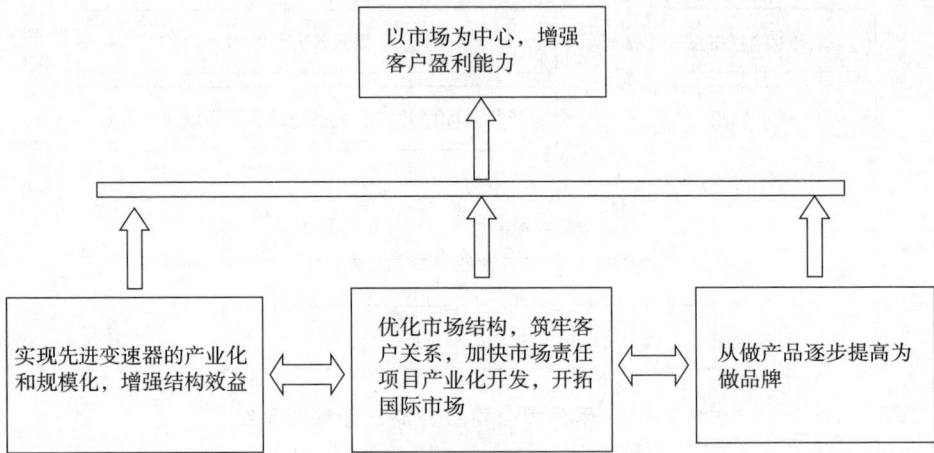

图2-5 公司客户维度战略目标

（3）公司内部业务流程维度战略目标。甲公司认为内部业务流程维度战略目标就是要支撑公司战略、财务维度及客户维度战略目标，考虑必须在内部业务流程中"做什么事、如何做这些事、达到什么样的能力水平"。甲公司内部业务流程维度首要考虑战略中对流程的要求，进行"科技创新"和"管理创新"；针对"核心竞争力产品"，核心竞争力之一来自质量控制；而质量控制的前提就是质量体系的建设和过程质量的保证，作为中端制造型企业，要实现质量的控制，除自身建设外还需向制造业的上游延伸，即提升供应商管控能力；此外，公司战略落实离不开对技术研发、生产线建设、工业园区布局等多方位投资，所以在内部业务流程中还需要打通投资过程全生命周期管理，确保投资效益最大化。公司内部业务流程维度战略目标如图2-6所示。

（4）公司学习与成长维度战略目标。

甲公司认为上述财务、客户、内部业务流程3个维度战略目标必须依靠"人"来实现，即解释"通过什么进行支撑"，学习与成长维度的战略目标重点关注优化组织设计、变革用工机制、激发员工活力，关注强化人力开发、提高

以内生动力为中心，增强价值创造力

抓好科技创新，深化产品技术改革，持续提升企业市场竞争力

强化质量体系建设，建立指标管控机制，提升过程质量保证能力，使产品质量达到合资企业水平

打通投资过程全生命周期管理，确保投资效益最大化

提升供应商管控能力，通过三方面对供应商进行综合评价，实施专项产品供应商战略定位

抓好管理创新，深化"333"管理体系，全面提升企业发展内生动力

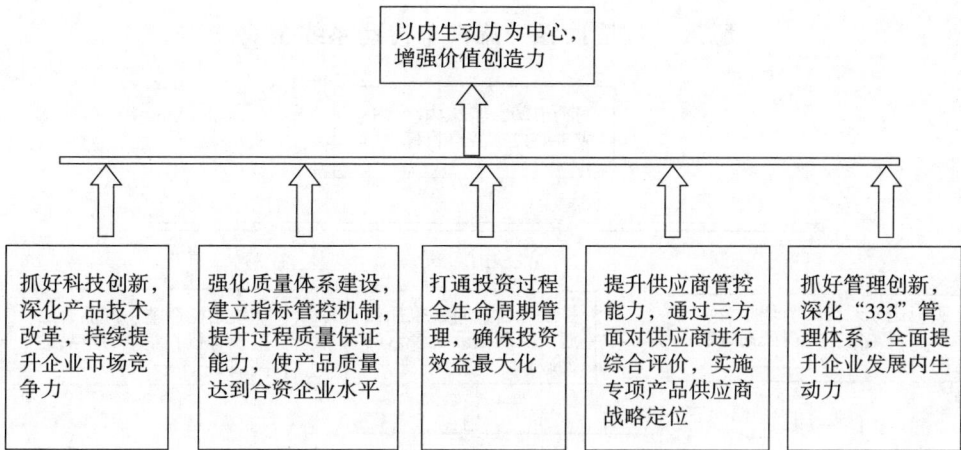

**图 2-6　公司内部业务流程维度战略目标**

员工素质，关注强化"星级班组"建设、夯实管理基础，关注加强党的建设和党风廉政建设，促进文化落地，阐述企业组织、人力、团队、文化等无形资产在战略中的作用。公司学习与成长维度战略目标如图 2-7 所示。

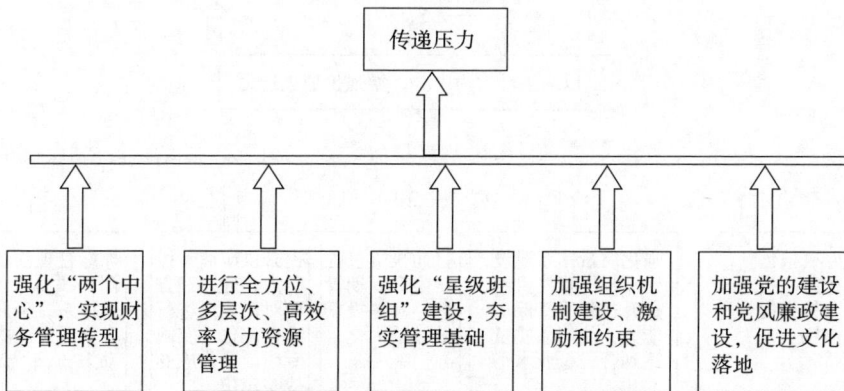

传递压力

强化"两个中心"，实现财务管理转型

进行全方位、多层次、高效率人力资源管理

强化"星级班组"建设，夯实管理基础

加强组织机制建设、激励和约束

加强党的建设和党风廉政建设，促进文化落地

**图 2-7　公司学习与成长维度战略目标**

（5）形成完整的公司级战略地图。

将上述各个维度的战略目标进行汇总整合，明确各维度战略目标之间的逻辑关系，最终形成甲公司完整的战略地图，如图 2-8 所示。

23

**愿景：打造世界一流汽车传动系统企业**

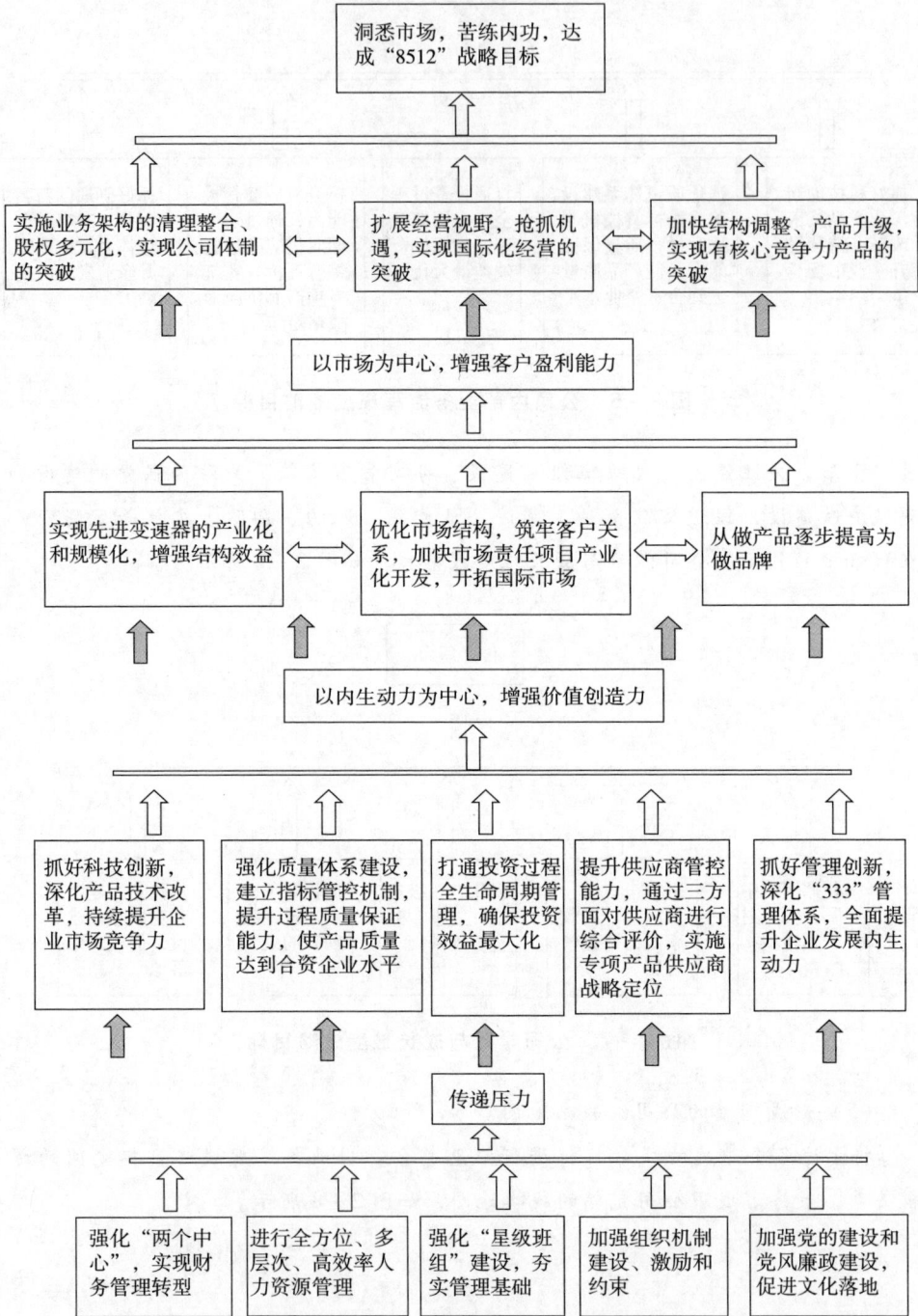

洞悉市场，苦练内功，达成"8512"战略目标

实施业务架构的清理整合、股权多元化，实现公司体制的突破

扩展经营视野，抢抓机遇，实现国际化经营的突破

加快结构调整、产品升级，实现有核心竞争力产品的突破

以市场为中心，增强客户盈利能力

实现先进变速器的产业化和规模化，增强结构效益

优化市场结构，筑牢客户关系，加快市场责任项目产业化开发，开拓国际市场

从做产品逐步提高为做品牌

以内生动力为中心，增强价值创造力

抓好科技创新，深化产品技术改革，持续提升企业市场竞争力

强化质量体系建设，建立指标管控机制，提升过程质量保证能力，使产品质量达到合资企业水平

打通投资过程全生命周期管理，确保投资效益最大化

提升供应商管控能力，通过三方面对供应商进行综合评价，实施专项产品供应商战略定位

抓好管理创新，深化"333"管理体系，全面提升企业发展内生动力

传递压力

强化"两个中心"，实现财务管理转型

进行全方位、多层次、高效率人力资源管理

强化"星级班组"建设，夯实管理基础

加强组织机制建设、激励和约束

加强党的建设和党风廉政建设，促进文化落地

**图 2-8 甲公司公司级战略地图**

2. 部门级战略地图设计

甲公司部门级战略地图的编制方式与公司级战略地图编制方式类似，需要从公司级战略地图入手，根据部门性质不同，在兼顾部门业务特点的同时承接分解关联的战略目标。

（1）部门财务维度战略目标。

甲公司各部门从公司财务维度战略目标出发，依据本部门职责，明确本部门"能为公司创造哪些价值、通过什么路径创造价值、能够创造出多少价值"，以此提出本部门的财务维度战略目标（如规模效益、结构效益、管理效益），将战略有效分解至本部门。

以所属技术中心为例，技术中心的主要职责是开发新产品。针对公司"加快结构调整、产品升级，实现有核心竞争力产品的突破"目标，技术中心将"结构调整"分解为战略产品的建设和产业化，将"产品升级"分解为经典产品再设计、再验证，将"核心竞争力"分解为降低产品研发成本。技术中心财务维度战略目标如图 2-9 所示。

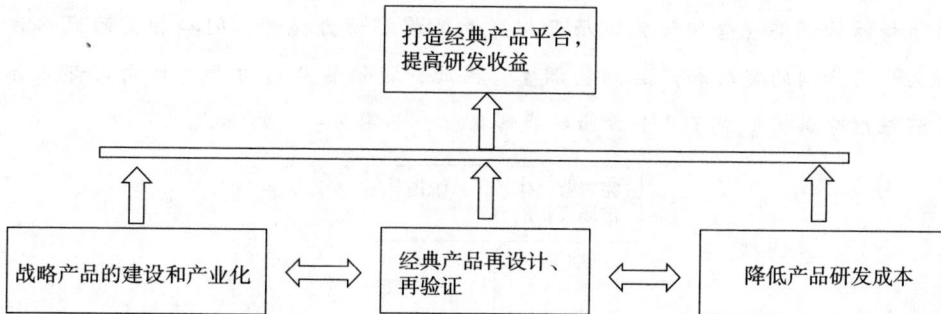

**图 2-9　技术中心财务维度战略目标**

（2）部门客户维度战略目标。

为支撑财务维度战略目标，各部门须掌握各自内、外部客户需求，清楚本部门"可通过哪些方式提供什么样的产品或服务"，分解公司客户维度战略目标、落实部门财务维度战略目标，以此提出本部门客户维度战略目标。

以所属技术中心为例，从客户维度，该部门是向客户有效地输出产品和技术。针对"抓好科技创新"的要求，部门应提供有效的产品，加强核心技术突破、提升研发能力；为确保公司"提升研发能力"，部门不断强化工艺能力；为加强公司"供应商管控能力"，部门应与供应商协同开发；从部门自身发展角度而言，提出"加强对外合作"。技术中心客户维度战略目标如图 2-10 所示。

```
          能力建设支撑产品实现
```

| 加强核心技术突破 | 提升研发能力 | 强化工艺能力 | 与供应商协同开发 | 加强对外合作 |
|---|---|---|---|---|

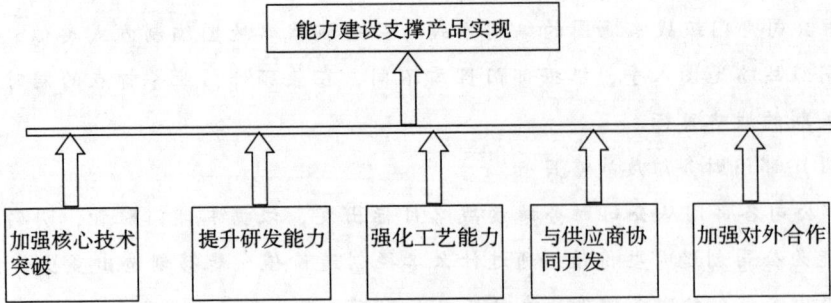

**图 2-10  技术中心客户维度战略目标**

（3）部门内部业务流程维度战略目标。

为支撑上述财务维度战略目标和客户维度战略目标，各部门结合自身管理地图、管理制度和业务流程，分解公司内部业务流程维度战略目标，从部门性质系统分析自身应"具备哪些能力，通过什么手段做哪些事情"。

以所属销售公司为例，甲公司战略地图中与销售公司主要相关的战略目标有市场结构调整（含国际化市场开拓）和品牌影响力提升，间接相关的战略目标为公司体制的突破和产品结构调整。因此，就销售公司自身工作向内部业务流程维度分解，形成了8个方面的战略目标，如图2-11所示。

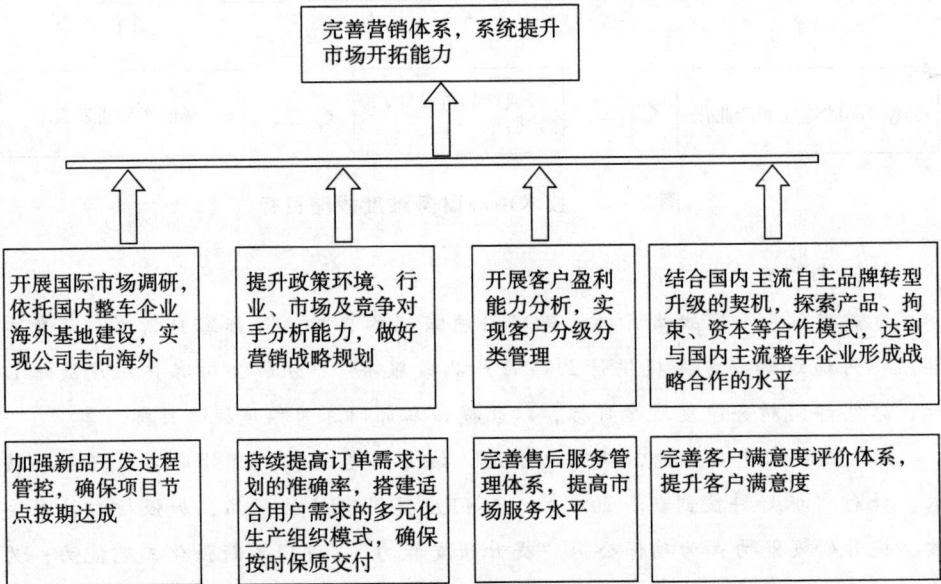

```
        完善营销体系，系统提升
        市场开拓能力
```

| 开展国际市场调研，依托国内整车企业海外基地建设，实现公司走向海外 | 提升政策环境、行业、市场及竞争对手分析能力，做好营销战略规划 | 开展客户盈利能力分析，实现客户分级分类管理 | 结合国内主流自主品牌转型升级的契机，探索产品、拘束、资本等合作模式，达到与国内主流整车企业形成战略合作的水平 |
|---|---|---|---|
| 加强新品开发过程管控，确保项目节点按期达成 | 持续提高订单需求计划的准确率，搭建适合用户需求的多元化生产组织模式，确保按时保质交付 | 完善售后服务管理体系，提高市场服务水平 | 完善客户满意度评价体系，提升客户满意度 |

**图 2-11  销售公司内部业务流程维度战略目标**

（4）部门学习与成长维度战略目标。

为支撑上述财务维度战略目标、客户维度战略目标和内部业务流程维度战略目标，各部门基于本部门业务特色，对照公司学习与成长维度战略目标的总体要求，明确"需要什么样的组织、人力、团队、文化"，制定本部门学习与成长维度战略目标。

以所属销售公司为例。公司战略中把党的建设和"星级班组"建设纳入学习与成长维度战略目标；从销售公司的部门特性来分析，又进一步提出了员工的专业化能力，重点提到"国际化营销"能力；从品牌发展的角度提出了文化营销。销售公司学习与成长维度战略目标如图 2-12 所示。

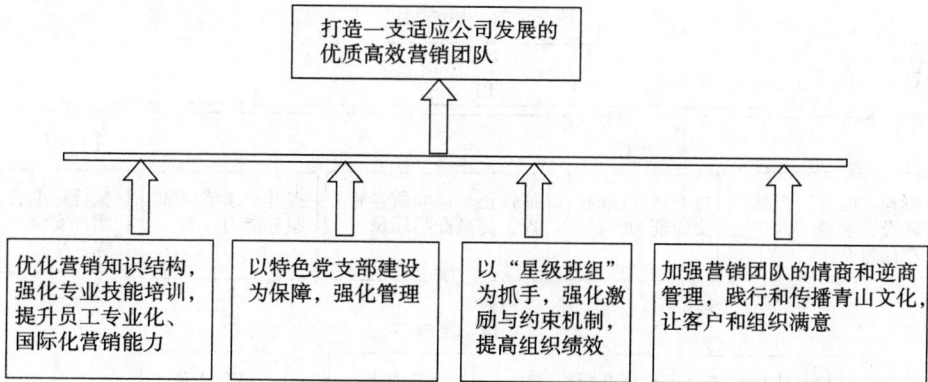

**图 2-12　销售公司学习与成长维度战略目标**

（5）形成完整的部门级战略地图。

将上述各个维度的战略目标汇总整合，明确各维度战略目标之间的逻辑关系，最终形成完整的部门级战略地图。以所属变速箱一厂为例，其战略地图如图 2-13 所示。

3. 战略地图实施

（1）通过逐级细化、分解，确保战略落地。

根据公司级战略地图制定 3 年滚动计划、公司年度 KPI 和 GS，明确做什么；根据部门级战略地图和公司年度 KPI、GS 分解形成部门 KPI、GS，明确怎么做；将部门 KPI、GS 进一步分解至班组和个人，实现公司战略、业务计划和完成日常工作。通过战略预算、业务预算和月度滚动预算的有效衔接，进而确保战略逐级落地，如图 2-14 所示。

## 愿景：打造先进合资水平的变速箱制造工厂

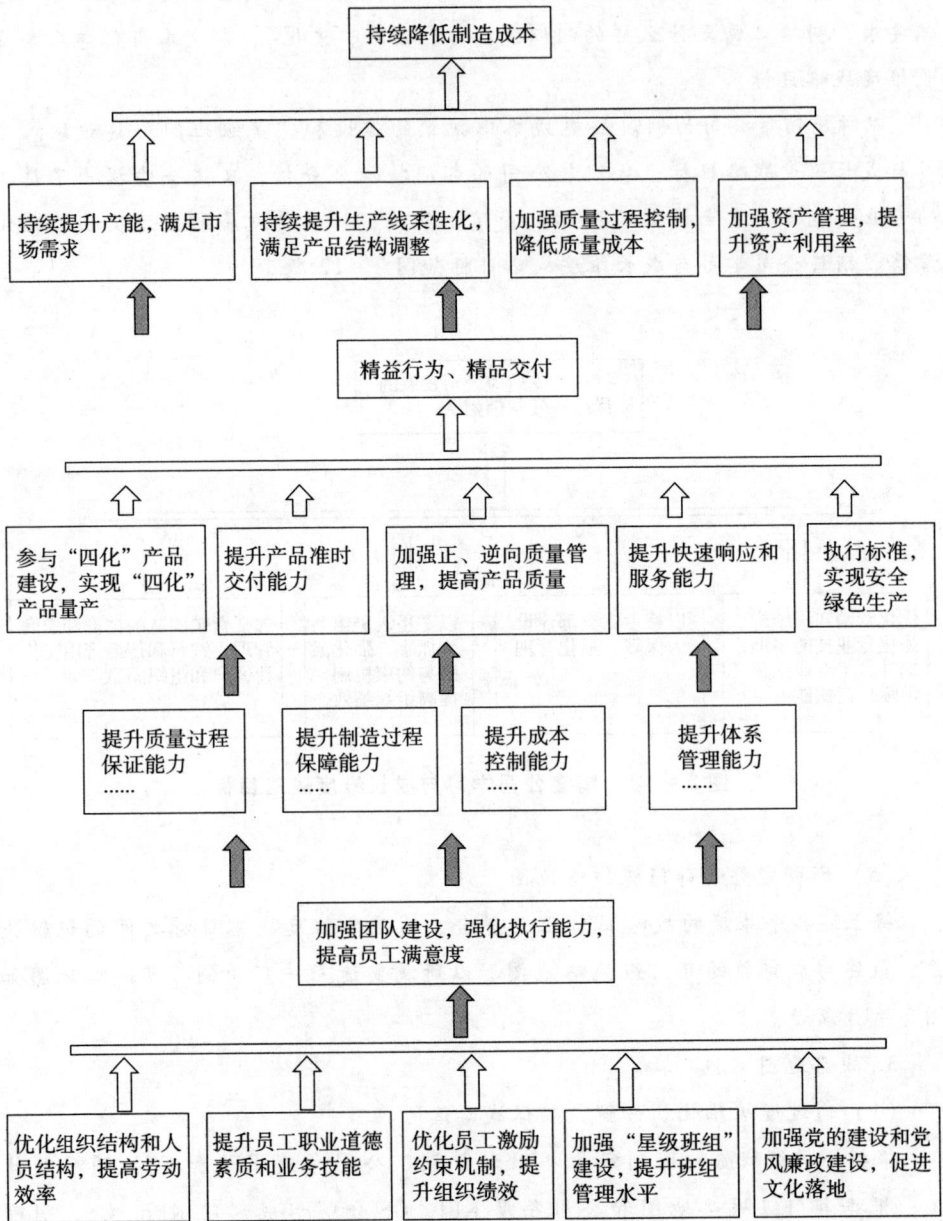

持续降低制造成本

持续提升产能，满足市场需求

持续提升生产线柔性化，满足产品结构调整

加强质量过程控制，降低质量成本

加强资产管理，提升资产利用率

精益行为、精品交付

参与"四化"产品建设，实现"四化"产品量产

提升产品准时交付能力

加强正、逆向质量管理，提高产品质量

提升快速响应和服务能力

执行标准，实现安全绿色生产

提升质量过程保证能力……

提升制造过程保障能力……

提升成本控制能力……

提升体系管理能力……

加强团队建设，强化执行能力，提高员工满意度

优化组织结构和人员结构，提高劳动效率

提升员工职业道德素质和业务技能

优化员工激励约束机制，提升组织绩效

加强"星级班组"建设，提升班组管理水平

加强党的建设和党风廉政建设，促进文化落地

**图2-13 变速箱一厂战略地图**

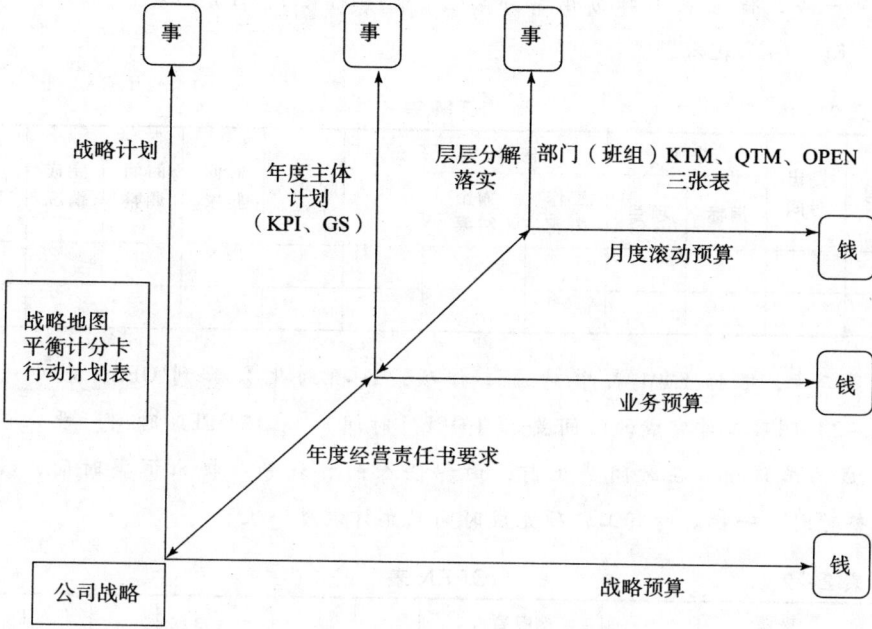

**图 2-14 公司战略落地逻辑关系**

战略分解落实过程中，通过有效运用关键任务监控表（KTM 表）、重点问题分解应对表（OPEN 表）和问题闭环监控表（QTM 表）对工作任务进行监控。将公司战略分解至班组和个人，是确保公司日常工作符合战略导向的关键，也是战略有效落实的根本保障。上述三张表的管理流程是以部门年度 KPI 和 GS 作为输入基础，各部门确定月度重点工作，形成 KTM 表并发布；各班组/个人将每月 KTM 表中的重点工作细化为日常业务，形成 OPEN 表；对 KTM 表和 OPEN 表实时监控，控制工作任务开展中所存在的问题，形成 QTM 表。三张表管理流程如图 2-15 所示。

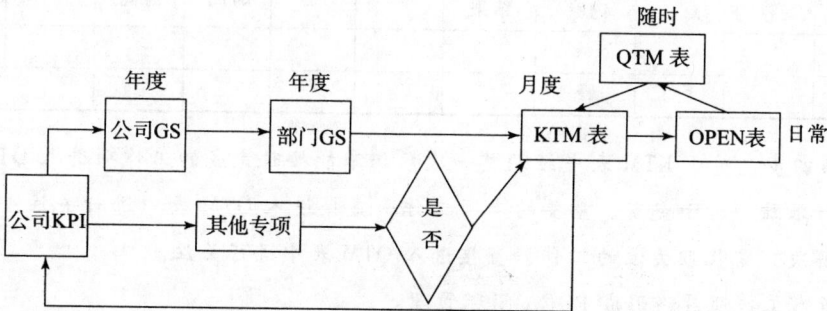

**图 2-15 三张表管理流程**

第一步，将重点工作分解到 KTM 表中（见表 2 - 1）。其中"序号"用"$K_1$，$K_2$，…"表示。

表 2 - 1　　　　　　　　　　　　　KTM 表

| 序号 | 提出时间 | 来源 | | 内容 | | 责任人 | 配合人 | 时间要求 | 时间调整 | 完成情况 | 状态 |
|------|---------|------|------|--------|--------|--------|--------|---------|---------|---------|------|
| | | 指标 | 项目 | 工作内容 | 输出结果 | | | | | | |
| | | | | | | | | | | | |
| | | | | | | | | | | | |

第二步，根据 KTM 表中对应工作项，逐项细化分解到 OPEN 表中（见表 2 - 2）明确工作完成的时间要求（OPEN 时间）。在"OPEN 时间"要求内不能完成的工作项，在时间截止前，由责任人向责任领导提出调整时间，填入"调整时间"一栏。所有工作项完成时间只允许调整一次。

表 2 - 2　　　　　　　　　　　　　OPEN 表

| 序号 | 来源 | | OPEN时间 | 内容 | | 提出人 | 责任人 | 协助人 | 目标完成时间 | 调整时间 | 完成时间 | 状态 |
|------|------|------|---------|--------|--------|--------|--------|--------|------------|---------|---------|------|
| | KTM表 | QTM表 | | 具体内容 | 输出结果 | | | | | | | |
| | | | | | | | | | | | | |
| | | | | | | | | | | | | |

第三步，解决执行 OPEN 表中任务时出现的新问题。第一，执行主体属于本班组的问题，班组新增 OPEN 项；第二，执行主体属于其他班组的问题，则进入 QTM 表（见表 2 - 3），由上一级部门协调解决，本班组进行执行跟踪。

表 2 - 3　　　　　　　　　　　　　QTM 表

| 序号 | 来源 | 开始时间 | 内容 | | 责任人 | 协助人 | 目标完成时间 | 实际完成时间 | 状态 | 交付物 |
|------|------|---------|--------|--------|--------|--------|------------|------------|------|--------|
| | | | 具体内容 | 输出结果 | | | | | | |
| | | | | | | | | | | |
| | | | | | | | | | | |

第四步，对于 KTM 表中经调整一次后仍不能按时完成的工作项进入 QTM 表中进行跟踪；对于突发、重要的专项工作，直接进入 QTM 表中进行关注；对于难以解决、需长期关注的工作，直接进入 QTM 表中进行关注。

所有工作项最终形成 PDCA 闭环管理。

（2）通过定时监控、分析、调整，提升战略灵活度。

　　甲公司通过公司战略中期评估、战略地图滚动更新、外部环境定期分析、KPI 与 GS 月度监控与分析，增加战略对市场环境变化的适应性。

　　①公司战略中期评估。为准确掌握战略目标完成情况，及时发现规划实施过程中的主要问题，把握发展现状和未来趋势，甲公司在上级部门的指导下，定期对公司战略进行评估。战略评估构建了一个财务指标与非财务指标、定性指标与定量指标、过程指标与结果指标在内的指标体系，通过对基于战略业绩评价的指标体系实施评估，总结经验、查找短板、分析原因、提出对策、明确规划实施后半程的重点任务和举措。中期评估打分表如表 2－4 所示。

表 2－4　　　　　　　　　　公司战略中期评估打分表

| 一级指标 | 相对权重 | 二级指标 | 计分方法 | 相对权重 | 自评分 X | 综合得分 Y |
|---|---|---|---|---|---|---|
| 总体发展目标 | …… | 总体目标推进情况 | 定性/定量 | …… | …… | …… |
| | | 能力目标实现情况 | 定性/定量 | …… | …… | …… |
| | | 经济效益指标实现情况 | 定量 | …… | …… | …… |
| 重点业务发展现状 | …… | 核心业务发展经营情况 | 定性/定量 | …… | …… | …… |
| | | 创新业务发展情况 | 定性/定量 | …… | …… | …… |
| | | 改革业务进度情况 | 定性/定量 | …… | …… | …… |
| 支撑措施 | …… | 重大投资到位率 | 定量为主 | …… | …… | …… |
| | | 人才配置到位率 | 定量为主 | …… | …… | …… |
| | | 科技资源到位率 | 定量为主 | …… | …… | …… |
| | …… | …… | | …… | …… | …… |
| 合计 | | | | …… | | |

　　②战略地图滚动更新。每年末，甲公司均会对当年制定的战略地图完成情况进行总结、回顾，分析目标未完成原因，建立自上而下的问题整改机制，并结合环境分析，提出以后第三年的发展计划，形成新的战略地图，在第二年初由公司战略管理委员会评审通过后发布，新的公司战略地图将指导部门战略地图的修订。战略地图分析模板如表 2－5 所示。

表2-5　　　　　　　　　　　　　战略地图分析模板

| 战略地图完成情况汇总 | 分析战略地图中各战略主题达成情况，主要分为达成目标、接近目标、目标未达成、无数据支撑四个类别 |
| --- | --- |
| 战略目标达成情况综合分析 | 说明：战略目标责任人需要牵头对本战略目标的执行情况进行分析，指标和行动方案往往有局限性，因此在对战略目标进行分析时，应从战略目标本身的意图展开，尤其对于那些本身就是次优指标的战略目标，更需进行综合分析 |
| 下一步行动方案建议 | …… |
| （T+1）~（T+3）年战略地图调整建议 | …… |

③外部环境定期分析。每季度，公司收集市场、国家政策、法律法规、人力资源、技术发展、安全环保、党建工作等方面的信息和分析变化趋势，对外部环境进行分析后，提出新增或变化点对公司的关联度，对于特别重要的信息应提出应对措施。外部环境分析流程如图2-16所示，分析主要内容如表2-6所示。

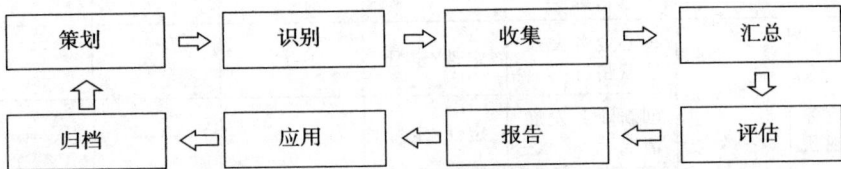

图2-16　外部环境分析流程

表2-6　　　　　　　　　　　　　外部环境分析主要内容

| 序号 | 单位 | 主要分析内容 |
| --- | --- | --- |
| 1 | 销售系统 | 顾客、产品、工艺、成本、商务、竞争对手、行业等 |
| 2 | 财务系统 | 材料、成本、商务、税收、行业、政府政策等 |
| 3 | 综合部 | 运营、政府政策、经济形势等 |
| 4 | 人力资源部 | 劳动力、薪酬、人才资源等 |
| 5 | 采购系统 | 产品、技术、工艺、材料、供应链、竞争对手等 |
| 6 | 质量系统 | 产品质量、竞争对手、顾客、行业、信息技术等 |
| 7 | 技术系统 | 产品、技术、工艺、顾客需求、行业发展、标准、智能制造等 |
| 8 | 生产系统 | 成本、工艺、物流、智能制造、生产管理等 |
| 9 | 党群系统 | 党建信息、工会政策信息等 |

④KPI与GS月度监控与分析。公司将已经分解的年度KPI、GS进一步细化

至月度监控。每月初，对上月 KPI、GS 实现情况进行分析，查找产生差异的根本原因并制定整改行动计划（见表 2-7），与计划比较差异超过 10%、20%、50% 的指标应给予不同程度的关注。

表 2-7　　　　　　　　　　KPI 差异分析

| | | 1 月 | 2 月 | 3 月 | 4 月 | 5 月 | 6 月 | 7 月 | 8 月 | 9 月 | 10 月 | 11 月 | 12 月 |
|---|---|---|---|---|---|---|---|---|---|---|---|---|---|
| 2017 年实际值 | | 8 | 8 | 8 | 8 | 8 | 8 | 8 | 8 | 8 | 8 | 8 | 10 |
| 2017 年目标值 | | 8 | 8 | 8 | 8 | 8 | 8 | 8 | 8 | 8 | 8 | 8 | 8 |
| 2018 年目标值 | | 8 | 7 | 9 | 8 | 8 | 8 | 10 | 8 | 8 | 8 | 8 | 8 |
| 行动计划 | 月份 | 序号 | 问题描述 | 根本原因分析 | 行动计划 | | 责任人 | 时间节点 | 效果验证 | 验证人 | 实际完成时间 | 交付物 |
| | 3 月 | | | | | | | | | | | |
| | 8 月 | | | | | | | | | | | |

三、取得成效

近年来，甲公司利用战略地图结合其他管理会计工具方法，深入贯彻落实战略目标，战略适应能力持续增强，产品结构调整成效明显，市场认可度进一步提高，技术创新能力稳步提升，管理提升纵深推进，质量成本效率改善，核心竞争能力不断增强。公司近三年销售收入提升 32.2%，利润提升 20.7%，综合降本率达 8.44%，供应商入厂验收故障率改善 18.46%，质量、成本、效率各方面得到较大改善，有效地保障了公司各项经营管理工作向战略目标的稳步推进。

# 2.3　战略管理工具方法

战略管理领域应用的管理会计工具方法，一般包括 PEST 分析、价值链分析法、SWOT 分析法、波特五力分析法、产业生命周期模型和波士顿矩阵分析法等。战略管理工具方法可单独应用，也可综合应用，以加强战略管理的协同性。

## 2.3.1　PEST 分析

（一）PEST 分析的含义

宏观环境是对企业中长期发展具有战略性影响的环境因素。宏观环境因素通常是指政治和法律、经济、社会和文化以及技术四大因素。通过对这四大因素的分析，企业面临的重要发展机遇和主要生存威胁可以被揭示出来，从而为企业战略的制定奠定基础。因此，对企业宏观环境的分析又称为 PEST 分析，如图 2 - 17 所示。

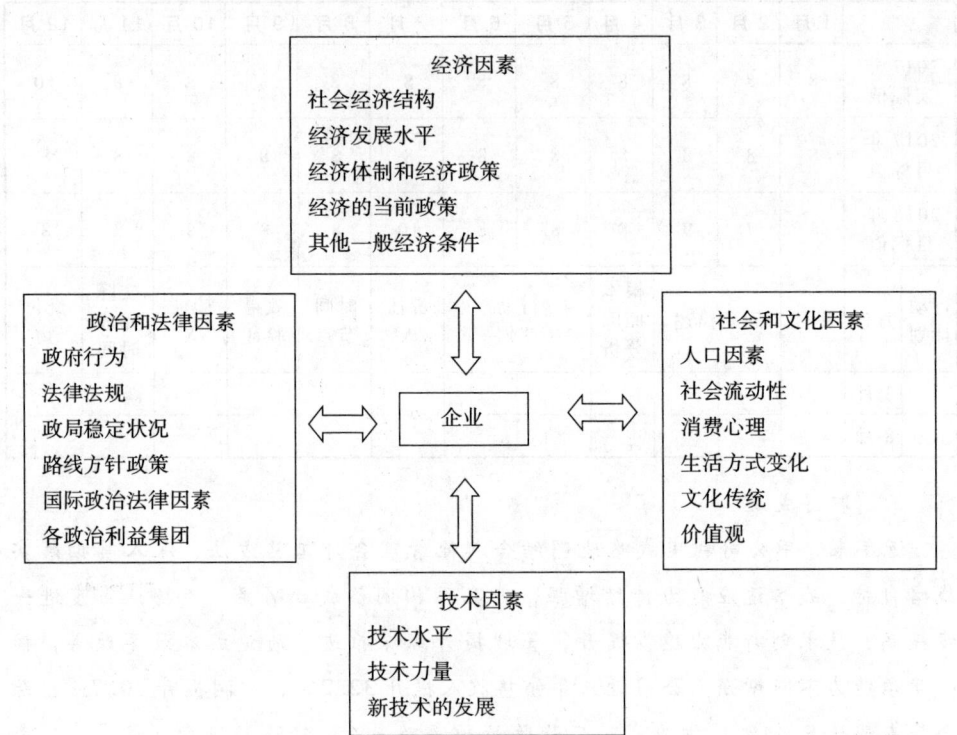

**经济因素**
社会经济结构
经济发展水平
经济体制和经济政策
经济的当前政策
其他一般经济条件

**政治和法律因素**
政府行为
法律法规
政局稳定状况
路线方针政策
国际政治法律因素
各政治利益集团

**企业**

**社会和文化因素**
人口因素
社会流动性
消费心理
生活方式变化
文化传统
价值观

**技术因素**
技术水平
技术力量
新技术的发展

图 2 - 17　PEST 分析

（二）PEST 分析的因素

1. 政治和法律环境

企业的政治和法律环境是指制约和影响企业的各种政治和法律要素及其运行所形成的环境系统，包括地区和国家的政治制度、法律法规和政策方针等。政治环境包括国际的和国内的政治环境。国际的政治环境主要包括国际的政治局势、进口限制、外汇管制、国际关系等。国内的政治环境包含国家的体制与制度、政治局面的稳定性、国家的基本政策以及国家政策的稳定性和连续性。企业的法律环境包括公司法、反不正当竞争法、税法、商标法等法律法规。企业的政治和法律环境对企业来说是不可控的，具有强制约束力，对企业的经营生产活动具有重要影响。

2. 经济环境

经济环境是指构成企业生存和发展的社会经济状况及国家经济政策，包括社会经济结构、经济体制、经济发展速度和经济运行情况等。经济环境对企业的生产经营活动具有更广泛、更直接的影响。

3. 社会和文化环境

社会和文化环境是指企业所处的一定时期整个社会文化发展的一般状况，主要包括有关社会结构、社会风俗习惯、价值观念和生活方式等。

4. 技术环境

技术环境是指企业所处的国家和地区与经营业务相关的技术水平和技术发展动向等。技术环境对企业的生存和发展具有深远的影响。技术进步可以提高企业的生产效率，降低企业经营成本，对行业竞争态势和格局具有一定的影响。

# 案例　PEST 分析的应用案例

## XD 公司战略决策中的 PEST 分析

从 2018 年开始，XD 公司的总经理刘某就开始为公司寻找转型的出路。一次他出国旅游，在酒店中第一次接触到了德国 B 滤水壶，这个外形简单、方便过滤自来水的产品一下吸引了他。

经过多年的发展，德国 B 滤水壶已经是壶式滤水器领域里的出色品牌。B 滤水壶产品的核心在于独有的双重滤芯技术，不仅 B 滤水壶采用该技术，众多家用电器厂商也采用 B 滤水壶滤芯技术过滤水质。其滤芯采用的材质如椰壳活性炭、无钠离子交换树脂等均是自有专利技术，从材质到技术在业内均有非常高的认可度。

刘某看到，滤水器产品在我国具备巨大的潜在需求。一方面，我国城市自来水处理的工艺及技术标准还处于一个相对不高的水平。《生活饮用水卫生标准》在我国国内强制性实施后，饮用水的监测指标从过去的 35 项提升到 106 项。然而，由于技术原因，自来水厂供水管道的二次污染问题解决的实现标准还需要比较长的时间才能确定。另一方面，我国经济迅速发展，人民生活的质量大大提高，普通消费者的生活已经从追求温饱过渡到寻求健康的新阶段。在当前的商业领域中，能够满足人民群众日益增长的对健康和品质生活追求的产品通常都会有较好的市场表现。

2019 年，XD 公司与 B 滤水壶中国区总代理签订了 B 滤水壶产品的独家代理协议。本案例中，XD公司总经理刘某的战略决策主要依据PEST分析。

（1）政治和法律因素。"有关部门宣布《生活饮用水卫生标准》在我国国内强制性实施后，饮用水的监测指标也从过去的35项提升到106项"。

（2）经济因素。"我国经济迅速发展。在当前的商业领域中，能够满足人民群众日益增长的对健康和品质生活追求的产品通常都会有较好的市场表现"。

（3）社会和文化因素。"人民生活的质量大大提高，普通消费者的生活已经从追求温饱过渡到寻求健康的新阶段"。

（4）技术因素。"我国城市自来水处理的工艺及技术标准还处于一个相对不高的水平""由于技术原因，自来水厂因供水管道的二次污染，要达到技术标准还需要比较长的时间""B滤水壶产品的核心在于独有的双重滤芯技术，不仅B滤水壶采用该技术，众多家用电器厂商也采用B滤水壶滤芯技术过滤水质。其滤芯采用的材质如椰壳活性炭、无钠离子交换树脂等均是自有专利技术，从材质到技术在业内均有非常高的认可度"。

## 2.3.2 价值链分析法

（一）价值链分析法的含义

价值链分析法是由美国哈佛商学院教授迈克尔·波特提出来的，是一种确定企业竞争优势的工具。价值链分析更多地关注于企业内部活动的价值产生。通过分析识别企业活动。将企业活动归类分析，确定企业价值链的关键环节，从而确立企业的竞争优势来源。

任何一个企业都是其产品在设计、生产、销售、交货和售后服务方面所进行的各项活动的聚合体。每一项经营管理活动就是这一价值链条上的一个环节。企业的价值链及进行单个活动的方式，反映了该企业的历史、战略、实施战略的方式以及活动自身的主要经济状况。企业从事价值链活动，一方面创造客户认为有价值的产品或服务，另一方面也需负担各项价值链活动所产生的成本。企业经营的主要目标，在于尽量增加客户对产品或服务所愿支付的价格与价值链活动所耗成本之间的差距（即利润）。一定水平的价值链是企业在一个特定产业内的各种作业的组合。

（二）价值活动的分类

价值链分析法，把企业内外增加价值的活动分为基本活动和辅助性活动，如图2-18所示。基本活动是指生产经营的实质性活动，与商品实体的加工流转直接相关，是企业的基本增值活动。涉及任何产业内竞争的各种基本活动分为以下五种类型。

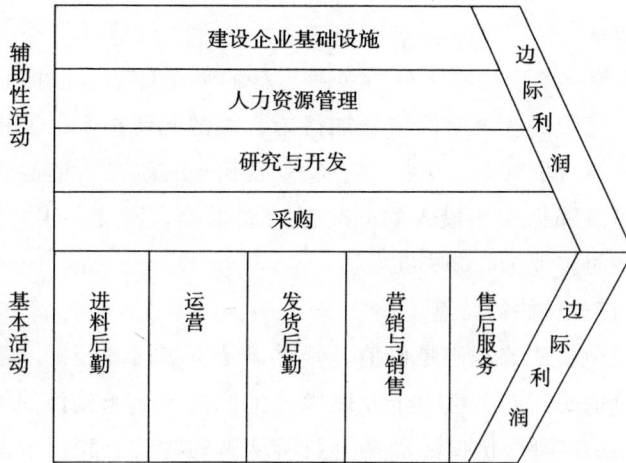

**图 2－18　企业价值链**

（1）进料后勤。进料后勤是与接收、存储和分配相关联的各类作业，比如原材料搬运、仓储、库存控制、车辆调度和向供应商退货等。

（2）运营。运营是与将各种投入转化为最终产品（或服务）形式相关的各种作业，比如机械加工、包装、组装、设备维护、检测等。

（3）发货后勤。发货后勤是与集中、存储和将产品发送给客户有关的各种作业，比如产成品库存管理、送货车辆调度等。

（4）营销与销售。营销与销售是与提供客户购买产品的方式和引导他们购买等相关的各种作业，比如广告投放、促销、销售队伍组建和渠道建设等。

（5）售后服务。售后服务是与提供服务以增加或保持产品价值有关的各种活动，如安装、维修、培训和零部件供应等。

在任何产业内所涉及的各种辅助性活动可以分为以下四种基本类型。

（1）采购。采购是与购买用于企业价值链产品相关的活动，既包括企业生产原料的采购，也包括辅助性活动相关的购买行为，如研发设备的购买等；另外也包含物料的管理作业。

（2）研究与开发。每项价值活动都包含着技术成分，无论是技术技巧和程序，还是在工艺设备中所体现出来的技术。

（3）人力资源管理。人力资源管理包括所有类型人员的招聘、雇佣、培训、开发和发放报酬等各种活动。人力资源管理不仅对基本活动和辅助性活动起到辅助作用，而且支撑着整条价值链。

（4）建设企业基础设施。企业基础设施支撑了企业的价值链，比如会计制度和行政流程等。

分析企业价值链的目的在于分析企业运行的哪个环节可以提高客户价值或降低生产成本。对于任意一个价值增加行为，关键问题在于：①是否可以在降低成本的同时维持价值（收入）不变；②是否可以在提高价值的同时保持成本不变；③是否可以降低工序投入的同时保持成本收入不变；④更为重要的是，企业是否可以同时实现①、②和③条。

（三）价值链分析法的特点

（1）价值链分析法的基础是价值，其重点是价值活动分析。各种价值活动构成价值链。价值是买方愿意为企业提供给他们的产品所支付的价格，也代表着买方需求满足的实现。价值活动是企业所从事的物质上和技术上的界限分明的各项活动。它们是企业制造对买方有价值的产品的基石。

（2）价值链列示了总价值。价值链除包括价值活动外，还包括利润。利润是总价值与从事各种价值活动的总成本之差。

（3）价值链的整体性。企业的价值链体现在更广泛的价值系统中。供应商拥有创造和交付企业价值链所使用的外购输入的价值链（上游价值），许多产品通过渠道价值链（渠道价值）到达买方手中，企业产品最终成为买方价值链的一部分，这些价值链都在影响企业的价值链。因此，获取并保持竞争优势不仅要理解企业自身的价值链，而且也要理解企业价值链所处的价值系统。

（4）价值链的异质性。不同的产业具有不同的价值链。在同一产业，不同的企业的价值链也不同，这反映了它们各自的历史、战略以及实施战略的途径等方面的不同，同时也代表着企业竞争优势的一种潜在来源。

（四）价值链分析法的基本步骤

价值链分析法的基本步骤如下。

第一步，确认产业价值链。产业价值链联结不同的产业创造作业（或活动）。符合下列性质的作业活动才需被单独辨认：①在营运成本中占重大比例或快速成长者；②成本习性（或成本动因）异于其他的价值活动者；③执行方法与竞争对手不同者；④可能使产品更具差异化能力者；⑤该价值作业与其他经营单位共享者。表2-8展示了不同行业的价值链。

表 2 - 8 不同行业的价值链

| 行业类型 | 价值链示例 | | | | | | | |
|---|---|---|---|---|---|---|---|---|
| 制造业 | 研发 | 采购 | 生产 | 配送 | 广告宣传 | 销售 | 服务 | — |
| 金融业 | 产品开发 | 广告宣传 | 定价 | 承诺 | 企业联合 | 安置 | 开展贸易活动 | — |
| 餐饮业 | 业务概念规划 | 餐馆类型开发 | 选址 | 采购 | 人员培训 | 监督 | 门店管理 | 促销 |
| 零售业 | 产品开发 | 买入 | 配送 | 广告宣传 | 门店商品推销 | 销售 | 服务 | — |

第二步，分析相关的成本动因。企业必须了解自身在产业价值链中的相对地位，分析内部与外部作业联结关系，确认作业成本动因，这样才能做出正确的决策，确保企业的竞争优势。

外部联结是指企业执行的作业与外部供应商及客户所执行作业之间的关系。强化组织与外部供应商和客户之间的联结关系，可提升企业价值，创造竞争优势。例如，供应商提供高质量的原材料，有助于企业达成全面质量控制目标。同样，销售低维修及低耗油产品给客户，有助于提升客户满意度，从而增加未来的市场占有率。企业必须明确自身与上游供应商及下游客户之间的联结关系，进而成为价值共同体，一起合作成长。

内部联结是指企业内部所执行创造价值的各项作业之间的关系。评估企业内部各项作业联结的关系，有助于产品成本的降低与价值的提升。例如，产品的设计将影响产品的制造成本。如果设计人员对零件数量、材料采购、材料移动以及质量检验等作业的成本动因有所认知，则重新设计产品，使每单位产品所需的零件数量减少，将会降低产品的制造成本。

成本动因分为两大类。

（1）结构性成本动因。结构性成本动因与企业组织因素有关，主要反映一个企业为满足客户需求可以采取的作业方案，属于长期决策问题。主要动因包括企业规模、范围、经验、技术和复杂性等。

（2）执行性成本动因。执行性成本动因反映企业通过业务、管理决策与资源的运用，有效地达成目标，即选定满足客户需求的作业。主要动因包括员工参与程度、全面质量管理、设备利用率、工厂配置效率、产品规格设计、与供应商和客户的联结。

结构性与执行性成本动因案例如表 2 - 9 所示。

表 2-9 结构性与执行性成本动因案例

| 层次 | 项目 | 成本动因 |
|---|---|---|
| 结构性作业 | 建设厂房 | 厂房的个数、规模、地点 |
| | 管理结构 | 管理类型和管理哲学 |
| | 部署员工 | 员工人数、工作单位的形态 |
| | 产品线的复杂程度 | 产品总数量、特殊程序数量、特殊零件数量 |
| | 垂直整合程度 | 购买能力、销售能力 |
| | 选择和使用技术 | 技术的种类 |
| 执行性作业 | 运用员工 | 员工参与管理的程度 |
| | 提供质量 | 质量管理的方法 |
| | 提供厂房布置 | 厂房布置的效率程度 |
| | 设计和制造产品 | 产品属性 |
| | 提供产能 | 产能的使用度 |
| | 单位层级作业 | 装配人工时间、原料磅数等 |
| | 批次层级作业 | 移动次数 |
| | 产品层级作业 | 改变订单的张数、不同产品的数量等 |

第三步，发展出比竞争对手更佳的竞争优势。利用价值链分析，需要做到以下两点。①比竞争对手更有效地控制成本动因。每项作业活动，必须达到降低成本或者增加收益的目标。②重新设计价值链作业流程，获得持续的竞争优势。

## 案例　价值链分析的应用案例

### 腾讯的价值链分析

腾讯的价值主张是为用户提供"一站式在线生活服务"，在企业发展的不同阶段采取不同的价值创造方式。

1. 初创期：高价值和低盈利

腾讯公司在创业初期以 QQ 业务为核心，为了维持经营和持续地为用户提供便利的网络沟通，公司通过三种模式来赢利：提供广告服务，收取广告佣金；提供 QQ 会员服务，收取会员费；提供移动 QQ 业务，通过与通信运营商的利润分成，收取无线增值费。腾讯公司初创期价值创造逻辑如表 2-10 所示。

表 2-10　　　　　　　　　腾讯公司初创期价值创造逻辑

| 业务类型 | 价值创造方式 | 价值获取方式 |
|---|---|---|
| QQ 即时通信<br>移动 QQ<br>QQ 会员 | 满足用户即时通信需求<br>随时进行信息交流<br>提供会员增值服务 | 广告业务<br>电信运营商利润分成<br>会员费 |

在初创期，由于技术的创新，产生了即时聊天工具这个全新的产品，为网络用户的交流提供了极大的方便，其创造的价值得到了用户的认可，并由此拉动了客户的需求。腾讯公司在创业之初，以 OICQ 为核心的业务模式并不能维系自身生存，为了维持生存，并将千万级的用户流量转换成利润，在探索的过程中，腾讯公司敏锐抓住了商机，转变了经营主业，对公司的核心逻辑进行了重构，对商业模式的价值主张和价值实现方式进行了重新定义，以新的策略解决了困境。

2. 成长期：提高价值和注重盈利

成长期，腾讯公司创造价值的核心逻辑是不断满足用户新需求，跟随市场先行者，不断地推出新业务，持续调整公司的收入模式和价值内容。通过成长期的发展，腾讯公司初步搭建起能承载所有业务的大平台，提升了公司整体抗风险能力，增强了其适应动态环境的能力。腾讯公司成长期价值创造逻辑如表 2-11 所示。

表 2-11　　　　　　　　　腾讯公司成长期价值创造逻辑

| 通信工具 | 业务体系 | 具体业务类型 | 价值创造方式 | 价值获取方式 |
|---|---|---|---|---|
| QQ、手机 QQ、腾讯通 RTX、腾讯 TM、E-mail、QQ 概念版 | 无线增值业务 | 移动 QQ、手机腾讯网、手机 QQ 游戏等 | 随时随地聊天、查询分享信息、娱乐 | 电信运营商利润分成 |
| | 互联网增值业务 | QQ 会员、QQ 秀、QQ 宠物 | 提供会员用户高体验性、高价值服务 | 发售虚拟 Q 币、广告费 |
| | 互联网业务 | 拍拍网、财付通、搜搜 | 满足用户购物、支付、搜寻信息需求 | 平台使用费、广告费 |
| | 互动娱乐业务 | QQ 游戏平台、QQ 幻想等大型网络游戏 | 满足用户休闲娱乐的需求 | 出售点卡、道具、欢乐豆等 |

在成长期，腾讯公司在即时通信这个核心业务方面面对的竞争加剧；另外，互联网的快速发展提供了越来越多可利用的互联网资源，公司会尽其所能提高自身的市场占有率，满足各个用户群的需求，同时提高经营管理水平和提升创

新能力。腾讯公司在成长期基本完成业务布局，根据业务的需要，公司根据新业务体系划出五个业务系统：无线增值业务、互联网业务、互动娱乐业务、网络媒体业务以及互联网增值业务，形成全方位的业务布局。由于寻找到了正确的路径，成长期的腾讯公司快速发展，资源整合能力得到增强，开始形成独特性，竞争力逐渐增强，并形成自身的核心竞争力，企业抗风险能力得到极大的提升。

3. 成熟期：商业生态系统初步成型

腾讯公司在成熟期构建的价值链具有非常强的竞争力，具体表现在以下两方面。（1）独特性高，业务布局较完善，在无线端的发力使腾讯公司成为无线端这个日益壮大市场的领头羊，同时 Web 端、PC 客户端与无线端之间完成了业务的搭建。（2）腾讯公司以即时通信业务为核心，形成了六大联系紧密的业务体系，产品几乎涉及互联网的各大业务，资源整合程度高，基本实现一站式互联网社区，形成一个庞大的商业生态系统。腾讯公司成熟期业务构成如表 2 - 12 所示。

表 2 - 12　　　　　　　　　　腾讯公司成熟期业务构成

| 六大业务体系 | 具体业务构成 |
| --- | --- |
| 即时通信业务 | 微信、QQ、QQ 办公版、TM、RTX、TT 浏览器、QQ 医生、QQ 邮箱、Foxmail、QQ 影音、QQ 旋风、QQ 拼音 |
| 网络媒体 | 腾讯网、搜搜 |
| 无线互联网增值 | 手机腾讯网、手机 QQ、超级 QQ、QQ 手机游戏、手机 QQ 音乐 |
| 互动娱乐业务 | 大型 MMOG、QQ 游观平台、3D 网游、桌面游戏、幻想世界、QQ 宠物、休闲游戏 |
| 互联网增值业务 | QQ 空间、QQ 会员、QQ 秀、QQ 音乐、QQLive、校友、城市达人 |
| 电子商务 | 拍拍网、财付通、高朋网 |

在成熟期，腾讯公司整合信息流、收益流，注重改善用户体验，增强企业的整体竞争力，整合行业资源，把握行业发展趋势，业务模式的完善使其形成了较为完善的一站式生活平台。这种腾讯公司特有的商业生态系统，独特性较强，布局完善，支持体系完善，赢利能力强，业务整合度高，具有极强的综合竞争力。

## 2.3.3　SWOT 分析法

（一）SWOT 分析法的含义

SWOT 分析法（S 表示优势、W 表示劣势、O 表示机会、T 表示威胁），是指基于内外部竞争环境和竞争条件进行综合分析的方法。该方法是将与研究对象密切相关的各种主要内部优势、劣势和外部的机会、威胁等,通过调查列举出来,并依照矩阵形式排列,然后用系统分析的思想,把各种因素相互匹配加以分析,从中得出相应结论,而结论通常带有一定的决策性,对制定相应的发展战略、计划以及对策起到支撑作用。按照 SWOT 分析法,战略目标应是一个企业"能够做的"(即企业的优势和劣势)和"可能做的"(即环境的机会和威胁)事情之间的有机组合。

SWOT 分析法是研究企业竞争战略十分重要的分析工具,通过把企业内外部情况结合起来分析,从而可以在制定竞争战略时对企业的优势、劣势、机会与威胁进行比对分析,最终形成企业独有的竞争战略,使企业可以获得持续的竞争优势。

(二)SWOT 分析法的不同类型

SWOT 分析法有四种不同类型的组合,如图 2 - 19 所示。

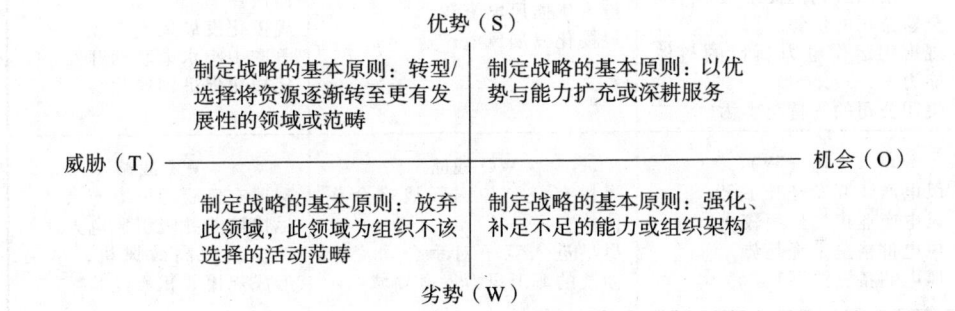

**图 2 - 19  SWOT 分析框架**

(1)SO 战略。SO 战略是指在外部行业机遇良好的情况下利用企业自有优势来发展壮大。对企业而言,SO 战略是比较理想的战略。

(2)WO 战略。WO 战略是指在市场机会比较好的情况下,虽然企业自身有弱点,但可以加强管理和投入来克服弱点,增强竞争能力,从而赢得市场。

(3)ST 战略。ST 战略是指当企业受到竞争对手压迫或行业环境变差,企业利用本身的优势,消除或减少外部因素对企业生产和发展的威胁。

(4)WT 战略。WT 战略是一种防御性战略。当企业内部存在很多问题时,面对外部的强大竞争压力,企业努力加强管理和加大投入来减少自己的弱点,回避外部竞争对手或行业变化的威胁。

使用 SWOT 分析法,企业可以选择最佳的、可实施的战略,把有限的资源、营运的重点集中于企业优势和行业机会最多之处，并最大限度地减少外部环境的威胁。

## 案例　SWOT分析的应用案例

表2-13显示了一家电力企业对发展风能业务的SWOT分析。

表2-13　　一家电力企业对发展风能业务的SWOT分析

| | 机会（O）<br>国民经济持续增长形成的发展空间<br>良好的外部环境和政策前景<br>率先行动者的机遇优势<br>世界风电产业的发展经验<br>常规发电竞争力的减弱 | 威胁（T）<br>竞争对手的竞争优势<br>潜在进入者的加入<br>中小水电的替代压力<br>竞价上网的改革趋势<br>世界风电产业的快速发展引起与供应商讨价还价地位的降低 |
|---|---|---|
| 优势（S）<br>秉承集团公司的办电经验及良好客户关系<br>秉承集团公司的无形资产<br>全新公司的优势<br>规模化运作电力项目的整体能力<br>集团公司的支持与实力 | SO战略<br>抢占优质风电资源<br>规模化发展风电产业 | ST战略<br>寻找有经验的国际战略合作伙伴<br>规模化发展风电产业<br>争取中小水电联动开发<br>规模化促进国产化 |
| 劣势（W）<br>风电产业开发经验不足<br>风电产业市场份额较小<br>风电价格呈下降趋势<br>风电储备资源不足 | WO战略<br>寻找有经验的国际战略合作伙伴<br>尽早进入竞争对手公司尚未涉及的海上风力发电领域 | WT战略<br>聘请有经验的风电专家<br>尽快培养并吸引风电人才<br>选择新型高效风机，尽快形成规模并积累经验 |

从案例05可以看到，通过SWOT分析可以将企业战略分析过程中总结出的企业的优势与劣势、外部环境的机会与威胁转换为企业下一步的战略方向。SWOT分析成为战略分析与战略选择两个阶段的连接点。值得注意的是，该例中的几种不同的战略会出现相同的战略方向。例如，"规模化发展风电产业"既属于SO战略，又属于ST战略，即这一战略方向的选择是综合了S、O、T三个方向的因素得出的结果；又如，"寻找有经验的国际战略合作伙伴"既属于ST战略，又属于WO战略，即这一战略方向的选择是综合了S、W、O、T四个方向的因素得出的结果。事实上，企业在进行SWOT分析之后，对于可选择的战略方向还要进行总结和梳理，最终确定企业战略选择的主要方向。

## 2.3.4　波特五力分析法

波特五力分析法，是指将供应商议价能力、购买者议价能力、潜在进入者的威胁、替代品的威胁、同行业竞争者的力量作为竞争主要来源的一种竞争力分析方法。

波特五力分析法在竞争战略分析中有着举足轻重的地位，可以对企业的行业竞争环境进行有效的分析。五种力量的相互影响，导致整个行业的竞争环境发生着变化，也会影响行业利润等诸多方面的变化。波特五力分析法把许多不同的影响因素全部集合到一个简单的模型里，用这个模型来分析行业的竞争局面。依靠波特五力分析法可以确定竞争的来源，而竞争战略的制定必须通过分析这五种力量来进行，五种力量的重要性程度由于行业以及企业的不同而有所区别，但是影响整个行业最重要的五种力量，一定包含在这个模型中。波特五力分析法的基本框架如图 2 - 20 所示。

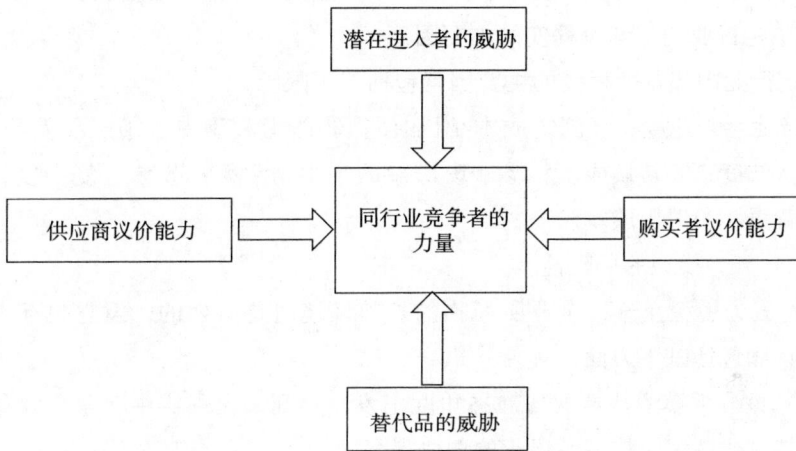

**图 2 - 20　波特五力分析法的基本框架**

（一）影响五力的主要因素

1. 决定进入壁垒强弱的主要因素

决定进入壁垒强弱的主要因素包括但不限于：

①规模经济；②技术专长的多少；③品牌的强弱；④顾客转变成本；⑤资本密集程度；⑥获得分销渠道的难易；⑦成本优势的坚固程度；⑧现有厂家的行为特点。

2. 决定供应商议价能力大小的主要因素

决定供应商议价能力大小的主要因素包括但不限于：

①所供应产品/服务的差别程度；②供应商变更成本；③是否存在替代品；④供应商的市场份额；⑤采购量对供应商是否重要；⑥该供应货品/服务价值占

总成本的比例；⑦该供应产品/服务对下游产品区别性的影响；⑧行业供应链上竖向一体化的趋势。

3. 决定购买者议价能力大小的主要因素

决定购买者议价能力大小的主要因素包括但不限于：

①讨价还价能力；②相对市场份额；③数量；④转换成本；⑤信息；⑥竖向一体化的能力；⑦是否存在替代产品；⑧价格敏感性；⑨采购总量；⑩产品差异性；⑪品牌的认可度；⑫对质量感受的影响；⑬买方的利润；⑭决策者的动机。

4. 决定替代品威胁性的主要因素

决定替代品威胁性的主要因素包括但不限于：

①替代品的价格；②转换成本；③买家对替代品的接受程度。

5. 决定行业内部竞争程度的主要因素

决定行业内部竞争程度的主要因素包括但不限于：

①行业增长速度；②固定成本/附加值；③能力利用率；④产品差异程度；⑤品牌认知度；⑥转换成本；⑦市场份额的集中与平衡；⑧信息复杂度；⑨竞争者的背景；⑩退出成本。

（二）五力模型的局限性

波特五力模型在分析企业所面临的外部环境时是有效的，但它也存在着局限性，具体包括以下方面。

（1）该分析模型基本上从静态角度出发。然而，在现实中竞争环境始终在变化，其变化速度比模型所显示的要快得多。

（2）该模型能够确定行业的盈利能力，但是对于非营利机构，有关获利能力的假设可能是错误的。

（3）该模型基于这样的假设：一旦进行了这种分析，企业就可以制定企业战略来处理分析结果，但这只是一种理想的方式。

（4）该模型假设战略制定者可以了解整个行业（包括所有潜在的进入者和替代品）的信息，但这一假设在现实中并不一定存在。对于任何企业来讲，在制定战略时掌握整个行业信息的可能性不大。

（5）该模型低估了企业与供应商、购买者或分销商、合资企业之间可能建立长期合作关系以减轻相互之间威胁的可能性。在现实的商业世界中，同行之间、企业与上下游企业之间不一定完全是对立的关系。强强联手，或强弱联手，有时可以创造更大的价值。

# 案例　波特五力分析法的应用案例

## 京东商城对波特五力分析法的应用

由于京东商城处在一个对其发展十分有利的外部环境中，京东商城通过及时的介入市场，明确清晰的定位，把握住互联网发展的机遇，迅速地扩张自身而让人惊叹。京东商城在创立伊始，就明确了自身的定位，定位为专业的 3C 产品互联网零售商，用 3C 产品作为切入点，建立了十分正面的互联网零售商形象低价正品，在增进用户体验的同时，最大限度地获取了用户的忠诚度。随后，京东商城转而向综合电子商务企业迈进，改变并优化产品种类结构，改善利润率，在自身高速扩张的同时，对各项服务进行创新，优化物流配送水平和改善仓储系统结构，不断增强用户的消费和购物体验。京东商城把握互联网大潮这一机遇，快速抢占并划分市场，不断提升自身品牌价值，到目前为止已经取得了很大的规模优势。

1. 潜在进入者的威胁

我国的互联网 B2C 电子商务行业目前正处于一个快速发展的时期，因此引起许多互联网企业甚至传统企业的关注。潜在进入者寄希望于能在已被现有电子商务企业划分的市场中占得一席之地，而这极有可能会导致现有 B2C 电子商务企业与潜在进入者发生原材料的竞争和市场份额的抢夺，最终会导致 B2C 电子商务行业的盈利水平下降，如果严重还很可能会危及现有 B2C 电子商务企业的生存。潜在竞争性进入者威胁的程度主要取决于两个因素：一个是进入新领域的壁垒或者障碍的大小，另一个是已有企业对潜在进入者的预期反应。而对于所有想要进入 B2C 电子商务行业的企业来说还有两个十分重要的方面：任何潜在进入者想要进入这个行业并且存活下来，最为关键的要素就是资金链，因为 B2C 电子商务行业是一个需要大量资金投入的行业；建立自己的物流体系、完善自己的供应链，并且获得更多供应商支持从而完善产品品类，也是潜在进入者必须考虑的。

最主要的潜在进入者包括一些已经在其他领域获得成功的互联网企业和一些传统零售企业。百度由于自身庞大的用户群和独有的搜索数据库，是众多潜在进入者中最具有竞争力的，而许多传统零售企业也都在积极开发自身的互联网电子商务业务。百度进军 B2C 电子商务领域主要基于其在搜索领域较高的地位。作为我国互联网搜索领域的巨头来说，在互联网高速发展的今天，要想建立一条完整的产业价值链，互联网电子商务业务自然必不可少。从近些年百度高调宣布涉足电子商务，到最近的一系列行动，可以初步看出百度的战略是以B2C电子商务业务作为其进军互联网电子商务的切入点，利用其平台的不断完善，逐步扩大自己在互联网电子商务领域的市场占有率，同时利用其在电子商务领域的发展，进一步稳固自己在互联网行业的市场地位。传统零售企业进军互联网电子商务领域主要是基于原有业务模式的延伸。由于传统零售企业已经具备了很多线下资源，如品牌、渠道、客户等，它们转型成为互联网零售商的发展模式相对来讲更加稳健，相比于没有实体店作为基础的纯粹的B2C电子商务企业有其独有的竞争力。传统零售企业的优势主要体现在良好的品牌影响力、完善的物流系统、较为稳定的供货渠道以及健全的售后服务能力。

另外，近些年B2C电子商务行业的竞争越发激烈，未来几年将会步入一个全面大淘沙的阶段。B2C电子商务网站创立之初，是划行业而治的，不同行业如图书、洗化用品等都有自己的领头企业，然而伴随着当当等企业相继进入百货市场，凡客逐步涉足童装家具配饰等领域，B2C电子商务的行业区分已经不明显，划行业而治的局面开始被打破。之前各大B2C电子商务网站在各自的领域内精耕细作，而近些年来它们都在努力打破这种局面，试图在竞争对手的领域内抢夺客户，B2C电子商务的市场竞争日渐白热化。

2. 供应商议价能力

互联网电子商务行业的企业单体规模并不足够大，对很多大型的供应商的议价能力并不强。互联网零售市场上，目前最大的话语权还是在大的供应商手上，B2C电子商务企业的产品质量和价格，都要受到供应商的牵制，而一些关键供应商对B2C电子商务企业的支持与否，对B2C电子商务企业的影响巨大。

近些年来，各大供应商尤其是生产导向的企业开始进入互联网电子商务领域，纷纷组建自己的电子商务部来发展其自有的电子商务业务，这些实体企业如果可以找到自己的电子商务发展方向和模式，那么就不会对平台类的电子商务企业有很大的依赖性，此时B2C电子商务企业的议价能力便会进一步降低。另外，对于中小型企业或者个体卖家来说，由于要考虑到自营电子商务的成本问题，这些企业自然会继续使用第三方的电子商务平台来发展自己的互联网电子商务业务，会十分依赖B2C电子商务企业，同时B2C电子商务企业对中小型企业或者个体卖家的议价能力会比较高。

B2C电子商务企业天猫商城为了平台类电子商务寻求盈利迈出了试探性的一步，但是对于大多数的B2C电子商务卖家来讲，B2C电子商务的付费使用还是很难接受的，天猫商城发生的中小卖家联合抵制涨价就是很好的例证。互联网电子商务的卖家一般都是趋向于电子商务交易平台所提供的服务，来选择使用哪个电子商务企业的交易平台。利用免费模式，淘宝网用后来者的姿态打败了来自美国的巨头——易趣。可以想象的是，如果天猫商城开始对所有的卖家都收取平台费用，那么拍拍网或者当当网等就会用淘宝网的方式打败天猫商城，并取而代之。所以只有持续不断地实行免费模式，才是所有 B2C 电子商务企业的发展之道，这里面当然也包括京东商城。

另外，还有一个十分值得关注的方面，就是如何保障 B2C 电子商务卖家的权益的问题。尽管互联网电子商务中买卖双方的利益由第三方电子交易平台来保障，但是对卖方的保障并没有做到位，在某种程度上会影响卖家进驻 B2C 电子商务平台，例如普遍存在的买卖双方责任划分不清楚，或者由于物流问题而使卖家承受一些损失等。有很多情况目前无法对责任的归属进行界定，比如有些不良消费者的刻意破坏或者商品在邮寄过程中发生了损坏等。还有，个别不良消费者对卖家的恶意评价和报复，也会造成卖家的损失，因此进一步完善信用评价系统的工作也迫在眉睫。

3. 购买者议价能力

随着互联网技术的进步，网民想要获得产品的各种信息越来越便利，途径也越来越多，比如获得产品的质量、性能以及价格等信息。网民通过多种渠道获得产品的详细信息，然后在 B2C 电子商务平台上进行比对，就可以对 B2C 电子商务平台上出售的产品进行一定的成本估量。由于各大 B2C 电子商务平台竞争激烈，网民的选择也越来越多，他们可以在充分了解产品信息的基础上，对各个平台的价格、售后服务、物流以及评价等环节进行充分对比，这样就提升了其自身的议价能力。

最近几年各大电子商务企业都在为了划分市场，大兴价格战，尤其是京东商城发起的几场"战役"效果卓著，使得 B2C 电子商务企业甚至网民已经把打价格战当作了其正常发展的重要手段之一。各大电子商务企业为吸引更多网民注册会员并使其成为忠实购物者，纷纷自觉加入价格战，对商品竞相降价。另外，很多 B2C 电子商务企业还通过团购的方式来丰富自己的产品种类及服务类型，这也提升了购买者议价能力。

但是，从另一方面来看，互联网电子商务具有无法接触实物的特殊性，消费者了解商品的具体信息只能通过其图片及文字描述，而对卖家的信用评估，则只能来自过往消费者对其之前交易行为的评价。这样对消费者来说就存在一个风险,消费者买到的商品可能和卖家描述的商品有一定的差距,无法达到消费者的心理预期值。这样消费者就要考虑商品的可退换问题、售后保障范围的问题以及发生的物流费用谁来承担的问题。还有,即便支付宝、财付通等可以对买卖双方的基本权益进行保障,但是无法避免有不良卖家利用操作上的"技巧"甚至是工具的漏洞使买家受到损失,这里当然也包括有的不法分子在即时聊天工具、社交网站、各种交易平台上发布各种虚假信息,使部分消费者上当受骗。因此,进一步完善互联网电子商务购物的流程,从技术以及法规上杜绝互联网购物中的欺诈行为,从而根本上保障买卖双方的利益,是目前亟待解决的问题。

4. 替代品的威胁

目前来看,尽管互联网电子商务在我国发展十分迅猛,但是经济社会上最主流的交易方式仍然是传统的交易方式。传统的购物方式与互联网电子商务方式相比,具有许多不可比拟的优点,例如产品可以接触、交易更直接、承担风险更小、可以直接讨价还价等。传统购物方式下,消费者可以避免由于产品描述、图片与实际产品有所不同而造成的损失。尤其是一些高档产品或者数码产品,消费者出于习惯或者对产品质量的顾虑,会更希望去实体的商城或者其他终端商处购买。以淘宝网为首的 C2C 电子商务行业在我国已经发展了多年。相比于 C2C 电子商务模式,B2C 电子商务的购物一样方便快捷,但相对来说会具备更好的物流配送体系及服务,同时由于消费者面对的是 B2C 电子商务企业,支付安全及信任度更高。但是,不可否认的是,支付宝、财付通等一系列第三方支付工具的日益完善,以及各大 C2C 电子商务网站信用系统水平的提高,C2C 电子商务行业已经取得了越来越多消费者的信赖,C2C 电子商务对 B2C 电子商务的威胁也逐渐加大。

5. 同行业竞争者的力量

京东商城在 B2C 电子商务行业的主要竞争对手有天猫商城、苏宁易购、当当、1号店和唯品会等。从市场份额的角度来对比,与 C2C 电子商务市场呈现的高度集中的格局不同的是,B2C 的市场份额比较分散。

近几年天猫商城依旧保持领先地位,这主要得益于其背靠阿里巴巴,拥有淘宝网和阿里巴巴多年积累的用户资源和商业资源,使其在商品的丰富度和品牌实力上有非常大的优势;加之每年"双十一"的活动也使其迅速地扩大了市场规模并提高了行业影响力。但随着京东商城、苏宁易购、当当等大型 B2C 电子商务网站走平台化路线,当然也包括京东商城这样的流量大户,天猫商城的市场份额也受到影响。调研发现，绝大部分京东商城的入驻商家都在天猫商城上有自己的店铺，这部分平台收入也给京东商城带来了约20%的交易及收入贡献，预计今后京东商城这部分份额将会进一步增加。

## 2.3.5 产业生命周期模型

产业生命周期是每个产业都要经历的一个由成长到衰退的演变过程，是指从产业出现到完全退出社会经济活动所经历的时间。产业生命周期一般分为初创期、成长期、成熟期和衰退期四个阶段，如图 2-21 所示。识别产业生命周期所处阶段的主要标志有市场增长率、需求增长潜力、产品品种、竞争者数量、市场占有率状况、进入壁垒、技术革新以及用户购买行为等。

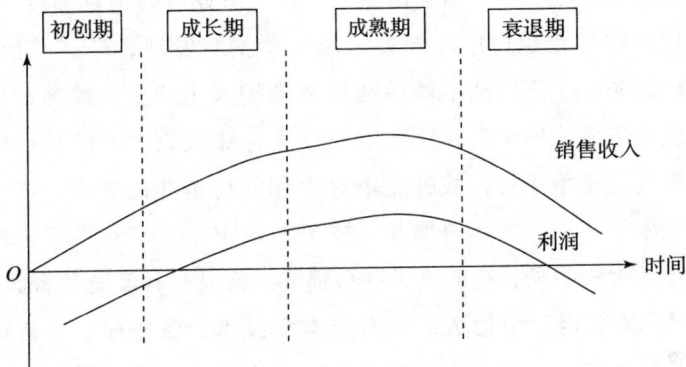

图 2-21 产业生命周期

（一）产业生命周期各个阶段的特征

1. 初创期

在初创期，新产业刚刚诞生或初建不久，只有为数不多的创业公司投资这个新兴的产业，由于初创期产业的创立投资和产品的研究、开发费用较高，而产品市场需求较小（因为大众对其尚缺乏了解），销售收入较低，因此这些创业公司可能不但没有盈利，反而普遍亏损。同时，较高的产品成本和价格与较小的市场需求还使这些创业公司面临很大的投资风险。另外，在初创期，企业还可能因财务困难而引发破产的危险，因此这类企业更适合投机者而非投资者。这一时期的市场增长率较高，需求增长较快，技术变动较大、产业中各行业的用户主要致力于开辟新用户、占领市场，但此时技术上有很大的不确定性，在产品、市场、服务等策略上有很大的进步空间，对行业特点、行业竞争状况、用户特点等方面的信息掌握不多，企业进入壁垒较低。随着行业生产技术的提高、生产成本的降低和市场需求的扩大，新行业便逐步由高风险低收益的初创期转向高风险高收益的成长期。

2. 成长期

在成长期，拥有一定市场营销和财务力量的企业逐渐主导市场，这些企业往往是较大的企业，其资本结构比较稳定，因而它们开始定期支付股利并扩大经营。在成长期，新产业的产品经过广泛宣传和消费者的试用，逐渐以其自身的特点赢得了大众的欢迎或偏好，市场需求开始上升，新产业也随之繁荣起来。与市场需求变化相适应，供给方面相应地出现了一系列的变化。由于市场前景良好，投资于新产业的厂商大量增加，产品也逐步从单一、低质、高价向多样、优质和低价方向发展，因而新行业出现了生产厂商和产品相互竞争的局面。这种状况会持续数年或数十年。由于该原因，这一时期有时被称为投资机会时期。这种状况的持续将导致生产厂商随着市场竞争不断发展，产品产量不断增加，市场需求日趋饱和。生产厂商不能单纯地依靠扩大生产量、提高市场份额来增加收入，而应该依靠追加生产、提高生产技术、降低成本，以及研制和开发新产品的方法来获得竞争优势，战胜竞争对手和维持企业的生存。这一时期的特点是市场增长率很高，需求高速增长，技术渐趋定型，产业特点、产业竞争状况及用户特点已比较明晰，企业进入壁垒提高，产品品种及竞争者数量增多。

在这一时期能获得竞争优势的只有资本和技术力量雄厚、经营管理有方的企业。财力与技术较弱、经营不善，或新加入的企业（因产品的成本较高或不符合市场的需要）则往往被淘汰或被兼并。因而，这一时期企业的利润虽然增长很快，但所面临的竞争风险也非常大，破产率与合并率相当高。在成长期后期，由于产业中生产厂商与产品竞争优胜劣汰规律的作用，生产厂商的数量在大幅度下降之后开始趋于稳定。由于市场需求基本饱和，产品的销售增长率减小，迅速赚取利润的机会减少，整个行业开始进入稳定期。在成长期，虽然行业利润仍在增长，但这时的增长具有可测性。由于受不确定因素的影响较小，产业的波动也较小。此时，投资者蒙受经营失败而导致投资损失的可能性大大降低，因此，他们分享产业利润增长带来的收益的可能性大大提高。

3. 成熟期

产业的成熟期是一个相对较长的时期。在这一时期里，在竞争中生存下来的少数大厂商垄断了整个行业的市场，每个厂商都占有一定比例的市场份额。由于彼此势均力敌，市场份额比例发生变化的程度较小。厂商之间的竞争手段逐渐从价格手段转向各种非价格手段，如提高质量、改善性能和加强售后维修服务等。产业的利润由于一定程度的垄断达到了很高的水平，而风险却因市场比例比较稳定、新企业难以打入成熟期市场而较低，其原因是市场已被原有大企业按比例分割，产品的价格比较低。因而，新企业往往会由于创业投资无法很快得到补偿、产品的销路不畅、资金周转困难而倒闭或转产。

在产业成熟期，产业内行业利润增长速度降低到一个更加适度的水平。在某些情况下，整个产业利润的增长可能会完全停止，其产出甚至下降，当国民生产总值减少时，产业甚至蒙受更大的损失。但是，由于技术创新，产业中的某些行业利润或许实际上会有新的增长。在短期内很难识别何时进入成熟期，但总而言之，这一时期一开始，投资者便希望收回资金。

这一时期的特征表现为市场增长率不高，需求增长率不高，技术上已经成熟，行业特点、行业竞争状况及用户特点非常明晰和稳定，买方市场形成，行业盈利能力下降，新产品和产品的新用途开发更为困难，行业进入壁垒很高。

**4. 衰退期**

衰退期出现在较长的稳定阶段之后。由于新产品和大量替代品的出现，原产业的市场需求开始逐渐减少，产品的销售量也开始下降，某些厂商开始向其他更有利可图的产业转移。因而原产业出现了厂商数目减少、利润下降的萧条景象。至此，整个产业便进入了生命周期的最后阶段。在衰退期，厂商的数目逐步减少，市场逐渐萎缩，利润率停滞或不断下降。当正常利润无法维持或现有投资折旧完毕后，整个产业便逐渐解体。

这一时期的特征为市场增长率下降，需求下降，产品品种及竞争者数目减少。从衰退的原因来看，可能有四种类型的衰退，分别是：①资源型衰退，即生产所依赖的资源枯竭所导致的衰退；②效率型衰退，即效率低下的比较劣势而引起的行业衰退；③收入低弹型衰退，即需求—收入弹性较低而导致的衰退；④聚集过度型衰退，即经济过度聚集的弊端所引起的行业衰退。

（二）产业生命周期各个时期的战略选择

1. 产业初创期及成长期企业竞争的战略选择

产业初创期企业竞争的战略选择包括两个方面：①尽快使产业结构成型；②进入新兴产业时间的选择。

在下列情况下早期进入新兴产业是有利的：企业的形象和名望对客户至关重要，企业可因作为先驱者而发展和提高声望；当经验曲线对一个产业至关重要时，早期进入可以使企业较早地开始学习过程；客户忠诚非常重要，因此，那些首先对客户销售的企业将获益；早期进入投资于原材料供应、零配件供应和批发渠道等，可以取得成本优势。

在下列情况下早期进入新兴产业是非常危险的：产业早期竞争的市场与产业发展后的市场有很大的不同，早期进入的企业可能建立错误的技能，以后面临很高的转换成本；开辟市场代价高昂，其中包括对客户的宣传教育、法规批准、技术首创等，而开辟市场的利益并不能为本企业所专有；早期与小的新企业竞争代价高昂，但以后这些小企业将会被更难对付的竞争者取代；技术变化将使早期投资陈旧，并使晚期进入的企业获得新产品，得到生产过程的益处。

2. 产业成熟期企业竞争的战略选择

作为产业生命周期的一个重要阶段，一个产业必然要经历从高速发展的成长期进入有节制发展的成熟期。在这个时期，企业的竞争环境经常发生根本性的变化，要求企业在战略上做出相应的反应。产业成熟期企业竞争的战略选择包括以下几个方面：①产品结构的调整；②正确定价；③改革工艺和革新制造方法；④选择适当的客户；⑤购买廉价资产；⑥开发国际市场。

处于产业成熟期的企业应注意的问题：①对企业自身的形象和产业状况存在错误的假设；②防止盲目投资；③为了短期利益而轻易放弃市场份额；④对产业实践中的变化做出不合理的反应；⑤坚持以"高质量"为借口，而不去适应竞争者进攻性的价格和市场行为；⑥过于强调开发新产品，而不是改进和进取性地推销现存产品；⑦应避免过多地使用过剩生产能力。

3. 产业衰退期企业竞争的战略选择

目前国内理论界对产业衰退期企业的战略选择基本定位在转移和退出。事实上，下述因素的影响使得产业衰退期企业的战略行为远远不只战略转移及退出这两种选择。首先，产业生命周期不同于产品生命周期，一些产业生命周期的成熟期无限延长。其次，一些产业生命周期会出现反复。其次，不同的企业对产业未来发展形势的判断也不尽相同。判断产业生命周期所处时期的主要指标是整个产业的市场需求和利润，但是在经济实践中影响产业销售的因素很多，有经济因素、政治因素，也有文化及风俗习惯因素等。最后，即使是一个产业真正进入了衰退期，企业在什么情况下会选择退出战略，企业退出的时机和方式也是值得深入研究的问题。

以下战略在产业衰退期可供选择。

（1）领先战略。领先战略是指利用一个衰退产业的优势，企业通过面对面竞争，成为产业中保留下来的少数企业之一，甚至是保留下来的唯一企业。这样企业或剩余企业拥有达到平均水平以上的利润潜力，占据较优越的市场地位，以此来保持自己的地位或实行抽资转向战略。实行领先战略的一般措施为：在定价、进入市场以及其他为建立市场而采取的积极的竞争行动上进行投资，并且使本产业的其他企业能迅速退出一部分生产能力。

（2）坚壁战略。该战略的目的是鉴别衰退产业中能保持稳定需求或者需求下降很慢，而且还具有获取高收益特点的某一部分。企业在这部分市场中具有不确定性，企业可以采取在领先战略中所列举的一些措施。最终企业或者转向实行抽资转向战略，或者转向实行快速放弃战略。

（3）抽资转向战略。抽资转向战略的目标是减少或取消新的投资，减少设备维修，甚至削减广告和研究与开发费用，以及为提高价格而最大限度地利用企业现存的一切实力。普通的抽资转向战略方法有：减少样品数量；减少使用的销售渠道；放弃小客户；减少因销售引起的各种服务等。处于产业衰退期的企业要注意，并非所有的业务都是可抽资转向的，实施抽资转向战略有一些先决条件，这些条件是：①企业具有能够生存的实力；②在衰退期，一个产业不至于衰退到更加激烈的竞争中；③企业拥有相当的实力，不然，企业的产品价格将升高，产品质量将降低，广告宣传将停止，其他措施将会引起大幅度的销售量下降；④在衰退期，产业的结构没有导致竞争反复无常，否则，竞争者就可能会利用企业投资不足的弱点夺取市场或迫使产品价格下降，由此消除了企业通过抽资转向所拥有的低成本的优势；⑤企业不具有降低投资的选择。

（4）快速放弃战略。该战略的依据是在衰退期早期，企业能够从此业务中最大限度地得到最高卖价。原因是：出售这项业务越早，资产市场，如国外市场，需求没有饱和的可能性就越大，企业越能从这项业务的出售中实现更高的价值。

## 案例　产业生命周期的应用案例

### 腾讯的产业生命周期

腾讯于 1998 年底成立于深圳，目前其已经成长为我国互联网企业中具有举足轻重地位的企业之一，其创始人为马化腾。腾讯在开曼群岛注册并于 2004 年在香港上市。

腾讯逐步成长为一个极具责任心的企业，其愿景是成为"最受尊敬的互联网企业"。在这样的愿景指导下，腾讯不仅在互联网技术上进行开拓升级，在服务上更符合大众的需求，在减少网络犯罪、保护个人隐私方面做出努力，它成为了用户喜欢且尊敬的企业。目前，腾讯将战略目标制定为为用户提供"一站式在线生活服务"，全方位一站式地服务于用户，提供增值服务、广告服务等，同时升级网络平台，健全网络社区，使用户全方位的需求得以满足。据统计，腾讯目前所拥有的用户群体将近8亿人，这一群体仍在继续扩大。

腾讯是一个极具创新能力的互联网企业，其不仅具有有利于创新能力发挥的组织结构，也拥有整体素质水平高的员工。腾讯的员工整体创新能力较强，一半以上是具有研创能力的专业人员。在这样一个有助于自主创新的环境下，腾讯积极申请专利，在其相关产品方面都有一定的专利，很好地保护了腾讯的知识产权，也激发了企业的再创新能力。2007年，腾讯依托于企业自身，建立了腾讯研究院，使得其创新更为规范化，也为腾讯不断创新注入新的动力。

1. 初创期

腾讯成立于1998年，是一家民营互联网企业。在成立之初，受到ICQ启发的腾讯，专注于设计开发面向企业的网络寻呼系统软件；仅仅在成立几个月后，腾讯就扩展了该项服务，开通即时通信。2000年5月QQ用户注册数达500万人。在腾讯的初创期，由于当时我国的互联网还处于起步阶段，缺乏成功的互联网先行案例，腾讯一直处于徘徊的发展阶段。利用对ICQ的模仿和创新，腾讯的QQ迅速吸引了数以万计的网络用户，而此时的腾讯却处于尴尬的局面之中：一方面QQ的迅猛发展及强大的吸引力蕴藏着巨大的商机；另一方面为了维系QQ的运营，每天都必须花一笔巨额的费用，这是一个处于初创期的小型互联网企业所无法承担的。QQ用户群的快速扩张并没有给腾讯带来销售收入，不仅如此，企业还需要承接其他小型的项目，以获得资金投入产品的市场推广与维护，企业在财政压力下几乎要将QQ的所有权出售。

腾讯对ICQ的模仿和创新，给我国的网络用户带来了全新的体验和更加便捷的沟通，促进了互联网即时通信的发展。2000年8月，OICQ的信息窗口上出现了横幅广告。新浪从广告业务上的获利给了腾讯新的启示，此前并不熟悉广告业务的腾讯开始尝试在广告上获取收益。由于OICQ庞大的用户群，给横幅广告带来了惊人的曝光率，广告收入占当时企业总收入的70%以上。

但是，随后的网络泡沫给腾讯浇了一盆冷水，广告业务的收入在2001年2月锐减了一半。除了在广告业务上尝试以外，腾讯还进行了大胆的创新和尝试，开辟新的盈利渠道。2000年1月，腾讯推出了会员服务，向付费用户提供未付费用户享受不到的服务，会员费为每年120~200元。然而，由于不成熟的电子商务市场以及高额的会员费，最终付费的会员只有3000多名，远远没有实现预期的目标。

随着 2000 年互联网寒冬的到来，腾讯的发展遇到了巨大的资金困难，若想继续发展，其必须另辟蹊径。2000 年 5 月，腾讯与联通联合推出"移动 OICQ"服务。同年 8 月，腾讯与移动通信公司签订了"即时通信——移动 OICQ"业务试运行协议。其后，随着移动梦网的发展，腾讯的移动 OICQ 业务蒸蒸日上。到了 2001 年，随着北京、四川、浙江等地的移动公司相继推出"移动 OICQ"服务，此服务占整个移动梦网短信业务的 50% 以上，甚至到 70% 的比例，获利能力惊人。

2. 成长期

从 1998 年创建到 2001 年，腾讯通过探索初步找到了一个适合自身发展的模式。2000 年 8 月，腾讯同广东移动合作，使腾讯扭亏为盈，实现了 1 000 万元的纯利润。此后，腾讯相继推出广告业务、移动 QQ 业务，付费 QQ 用户达到 5 000 万名。2001 年年底，腾讯实现了 1 022 万元的纯利润。OICQ 不仅深得用户喜欢，并为腾讯带来了盈利。然而，处于发展初期的我国互联网市场瞬息万变，新技术、新模式层出不穷，腾讯若要维持自身发展，则不可避免地要参与激烈的市场竞争。作为成立于 20 世纪 90 年代末的互联网企业，腾讯目睹了门户网站、搜索引擎、网络游戏等业务的成长，这些业务巨大的发展前景吸引了无数的互联网企业竞相跟随。腾讯谋取新的发展遇到更多的挑战。2002 年，腾讯进一步发展壮大，并走在我国互联网规范发展的前端，签署了《中国互联网行业自律公约》，这一行动不仅是腾讯做出的表率，同样也为我国互联网行业发展的规范化和健康化做出了贡献。在这一年，腾讯采用举办选秀比赛的形式，进一步推广了 QQ 这一社交软件，使得 QQ 的用户群体得到大范围的扩大。腾讯的快速健康发展亦得到了政府部门的认可和支持，如获得"2002 年度深圳市重点软件企业"的荣誉称号。2002 年腾讯的净利润是 1.44 亿元，比上一年增长了 10 倍多。

为了进一步满足互联网用户的需求，腾讯于 2003 年 8 月推出 QQ 游戏。以休闲游戏为核心的互动娱乐业务在吸引大量网络用户并提供高质量的互联网娱乐体验的同时，也为腾讯增加了丰厚的收入。随后，针对 MSN 的竞争，腾讯又推出了腾讯通（RTX）和腾讯 TM 这两款办公级的即时通信工具，有效填补了市场空白。与此同时，腾讯迅速布局网络媒体业务，腾讯网作为以青年人为目标用户群体的时尚娱乐门户网站，依托 QQ 客户端获得了迅速的发展。

为了争夺互联网人口，腾讯先是开通了 QQ 电子邮件，紧接着于 2004 年 10

月推出了腾讯 TT 浏览器，试图掌握更多互联网资源。2004 年，腾讯在香港联交所主板上市。腾讯控股公布 2004 年业绩财报，腾讯实现营业额 11.44 亿元，上升达 55.99%；实现净利润 4.46 亿元，增长了 38.6%。而在腾讯的营业收入中，互联网增值服务收入所占比例越来越大，腾讯的营销手段越来越灵活。与此同时，腾讯 QQ 的注册用户数也大幅度地逐年递增。

为了应对阿里巴巴、百度等平台企业的竞争，2005 年 9 月，腾讯正式布局电子商务市场，开通了 C2C 电子商务网站拍拍网并推出了一款功能类似于支付宝的财付通。2005 年年底，腾讯在成长期的业务布局基本完成，根据业务的需要，其将业务体系划分为五个业务系统：互动娱乐业务、互联网业务、无线增值业务、网络媒体业务、互联网增值业务。

3. 成熟期

2006 年 11 月，腾讯推出超级旋风，提供下载加速服务；2006 年 12 月推出 QQ 医生，专门针对 QQ 提供更好的网络安全保护，标志着腾讯开始进入互联网安全领域；2007 年推出 QQ 拼音输入法，继续争夺互联网的人口权。QQ 空间、朋友网、腾讯微博的相继推出，使腾讯网络社区化的概念越来越清晰。

苹果公司推出的苹果手机引爆智能手机风潮，智能手机迅速普及，手机网民数量急剧增加，根据中国互联网络信息中心《第 30 次中国互联网络发展状况统计报告》，截至 2012 年 6 月底，我国手机网民规模达 3.88 亿人，在整体网民中的比例为 72.2%。随着 3G 网络优化、智能手机普及和应用软件的丰富，手机已成为网民接入互联网的主要方式。腾讯抓住移动互联网发展的良机，开始布局移动互联网市场，腾讯移动互联网的战略思路是：第一步，先发制人、抢占市场，通过在较短时间内推出多种手机移动业务，抢占移动终端的互联网市场，从而积累用户资源；第二步，平台间嫁接业务，随着移动终端的迅猛发展，市场的差异化越来越明显，腾讯的软件平台能够非常方便地在众多操作系统上运行，便于产品迅速推向市场；第三步，开发自有手机操作平台，形成一个内容丰富、使用便捷、运行优秀的 QQ 生态圈，使一站式生活社区成为可能。

2011 年 1 月 21 日，腾讯推出具有零资费、跨平台、移动即时通信、发照片等功能的微信产品。之后在这一年进行了几次重大投资，包括腾讯入股华谊兄弟传媒股份有限公司，购买金山软件股份等。在这样的投资下，腾讯的规模进一步扩张，资金运作更为熟练。2012 年，腾讯继续壮大，在这样的背景下，通过调整企业的组织结构，与其他企业合作，树立良好的社会形象等一系列措施，进一步巩固了腾讯的发展。2013 年 9 月 16 日，搜狐、搜狗与腾讯共同宣布达成战略合作。腾讯向搜狗注入资本 4.48 亿美元，并将旗下的搜搜业务以及其他相关资产并入搜狗，在交易完成后腾讯获得搜狗完全摊薄后 36.5% 的股份，并且腾讯的持股比例会在短期内增至 40% 左右。2013 年 9 月 16 日，腾讯股价上涨，报 417 港元，市值约 7 749.82 亿港元，约合 1 000 亿美元，成为我国首家市值超 1 000 亿美元的互联网企业。

　　随着微信用户规模的进一步扩大，腾讯拥有了手机端的利器。2013 年，微信支付"叫板"支付宝，在一系列手机支付领域抢夺用户。随着在无线互联网方面的业务成功开展，腾讯的业务初步整合成功，形成面向三大端口的七大业务模块，构建成一个较为便捷、全面、开放的网络社区平台。

## 2.3.6　波士顿矩阵分析法

　　波士顿矩阵（BCG Matrix），是指在坐标图上，以纵轴表示企业市场增长率，横轴表示相对市场份额（即相对市场占有率），将坐标图划分为四个象限，依次为"明星"业务、"问题"业务、"现金牛"业务和"瘦狗"业务。其目的在于通过业务所处不同象限的划分，企业可以采取不同决策，以保证其不断地淘汰无发展前景的业务，保持"问题""明星""现金牛"业务的合理组合，实现业务及资源分配结构的良性循环。波士顿矩阵如图 2 – 22 所示。

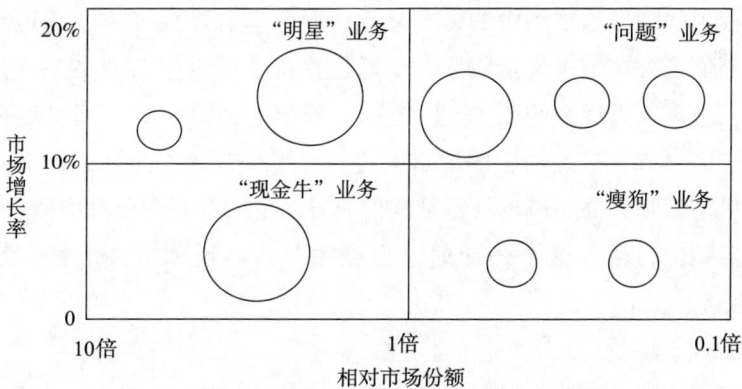

图 2 – 22　波士顿矩阵

　　（一）波士顿矩阵分析法划分的四种业务

　　1."问题"业务

　　"问题"业务是指高市场增长率、低相对市场份额的业务。这往往是一个公司的新业务。为发展"问题"业务，公司必须建立工厂，增加设备和人员，以便跟上迅速发展的市场，并超过竞争对手，这意味着大量的资金投入。"问题"

非常贴切地描述了公司对待这类业务的态度，因为这时公司必须慎重回答是否继续投资发展该业务这个问题。只有符合公司发展长远目标，公司具有资源优势，能够增强公司核心竞争力的业务才能得到肯定的回答。图2-22所示的公司有三项"问题"业务，不可能全部投资发展，只能选择其中的一项或两项，集中投资发展。

2. "明星"业务

"明星"业务是指高市场增长率、高相对市场份额的业务，这是由"问题"业务继续投资发展起来的业务，可以视为高速增长市场中的领导者，它将成为公司未来的"现金牛"业务。但这并不意味着"明星"业务一定可以给公司带来高收入，因为市场还在高速增长，公司必须继续投资，以保持与市场同步增长，并击退竞争对手。公司没有"明星"业务，就失去了希望，但"明星"业务过多，也会导致公司管理层做出错误的决策。这时公司必须具备识别有发展前景的"明星"业务的能力，将公司有限的资源投入能够发展成为"现金牛"业务的业务上。

3. "现金牛"业务

"现金牛"业务是指低市场增长率、高相对市场份额的业务，是成熟市场中的领导者，它是公司现金的来源。由于市场已经成熟，公司不必大量投资来扩展市场规模，同时作为市场中的领导者，该业务享有规模经济和高边际利润的优势，因而能给公司带来大量收入。公司往往用"现金牛"业务来支付账款并支持其他三个需大量现金的业务。图2-22所示的公司只有一项"现金牛"业务，说明它的财务状况是很脆弱的。因为如果市场环境一旦变化，导致这项业务的市场份额下降，公司就不得不从其他业务单位中抽回现金来维持"现金牛"业务的领导地位，否则这个强壮的"现金牛"业务可能就会变弱，甚至成为"瘦狗"业务。

4. "瘦狗"业务

"瘦狗"业务是指低市场增长率、低相对市场份额的业务。一般情况下，这类业务常常是微利甚至是亏损的。"瘦狗"业务存在的原因更多是由于感情上的因素，虽然一直微利经营，但公司不舍得放弃。其实，"瘦狗"业务通常要占用很多资源，如资金和管理部门的时间等，多数时候是得不偿失的。图2-22中的公司拥有两项"瘦狗"业务，可以说，这是公司的沉重负担。

（二）四种业务的不同战略

波士顿矩阵分析法可以帮助我们分析一个共同的投资业务组合是否合理。

如果一个公司没有"现金牛"业务，说明它当前的发展缺乏现金来源；如果没有"明星"业务，说明在未来的发展中缺乏希望。一个公司的业务投资组合应该是合理的，否则必须加以调整。在明确了各项业务在公司中的不同地位后，就需要进一步明确战略目标。通常有四种战略目标分别适用于不同的业务。

### 1. 发展战略

发展战略指继续大量投资，目的是扩大战略业务单位的市场份额。主要针对有发展前景的"问题"业务和"明星"业务。

### 2. 维持战略

维持战略指投资维持现状，目标是保持业务单位现有的市场份额，主要针对强大稳定的"现金牛"业务。

### 3. 收获战略

收获战略实质上是一种榨取，目标是在短期内尽可能地得到最大限度的现金收入，主要针对处境不佳的"现金牛"业务及没有发展前途的"问题"业务和"瘦狗"业务。

### 4. 放弃战略

放弃战略的目标在于出售和清理某些业务，将资源转移到更有利的领域。这种战略适用于无利可图的"瘦狗"和"问题"业务。

（三）波士顿矩阵分析法的评价

### 1. 优点

波士顿矩阵分析法的应用产生了许多收益，它能够提升管理人员的分析和战略决策能力，帮助他们以前瞻性的眼光看问题，更深刻地理解公司各项业务活动的联系，加强业务单位和公司管理人员之间的沟通，及时调整公司的业务投资组合，收获或放弃萎缩业务，加大对更有发展前景的业务的投资。

### 2. 缺点

波士顿矩阵分析法也有其局限性。首先，由于评分等级过于宽泛，可能会造成两项或多项不同的业务位于一个象限中；其次，由于评分等级带有折中性，使很多业务位于矩阵的中间区域，难以确定使用何种战略；最后，这种方法也难以顾及两项或多项业务的平衡。因此，使用这种方法时要尽量获取更多资料，审慎分析，避免因方法的缺陷造成决策的失误。

# 案例 波士顿矩阵分析法的应用案例

## WV 公司新业务的波士顿矩阵分析法

WV 公司是国内最大的豆奶生产企业。自 2002 年以来，WV 公司凭借其在豆奶业的优势地位，积累了大量资金，急需寻找新的投资领域。

WV 公司在豆奶业的成功经营使公司在食品行业具备了品牌、渠道、研发资源等多方面的竞争优势，运用这些优势公司顺利地将核心主业从豆奶粉业务延伸至大食品概念的其他业务。

1. 乳制品业

乳制品业国内市场在过去迅猛发展。自 2002 年开始，WV 公司在短时间内收购了遍布全国各地的 40 家乳制品生产企业，实现了公司乳制品业在全国范围内快速布局，占据了行业的优势地位。

2. 白酒业

国内名优白酒生产企业销售收入和利润增长稳健。2006 年 WV 公司采用控股两家酒业公司的方式进入白酒业，公司白酒业得以快速增长，在白酒业市场占有率不断提升。

3. 粮油业

2008 年开始，WV 公司将豆奶粉业务延伸至其他粮油产品。WV 公司在成熟的粮油业的成功经营，以高市场占有率为其进一步战略扩张提供了大量的现金流。WV 公司以大食品概念为圆心经营的粮油业、乳制品业、白酒业充分发挥各个业务之间的协同效应，取得了良好业绩。

近年来，国内豆奶业的发展速度开始减缓，WV 公司领导层认为豆奶业发展已经遭遇瓶颈，公司需要涉足一些高利行业，期望能够为其未来发展创造新的利润增长点。基于国内的房地产热，2007—2010 年 WV 公司以新建方式投资房地产业。最终由于经验不足以及之后的几年国内对房地产业进行宏观调控，房地产业进入了"寒冬期"，WV 公司最终将房地产业务对外出售。

本案例中，运用波士顿矩阵分析法，对 WV 公司所投资的乳制品业务、白酒业务、粮油业务、房地产业务分类及其发展方向进行以下分析。

WV 公司的乳制品业务和白酒业务在波士顿矩阵中属于高市场增长率、高相对市场份额的"明星"业务。"乳制品业国内市场在过去迅猛发展"，"WV 公司在短时间内收购了遍布全国各地的 40 家乳制品生产企业，实现了公司乳制品业在全国范围内快速布局，占据了行业的优势地位"；"国内名优白酒生产企业销售收入和利润增长稳健"，"WV 公司白酒业得以快速增长，在白酒业市场占有率不断提升"。为了保护和扩展"明星"业务在增长的市场上占主导地位，WV 公司应在短期内优先供给其所需的资源，支持其继续发展。

WV 公司的粮油业务在波士顿矩阵中属于低市场增长率、高相对市场份额的"现金牛"业务。"WV 公司在成熟的粮油业的成功经营，以高市场占有率为其进一步战略扩张提供了大量的现金流"。这类业务处于成熟的低速增长的市场中，市场地位有利，盈利率高，本身不需要投资，反而能为企业提供大量资金，用以支持其他业务的发展。

WV 公司的房地产业务在波士顿矩阵中属于低市场增长率、低相对市场份额的"瘦狗"业务。"房地产业进入了'寒冬期'"，"公司最终将房地产业务对外出售"。对这类业务应采用放弃战略（WV 公司已经采用）。

# 第 3 章
# 预算管理

## 3.1 预算管理概述

### 3.1.1 预算管理的含义

预算管理，是指企业以战略目标为导向，通过对未来一定期间内的经营活动和相应的财务结果进行全面预测和筹划，科学、合理配置企业各项财务和非财务资源，并对执行过程进行监督和分析，对执行结果进行评价和反馈，指导经营活动的改善和调整，进而推动实现企业战略目标的管理活动。

### 3.1.2 预算管理的内容

预算管理的内容主要包括经营预算、专门决策预算和财务预算。

经营预算（也称业务预算），是指与企业日常业务直接相关的一系列预算，包括销售预算、生产预算、采购预算、费用预算、人力资源预算等。其中，销售预算是经营预算的编制起点。

专门决策预算，是指企业重大的或不经常发生的、需要根据特定决策编制的预算，包括投融资决策预算等。

财务预算，是指与企业资金收支、财务状况或经营成果等有关的预算，包括资金预算、预计资产负债表、预计利润表等。财务预算是依赖于经营预算和专门决策预算而编制的，是整个预算体系的主体（见图 3 - 1），从过程来说，主要包括销售预算、经营预算、报表预算。具体步骤如下。

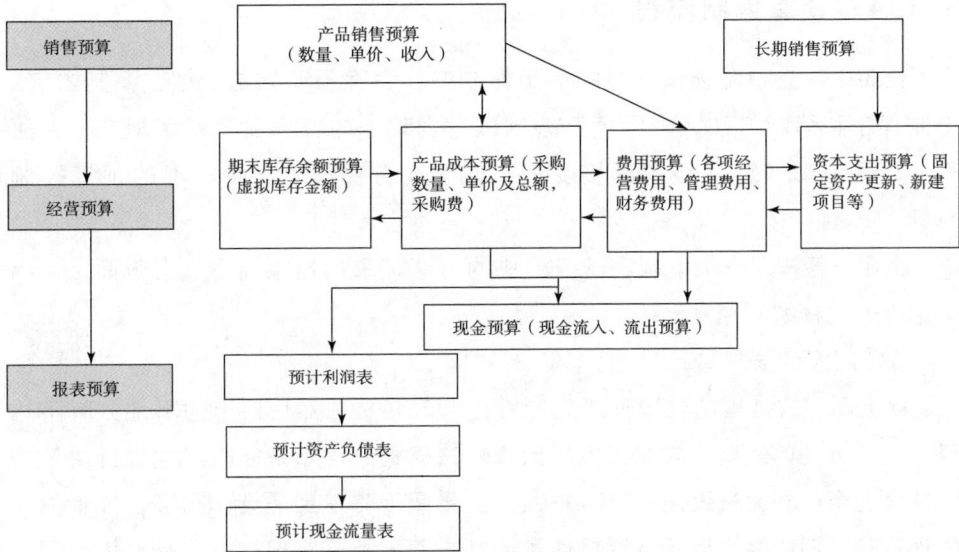

图 3-1　财务预算体系的构成

①产品销售预算。②产品生产预算，即产品成本预算、期末库存余额预算、费用预算等。③长期销售预算，即资本支出预算。④现金预算，包括现金流入、现金流出预算等。⑤报表预算，即预计利润表、预计资产负债表、预计现金流量表等内容。

## 3.1.3　预算管理的原则

（1）战略导向原则。预算管理应围绕企业的战略目标和业务计划有序开展，引导各预算责任主体聚焦战略、专注执行、达成绩效。

（2）过程控制原则。预算管理应通过及时监控、分析等把握预算目标的实现进度并实施有效评价，对企业经营决策提供有效支撑。

（3）融合性原则。预算管理应以业务为先导、以财务为协同，将预算管理嵌入企业经营管理活动的各个领域、层次、环节。

（4）平衡管理原则。预算管理应平衡长期目标与短期目标、整体利益与局部利益、收入与支出、结果与动因等关系，促进企业可持续发展。

（5）权变性原则。预算管理应刚性与柔性相结合，强调预算对经营管理的刚性约束，也应根据内外环境的重大变化调整预算，并针对例外事项进行特殊处理。

### 3.1.4 预算编制流程

企业应建立和完善预算编制的工作制度,明确预算编制依据、编制内容、编制程序和编制方法,确保预算编制依据合理、内容全面、程序规范、方法科学,确保形成各层级广泛接受的、符合业务假设的、可实现的预算控制目标。

企业一般按照分级编制、逐级汇总的方式,采用自上而下、自下而上、上下结合的流程编制预算。

1. 自上而下式

自上而下式是指高层管理者先制定出预算目标,然后自上而下地分解下达目标,各责任单位据此编制和执行预算。该模式的优点是能很好地进行决策控制,保证企业利益最大化,同时兼顾企业集团战略发展需要。高层管理者往往先设置预算期的整体目标,然后通过编制全面预算来实现这一目标,体现了预算管理更能服务于企业战略的作用。缺点是可能总部对各责任单位信息了解不充分,导致制定的目标脱离实际,可执行性差。另外,各责任单位没有参与预算目标的制定,执行预算的积极性可能会受影响。该模式适用于中小企业,其组织结构一般采用的是直线制或直线职能制,企业往往实行的是高度集权的预算管理模式。

2. 自下而上式

自下而上式是指各责任单位根据自身的实际情况编制和执行预算,集团公司只起汇总和管理的职能,并对预算负有最终审批权。在自下而上的编制程序中,预算执行单位在资金、人员和物资等企业资源的使用上有充分的自主权。该模式的优点是能提高各责任单位的主动性,容易调动其编制和执行预算的积极性,体现权利与义务对等原则,即谁花钱谁做预算;缺点是可能缺乏战略发展规划的指引,不能从整体利益出发,导致资源浪费。所以,这种模式不利于各责任单位盈利潜能的最大限度发挥,容易产生与集团公司战略不符的预算目标。该模式适用于分权式企业的预算编制,这些企业一般是集团公司的子公司。

3. 上下结合式

企业普遍采用上下结合式的预算编制流程。首先,企业在确定生产经营总目标后,预算管理部门确定企业总预算目标并将预算目标层层分解到各预算责任单位。然后,各预算责任单位根据分解目标并结合实际情况,编制出本单位预算,逐级往上汇总,协调平衡。最后,得出企业的总预算。使用该模式的企业，预算的执行者（分部门主管及其下属的分厂等）在企业总目标和部门分目标的框架指导下编制预算，体现了以集权管理为主的民主管理思想。适合采用这种预算编制流程的是企业集团或大型企业，它们大多采用事业部制组织结构。这种预算编制流程的优点是企业决策的集中度高，编制过程耗用时间较少；缺点是预算执行单位的决策参与性较弱，各职能部门之间的信息交流和沟通不够，会影响预算管理功能的发挥。企业上下层级之间在自我利益的驱使下，会存在各自效益目标与企业整体目标之间的博弈，导致精力的不必要耗费。

为保证各责任单位预算编制与企业整体战略目标的协同一致，企业内部应该做到"上下一心"，在预算编制上加强沟通，建立相互沟通的平台。所以，选择合适的编制流程很关键。

企业一般应按照"上下结合，分级编制，逐级汇总"的流程编制预算，流程如下。

（1）最高领导机构根据长期规划，利用本量利分析等工具，确定企业一定时期的总目标，并下达规划指标。

（2）最基层成本控制人员自行草拟预算，使预算较为可靠、符合实际。

（3）各部门汇总部门预算并协调本部门预算，编制销售、生产、财务等业务预算。

（4）预算管理委员会审查、平衡业务预算，汇总出企业的总预算。

（5）经过最高决策层的批准，审议机构通过预算或者退回修改。

（6）主要预算指标报告给董事会或上级主管单位，讨论通过或者驳回修改。

（7）批准后的预算下达给各部门执行。

表 3-1 和表 3-2 所示为某股份有限公司的预算编制流程及各个流程的详细步骤。

预算编制流程与编制方法的选择应与企业现有管理模式相适应。预算编制完成后，应按照相关法律法规及企业章程的规定报经企业预算管理决策机构审议批准，以正式文件形式下达执行。

预算审批包括预算内审批、超预算审批、预算外审批等。预算内审批事项，应简化流程，提高效率；超预算审批事项，应执行额外的审批流程；预算外审批事项，应严格控制，防范风险。

表 3 – 1  公司预算编制流程

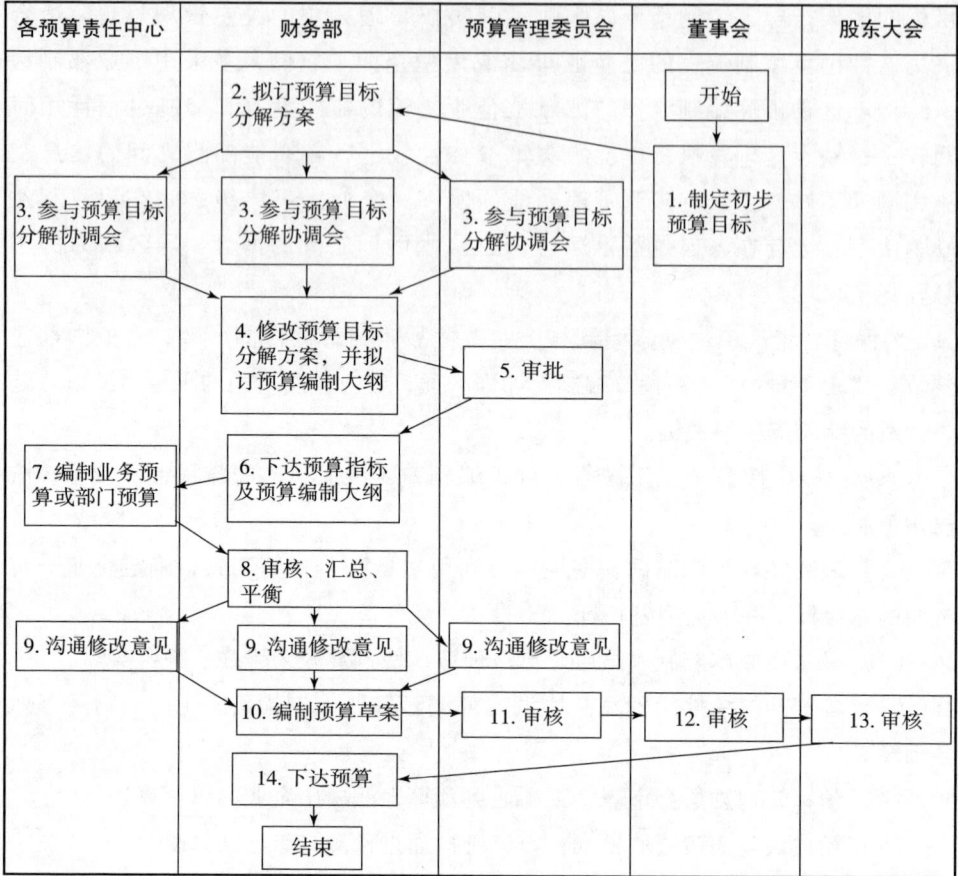

表 3 – 2  预算编制流程步骤

| 流程步骤 | 执行部门/岗位 | 执行记录 | 流程步骤描述 |
|---|---|---|---|
| 1. 制定初步预算目标 | 董事会 | | 董事会根据公司发展战略和年度经营目标，结合财务部对预算目标的测算结果，确定公司初步预算目标 |
| 2. 拟订预算目标分解方案 | 财务部 | 预算目标分解方案 | 财务部拟订年度预算目标分解方案 |
| 3. 参与预算目标分解协调会 | 预算管理委员会、各预算责任中心、财务部 | 预算目标分解方案 | 预算管理委员会召开预算目标分解协调会，组织各预算责任中心、财务部相关人员就预算目标分解方案进行充分讨论、沟通 |

| 流程步骤 | 执行部门/岗位 | 执行记录 | 流程步骤描述 |
|---|---|---|---|
| 4. 修改预算目标分解方案，并拟订预算编制大纲 | 财务部 | 预算目标分解方案、预算编制大纲 | 财务部根据协调会讨论结果，修改预算目标分解方案，同时拟订预算编制大纲，明确预算编制范围、编制依据及基本原则、编制内容等 |
| 5. 审批 | 预算管理委员会 | 预算目标分解方案、预算编制大纲 | 预算管理委员会对预算分解方案及编制大纲进行审批，确保与公司总体战略目标相吻合 |
| 6. 下达预算指标及预算编制大纲 | 财务部 | | 财务部将预算管理委员会审定的预算指标及预算编制大纲一并下达至各预算责任中心 |
| 7. 编制业务预算或部门预算 | 各预算责任中心 | 业务预算草案、部门预算草案 | 各预算责任中心根据本部门的预算目标，按照规定的报告格式编制业务预算草案，部门预算草案，经预算责任中心负责人审核确认后报公司财务部<br>预算草案包括预算报表和预算编制说明，预算编制说明需对预算报表的内容进行详细解释说明，并附相关附件依据、业务报表 |
| 8. 审核、汇总、平衡 | 财务部 | | 财务部对各预算责任中心编制的预算进行审查、汇总，提出综合平衡的建议 |
| 9. 沟通修改意见 | 预算管理委员会、财务部、各预算责任中心 | | 在审查、平衡过程中，财务部应对发现的问题和偏差提出调整意见，并反馈给各预算责任中心予以修正。对经多次协调仍达不成一致的，财务部应向预算管理委员会汇报，以确定是否调整有关预算责任中心的预算目标，并最终达到综合平衡 |
| 10. 编制预算草案 | 财务部 | 年度预算草案 | 财务部根据各预算责任中心修正调整后的预算草案，汇总编制整个公司的年度预算草案，报公司预算管理委员会审核 |
| 11. 审核 | 预算管理委员会 | 预算管理委员会会议纪要 | 公司预算管理委员会召开预算质询会，各预算责任中心负责人及预算编制人员参加会议，对各预算责任中心上报的预算方案进行质询、审议，审议时主要关注预算草案是否符合公司发展战略、整体目标，是否真实反映本公司预算期内经济活动规模、成本费用水平等 |

| 流程步骤 | 执行部门/岗位 | 执行记录 | 流程步骤描述 |
|---|---|---|---|
| 12. 审核 | 董事会 | | 董事会审议预算草案，审议时主要关注预算草案是否符合公司发展战略、整体目标，是否真实反映本公司预算期内经济活动规模、成本费用水平等 |
| 13. 审核 | 股东大会 | | 股东大会审议批准公司的年度财务预算方案、决算方案；对以上内容股东以书面形式一致表示同意的，可以不召开股东会议，直接作出决定，并由全体股东在决定文件上签名、盖章 |
| 14. 下达预算 | 财务部 | | 财务部门将预算编制方案通知各子公司、分支机构、各部门 |

# 案例　预算编制流程的应用案例

## 某加工制造企业预算编制示例

某企业为加工制造企业，预计 2015 年，销售 A 产品 630 件（其中：第一至第四季度分别为 100 件、150 件、200 件、180 件），每件售价 200 元。生产每件 A 产品需要 B 材料 10 千克，工时 10 小时，B 材料 5 元/千克，生产工人工资 2 元/小时，变动制造费用 0.5 元/小时，固定制造费用 1.5 元/小时，销售人员工资 2 000 元，广告费 5 500 元，运输费用 3 000 元，保管费 2 700 元，管理人员工资 4 000 元，福利费 800 元，保险费 600 元，办公费 1 400 元，预计购置设备 10 000 元（第二季度支付），年折旧额 4 000 元（假设均为生产用固定资产折旧），每季度所得税支出 4 000 元。第二季度、第四季度分别支付股利 8 000 元，第二季度借款 11 000 元，并于第三季度还款，同时支付利息 330 元。假设：年初现金余额 8 000 元，年末产品 20 件，年初材料存量 300 千克，年末材料存量 400 千克，上年应付账款 2 350 元。

企业相关财务管理制度如下。

（1）采取零基预算方式编制年度资金预算。

（2）销售回款方式为：60% 在销售当季，40% 在下季。

（3）企业预计本季度末存货为下季度销量的 20%，期初存货为本期销量的 10%。

（4）企业每季预计期末材料存货等于下季生产耗用量的 20%。

（5）企业现金支出预计：采购当季为 50%，下季为 50%。

试根据以上情况，编制该企业 2015 年度资金预算（不考虑增值税影响）。

编制过程如下。

第一步：编制销售预算。销售预算如表 3 - 3 所示。

表 3 - 3　　　　　　　　　　销售预算

金额单位：元

| 项目 | 第一季度 | 第二季度 | 第三季度 | 第四季度 | 全年 |
|---|---|---|---|---|---|
| 预计销售量（件） | 100 | 150 | 200 | 180 | 630 |
| 预计单位售价（元/件） | 200 | 200 | 200 | 200 | 200 |
| 销售收入合计 | 20 000 | 30 000 | 40 000 | 36 000 | 126 000 |
| 预计现金收入 | 一 | 二 | 三 | 四 | 全年 |
| 上年应收账款 | 6 200 | | | | 6 200 |
| 第一季度（20 000） | 12 000 | 8 000 | | | 20 000 |
| 第二季度（30 000） | | 18 000 | 12 000 | | 30 000 |
| 第三季度（40 000） | | | 24 000 | 16 000 | 40 000 |
| 第四季度（36 000） | | | | 21 600 | 21 600 |
| 现金收入合计 | 18 200 | 26 000 | 36 000 | 37 600 | 117 800 |

第二步：编制生产预算。生产预算如表 3 - 4 所示。

表 3 - 4　　　　　　　　　　生产预算

单位：件

| 项目 | 第一季度 | 第二季度 | 第三季度 | 第四季度 | 全年 |
|---|---|---|---|---|---|
| 预计销售量 | 100 | 150 | 200 | 180 | 630 |
| 加：预计期末存货 | 15 | 20 | 18 | 20 | 20 |
| 合计 | 115 | 170 | 218 | 200 | 650 |
| 减：预计期初存货 | 10 | 15 | 20 | 18 | 10 |
| 预计生产量合计 | 105 | 155 | 198 | 182 | 640 |

第三步：编制直接材料预算。直接材料预算如表 3 - 5 所示。

表 3-5                          直接材料预算

| 项目 | 第一季度 | 第二季度 | 第三季度 | 第四季度 | 全年 |
|---|---|---|---|---|---|
| 预计生产量（件） | 105 | 155 | 198 | 182 | 640 |
| 单位产品材料用量（千克/件） | 10 | 10 | 10 | 10 | 10 |
| 生产需要量（千克） | 1 050 | 1 550 | 1 980 | 1 820 | 6 400 |
| 加：预计期末存量（千克） | 310 | 396 | 364 | 400 | 400 |
| 合计（千克） | 1 360 | 1 946 | 2 344 | 2 220 | 6 800 |
| 减：预计期初存量（千克） | 300 | 310 | 396 | 364 | 300 |
| 预计材料采购量（千克） | 1 060 | 1 636 | 1 948 | 1 856 | 6 500 |
| 单价（元/千克） | 5 | 5 | 5 | 5 | 5 |
| 预计采购金额（元） | 5 300 | 8 180 | 9 740 | 9 280 | 32 500 |
| 上年应付账款（元） | 2 350 | | | | 2 350 |
| 第一季度（采购 5 300 元） | 2 650 | 2 650 | | | 5 300 |
| 第二季度（采购 8 180 元） | | 4 090 | 4 090 | | 8 180 |
| 第三季度（采购 9 740 元） | | | 4 870 | 4 870 | 9 740 |
| 第四季度（采购 9 280 元） | | | | 4 640 | 4 640 |
| 现金支出合计（元） | 5 000 | 6 740 | 8 960 | 9 510 | 30 210 |

第四步：编制直接人工预算。直接人工预算如表 3-6 所示。

表 3-6                          直接人工预算

| 项目 | 第一季度 | 第二季度 | 第三季度 | 第四季度 | 全年 |
|---|---|---|---|---|---|
| 预计生产量（件） | 105 | 155 | 198 | 182 | 640 |
| 单位产品工时（小时） | 10 | 10 | 10 | 10 | 10 |
| 人工总工时（小时） | 1 050 | 1 550 | 1 980 | 1 820 | 6 400 |
| 每小时人工成本（元） | 2 | 2 | 2 | 2 | 2 |
| 人工总成本（元） | 2 100 | 3 100 | 3 960 | 3 640 | 12 800 |

第五步：编制制造费用预算。制造费用预算如表 3-7 所示。

表 3-7                          制造费用预算

金额单位：元

| 项目 | 单位成本 | | | 制造费用 | 企业详细分季支出情况列示如下： |
|---|---|---|---|---|---|
| | 每千克 | 投入量 | 成本 | | |
| 变动制造费用 | 0.5 | 10 小时 | 5 | 3 200 | |
| 固定制造费用 | 1.5 | 10 小时 | 15 | 9 600 | |
| 合计 | | | | 12 800 | |

续表

| 项目 | 第一季度 | 第二季度 | 第三季度 | 第四季度 | 全年 |
|---|---|---|---|---|---|
| 变动制造费用： | | | | | |
| 间接人工 | 105 | 155 | 198 | 182 | 640 |
| 间接材料 | 105 | 155 | 198 | 182 | 640 |
| 修理费 | 210 | 310 | 396 | 364 | 1 280 |
| 水电费 | 105 | 155 | 198 | 182 | 640 |
| 小计 | 525 | 775 | 990 | 910 | 3 200 |
| 固定制造费用： | | | | | |
| 修理费 | 1 000 | 1 140 | 900 | 900 | 3 940 |
| 折旧 | 1 000 | 1 000 | 1 000 | 1 000 | 4 000 |
| 管理人员工资 | 200 | 200 | 200 | 200 | 800 |
| 保险费 | 75 | 85 | 110 | 190 | 460 |
| 财产税 | 100 | 100 | 100 | 100 | 400 |
| 小计 | 2 375 | 2 525 | 2 310 | 2 390 | 9 600 |
| 合计 | 2 900 | 3 300 | 3 300 | 3 300 | 12 800 |
| 减：折旧 | 1 000 | 1 000 | 1 000 | 1 000 | 4 000 |
| 现金支出的费用 | 1 900 | 2 300 | 2 300 | 2 300 | 8 800 |

第六步：编制产品成本预算。产品成本预算如表 3 - 8 所示。

表 3 - 8　　　　　　　　　　产品成本预算

单位：元

| 项目 | 单位成本 | | | 生产成本 | 期末存货 | 销售成本 |
|---|---|---|---|---|---|---|
| | 每千克或每小时 | 投入量 | 成本 | （640 件） | （20 件） | （630 件） |
| 直接材料 | 5 | 10 千克 | 50 | 32 000 | 1 000 | 31 500 |
| 直接人工 | 2 | 10 小时 | 20 | 12 800 | 400 | 12 600 |
| 变动制造费用 | 0.5 | 10 小时 | 5 | 3 200 | 100 | 3 150 |
| 固定制造费用 | 1.5 | 10 小时 | 15 | 9 600 | 300 | 9 450 |
| 合计 | | | 90 | 57 600 | 1 800 | 56 700 |

第七步：编制销售及管理费用预算。销售及管理费用预算如表 3 - 9 所示。

表 3-9 　　　　　　　　　　**销售及管理费用预算**

| 项目 | 金额（元） |
|---|---|
| 销售费用： | |
| 销售人员工资 | 2 000 |
| 广告费 | 5 500 |
| 运输费用 | 3 000 |
| 保管费 | 2 700 |
| 小计 | 13 200 |
| 管理费用： | |
| 管理人员工资 | 4 000 |
| 福利费 | 800 |
| 保险费 | 600 |
| 办公费 | 1 400 |
| 小计 | 6 800 |
| 合计 | 20 000 |
| 每季度支付现金（20 000÷4） | 5 000 |

第八步：编制现金预算。现金预算如表 3-10 所示。

表 3-10 　　　　　　　　　　**现金预算**

金额单位：元

| 项目 | 第一季度 | 第二季度 | 第三季度 | 第四季度 | 全年 |
|---|---|---|---|---|---|
| 期初现金余额 | 8 000 | 4 200 | 60 | 6 510 | 8 000 |
| 加：销货现金收入（表3-3） | 14 200 | 24 000 | 42 000 | 37 600 | 117 800 |
| 可供使用的现金 | 22 200 | 28 200 | 42 060 | 44 110 | 125 800 |
| 减各项支出： | | | | | |
| 直接材料（表3-5） | 5 000 | 6 740 | 8 960 | 9 510 | 30 210 |
| 直接人工（表3-6） | 2 100 | 3 100 | 3 960 | 3 640 | 12 800 |
| 制造费用（表3-7） | 1 900 | 2 300 | 2 300 | 2 300 | 8 800 |
| 销售及管理费用（表3-9） | 5 000 | 5 000 | 5 000 | 5 000 | 20 000 |
| 所得税 | 4 000 | 4 000 | 4 000 | 4 000 | 16 000 |
| 购买设备 | | 10 000 | | | 10 000 |
| 股利 | | 8 000 | | 8 000 | 16 000 |
| 支出合计 | 18 000 | 39 140 | 24 220 | 32 450 | 113 810 |
| 现金多余或不足 | 4 200 | -10 940 | 17 840 | 11 660 | 11 990 |

| 项目 | 第一季度 | 第二季度 | 第三季度 | 第四季度 | 全年 |
|---|---|---|---|---|---|
| 向银行借款 | | 11 000 | | | 11 000 |
| 还银行借款 | | | 11 000 | | 11 000 |
| 借款利息 | | | 330 | | 330 |
| 合计 | 4 200 | 60 | 6 510 | 11 660 | 11 660 |
| 期末现金余额 | 4 200 | 60 | 6 510 | 11 660 | 11 660 |

第九步：编制财务报表预算，根据财务会计知识进行财务报表的编制。

# 3.2　预算执行与考核

## 3.2.1　预算执行与考核的含义

一、预算执行的含义

预算执行是指以预算为标准，组织实施企业生产经营活动的行为，包括从预算审批下达到预算期结束的全过程。预算执行一般按照预算控制、预算调整等程序进行。

二、预算考核的含义

预算考核是指通过对各预算执行单位的预算完成结果进行检查、考核与评估，为企业实施奖惩和激励提供依据。为改进预算管理提供建议和意见，是企业进行有效激励与约束、提高企业绩效的重要内容。

预算考核具有以下作用：

（1）明确战略导向；

（2）强化激励机制；

（3）改善业绩评价；

（4）提升管理水平。

## 3.2.2　预算控制

一、预算控制的概念与形式

预算控制，是指企业以预算为标准，通过预算分解、过程监督、差异分析等促使日常经营不偏离预算标准的管理活动。

预算控制的形式可以分为外部控制和内部控制。外部控制就是指企业外部环境对企业预算执行产生的影响，包括经济政策、社会环境、市场状况等宏观因素对企业产生的阻力和动力，一般是企业无法避免的。内部控制是企业内部的组织机构和人员主动进行的对预算执行过程的跟踪反应、分析调控。内部控制可以通过自我控制和管理控制两种手段来实现。自我控制是特定部门或人员对自己权责范围内的预算执行的监督，以及自我分析。管理控制则是上级对下级预算执行情况的监督和分析。

二、预算控制的具体内容

预算控制的内容就是预算编制产生的各级各类预算，即经营预算、资本支出预算和财务预算。

（一）经营预算控制

经营预算中包括的销售预算，生产预算，成本、费用预算都是预算控制的内容。

1．销售预算控制

销售预算主要是销售收入的实现，所以控制目标应该集中于销售价格和销售数量，监督二者在预算期间的变化。

（1）将销售预算涉及的地区划分为若干部分，每部分由专人负责，如分区销售经理。

（2）建立销售预算完成计划时间进度表，随时检验预算完成情况。

（3）建立有效的预算评估程序，对每一阶段预算执行情况进行评价。

另外，在销售预算中还涉及产品期初期末的存货。销售量由于各种环境因素的影响波动会比较频繁，为了生产的稳定，对存货的预算也应该进行控制，使存货数量处在最低安全存量和最高存量之间。

2．生产预算控制

（1）产量预算控制。产量会受到销售预算和存货预算控制结果的影响，一般来说，产量预算控制的指导原则应包括以下两点。

①决定每项或每类产品的标准存货周转率。

②利用每项或每类产品的标准存货周转率和销售预测值来决定存货数量的增减。系统地报告材料状况，使过期、过剩、陈旧的材料的消耗降到最低程度。这些要求可以通过定期汇报、定期检查、限定材料存货最低最高量等手段来实现。

（2）直接材料预算控制。直接材料预算控制应该使生产过程中的材料消耗控制在预算标准范围之内，尽量减少不必要的浪费和损失，提高材料利用率。实现直接材料预算控制的方法如下。

①限额领料制。限额领料制是指为更有效地控制材料的领发，节约使用材料，供应部门根据生产计划以及材料消耗定额计算材料定额消耗量，与生产计划部门共同签发限额领料单。这种方法适用于经常领用并规定领用限额的材料领发业务。

②配比领料制。配比领料制是指供应部门根据生产计划和所用各种材料的配方比例，计算各种材料的配方用量，与生产计划部门共同签发材料配比领料单，据以领发材料。这种方法适用于生产产品需要耗用若干种材料，而且各种材料之间有固定配方比例的情况。

③盘存控制法。在盘存控制法下，首先定期对产品进行盘存，然后根据完工产品数量和在产品数量计算产品投产数量，再乘以材料消耗定额来计算材料定额消耗量，最后将材料实际消耗量与定额消耗量进行比较，即可计算出材料消耗与定额的差异。这种方法适用于不需要经过切割就可以进行加工的材料，以反映材料实际消耗量与定额消耗量的差异。

在使用这几种方法的时候，要注意严格执行标准，如果出现超标现象，需要说明原因，并经有权做出决策的部门和人员批准。另外，还应该注意材料的品种和规格要符合工艺技术的要求，防止大材小用或者优材劣用。

（3）直接人工预算控制。直接人工预算控制的有效性取决于各级主管人员的持续监督和观察，以及主管人员与员工的接触。直接人工预算中最重要的环节是单位小时人工标准的确定，另外工作流程的规划以及物料、设备的布置安排都会对直接人工总成本产生影响。同时，在一定的工时标准基础上，员工的工作效率会直接影响生产数量和质量。所以，对直接人工的预算控制可以从以下两个角度着手。

①通过控制人工标准和员工人数来控制工资费用总额。从最终财务结果来讲，总的工资费用才是直接相关的，所以必须对总的工资进行控制。企业要结合国家和行业的相关规定，以及企业的实际情况来制定适合本企业的人工支付标准，控制员工工资、奖金等。企业还要控制员工人数、遵守定员标准，增减员工要通过一定的审批程序来进行。

②监督劳动生产率情况。监督劳动生产率主要是控制生产工人的出勤率、工时利用率以及工时定额的完成情况。通过提高劳动生产率来提高产品产量，降低单位产品成本中的工资费用。但是，除了产量，还要注重产品质量的控制。

（4）制造费用预算控制。制造费用预算控制的基本原则是区分可控和不可控因素。

制造费用预算控制中的可控因素与直接材料和直接人工预算控制都有关联，控制方法可以参照直接材料和直接人工的预算控制。

制造费用预算控制中的不可控因素，比如分摊的折旧和管理费用等，只能由负责计算分摊这些费用的部门实施控制，调控费用总额和分配给相应受益部门的份额。接受这些间接费用的部门则无须承担控制责任。

3．成本、费用预算控制

（1）成本预算控制。成本预算是对直接材料、直接人工、制造费用预算的总结概括，因此成本预算控制是站在一个更高的角度对产品成本总的监督，而不是分项目的详细控制。在以销定产、从目标利润倒推生产成本的情况下，成本预算控制就是直接材料、直接人工和制造费用预算控制的基础，通过成本预算中要求的各项目的完成情况来制定详细的各项目的控制措施。

（2）销售费用预算控制。销售费用可以分为变动销售费用和固定销售费用，其控制方法各不相同。

变动销售费用是指与产品销售数量成正比例变动的费用，如销售佣金、包装费、运输费等。对于变动销售费用，一般应在不影响销售的前提下控制其单位消耗。例如，通过采用更科学的打包技术降低包装物的消耗来减少单位产品的包装费。

固定销售费用是指与产品销售数量没有直接关系的销售费用，如广告费、销售部门管理人员的工资等。由于固定销售费用与销售数量没有直接关系，所以控制的时候以总额控制为主，如限定预算期间用于广告费用的支出金额。

（3）管理费用预算控制。管理费用预算由许多明细项目组成，对于不同项目的费用，应采用不同的控制方法，但就费用水平而言，应采用费用预算总额控制的方法。例如，对于可能发生的坏账，应该按照应收账款的一定比例和账龄长短来核定预算年度的坏账准备。如果实际发生的坏账超过了预算数额，则在核销的时候应该由有权控制的部门核准，并查找产生超额坏账的原因。

（二）资本支出预算控制

对资本支出预算，不能仅仅考虑压制支出，还应该考虑战略成本。所谓战略成本，是指能使企业获得价值创造和核心竞争力的成本，包括技术研发的成本、开发市场的成本、扩大生产的成本、提高质量的成本等。这些成本着重企业的长远利益而非短期利益。技术研发可以使企业获得技术上的领先地位，开发市场可以使企业扩大市场占有率，扩大生产可以使企业生产能力提升而获得规模效益，提高质量可使企业争创名牌。因此，资本支出预算控制应根据实际情况的变化，随时调整支出项目与支出额，使资产的取得、维护、升值等能够顺利进行。一旦发生无法预计和解决的问题，应依据谨慎性原则，及时停止资本支出项目以最大限度地减少损失。

资本支出预算控制分为三个阶段。

第一阶段是正式授权进行特定资本支出项目的计划。主要的资本支出计划需要最高管理层批准，批准的形式可以是正式或非正式的通知。相应地，对重要程度递减的资本支出计划，由相应级别的管理部门授权即可。

第二阶段是资本支出项目进行中的支出控制。一旦资本支出项目经过批准并开始实施，应立即设立专门档案记录发生的成本、费用支出，并根据责任范围编制工作进度作为补充资料。每个资本支出项目的进展情况报告都应该每隔一段期间呈报给相应的管理机构，重要的资本支出项目则需要将报告呈送企业最高管理层审核。在报告中，应包括以下几项内容。

（1）成本项目。成本项目中应列明资本支出项目的预算金额、到报告期为止的累计支出和尚需支付的款项、预算中未使用的金额、已经超过或低于确定支出的数额。

（2）收入项目。如果资本支出项目投入后马上就可以产生收益或在报告期内产生了收入，则应在报告中列明收入数额、收入取得的原因和方式等。

（3）进度报告。进度报告中需要说明项目的开始日期、预计的进度表、实际的进展程度和项目预计完成尚需的时间。

（4）其他需要说明的情况。没有包括在上述三个项目中但又比较重要的问题可以放在这一项中，如项目的质量、一些事先没有估计到的问题等。

第三阶段是资本支出项目完成后的记录归档。项目完成后，相关的档案资料也记录完毕。实际情况、预算情况以及两者的对比、分析和解决措施、项目的验收和试运行情况等都包括在内。这些档案资料经相应管理机构核准后可以归档。

经过以上阶段，对资本支出预算的控制已经基本完成，但如果是重大的资本支出项目，还应遵循重要性原则进行跟踪观察和定期研究，以确定该项目是否产生当初分析师所预期的结果。这样的考察是十分必要的，可以对原分析的适当性提供良好的测验，还可以为将来的经营决策提供有价值的参考资料。

（三）财务预算控制

财务预算控制的对象是现金预算。通过对前面各项预算的控制，预计利润表和预计资产负债表已经得到了较好的保证，但还需要对现金进行专门的管理控制。良好的现金控制制度是非常重要的，因为现金的多余和不足，特别是不足给企业带来的潜在影响是很难估计的。

实际现金收支与预算收支的差异是一定存在的，发生差异的原因可能有影响因素的变化、突然和意想不到的情况对生产经营的影响、现金控制不力等。管理层为了缩小差异，避免出现现金不足，可以采取下面的方法。

（1）加强应收账款的催收力度；（2）减少浮现费用；（3）延迟资本支出；（4）推迟待付的款项；（5）在不影响生产经营的基础上减少存货数量。

一般来说，对现金预算进行控制的方法有以下两种。

（1）对现金及未来可能的现金状况做出适当和连续的评价。这个程序涉及定期评估和截至报告期所发生的实际现金流动情况及对下一期间可能发生的现金流量的再预测。

（2）保存逐日（或更长间隔期间）的现金状况资料。为减少利息费用，确保现金充足，有条件的企业可以每天对现有现金状况进行评估。这个方法特别适用于现金需要波动幅度较大、分支机构分散且有庞大现金流量的企业。实际生活中，有很多企业都编制现金收支日报表来控制现金流量。

## 3.2.3 预算调整

预算调整是指对预算执行中发现的错误和环境因素变化所造成的不恰当的预算标准进行的调整。一般来说，预算一经制定，原则上是不能随意更改的，否则预算就难以使人信服，很难顺利地执行。但是，预算编制中的错误是很难完全避免的，现实与计划也很难完全符合，当实际情况与预计出现重大差异时依旧遵循现有预算是不可取的，这时就应该考虑对预算进行调整。不能随意调整预算，应该按照严格的程序和操作规范，要求由具体的预算执行人提出，视重要程度由相应级别的管理人员批准，并经预算管理委员会审核。

（一）预算调整的原因

预算执行单位在执行预算时，如果发现预算出现偏差，必须对原因进行分析，如果是主观原因则不得进行调整，如果是客观原因则可以向预算管理委员会申请进行调整。可能导致预算出现偏差的客观原因包括以下两点。

1. 时间变化

预算执行所在的期间和预算编制的期间一般来说是不同的，这种时间的差距很可能使预算编制环境和执行环境、预算编制人员和执行人员乃至企业具体的短期目标发生变化。这些因素的变化都需要预算做出相应调整。

（1）预算编制环境和执行环境不同。由于预算是以当时的情况和对未来的预测为基础编制的，虽然考虑了可能出现的不确定因素，但无法做到与未来完全相同。一旦环境发生变化，原来编制的预算就可能无法满足新的环境的需要。为了企业预算期间的目标实现，乃至长远的发展，就必须对不合时宜的预算标准进行调整。

（2）预算编制人员和执行人员不同。企业的预算一般是在预算年度开始之前几个月就着手编制，预算执行要在一段时间之后。在此期间，如果出现人事变动，使某一项目预算编制和执行的人员产生变更，每个人思考和看待问题方式的不同，就可能造成原有的预算标准不恰当。这时，可以对预算编制进行适当的更改。

（3）预算编制时的短期目标和执行中的短期目标不同。编制预算的时候需要充分考虑企业长期和短期目标，为了实现这些目标而努力。但是在预算执行过程中，企业的短期目标可能会发生变化，与预算编制时的目标产生分歧。比如，企业预算中确定的某一期间的短期目标是销售额增加 100 万元，但在实际执行时，由于应收账款回收渠道不畅等，企业现金严重短缺。这时，企业的短期目标就不再是增加销售额，而是保障正常生产经营的现金需要。相应地，预算标准也需要变更。

2．空间变化

空间变化主要指的是进行预算编制和预算执行的部门和人员不同。

预算编制是通过上下级之间的反复沟通协调实现的具有普遍接受性的目标。在这个过程中，具体的预算执行人员虽然参与了预算编制，但预算框架体系和关键的数据还是主要由财务部门和各级管理人员来确定。这样，预算的编制和执行人员就不一致，很可能会造成目标和实际情况脱节。所以，在执行过程中，如果出现了预算中没有考虑到的特殊情况，要及时对预算进行修改，这样才能使计划更好地和实际相符合。

（二）预算调整的程序

企业的预算调整一般要经过以下程序。

1．预算调整的申请

预算中的错误和不当之处一般是由具体的预算执行人员发现的，但是他们并没有直接修改的权力，所以在发现需要修改的预算项目之后，应由该预算执行单位向预算管理委员会提出书面申请。

申请报告的内容应该包括：原有的预算标准、调整的理由、调整的建议方案、调整前后预算指标的比较、调整后可能对企业预算总目标的影响、调整后预算责任人的变化、相关人员签字等。

2. 预算调整的审议

在申请报告到达预算管理委员会之前，会先提交至预算执行单位上一级主管机构进行审核，对于确实需要修改的项目，在报告中加注自己的意见并签名再呈送上一级主管机构。这一程序根据企业规模和员工级别设置情况，逐级向上传递，直到预算管理的最高机构——预算管理委员会。预算管理委员会接到预算调整申请后即进入调整审议程序，审议时应注意与预算审议人、预算单位及时交换意见。

3. 预算调整的批准和后续跟踪

批准预算调整的权力机构是预算管理委员会，预算管理委员会根据预算调整事项性质上的不同，按照权限批准预算调整事项，下发预算单位执行。调整之后，通过对预算进展情况的跟踪报告，可以发现调整的效果，并将其作为业绩评价和今后预算执行的重要参考。

## 3.2.4 预算考核

预算考核主要针对定量指标进行，是企业绩效考核的重要组成部分。预算考核以预算完成情况为考核核心，通过预算执行情况与预算目标的比较，确定差异并查明产生差异的原因，进而据以评价各责任中心的工作业绩，并通过与相应的激励制度挂钩，促进其与预算目标相一致。

企业应按照公开、公平、公正的原则实施预算考核。企业应建立健全预算考核制度，并将预算考核结果纳入绩效考核体系，切实做到有奖有惩、奖惩分明。

预算考核主体和考核对象的界定应坚持上级考核下级、逐级考核、预算执行与预算考核职务相分离的原则。

## 案例 预算考核的应用案例

### X集团公司预算考核案例

X集团公司主营房地产开发业务，自2014年起实行全面预算管理。采用线上预算管理系统进行，系统由北京元年科技股份有限公司研发。该预算管理系统是以业务预算为起点的全面短期预算管理闭环系统。预算管理主要包括预算编制、预算执行和预算考核三大环节。

1. 预算编制

2017 年 10 月，公司管理层下达编制 2018 年年度预算的通知。通知要求管理总部、各城市公司在集团公司经营目标的前提下，就现有业务进行 2018 年预算编制，编制销售预算、成本预算、费用预算、资金预算。在结合前三项预算的基础上，财务部编制资金预算。2017 年 12 月，完成预算编制之后进行预算评审。由管理总部财务部牵头、组织相关职能部门领导，组成预算管理委员会，对各部门、各公司的预算进行逐一评审，对其中不满足公司经营目标的、超出上限的费用等，退回进行重新编制。2018 年 1 月，经预算管理委员会多次评审，提报董事会审批后，X 集团公司 2018 年全面预算正式获批，开始在集团内执行。

2. 预算执行

2018 年，公司依据此预算开展业务。各月初，对上月进行预算执行情况分析，对与预算差异较大的，提请相关部门关注业务的实际执行情况、重点关注其后续业务。在执行过程中，如遇业务发生重大变化时则需调整预算，调整后预算，经相关程序审核、预算管理委员会审批，方可生效。

2018 年 7 月，预算管理委员会将对上半年预算执行情况进行汇总通报，对于未能完成预算目标的，需由相关部门做出书面解释，并提出后续的改进措施。同时，对下半年预算进行调整，涉及重大调整的，需做出专项解释。

3. 预算考核

在年终决算之后，年度预算考核工作开始，通常是在次年的 1—2 月进行。由各部门、各公司提交预实对比分析报告，对于偏差率超过 20% 的，需在报告中说明偏差的原因。

预算管理委员会逐一审核各单位的预算对比分析报告，对于偏差率过大的，进行面谈。完成分析报告审核后，预算管理委员会汇总编制集团公司年度预算对比分析报告，并提交董事会审批。同时，预算管理委员会针对每个单位的分析报告提出意见，并对次年的预算工作提出编制和执行的要求。

审批通过后，报人力资源部，人力资源部根据预算的完成情况，确定年度考核的依据，进行绩效考评，在年终奖和绩效工资中予以体现。

4. 总结

（1）全面预算管理，业务是基础，要落实到各业务部门编制，方可得到真实的预算数据。

（2）预算应该具有灵活性，但要避免出现预算松弛。

（3）预算的目的不在于考核，预算是战略规划和实际经营活动的桥梁，用于指导具体业务的开展。

（4）资金预算是房地产行业最核心的预算板块，其编制和执行需基于各类业务预算。

总之，全面预算强调三全：全员、全业务和全过程。只有自下而上鼓励全员参与，贯彻全局，普及预算管理的理念和方法，才能形成高效的预算管理，才能真正实现预算的预期作用。

# 3.3 预算管理工具方法

预算管理领域应用的管理会计工具方法，一般包括定期预算、滚动预算、增量预算、零基预算、固定预算、弹性预算、作业预算等。企业可根据其战略目标、业务特点和管理需要，结合不同工具方法的特征及适用范围，选择恰当的工具方法综合运用。

企业可整合预算与战略管理领域的管理会计工具方法，强化预算对战略目标的承接分解；整合预算与成本管理、风险管理领域的管理会计工具方法，强化预算对战略执行的过程控制；整合预算与营运管理领域的管理会计工具方法，强化预算对生产经营的过程监控；整合预算与绩效管理领域的管理会计工具方法，强化预算对战略目标的标杆引导。

企业应用预算管理工具方法，一般按照预算编制、预算控制、预算调整、预算考核等程序进行。

## 3.3.1 定期预算

定期预算是指在编制预算时，以不变的会计期间（如日历年度）作为预算期的一种编制预算的方法。

这种方法的优点是便于将实际数与预算数进行对比，也有利于对预算执行情况进行分析和评价。其缺点有以下三点。第一，盲目性。因为定期预算多在其执行年度开始前两三个月进行，难以预测预算期后期情况，特别是在多变的市场下，许多数据资料只能估计，具有盲目性。第二，不变性。预算执行中，许多不测因素会妨碍预算的指导功能，甚至使之失去作用，而预算在实施过程中又往往不能进行调整。第三，间断性。定期预算的连续性差，只考虑一个会计年度的经营活动，即使年中修订的预算也只是针对剩余的预算期，对下一个会计年度很少考虑，形成人为的预算间断。

## 案例　定期预算的应用案例

### C 公司对定期预算的应用

C 公司为降低费用开支水平，拟对历年来超支严重的业务招待费、劳动保护费、办公费、广告费、保险费等间接费用项目编制预算。

经多次讨论研究，预算编制人员确定上述费用在预算年度开支水平如表 3 – 11 所示。

表 3 – 11　　　　　　　　C 公司预计费用项目及开支金额

单位：元

| 费用项目 | 业务招待费 | 劳动保护费 | 办公费 | 广告费 | 保险费 | 合计 |
|---|---|---|---|---|---|---|
| 开支金额 | 180 000 | 150 000 | 100 000 | 300 000 | 120 000 | 850 000 |

上述费用中除业务招待费和广告费以外都不能再压缩了，必须全额保证。预算编制人员根据历史资料对业务招待费和广告费进行成本—效益分析，得到数据如表 3 – 12 所示。

表 3 – 12　　　　　　　　C 公司成本—效益分析数据

单位：元

| 成本项目 | 成本金额 | 收益金额 |
|---|---|---|
| 业务招待费 | 1 | 4 |
| 广告费 | 1 | 6 |

权衡上述各项费用开支的轻重缓急排出层次和顺序。

因为劳动保护费、办公费和保险费在预算期必不可少，需要全额得到保证，属于不可避免的约束性固定成本，故应列为第一层次。因为业务招待费和广告费可根据预算期间公司财力情况酌情增减，属于可避免项目；其中：广告费的成本—效益较大，应列为第二层次；业务招待费的成本—效益相对较小，应列为第三层次。

假定该公司预算年度对上述各项费用可动用的财力资源只有 700 000 元，根据以上排列的层次和顺序分配资源，最终落实的预算金额如下。

（1）确定不可避免项目的预算金额：150 000 + 100 000 + 120 000 = 370 000（元）

（2）确定可分配的资金数额：700 000 – 370 000 = 330 000（元）

（3）按成本—效益比重将可分配的资金数额在业务招待费和广告费之间进行分配：

业务招待费可分配资金 = 330 000 × 4 ÷（4 + 6）= 132 000（元）

广告费可分配资金 = 330 000 × 6 ÷（4 + 6）= 198 000（元）

在实际工作中，某些成本项目的成本—效益的关系不容易确定，编制预算时，不能机械地平均分配资金，而应根据企业的实际情况，有重点、有选择地确定预算项目层次和顺序，保证重点项目的资金需要。

### 3.3.2 滚动预算

滚动预算方法简称滚动预算，又称永续预算，是指在编制预算时，将预算期与会计年度脱离，随着预算的执行不断延伸补充预算，逐期向后滚动，使预算期永远保持为一个固定期间的一种预算编制方法。滚动预算按其预算编制和滚动的时间单位不同可分为逐月滚动、逐季滚动和混合滚动三种方式。

1. 逐月滚动方式

逐月滚动是指在预算编制过程中，以月份为预算的编制和滚动单位，每个月调整一次预算的方式。例如：在20×1年1月至12月的预算执行过程中，需要在1月末根据当月预算的执行情况，修订20×1年2月至12月的预算，同时补充20×2年1月的预算；到2月末可根据当月预算的执行情况，修订20×1年3月至20×2年1月的预算，同时补充20×2年2月的预算；依此类推。逐月滚动方式如图3 – 2所示。

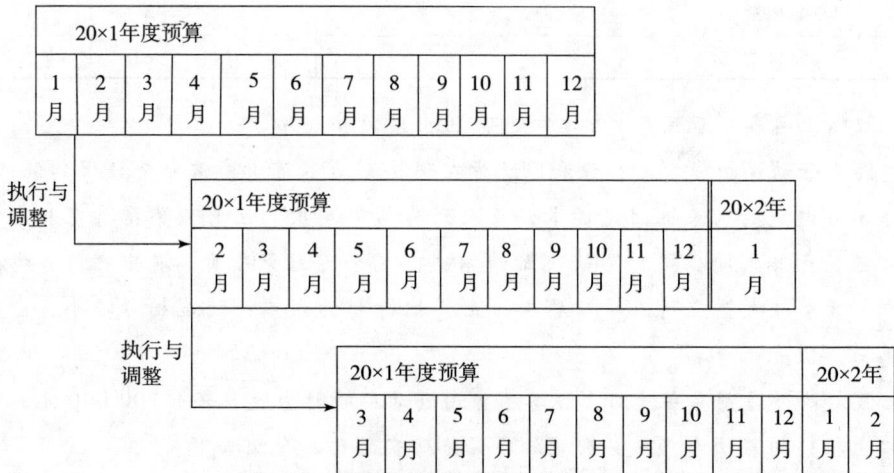

图3 – 2 逐月滚动方式

2．逐季滚动方式

逐季滚动是指在预算编制过程中，以季度为预算的编制和滚动单位，每个季度调整一次预算的方式。逐季滚动编制预算比逐月滚动编制预算工作量小，但预算精确度较差。

3．混合滚动方式

混合滚动是指预算编制过程中，同时使用月度和季度作为预算的编制和滚动单位的方式，是滚动预算的一种变通方式。在预算编制过程中，混合滚动方式对近期预算提出较高的精度要求，使预算的内容相对详细；对远期预算提出较低的精度要求，使预算的内容相对简单，减少预算工作量。例如：对 20×1 年 1 月至 3 月逐月编制详细预算，对 20×1 年 4 月至 12 月分别按季度编制粗略预算；20×1 年 3 月末根据第一季度预算的执行情况，编制 20×1 年 4 月至 6 月的详细预算，并修订 20×1 年第三至第四季度的预算，同时补充 20×2 年第一季度的预算；依此类推。混合滚动方式如图 3 - 3 所示。

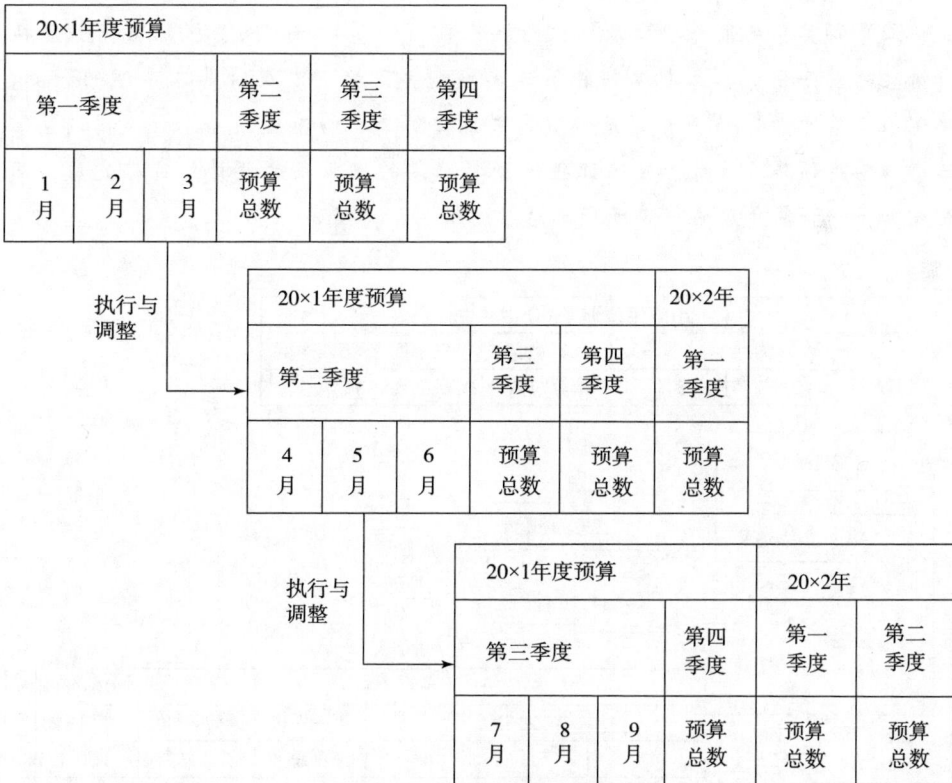

| 20×1年度预算 | | | | | |
|---|---|---|---|---|---|
| 第一季度 | | | 第二季度 | 第三季度 | 第四季度 |
| 1月 | 2月 | 3月 | 预算总数 | 预算总数 | 预算总数 |

执行与调整

| 20×1年度预算 | | | | | 20×2年 |
|---|---|---|---|---|---|
| 第二季度 | | | 第三季度 | 第四季度 | 第一季度 |
| 4月 | 5月 | 6月 | 预算总数 | 预算总数 | 预算总数 |

执行与调整

| 20×1年度预算 | | | | 20×2年 | |
|---|---|---|---|---|---|
| 第三季度 | | | 第四季度 | 第一季度 | 第二季度 |
| 7月 | 8月 | 9月 | 预算总数 | 预算总数 | 预算总数 |

图 3 - 3 混合滚动方式

在实际工作中，采用哪一种滚动预算方式应视企业实际需要而定。与传统的定期预算方法相比，按滚动预算方法编制的预算具有透明度高、及时性强、连续性好以及完整性和稳定性突出的优点；其主要缺点是预算工作量较大。

## 案例　滚动预算的应用案例

### ××公司滚动预算应用示例

例如，××公司采用滚动预算的编制方法，预算期一直保持 12 个月，每季度连续进行预算编制，即每过去一个季度，便补充一个季度的预算编制，永续向前滚动，最近一个季度的预算数据细化到每月，后三个季度的预算数据以季度总数为准，实现"以月保季，以季保年"的目标。具体编制过程如下。

（1）2014 年末（10—12 月）编制下一预算年度全年预算，同时将下一预算年度第一季度预算总数细化分解至 1—3 月的月度预算，第二、三、四季度预算编制以季度为单位。

（2）预算年度第一季度预算执行结束前（3 月 15 日前），根据当季预算执行情况的差异分析、上期编制的第二季度预算总数，以及对第二季度的预测，编制第二季度（4—6 月）月度预算，并调整第三、四季度预算总数。在调整第三、四季度预算总数时，应保证年度预算确定的当年年度预算总目标完成，同时增加下一预算年度第一季度预算总数的编制，见图 3-4。

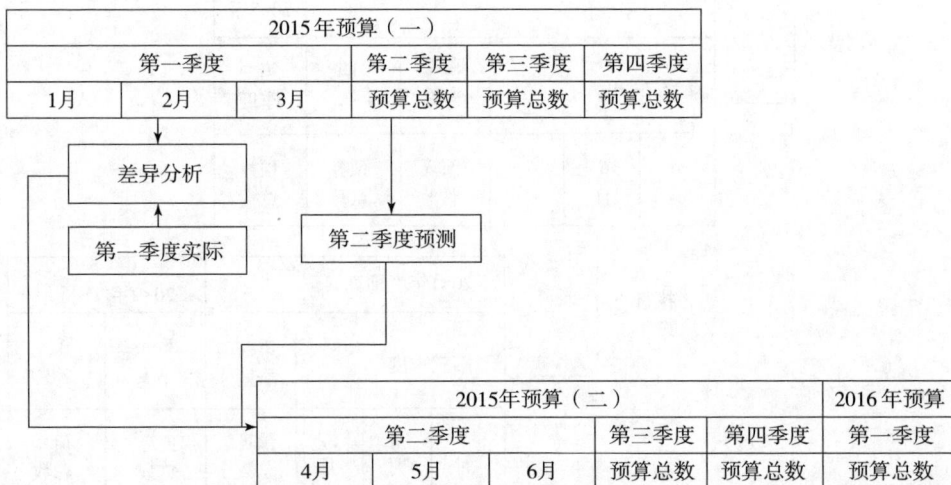

| 2015年预算（一） | | | | | |
|---|---|---|---|---|---|
| 第一季度 | | | 第二季度 | 第三季度 | 第四季度 |
| 1月 | 2月 | 3月 | 预算总数 | 预算总数 | 预算总数 |

差异分析

第一季度实际

第二季度预测

| 2015年预算（二） | | | | | 2016年预算 |
|---|---|---|---|---|---|
| 第二季度 | | | 第三季度 | 第四季度 | 第一季度 |
| 4月 | 5月 | 6月 | 预算总数 | 预算总数 | 预算总数 |

**图 3-4　××公司滚动预算编制**

（3）第二季度结束前（6 月 15 日前），根据第一、二季度预算执行情况，以及对本年度内剩余预算期情况的预测，确定是否需要调整 2015 年的年度预算，同时根据年度预算调整情况编制第三季度（7—9 月）月度预算和第四季度预算总数，调整下一预算年度的第一季度预算总数，增加下一预算年度的第二季度预算总数。

（4）第三季度结束前（9 月 15 日前），编制第四季度（10—12 月）月度预算，同时调整下一预算年度第一、二季度预算总数，增加下一预算年度的第三季度预算总数。

（5）第四季度开始后（10 月 15 日后），开始编制下一预算年度全面预算，同时将下一预算年度第一季度预算细化分解至 1—3 月的月度预算，第二、三、四季度预算编制以季度为单位，依此类推。

滚动预算编制流程如图 3－5 所示。

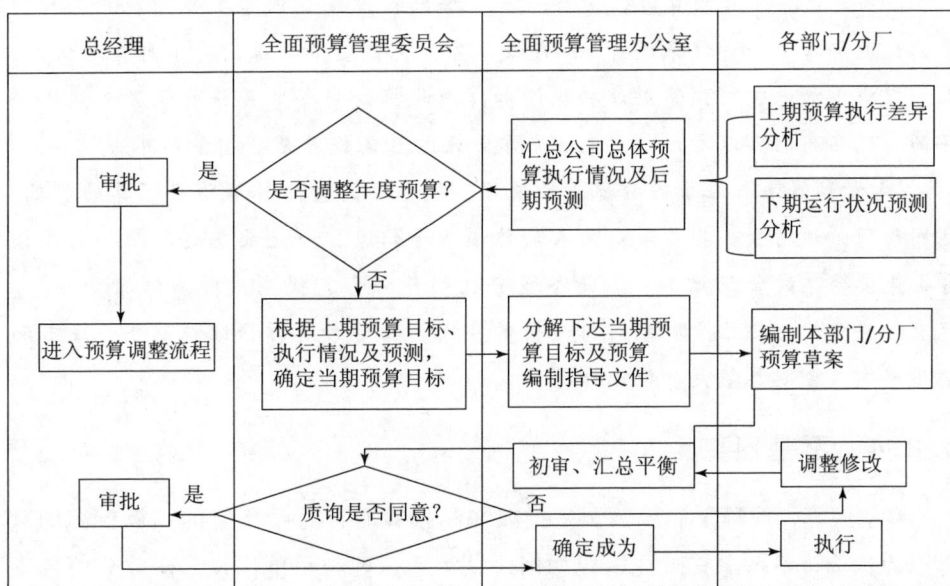

**图 3－5 ××公司××季度滚动预算编制流程**

### 3.3.3 增量预算

增量预算是指以基期成本费用水平为基础，结合预算业务量水平及有关降低成本的措施，通过调整原有费用项目而编制预算的方法。增量预算方法比较简单，但它以过去的水平为基础，实际上就是承认过去是合理的，无须改进。

因为不加分析地保留或接受原有的成本项目，可能使原来不合理的费用继续开支，而得不到控制，形成不必要开支合理化，造成预算上的浪费。

## 案例　增量预算的应用案例

### 讯通科技发展公司对增量预算的应用

讯通科技发展公司是一家生产销售通讯系统的高科技企业，上海分公司负责上海、江苏、浙江、福建区域的销售，销售队伍有 18 人。

2013 年上海分公司销售人员将增加到 20 人，销售预算目标是 2 390 万元，请给上海分公司销售部门制定差旅费预算。

预算方案各种各样，最少给出的差旅费预算是 180 万元，最多的给出 245 万元。最后给定的差旅费究竟应该是多少，完全是讨价还价的结果。

在制定资源分配预算时，没有一个人给出的差旅费低于上年的花销。人们无意识地陷入了一种假象逻辑——挣钱越多，花钱越多。人们会不自觉地认同，业务规模增加，费用预算应该相应增加。由此推论明年的差旅费预算必然比今年高。现在我们可以看出"杰克·韦尔奇死结"的根源是"增量预算法"。

"增量预算法"在资源分配上的使用，把今年的费用作为明年预算的基础，认同费用必须增长，其结果是向人们传递两个信息：一是要想追求明年的高预算，先使今年的费用增加；二是尽量夸大明年任务，提高对费用的增量要求。只有这样才能为自己争取到讨价还价的空间。在这种资源分配机制下，成本和费用规模只会越算越大、越控越高。

### 3.3.4　零基预算

零基预算，或称零底预算，是指在编制预算时，对于所有的预算支出均以零点为基础，不考虑其以往情况如何，从实际需要与可能出发，研究分析各项预算费用开支是否必要合理，进行综合平衡，从而确定预算费用。

零基预算的优点是不受现有规则限制，对一切费用都以零为出发点，这样不仅能压缩资金开支，而且能切实做到把有限的资金，用在最需要的地方，从而调动各部门人员的积极性和创造性，量力而行，合理使用资金，提高效益。

零基预算的工作量较大，编制预算需要较长时间。为了弥补这一不足，不需要每年都按零基预算的方法编制预算，只需每隔几年按此方法编制一次预算。

## 案例  零基预算的应用案例

### 广告主对零基预算的普遍应用

近些年来，零基预算法受到了许多大型广告主的青睐。早在 2016 年年初，联合利华就推出了零基预算（zero-based budgeting）政策，在泰国就用了这种预算编制法，减少了所在地区整体支出的 2 个百分点。

在过去的几年里，宝洁、卡夫、亿滋国际、家乐氏、可口可乐公司都采用了零基预算法。根据贝恩市场咨询的调查，38% 的美国公司 2016 年采用了零基预算法，如 3G 资本就在亿滋国际、金宝汤等公司实践了这种预算方法。这个比例在 2014 年只有 10%。

此外越来越多的欧洲公司也开始效仿使用零基预算法，主要集中在食品饮料等快消品行业，其中包括百威英博、帝亚吉欧等公司。法国酒业集团保乐力加也已经在特定的项目和地区使用零基预算法，该公司并非每年都采用零基预算法，只有在考虑到公司必须"提供更多价值"的时候才会这么做。

广告主为什么会采取零基预算法？

首先，广告主采取零基预算法无非就是解决成本控制问题。面对全球经济整体疲软，各大品牌巨头自身的业务收入也呈现增长乏力、停滞甚至下滑的势态，面对巨大品牌的改革难题和业绩振兴任务，减少广告预算和广告代理商就成了这些大品牌的一大选择。

其次，是高广告成本与低营销回报之间的长期不对等。在自身增长乏力的背景下，一直存在的高额广告成本与低额的广告效益之间的不对等问题就显得愈发突出，高投入与低回报之间的矛盾爆发，广告主开始重新审视广告投放的作用，零基预算法能够一定程度上让广告主知道"究竟怎么花钱、将钱花在哪"，为广告营销提供更高的透明度。

最后，采取零基预算法也是广告主面对快速变化的营销环境的重要举措。在快速更迭变革的营销环境中，新型广告模式层出不穷，广告投放的渠道、平台变得多样化，广告购买形式也在不断更新，随之而来的广告报价体系和 KPI 监测方式都有所不同，因此，采用零基预算法可以让广告主以新需求为基准，按效果更灵活地调整预算，推进营销项目的发展。

零基预算法给行业带来了哪些影响？

零基预算法，一般都是与收紧开支、削减成本紧密联系在一起的。那么整体而言，零基预算法将给行业带来哪些影响呢？

1. 对广告主的影响

广告主作为零基预算法的发起者，广告主的主要目的就是通过控制预算，削减营销开支成本，严格审查每一次投放，以期获得更高效的营销回报。目前，零基预算法多是公司因为面临成本削减压力而开始采用的措施。但若只是出于成本削减的原因就部署零基预算，那么公司会面临双重风险：可能会削减促进增长的成本，同时损害客户体验。

另外，从长期来讲，愿意投资自己品牌的客户会赢得市场。业内有观点认为，零基预算法往往是周期性的，许多公司在度过削减预算的日子之后，便会加大营销投入以驱动增长。零基预算法用一次会有效果，不过长此以往，广告主也很难从代理商处获得足够优质的服务。

2. 对媒体和广告公司的影响

对媒体和广告公司来说，采用了零基预算法的广告主意味着过去的合约期会进一步缩短，一方面媒体和广告公司需要重新向公司证明自己的价值，证明广告主的投放是正确的。

这一举措能够从行业中逐渐筛选出优质的媒体和广告公司，让优质、有实力的媒体和广告公司获得更多资源，推动行业中的其他媒体和广告公司不断提升自身的服务水平和质量，逐步提升整个行业的服务与业务水平。

另一方面，也将为媒体和广告公司的业务带来很多冲击。以全球最大的广告集团WPP为例，其来自联合利华的业务占到了WPP集团营收的3%。联合利华精简预算的消息一出，WPP集团的股价下跌4.4%，WPP在2017年财报发布之后，WPP创始人Martin Sorrell将2017年集团业绩不振的原因之一就归咎于"零基预算"。

### 3.3.5 固定预算

固定预算又称静态预算，是把企业预算期的业务量固定在某一预计水平上，以此为基础来确定其他项目预计数的预算方法。也就是说，预算期内编制财务预算所依据的成本费用和利润信息都只是在一个预定的业务量水平的基础上确定的。显然，以未来固定不变的业务水平所编制的预算赖以生存的前提条件，必须是预计业务量与实际业务量相一致（或相差很小）。

固定预算的缺点：一是过于呆板，仅以事先确定的某一个业务量水平为编制预算的基础；二是可比性差，当实际的业务量与编制预算所依据的业务量发生较大差异时，有关预算指标的实际数与预算数就会因业务量基础不同而失去可比性。

## 案例　固定预算的应用案例

### A 公司对固定预算的应用

A 公司采用完全成本法，其预算期生产的某种产品的预计产量为 1 000 件，按固定预算法编制的该产品成本预算如表 3 - 13 所示。

表 3 - 13　　　A 公司产品成本预算（按固定预算法编制）

（预计产量：1 000 件）

单位：元

| 成本项目 | 单位成本 | 总成本 |
| --- | --- | --- |
| 直接材料 | 5 | 5 000 |
| 直接人工 | 2 | 2 000 |
| 制造费用 | 1 | 1 000 |
| 合计 | 8 | 8 000 |

该产品预算期的实际产量为 1 400 件，实际发生总成本为 11 000 元，其中，直接材料 7 500 元，直接人工 1 200 元，制造费用 2 300 元，单位成本为 7.86 元/件。

A 公司根据实际成本资料和预算成本资料编制的成本业绩报告如表 3 - 14 所示。

表 3 - 14　　　　　　　　A 公司成本业绩报告

单位：元

| 成本项目 | 实际成本 | 预算成本 | | 差异 | |
| --- | --- | --- | --- | --- | --- |
| | | 未按产量调整 | 按产量调整 | 未按产量调整 | 按产量调整 |
| 直接材料 | 7 500 | 5 000 | 7 000 | 2 500 | 500 |
| 直接人工 | 1 200 | 2 000 | 2 800 | - 800 | - 1 600 |
| 制造费用 | 2 300 | 1 000 | 1 400 | 1 300 | 900 |
| 合计 | 11 000 | 8 000 | 11 200 | 3 000 | - 200 |

从表 3 - 14 可看出：实际成本与未按产量调整的预算成本相比，超支较多；实际成本与按产量调整后的预算成本相比，有所节约。

在产量从 1 000 件增加到 1 400 件时，如果不按变动后的产量对预算成本进行调整，就会因业务量不一致而导致计算的差异缺乏可比性；但如果所有的成本项目都按实际产量进行调整，也不够科学。因为制造费用中包括一部分固定制造费用，它们是不随产量变动的，即使按产量调整了固定预算，也不能准确说明企业预算的执行情况。

### 3.3.6　弹性预算

弹性预算在成本（费用）习性分类的基础上，根据量、本、利之间的依存关系，考虑到计划期间业务量可能发生的变动，编制出一套适应多种业务量的费用预算，以便分别反映在各种业务量的情况下所应支出的费用水平。在编制预算时，变动成本随业务量的变动而予以增减，固定成本则在相关的业务量范围内稳定不变。弹性预算分别按一系列可能达到的预计业务量水平编制能适应企业在预算期内任何生产经营水平的预算。由于这种预算是随着业务量的变动进行机动调整，适用范围广，具有弹性，故称为弹性预算或变动预算。

弹性预算的优点：一是预算范围宽，二是可比性强。弹性预算一般适用于与预算执行单位业务量有关的成本（费用）、利润等预算项目。

1. 弹性成本预算的编制

（1）弹性成本预算的基本公式。编制弹性成本预算的关键是进行成本性态分析，将全部成本最终区分为变动成本和固定成本两大类。变动成本主要根据单位业务量来控制，固定成本则按总额控制。其公式如下。

弹性成本预算 = 固定成本预算数 + $\sum$（单位变动成本预算数 × 预计业务量）

在此基础上，按事先选择的业务量计量单位和确定的有效变动范围，根据该业务量与有关成本费用项目之间的内在关系即可编制弹性成本预算。

（2）业务量的选择。编制弹性成本预算时，首先要选择适当的业务量。

选择业务量包括选择业务量计量单位和业务量变动范围两部分内容。业务量计量单位应根据企业的具体情况进行选择。一般来说，生产单一产品的部门可以选用产品实物量，生产多品种产品的部门可以选用人工工时、机器工时等，修理部门可以选用修理工时等。以手工操作为主的企业应选用人工工时，机械化程度较高的企业选用机器工时更为适宜。

业务量变动范围是指弹性预算所适用的业务量变动区间。业务量变动范围的选择应根据企业的具体情况而定，一般来说，可定在正常生产能力的 70% ~ 120%，或以历史最高业务量和最低业务量为其上下限。

（3）弹性成本预算的具体编制方法。编制弹性成本预算分为以下两种方法。

①公式法。公式法是指通过确定成本公式 $y_i = a_i + b_i x_i$ 中的 $a_i$ 和 $b_i$ 来编制弹性成本预算的方法。

在成本性态分析的基础上，可将任何成本项目近似地表示为 $y_i = a_i + b_i x_i$（当 $a_i$ 为零时，$y_i = b_i x_i$ 为变动成本；当 $b_i$ 为零时，$y_i = a_i$ 为固定成本；当 $a_i$ 和 $b_i$ 均不为零时，$y_i$ 为混合成本；$x_i$ 可以为多种业务量指标，如产销量、直接人工工时等）。

在公式法下，如果事先确定了有关业务量的变动范围，只要根据有关成本项目的 $a$ 和 $b$ 参数，就可以很方便地计算出业务量在允许范围内任何水平上的各项预算成本。

【例 3 – 1】B 公司按公式法编制的制造费用弹性预算如表 3 – 15 所示。其中较大的混合成本项目已经被分解。直接人工工时变动范围：70 000 ~ 120 000小时。

表 3 – 15　　　　　B 公司预算期制造费用弹性预算（公式法）

单位：元

| 项目 | $a$ | $b$ |
|---|---|---|
| 管理人员工资 | 15 000 | — |
| 保险费 | 5 000 | — |
| 设备租金 | 8 000 | — |
| 维修费 | 6 000 | 0.25 |
| 水电费 | 500 | 0.15 |
| 辅助材料 | 4 000 | 0.30 |
| 辅助工人工资 | — | 0.45 |
| 检验员工资 | — | 0.35 |
| 合计 | 38 500 | 1.50 |

根据表 3 – 15，可利用 $y = 38\ 500 + 1.5x$，计算出人工工时在 70 000 ~ 120 000 任一业务量基础上的制造费用预算总额；也可计算出在该人工工时变动范围内，任一业务量的制造费用中某一费用项目的预算额，如维修费 $y = 6\ 000 + 0.25x$、检验员工资 $y = 0.35x$ 等。

公式法的优点是在一定范围内不受业务量波动的影响，编制预算的工作量较小；缺点是在进行预算控制和考核时，不能直接查出特定业务量下的总成本预算额，而且分解成本比较麻烦，也有一定误差。

②列表法。列表法是指通过列表的方式，在相关范围内每隔一定业务量范围计算相关数值预算，来编制弹性成本预算的方法。

**【例 3 - 2】** C 公司按列表法编制的制造费用弹性预算如表 3 - 16 所示。

表 3 - 16　　　　C 公司预算期制造费用弹性预算（列表法）

单位：元

| 项目 | 业务量 a | 业务量 b | 业务量 c | 业务量 d | 业务量 e | 业务量 f |
|---|---|---|---|---|---|---|
| 直接人工工时 | 70 000 | 80 000 | 90 000 | 100 000 | 110 000 | 120 000 |
| 生产能力利用 | 70% | 80% | 90% | 100% | 110% | 120% |
| 变动成本项目 | 56 000 | 64 000 | 72 000 | 80 000 | 88 000 | 96 000 |
| 辅助工人工资 | 31 500 | 36 000 | 40 500 | 45 000 | 49 500 | 54 000 |
| 检验员工资 | 24 500 | 28 000 | 31 500 | 35 000 | 38 500 | 42 500 |
| 混合成本项目 | 59 500 | 66 500 | 73 500 | 80 500 | 87 500 | 94 500 |
| 维修费 | 23 500 | 26 000 | 28 500 | 31 000 | 33 500 | 36 000 |
| 水电费 | 11 000 | 12 500 | 14 000 | 15 500 | 17 000 | 18 500 |
| 辅助材料 | 25 000 | 28 000 | 31 000 | 34 000 | 37 000 | 40 000 |
| 固定成本项目 | 28 000 | 28 000 | 28 000 | 28 000 | 28 000 | 28 000 |
| 管理人员工资 | 15 000 | 15 000 | 15 000 | 15 000 | 15 000 | 15 000 |
| 保险费 | 5 000 | 5 000 | 5 000 | 5 000 | 5 000 | 5 000 |
| 设备租金 | 8 000 | 8 000 | 8 000 | 8 000 | 8 000 | 8 000 |
| 制造费用预算 | 143 500 | 158 500 | 173 500 | 188 500 | 203 500 | 218 500 |

表 3 - 16 中的业务量间距为 10%，在实际工作中可选择更小的间距（如 5%）。

列表法优点是可以直接从表中查得各种业务量下的成本预算，便于预算控制和考核，可以在一定程度上弥补公式法的不足。但列表法工作量较大，且不能包括所有业务量条件下的费用预算，因此适用面较窄。

在实际工作中可以将公式法与列表法结合起来应用。

2. 弹性利润预算的编制

弹性利润预算是根据成本、业务量和利润之间的依存关系，为适应多种业务量变化而编制的利润预算。弹性利润预算是以弹性成本预算为基础编制的，其主要内容包括销售量、单价、单位变动成本、边际贡献和固定成本。编制弹性利润预算可选择因素法和百分比法。

（1）因素法。因素法是指根据受业务量变动影响的有关收入、成本等因素与利润的关系，列表反映在不同业务量条件下利润水平的预算方法。

**【例 3 - 3】** 预计 A 公司预算年度某产品的销售量在 7 000 ~ 12 000 件变动，销售单价为 100 元/件，单位变动成本为 86 元/件，固定成本总额为 80 000 元。以 1 000 件为销售量的间隔单位编制该产品的弹性利润预算。

依题意编制的弹性利润预算如表 3 - 17 所示。

表 3 - 17　　　　　　　　　　A 公司弹性利润预算

| 项目 | 业务量 $a$ | 业务量 $b$ | 业务量 $c$ | 业务量 $d$ | 业务量 $e$ | 业务量 $f$ |
|---|---|---|---|---|---|---|
| 销售量（件） | 7 000 | 8 000 | 9 000 | 10 000 | 11 000 | 12 000 |
| 单价（元） | 100 | 100 | 100 | 100 | 100 | 100 |
| 单位变动成本（元） | 86 | 86 | 86 | 86 | 86 | 86 |
| 销售收入（元） | 700 000 | 800 000 | 900 000 | 1 000 000 | 1 100 000 | 1 200 000 |
| 减：变动成本（元） | 602 000 | 688 000 | 774 000 | 860 000 | 946 000 | 1 032 000 |
| 边际贡献（元） | 98 000 | 112 000 | 126 000 | 140 000 | 154 000 | 168 000 |
| 减：固定成本（元） | 80 000 | 80 000 | 80 000 | 80 000 | 80 000 | 80 000 |
| 营业利润（元） | 18 000 | 32 000 | 46 000 | 60 000 | 74 000 | 88 000 |

如果销售价格、单位变动成本、固定成本发生变动，也可参照此方法分别编制在不同销售价格、不同单位变动成本、不同固定成本水平的弹性利润预算，形成一个完整的弹性利润预算体系。这种方法适合单一品种经营或采用分算法处理固定成本的多品种经营的企业。

（2）百分比法。百分比法又称销售额百分比法，是指按不同销售额的百分比来编制弹性利润预算的方法。一般来说，在实际工作中，企业按品种逐一编制弹性利润预算是不现实的，这就要求用百分比法对全部经营商品或按商品大类编制弹性利润预算。

【例 3 - 4】B 公司预算年度的销售业务量达到 100% 时的销售收入为 1 000 000 元，变动成本为 860 000 元，固定成本为 80 000 元。根据上述资料以 10% 的间隔为 B 公司按百分比法编制弹性利润预算。

根据题意编制的弹性利润预算如表 3 - 18 所示。

表 3 - 18　　　　　　　　　　B 公司弹性利润预算

| 项目 | 业务量 $a$ | 业务量 $b$ | 业务量 $c$ | 业务量 $d$ | 业务量 $e$ |
|---|---|---|---|---|---|
| 销售收入百分比（%）（1） | 80% | 90% | 100% | 110% | 120% |
| 销售收入（元）（2）= 1 000 000 ×（1） | 800 000 | 900 000 | 1 000 000 | 1 100 000 | 1 200 000 |
| 变动成本（元）（3）= 860 000 ×（1） | 688 000 | 774 000 | 860 000 | 946 000 | 1 032 000 |
| 边际贡献（元）（4）=（2）-（3） | 112 000 | 126 000 | 140 000 | 154 000 | 168 000 |
| 固定成本（元）（5） | 80 000 | 80 000 | 80 000 | 80 000 | 80 000 |
| 营业利润（元）（6）=（4）-（5） | 32 000 | 46 000 | 60 000 | 74 000 | 88 000 |

应用百分比法的前提条件是销售收入必须在相关范围内变动，即销售收入的变化不会影响企业的成本水平（单位变动成本和固定成本总额）。百分比法只

适用于多品种经营的企业。

### 3.3.7　作业预算

一、作业预算概述

作业预算，是指基于"作业消耗资源、产出消耗作业"的原理，以作业管理为基础的预算管理方法。

作业预算主要适用于具有作业类型较多且作业链较长、管理层对预算编制的准确性要求较高、生产过程多样化程度较高，以及间接或辅助资源费用所占比重较大等特点的企业。

二、应用条件

企业应具有满足作业管理、资源费用管理要求的信息系统，能通过外部市场和企业内部可靠、完整、及时地获取作业消耗标准、资源费用标准等基础数据。

三、应用程序

企业应遵循《管理会计应用指引第200号——预算管理》中的应用程序，实施作业预算管理。

企业编制作业预算一般按照确定作业需求量、确定资源费用需求量、平衡资源费用需求量与供给量、审核最终预算等程序进行。

企业应根据预测期销售量和销售收入预测各相关作业中心的产出量（或服务量），进而按照作业与产出量（或服务量）之间的关系，分别按产量级作业、批别级作业、品种级作业、客户级作业、设施级作业等计算各类作业的需求量。企业一般应先计算主要作业的需求量，再计算次要作业的需求量。

（1）产量级作业：该类作业的需求量一般与产品（或服务）的数量成正比，有关计算公式如下。

产量级作业需求量＝Σ各产品（或服务）预测的产出量（或服务量）×该产品（或服务）作业消耗率

（2）批别级作业：该类作业的需求量一般与产品（或服务）的批次数成正比，有关计算公式如下。

批别级作业需求量＝Σ各产品（或服务）预测的批次数×该批次作业消耗率

（3）品种级作业：该类作业的需求量一般与品种类别的数量成正比，有关计算公式如下。

品种级作业需求量＝Σ各产品（或服务）预测的品种类别数×该品种类别

作业消耗率

（4）客户级作业：该类作业的需求量一般与特定类别客户的数量成正比，有关计算公式如下。

客户级作业需求量 = Σ 预测的每类特定客户数 × 该类客户作业消耗率

（5）设施级作业：该类作业的需求量在一定产出量（或服务量）规模范围内一般与每类设施投入量成正比，有关计算公式如下。

设施级作业需求量 = Σ 预测的每类设施投入量 × 该类设施作业消耗率

作业消耗率，是指单位产品（或服务）、批次、品种类别、客户、设施等消耗的作业数量。

企业应依据作业消耗资源的因果关系确定作业对资源费用的需求量。有关计算公式如下。

资源费用需求量 = Σ 各类作业需求量 × 资源消耗率

资源消耗率，是指单位作业消耗的资源费用数量。

企业应检查资源费用需求量与供给量是否平衡，如果没有达到基本平衡，需要通过增加或减少资源费用供给量或降低资源消耗率等方式，使两者的差额处于可接受的区间内。资源费用供给量，是指企业目前经营期间所拥有并能投入作业的资源费用数量。

企业一般以作业中心为对象，按照作业类别编制资源费用预算。有关计算公式如下。

资源费用预算 = Σ 各类资源需求量 × 该资源费用预算价格

资源费用预算价格一般来源于企业建立的资源费用价格库。企业应收集、积累多个历史期间的资源费用成本价、行业标杆价、预期市场价等，建立企业的资源费用价格库。

作业预算初步编制完成后，企业应组织相关人员进行预算评审。预算评审小组一般应由企业预算管理部门、运营与生产管理部门、作业及流程管理部门、技术定额管理部门等组成。评审小组应从业绩要求、作业效率要求、资源效益要求等多个方面对作业预算进行评审，评审通过后上报企业预算管理决策机构进行审批。

企业应按照作业中心和作业进度进行作业预算控制，通过把预算执行的过程控制精细化到作业管理层次，把控制重点放在作业活动驱动的资源上，实现生产经营全过程的预算控制。

企业作业预算分析主要包括资源动因分析和作业动因分析。资源动因分析主要揭示作业消耗资源的必要性和合理性，发现减少资源浪费、降低资源消耗成本的机会，提高资源利用效率；作业动因分析主要揭示作业的有效性和增值性，减少无效作业和不增值作业，不断地进行作业改进和流程优化，提高作业产出效果。

四、作业预算的优缺点

作业预算的主要优点：一是基于作业需求量配置资源，避免了资源配置的盲目性；二是通过总体作业优化实现最低的资源费用耗费，创造最大的产出成果；三是作业预算可以促进员工对业务和预算的支持，有利于预算的执行。

作业预算的主要缺点：预算的建立过程复杂，需要详细地估算生产和销售对作业和资源费用的需求量，并测定作业消耗率和资源消耗率，数据收集成本较高。

## 案例 作业预算的应用案例

### D 集团的作业预算

D 集团是一家大型核心煤炭生产企业。在财务核算上，该集团早已完成了 ERP 系统建设，但财务管理，尤其是薄弱的预算管理却无法给管理层的决策提供足够的支持。

经过几年的信息化探索与实践，该集团虽已初步具备了全面预算管理的雏形，然而，体系松散、数据基础有待提高、缺少预算过程控制和有效的预算监控与考核机制、信息化基础薄弱以及分析不到位诸多不足仍使其预算数据缺乏科学性，预算管理体系亟待重塑。

与很多制造企业以销售为核心，"以销定产"的运营模式不同，在 D 集团，生产才是核心，生产中耗费多少成本才是管理的重点。因此，矿井单位的生产预算和成本预算就成为 D 集团预算的两大重点。

生产预算主要涉及生产安排，比如掘进预算、综采预算、工作面安装预算等。它的编制逻辑简单直接，集团按照战略目标制定预算指标，再下传至各单位进行层层分解即可。

难点在于成本预算。

煤炭生产是一项生产专业性非常强的工作，它的成本构成主要包括人力成本、材料成本和设备成本。在这三项成本中，材料成本和设备成本很难预估。

以设备为例，有别于其他很多行业生产设备损耗和折旧速度是匀速的情况，煤炭企业生产设备的损耗和折旧的速度很大部分由其使用条件，也就是作业矿井的地质状况决定。长期作业于良好地质条件区域的设备，可能好几年都不用维修，而作业于恶劣地质条件区域的相同设备，一年就可能产生大额修理费用。

那么，如何才能尽可能准确地对材料成本和设备成本进行预估呢？那就要从成本动因的角度进行分析。

以材料成本为例，分析其成本动因，有两个因素：耗材数量和单位成本。单位成本是确定的，而耗材数量由作业环节和作业地段的环境决定。因此，在确定作业环节、确定煤层和工作面的情况下，根据耗材数量和单位成本，就可以计算出材料成本的预算金额。

D 集团煤炭所属矿井单位共有 17 个，每个矿井都设置了矿本部（即矿机关）连采队、综采队、机电队、车队、通风队，这是基于煤炭企业采、掘、机、运、通五大作业环节进行的组织划分。采，包括旺采和综采；掘，是指掘进；机，指的是机电，就是供电供水；运，就是运输；通，指通风。

考虑到项目实施的可操作性和预算管理与财务核算需求的对接，D 集团在新的预算管理系统中将矿井生产系统分为基本生产系统和辅助生产系统，并梳理出各系统下的九大作业环节（见图 3-6），将其确定为 D 集团矿井预算的重点内容。

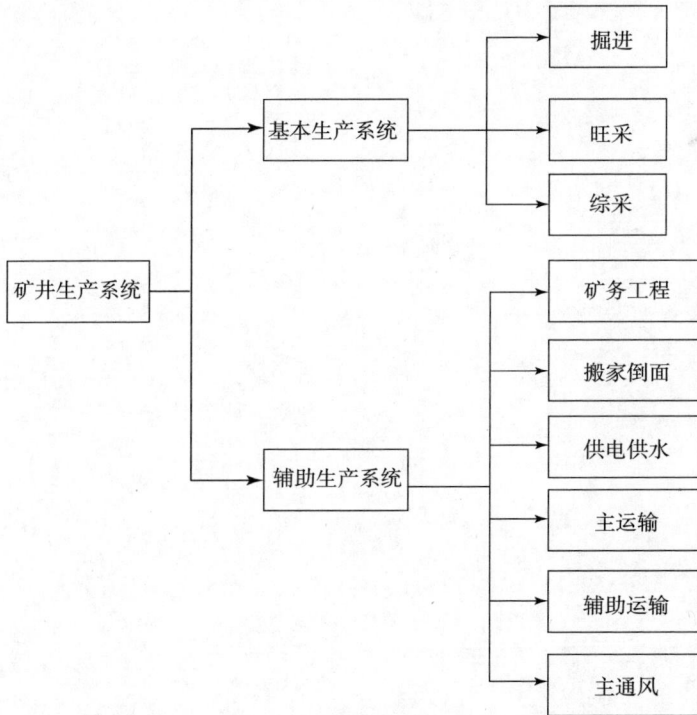

**图 3-6　矿井单位作业环节和重点预算内容**

对作业环节的划分，有助于对矿井成本的细化和分解。因为在相同的作业环节，矿井成本逻辑是一致的。

在作业的基础上，每个作业环节的成本构成都可轻松获得，通过计算编制各项成本预算，就能获得各项作业的预算金额，见图3-7。

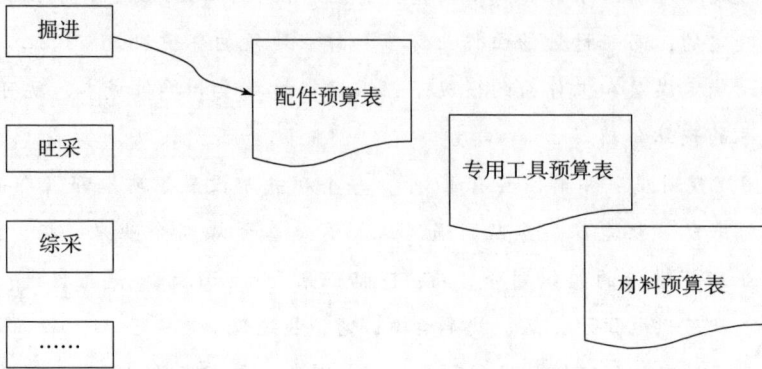

**图3-7　矿井成本逻辑：工作面掘进成本**

# 第 4 章

# 成 本 管 理

## 4.1 成本管理概述

成本管理是企业的全员管理、全过程管理、全环节管理和全方位管理，是经济和技术相结合的管理。成本管理是企业管理系统的一个子系统，是一项涉及面广且复杂的系统工程。在经济全球化的信息时代，企业要生存，求发展，就必须苦练内功，强化成本管理职能，采取各种有效措施降低产品或劳务的成本，这样才能在竞争中立于不败之地。因而企业管理必须更加重视成本管理，成本管理也必须更加科学化。

### 4.1.1 成本管理的含义

成本管理是企业生产经营过程中各项成本预测、成本决策、成本计划、成本核算、成本分析、成本控制、成本考核等一系列科学管理行为的总称。成本管理的意义包括成本管理在质和量上的规定性，也体现了在时间和目的上的具体要求。在质的方面，要求在企业管理现代化的总的思想指导下运用科学的思想、组织、方法和手段，改变当前企业成本管理的落后面貌。在量的方面，要求成本指标有明显的进步，达到或赶上国内外先进水平。从时间上说，成本管理是逐步前进的动态过程。从目的来说，要求通过成本管理，创造最佳经济效益。

成本管理的意义主要体现在以下几个方面。

第一，有助于降低和控制成本，为制定价格以及企业其他的经营决策提供依据。如何降低和控制成本关乎企业的经营效益。此外，成本核算和分析的准确性和完整性亦会影响运营、投资和融资等企业重大决策。

第二，有助于提高生产要素营运效果，实现生产耗费与补偿的统一，促进生产要素合理流动，实现社会资源优化配置，使企业获得优质资源的同时生产优质产品、提供优质服务，提高企业绩效，增强企业的竞争优势。

第三，有助于转换企业经营机制，顺应市场机制，改进和完善现代企业制度，加强企业治理水平，增强企业实力，推动企业面向市场，正确处理好促进企业发展与加强成本管理的关系，以及企业内部在成本管理责、权、利方面的关系，有利于企业的可持续发展。

第四，在企业上下形成全员的成本意识。成本管理不只是生产部门的责任，企业中的全体人员都应该树立成本意识，在生产和经营活动中，都应将成本管理落到实处，这也将有助于完善企业的财务制度和内部控制制度。

第五，有助于实现宏观成本管理的调控职能。诸如根据国家产业政策，实现合理的工业布局，产业结构、产品结构、技术结构、企业结构的调整与优化，固定资产投资方向与项目的选择，设备的更新改造，技术进步的推进，以及利用国外资金、资源、技术和管理等。

第六，有助于行业产业能级提升和产业链延长。根据不同企业在行业内的位置，以及各国家或地区在行业内的定位，结合成本管理信息，政府、行业协会和企业能够有效对该行业的产业链进行管理和革新，优化产业链上的强势环节，适当延长产业链，提升产业能级。

## 4.1.2  成本管理的原则

成本管理原则是指企业在内部控制构建、实施和监督过程中处理问题的准绳和规则，是人们经过长期的成本管理实践而总结出来的规律。成本管理原则是观念性的，是指导成本管理的思路、出发点、基本要求，但不是基本规定，不具有强制性。在社会主义市场经济下，加强企业成本管理，是提高企业经济效益、增强企业活力的重要途径。企业进行成本管理，一般应遵循以下原则。

（1）融合性原则。成本管理应以企业业务模式为基础，将成本管理嵌入业务的各领域、各层次、各环节，实现成本管理责任到人、控制到位、考核严格、目标落实。实行制度化管理，即企业建立明确的成本管理制度，对于企业经营业务所发生的各种消耗要建立明确的标准，并将成本管理要求层层落实到相关的部门、班组、人员。无论是管理人员还是生产人员，都要清楚地知道自己在成本管理中所承担的责任和义务，充分调动各方的成本管理积极性，将企业的成本管理与管理人员、生产人员的切身利益结合起来，使他们不仅从思想上认识到成本管理的重要性，还要共同参与企业的成本管理活动，厉行节约，减少浪费，将各项成本管理措施落到实处，使成本管理取得良好效果。同时也要对不同人员在成本控制中的业绩进行定期检查和考评，并做到奖罚分明。

（2）适应性原则。成本管理应与企业生产经营特点和目标相适应，尤其要与企业发展战略或竞争战略相适应。进行成本管理，需要针对企业生产经营活动的具体特点采取相应的措施，合理地对企业的各项费用、支出进行控制。因此，企业的成本计划制定、成本管理方法选择等，都要根据企业的生产经营特点，做到有的放矢，这样才能取得良好的管理效果。

（3）成本效益原则。成本管理应用相关工具方法时，应权衡其为企业带来的收益和付出的成本，避免获得的收益小于投入的成本。成本是影响企业经济效益的关键因素，因此，成本效益原则是成本管理的重要原则。首先，要对各项成本费用的支出进行限制和监督；其次，提高施工项目管理水平、优化施工方案、提高生产效率；最后，在成本控制的过程中进行检查、查找偏差，避免可能发生的浪费，确保成本目标的实现。

（4）重要性原则。成本管理应重点关注对成本具有重大影响的项目，对于不具有重要性的项目可以适当简化处理。重要性原则强调企业不要对影响成本的所有方面平均地耗费人力和财力，只有抓住成本管理的核心和关键才会取得好的效果。

## 4.1.3　成本管理的应用环境

根据《管理会计应用指引第 300 号——成本管理》中的规定，企业成本管理的应用环境包括以下几个方面。

（1）企业应根据其内外部环境选择适合的成本管理工具方法。

（2）企业应建立健全成本管理的制度体系，一般包括费用申报制度、定额管理制度、责任成本制度等。

（3）企业应建立健全成本相关原始记录，加强和完善成本数据的收集、记录、传递、汇总和整理工作，确保成本基础信息记录真实、完整。

（4）企业应加强存货的计量验收管理，建立存货的计量、验收、领退及清查制度。

（5）企业应充分利用现代信息技术，规范成本管理流程，提高成本管理的效率。

## 4.1.4　成本管理的应用程序

企业应用成本管理工具方法，一般按照事前管理、事中管理、事后管理等程序进行。

一、事前成本管理阶段

事前成本管理阶段主要是对未来的成本水平及其发展趋势所进行的预测与规划，一般包括成本预测、成本决策和成本计划等步骤。

成本预测是以现有条件为前提，根据企业成本统计的历史资料和市场调查预测，研究企业外部环境和内部影响因素的变化、对成本变化的影响作用关系，运用专门的方法，对一定时间内的成本目标、成本水平，以及成本变化的趋势进行描述和判断的成本管理活动。成本预测同时也是成本计划的基础，是编制成本计划的依据。没有成本预测，成本控制计划就是主观臆断。这种计划，以及建立这种计划基础上的预算也没有作用。

成本决策是按照既定的总目标，在充分收集成本预测及有关成本资料的基础上，综合经济效益、质量、效率和规模等指标，运用定性和定量的方法对各个成本方案进行分析并选择最优方案的成本管理活动。它是以提高经济效益为最终目标，强调划清可控与不可控因素，在全面分析方案中的各种约束条件，分析比较费用和效果的基础上，进行的一种优化选择。它是成本管理工作的核心，成本管理的思路、方法都由成本决策确定。

成本计划是以营运计划和有关成本数据、资料为基础，根据成本决策所确定的目标，通过一定的程序，运用一定的方法，针对计划期企业的生产耗费和成本水平进行的具有约束力的成本筹划管理活动。成本计划一经决策机构批准，就具有了权威性，必须坚决贯彻、执行，不得随意改动。它是成本控制和成本考核的依据。

二、事中成本管理阶段

事中成本管理阶段主要是对营运过程中发生的成本进行监督和控制，并根据实际情况对成本预算进行必要的修正，包括成本控制步骤。

成本控制是成本管理者根据预定的目标，对成本发生和形成过程以及影响成本的各种因素条件施加主动的影响或干预，把实际成本控制在预期目标内的成本管理活动。

三、事后成本管理阶段

事后成本管理阶段主要是在成本发生之后进行的核算、分析和考核，一般包括成本核算、成本分析和成本考核等步骤。

成本核算是根据成本核算对象，按照国家统一的会计制度和企业管理要求，对营运过程中实际发生的各种耗费按照规定的成本项目进行归集、分配和结转，取得不同成本核算对象的总成本和单位成本，向有关使用者提供成本信息的成本管理活动。其目的是为成本管理的各个环节提供准确的信息。只有通过成本核算，才能全面准确地把握企业生产经营管理的效果。企业劳动生产率的高低、固定资产的利用程度、原材料和能源的消耗情况、生产单位（车间）的管理水平等，都会直接或间接地表现在成本上。

成本分析是利用成本核算提供的成本信息及其他有关资料，分析成本水平与构成的变动情况，查明影响成本变动的各种因素和产生的原因，并采取有效措施控制成本的成本管理活动。它的主要方式是同行比较和关联分析，包括对成本指标和目标成本的实际完成情况、成本计划和成本责任的落实情况，上年的实际成本、责任成本，国内外同类产品成本的平均水平、最好水平，进行比较，分析确定导致成本目标、计划执行差距的原因，以及可挖潜的空间。同时通过分析，把握成本变动规律，总结经验教训，寻求降低成本的途径。

成本考核是对成本计划及其有关指标实际完成情况进行定期总结和评价，并根据考核结果和责任制的落实情况，进行相应奖励和惩罚的成本管理活动。其作用是对每个成本责任单位和责任人，在降低成本上所做的努力和贡献给予肯定，并根据贡献的大小，给予相应的奖励，以稳定和提升员工进一步努力的积极性。同时对于缺少成本意识，成本控制不到位，造成浪费的单位和个人，给予处罚，以督促其改进改善，以监督和促进企业加强成本管理责任制，提高成本管理水平。

# 4.2　成本管理工具方法

## 4.2.1　目标成本法

（一）目标成本法含义

目标成本法，是指企业以市场为导向，以目标售价和目标利润为基础确定产品的目标成本，从产品设计阶段开始，通过各部门、各环节乃至与供应商的通力合作，共同实现目标成本的成本管理方法。一般适用于制造业企业成本管理，也可在物流、建筑、服务等行业应用。

（二）目标成本法应用环境

企业应用目标成本法，应遵循《管理会计应用指引第 300 号——成本管理》中对应用环境的一般要求。

（1）企业应用目标成本法，要求处于比较成熟的买方市场环境，且产品的设计、性能、质量、价值等呈现出较为明显的多样化特征。

（2）企业应以创造和提升客户价值为前提，以成本降低或成本优化为主要手段，谋求竞争中的成本优势，保证目标利润的实现。

（3）企业应成立由研究与开发、工程、供应、生产、营销、财务、信息等有关部门组成的跨部门团队，负责目标成本的制定、计划、分解、下达与考核，并建立相应的工作机制，有效协调有关部门之间的分工与合作。

（4）企业能及时、准确取得目标成本计算所需的产品售价、成本、利润以及性能、质量、工艺、流程、技术等方面各类财务和非财务信息。

（三）目标成本法应用程序

应用目标成本法一般需经过目标成本的设定、分解、达成到再设定、再分解、再达成多重循环，以持续改进产品方案。具体应用程序如图 4 - 1 所示。

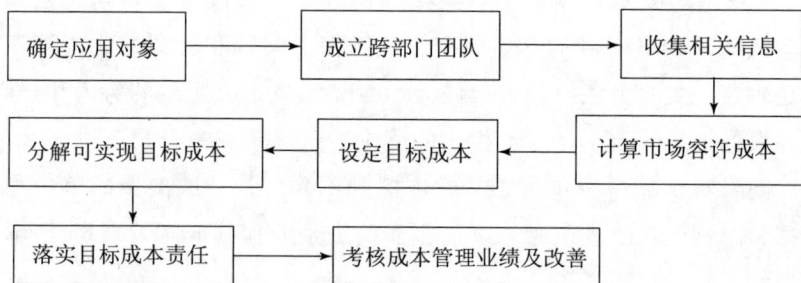

**图 4 - 1　目标成本法应用程序**

（1）企业应根据目标成本法的应用目标及其应用环境和条件，综合考虑产品的产销量和盈利能力等因素，确定应用对象。企业一般应将拟开发的新产品作为目标成本法的应用对象，或选择功能与设计存在较大的弹性空间、产销量较大且处于亏损状态或盈利水平较低、对企业经营业绩具有重大影响的老产品作为目标成本法的应用对象。

（2）企业负责目标成本管理的跨部门团队之下，可以建立成本规划、成本设计、成本确认、成本实施等小组，各小组根据管理层授权协同合作完成相关工作。成本规划小组由业务及财务人员组成，此小组的职责主要是收集相关信息、计算市场驱动产品成本、设定目标利润，制定新产品开发或老产品改进方针，考虑目标成本等。成本设计小组由技术及财务人员组成，该小组的职责主要是对可实现目标成本设定和分解，负责确定产品的技术性能、规格，负责对比各种成本因素，考虑价值工程，进行设计图上成本降低或成本优化的预演等。成本确认小组由有关部门负责人、技术及财务人员组成，负责分析设计方案或试制品评价的结果，确认目标成本，进行生产准备、设备投资等。该小组的职责主要是对可实现目标成本设定与分解的评价和确认等。成本实施小组由有关部门负责人及财务人员组成，负责确认实现成本策划的各种措施，分析成本控制中出现的差异，并提出对策，对整个生产过程进行分析、评价等。该小组的职责主要是落实目标成本责任、考核成本管理业绩等。

（3）目标成本法的应用需要企业研究与开发、工程、供应、生产、营销、财务和信息等部门收集与应用对象相关的信息，这些信息一般包括：

①产品成本构成及料、工、费等财务和非财务信息；

②产品功能及其设计、生产流程与工艺等技术信息；

③材料的主要供应商、供求状况、市场价格及其变动趋势等信息；

④产品的主要消费者群体、分销方式和渠道、市场价格及其变动趋势等信息；

⑤本企业及同行业标杆企业产品盈利水平等信息；

⑥其他相关信息。

（4）市场容许成本，是指目标售价减去目标利润之后的余额。目标售价的设定应综合考虑客户感知的产品价值、竞争产品的预期相对功能和售价，以及企业针对该产品的战略目标等因素。目标利润的设定应综合考虑利润预期、历史数据、竞争地位分析等因素。

（5）企业应将容许成本与新产品设计成本或老产品当前成本进行比较，确定差异及成因，设定可实现的目标成本。企业一般采取价值工程、拆装分析、流程再造、全面质量管理、供应链全程成本管理等措施和手段，寻求消除当前成本或设计成本偏离容许成本差异的措施，使容许成本转化为可实现的目标成本。

（6）企业应按主要功能对可实现的目标成本进行分解，确定产品所包含的每一零部件的目标成本。在分解时，首先应确定主要功能的目标成本，然后寻求实现这种功能的方法，并把主要功能和主要功能级目标成本分配给零部件，形成零部件级目标成本。同时，企业应将零部件级目标成本转化为供应商的目标售价。

（7）企业应将设定的可实现目标成本、功能级目标成本、零部件级目标成本和供应商目标售价进一步量化为可控制的财务和非财务指标，落实到各责任中心，形成各责任中心的责任成本和成本控制标准，并辅之以相应的权限，将达成的可实现目标成本落到实处。

（8）企业应依据各责任中心的责任成本和成本控制标准，按照业绩考核制度和办法，定期进行成本管理业绩的考核与评价，为各责任中心和人员的激励奠定基础。

（9）企业应定期将产品实际成本与设定的可实现目标成本进行对比，确定其差异及其性质，分析差异的成因，提出消除各种重要不利差异的可行途径和措施，进行可实现目标成本的重新设定、再达成，推动成本管理的持续优化。

（四）目标成本法评价

目标成本法的优点：①突出从原材料到产品出货进行的全过程成本管理，有助于提高成本管理的效率和效果；②强调产品寿命周期成本的全过程和全员管理，有助于提升客户价值和产品市场竞争力；③谋求成本规划与利润规划活动的有机统一，有助于提升产品的综合竞争力。

目标成本法的缺点：应用目标成本法不仅要求企业具有各类所需要的人才，更需要各有关部门和人员的通力合作，对管理水平要求较高不容易被企业掌握和使用。

## 案例　目标成本法的应用案例

### 医院病种成本管理的应用案例

利用目标成本法进行病种成本管理，是医院改革和医疗保险制度改革向深层次发展的要求。随着医院"按病种收费"和医疗保险部门"按病种付费"范围的扩大，目标成本法在病种成本管理中的应用将会越来越广泛。

按病种付费是以国际疾病诊断分类标准（IC）将疾病按诊断、年龄、性别等分为若干组，每组又根据病情轻重程度及有无并发症、并发症确定疾病诊断相关组分类标准，结合循证医学依据，通过临床路径测算出病种每个组各个分类级别的医疗费用标准，并预先支付给医疗服务机构的医疗费用支付方式。这种支付方式可从根本上消除医院为追求经济利益而提供过度医疗服务的动机，把医院工作重点放在加强医疗质量和医疗安全、缩短平均住院日、加强成本核算和成本控制上。随着医疗保险制度改革的深入，各地社保部门相继出台了按病种付费的政策，它为医院实行目标成本管理提出了现实的要求。

深圳市社保局从 2006 年开始，对部分病种试行"按病种付费"的探索，

2008 年在总结前两年经验的基础上扩大试点，选择了 20 个病种，分别制定了偿付标准，对定点医疗机构实行"按病种偿付"。虽然它还不是严格意义上的"按病种付费"，没有按年龄、性别分组，也没有在组内按病情轻重程度分级，但仍不失为一种付费制度改革的积极探索。定点医疗机构必须根据社保局的要求，做好病种的成本管理工作。

1. 公立医院病种目标成本模型

医院在医疗服务活动中，投入的是医疗设备、药品、卫生材料及医务人员的劳动等卫生资源，产出的是患者的健康，要维持其经营活动，消耗的资源必须得到补偿，还要有一定的结余。公立医院的医疗收费实行政府指导价，定价原则是"按不含工资的成本收费"，其价值补偿主要来自两个方面：一是医疗收费，包括医疗收入和药品收入；二是财政补助收入，主要是用来补助收费标准低于医疗服务成本的差额部分，要求当年的业务收入加上财政补助收入后，达到"收支平衡，略有结余"，其单病种目标成本模型如下。

（1）确定单病种的偿付标准和财政补助标准。单病种偿付标准由社保局制定，财政补助标准根据财政预算按配比原则计算。

如果社保局制定的是某一病种的综合标准，医院要根据综合标准制定该病种的分类分级内部控制标准。如社保局只制定了生育保险平均偿付标准，医院要分别按顺产和剖宫产分组，再根据年龄、有无并发症和并发症确定相关组分类标准，通过大标本量的回顾性调查和临床路径分析，制定每个组各个分类级别的医疗费用控制标准。

（2）确定单病种收支结余标准。单病种的收支结余标准根据单病种偿付标准、财政补助标准、科室收支结余率历史水平和当年的预期收支结余计算求得。在收费水平、财政补助水平基本不变的情况下，单病种的收支结余可根据科室全成本核算条件下的历史收支结余率计算。在医院快速发展时期，为了增加积累，用于医院建设，医院还可通过压缩人员支出和管理费用等手段，提高收支结余水平。

（3）计算单病种目标成本。根据医院目标成本计算公式，公立医院单病种允许的目标成本为偿付标准加上财政补助标准，减目标结余（目标利润）。由于各地财政状况差异较大，财政补助能到位的医院，允许的目标成本会大于偿付标准。经济欠发达地区的财政补助收入较少，部分县级公立医院基本上没有财政补助收入，这些医院的价值补偿实际上只有医疗收费一种方式，其目标成本模型和企业基本上没有区别，见图 4-2。

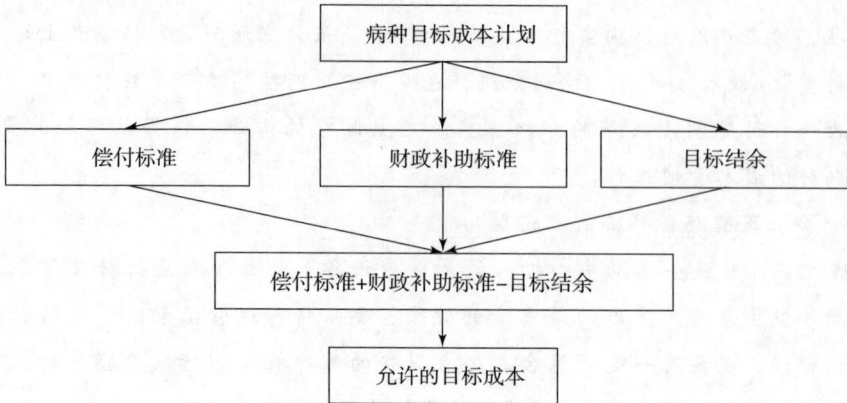

图4-2　目标成本模型

**2. 病种目标成本的实现**

病种目标成本的实现要经过根据"目标成本计划"计算成本差异、优化治疗方案压缩成本和根据优化治疗方案组织实施三个阶段，基本流程如图4-3所示。图4-3中，方框部分为计算成本差异阶段，圆圈部分为优化治疗方案压缩成本阶段，六边形部分为根据优化治疗方案组织实施阶段。

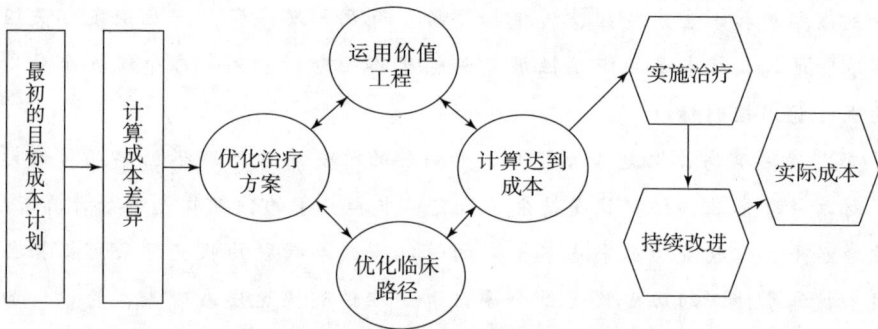

图4-3　病种目标成本实现流程

（1）制定最初的目标成本计划，计算成本差异。

目标成本模型建立以后，要制定目标成本计划，并根据现有资料对成本进行估算，与目标成本进行比较，计算二者之间的差异。

制定单病种目标成本计划要经过治疗方案设计和编制目标成本计划两个步骤：第一步，结合循证医学依据，通过临床路径制定和设计治疗方案；第二步，根据治疗方案编制目标成本计划。在优化治疗方案阶段，如果修改了临床路径和治疗方案，也要根据所做的修改，修订目标成本计划。

（2）优化治疗方案，通过临床路径和价值工程压缩成本。

优化治疗方案是目标成本管理的关键，要成立由医师、临床医学专家、护士以及医院管理者组成的"工作组"，通过价值工程过程，在实际临床路径基础上，确定优化临床路径，主要侧重于缩短平均住院日、谨慎选择贵重药品和卫生材料、减少不必要的检查化验次数、增加必要的服务项目，目的是使流程更趋合理、有效和节省费用。

在能最终确定目标成本计划以前，这一价值工程过程会重复多次。在选择贵重药品和卫生材料时，还要与厂家或供货商协商供货价格，或通过公开招标方式确定价格，以降低药品和材料成本。

（3）按治疗方案和目标成本计划组织实施，在实施过程中进行持续改进。

单病种治疗方案是通过综合某一病种病情轻重程度相同的同类病人的病情和治疗要求制定的，由于病人之间存在个体差异，即使两个病情一样的病人，也不可能使用完全相同的治疗方案，所以，在实施过程中，对治疗方案仍要进行个性化处理。

在一定的会计期间内，某一病种同类病人的平均成本水平，便形成单病种实际成本。医院通过目标成本考核，对医务人员实施奖惩和对方案进行持续改进，通过调整目标成本，开始下一轮的目标成本管理。

## 4.2.2　标准成本法

（一）标准成本法含义

标准成本法，是指企业以预先制定的标准成本为基础，通过比较标准成本与实际成本，计算和分析成本差异、揭示成本差异动因，进而实施成本控制、评价经营业绩的一种成本管理方法。标准成本，是指在正常的生产技术水平和有效的经营管理条件下，企业经过努力应达到的产品成本水平。成本差异，是指实际成本与相应标准成本之间的差额。当实际成本高于标准成本时，形成超支差异；当实际成本低于标准成本时，形成节约差异。

企业应用标准成本法的主要目标，是通过标准成本与实际成本的比较，揭示与分析标准成本与实际成本之间的差异，并按照例外管理的原则，对不利差异予以纠正，以提高工作效率，不断改善产品成本。

标准成本法一般适用于产品及其生产条件相对稳定，或生产流程与工艺标准化程度较高的企业。

（二）标准成本法应用环境

企业应用标准成本法，应遵循《管理会计应用指引第 300 号——成本管理》中对应用环境的一般要求。

（1）企业应用标准成本法，要求处于较稳定的外部市场经营环境，且市场对产品的需求相对平稳。

（2）企业应成立由采购、生产、技术、营销、财务、人力资源、信息等有关部门组成的跨部门团队，负责标准成本的制定、分解、下达、分析等。

（3）企业能够及时、准确地取得标准成本制定所需要的各种财务和非财务信息。

（三）标准成本法应用程序

企业应用标准成本法，一般按照确定应用对象、制定标准成本、实施过程控制、成本差异计算与动因分析，以及修订与改进标准成本等程序进行。

（1）为了实现成本的精细化管理，企业应根据标准成本法的应用环境，结合内部管理要求，确定应用对象。标准成本法的成本对象可以是不同种类、不同批次或不同生产步骤的产品。

（2）企业制定标准成本，可由跨部门团队采用"上下结合"的模式进行，经企业管理层批准后实施。在制定标准成本时，企业一般应结合经验数据、行业标杆或实地测算的结果，运用统计分析、工程试验等方法，按照以下程序进行：

①就不同的成本或费用项目，分别确定消耗量标准和价格标准；

②确定每一成本或费用项目的标准成本；

③汇总不同成本项目的标准成本，确定产品的标准成本。

产品标准成本通常由直接材料标准成本、直接人工标准成本和制造费用标准成本构成。每一成本项目的标准成本应分为用量标准（包括单位产品消耗量、单位产品人工工时等）和价格标准（包括原材料单价、工时工资率、工时制造费用分配率等）。

直接材料成本标准，是指直接用于产品生产的材料成本标准，包括标准用量和标准单价两方面。制定直接材料的标准用量，一般由生产部门负责，会同技术、财务、信息等部门，按照以下程序进行。

①根据产品的图纸等技术文件进行产品研究，列出所需的各种材料以及可能的替代材料，并说明这些材料的种类、质量以及库存情况。

②在对过去用料经验记录进行分析的基础上，采用过去用料的平均值、最

高与最低值的平均数、最节省数量、实际测定数据或技术分析数据等，科学地制定标准用量。制定直接材料的标准单价，一般由采购部门负责，会同财务、生产、信息等部门，在考虑市场环境及其变化趋势、订货价格以及最佳采购批量等因素的基础上综合确定。直接材料标准成本的计算公式如下。

直接材料标准成本 = 单位产品的标准用量 × 材料的标准单价

材料按计划成本核算的企业，材料的标准单价可以采用材料计划单价。

直接人工成本标准，是指直接用于产品生产的人工成本标准，包括标准工时和标准工资率。制定直接人工的标准工时，一般由生产部门负责，会同技术、财务、信息等部门，在对产品生产所需作业、工序、流程工时进行技术测定的基础上，考虑正常的工作间隙，并适当考虑生产条件的变化，生产工序、操作技术的改善，以及相关工作人员主观能动性的充分发挥等因素，合理确定单位产品的工时标准。制定直接人工的标准工资率，一般由人力资源部门负责，根据企业薪酬制度等制定。直接人工标准成本的计算公式如下：

直接人工标准成本 = 单位产品的标准工时 × 工时标准工资率

制造费用成本标准应区分变动制造费用项目和固定制造费用项目分别确定。

变动制造费用，是指通常随产量变化而成正比例变化的制造费用。变动制造费用项目的标准成本根据标准用量和标准价格确定。变动制造费用的标准用量可以是单位产量的燃料、动力、辅助材料等标准用量，也可以是产品的直接人工标准工时，或者是单位产品的标准机器工时。标准用量的选择需考虑用量与成本的相关性，制定方法与直接材料的标准用量以及直接人工的标准工时类似。变动制造费用的标准价格可以是燃料、动力、辅助材料等标准价格，也可以是工时标准工资率等。制定方法与直接材料的标准单价以及直接人工的标准工资率类似。变动制造费用的计算公式如下。

变动制造费用项目标准成本 = 变动制造费用项目的标准用量 ×
变动制造费用项目的标准价格

固定制造费用，是指在一定产量范围内，其费用总额不会随产量变化而变化，始终保持固定不变的制造费用。固定制造费用一般按照费用的构成项目实行总量控制；也可以根据需要，通过计算标准分配率，将固定制造费用分配至单位产品，形成固定制造费用的标准成本。制定固定制造费用标准，一般由财务部门负责，会同采购、生产、技术、营销、人事、信息等有关部门，按照以下程序进行：

①依据固定制造费用的不同构成项目的特性，充分考虑产品的现有生产能

力、管理部门的决策以及费用预算等，测算确定各固定制造费用构成项目的标准成本；

②通过汇总各固定制造费用项目的标准成本，得到固定制造费用的标准总成本；

③确定固定制造费用的标准分配率，标准分配率可根据单位产品的标准工时与预算总工时的比率确定。其中，预算总工时，是指由预算产量和单位工时标准确定的总工时。单位工时标准可以依据相关性原则在直接人工工时或者机器工时之间做出选择。固定制造费用标准成本的计算顺序及公式如下。

固定制造费用标准成本由固定制造费用项目预算确定。

$$固定制造费用总成本 = \Sigma 固定制造费用项目标准成本$$

$$固定制造费用标准分配率 = 单位产品的标准工时 \div 预算总工时$$

$$固定制造费用标准成本 = 固定制造费用总成本 \times 固定制造费用标准分配率$$

企业应在制定标准成本的基础上，基于可控性原则、权责利相统一和归口管理等原则，将产品成本及其各成本或费用项目的标准用量和标准价格层层分解，落实到部门及相关责任人，形成成本控制标准。各归口管理部门（或成本中心）应根据相关成本控制标准，控制费用开支与资源消耗，监督、控制成本的形成过程，及时分析偏离标准的差异并分析其成因，并及时采取措施加以改进。

（3）在标准成本法的实施过程中，各相关部门（或成本中心）应对其所管理的项目进行跟踪分析。生产部门一般应根据标准用量、标准工时等，实时跟踪和分析各项耗用差异，从操作人员、机器设备、原料质量、标准制定等方面寻找差异成因，采取应对措施，控制现场成本，并及时反馈给人力资源、技术、采购、财务等相关部门，共同实施事中控制。采购部门一般应根据标准单价，按照各项目采购批次，揭示和反馈价格差异形成的原因，控制和降低总采购成本。

（4）企业应定期将实际成本与标准成本进行比较和分析，确定差异数额及性质，揭示差异形成的原因，落实责任中心，寻求可行的改进途径和措施。

成本差异的计算与分析一般按成本或费用项目进行。

直接材料成本差异，是指直接材料实际成本与标准成本之间的差额，该项差异可分解为直接材料价格差异和直接材料数量差异。直接材料价格差异，是指在采购过程中，直接材料实际价格偏离标准价格所形成的差异；直接材料数量差异，是指在产品生产过程中，直接材料实际消耗量偏离标准消耗量所形成的差异。有关计算公式如下。

直接材料成本差异 = 实际成本 − 标准成本

= 实际耗用量 × 实际单价 − 标准耗用量 × 标准单价

直接材料成本差异 = 直接材料价格差异 + 直接材料数量差异

直接材料价格差异 = 实际耗用量 × （实际单价 − 标准单价）

直接材料数量差异 = （实际耗用量 − 标准耗用量）× 标准单价

【例 4-1】某企业本月生产产品 400 件，实际使用材料 2 500 千克，材料单价为 0.55 元 /千克；单位产品的直接材料标准成本为 3 元，即每件产品耗用 6 千克直接材料，每千克材料的标准价格为 0.5 元。按照上列公式计算差异如下。

直接材料价格差异 = 2 500 × （0.55 − 0.5）= 125 （元）

直接材料数量差异 = （2 500 − 400 × 6）× 0.5 = 50 （元）

直接材料成本差异 = 实际成本 − 标准成本

= 2 500 × 0.55 − 400 × 6 × 0.5 = 175 （元）

直接人工成本差异，是指直接人工实际成本与标准成本之间的差额，该差异可分解为工资率差异和效率差异。工资率差异，是指实际工资率偏离标准工资率形成的差异，按实际工时计算确定；效率差异，是指实际工时偏离标准工时形成的差异，按标准工资率计算确定。有关计算公式如下。

直接人工成本差异 = 实际成本 − 标准成本

= 实际工时 × 实际工资率 − 标准工时 × 标准工资率

直接人工成本差异 = 直接人工工资率差异 + 直接人工效率差异

直接人工工资率差异 = 实际工时 × （实际工资率 − 标准工资率）

直接人工效率差异 = （实际工时 − 标准工时）× 标准工资率

【例 4-2】某企业本月生产产品 400 件，实际使用工时 890 小时，支付工资 4 539 元；直接人工的标准成本是 10 元 /件，即每件产品标准工时为 2 小时，标准工资率为 5 元 /小时。按上列公式计算差异如下。

直接人工工资率差异 = 890 × （4 539 ÷ 890 − 5）= 89 （元）

直接人工效率差异 = （890 − 400 × 2）× 5 = 450 （元）

直接人工成本差异 = 实际成本 − 标准成本

= 4 539 − 400 × 10 = 539 （元）

变动制造费用项目的差异，是指变动制造费用项目的实际发生额与变动制造费用项目的标准成本之间的差额，该差异可分解为变动制造费用项目的耗费差异和效率差异。变动制造费用项目的价格差异，是指燃料、动力、辅助材料等变动制造费用项目的实际价格偏离标准价格的差异；变动制造费用项目的数量差异，是指燃料、动力、辅助材料等变动制造费用项目的实际消耗量偏离标准用量的差异。有关计算公式如下。

$$变动制造费用成本差异 = 实际变动制造费用 - 标准变动制造费用$$
$$= 实际工时 \times 变动制造费用实际分配率 -$$
$$标准工时 \times 变动制造费用标准分配率$$

$$变动制造费用成本差异 = 变动制造费用耗费差异 + 变动制造费用效率差异$$

$$变动制造费用耗费差异 = 实际工时 \times (变动制造费用实际分配率 -$$
$$变动制造费用标准分配率)$$

$$变动制造费用效率差异 = (实际工时 - 标准工时) \times 变动制造费用标准分配率$$

【例 4 - 3】本月实际产量 400 件，使用工时 890 小时，实际发生变动制造费用 1 958 元；变动制造费用标准成本为 4 元/件，即每件产品标准工时为 2 小时，标准的变动制造费用分配率为 2 元/小时。按上述公式计算差异如下。

$$变动制造费用耗费差异 = 890 \times (1\ 958 \div 890 - 2) = 178\ (元)$$

$$变动制造费用效率差异 = (890 - 400 \times 2) \times 2 = 180\ (元)$$

$$变动制造费用成本差异 = 1\ 958 - 400 \times 2 \times 2 = 358\ (元)$$

固定制造费用项目成本差异，是指固定制造费用项目实际成本与标准成本之间的差额。其计算公式如下。

$$固定制造费用项目成本差异 = 固定制造费用项目实际成本 -$$
$$固定制造费用项目标准成本$$

企业应根据固定制造费用项目的性质，分析差异的形成原因，并将之追溯至相关责任中心。在成本差异的分析过程中，企业应关注各项成本差异的规模、趋势及其可控性。对于反复发生的大额差异，企业应进行重点分析与处理。企业可将生成的成本差异信息汇总，定期形成标准成本差异分析报告，并针对性地提出成本改进措施。

为保证标准成本的科学性、合理性与可行性，企业应定期或不定期对标准成本进行修订与改进。一般情况下，标准成本的修订工作由标准成本的制定机构负责。企业应至少每年对标准成本进行测试，通过编制成本差异分析表，确认是否存在因标准成本不准确而形成的成本差异。当该类差异较大时，企业应按照标准成本的制定程序，对标准成本进行调整。除定期测试外，当外部市场、组织机构、技术水平、生产工艺、产品品种等内外部环境发生较大变化时，企业也应及时对标准成本进行调整。

（四）标准成本法评价

标准成本法的主要优点为：①能及时反馈各成本项目不同性质的差异，有利于考核相关部门及人员的业绩；②标准成本的制定及其差异和动因的信息可以使企业预算的编制更为科学和可行，有助于企业的经营决策。

标准成本法的主要缺点是：①要求企业产品的成本标准比较准确、稳定，在使用条件上存在一定的局限性；②对标准管理水平较高，系统维护成本较高；③标准成本需要根据市场价格波动频繁更新，导致成本差异可能缺乏可靠性，会降低成本控制效果。

## 案例　标准成本法的应用案例

### 标准成本法在成飞公司制造过程中的应用

航空工业成都飞机工业（集团）有限责任公司（以下简称"成飞公司"）是我国航空武器装备研制生产和出口的主要基地、民机零部件重要制造商、国际民机大部件重要转包商。长期以来，成飞公司在内部成本管理中推行标准成本法，良好的成本管控使公司连续多年保持盈利。2000 年以后，公司进入高速增长阶段，同时军队装备采购体系改革不断推进，国家对军品定价机制从严从紧，成本控制遭遇前所未有的压力。针对新形势，2011 年开始，成飞公司重新构建并实施了一套基于产品生产工序并真实反映现状水平的标准成本（内部结算价格）管理体系，使成本控制成功向价值创造转型升级。

一、对基本生产环节的重点资源消耗进行标准成本重构

在原有内部结算价格的基础上，依据基本生产环节的资源占用与消耗状况，成飞公司重点对物料消耗及零件加工过程中主要消耗的人工成本、设备折旧费、能源动力费、专用刀具成本和维修成本方面的标准成本进行了重构。一般情况下，标准成本＝用量标准×价格标准。"用量标准"表示的是产品生产允许消耗的资源量（定额），实际工作中一般采用"工时"表示。但"工时"仅反映产品生产过程中占用资源的时间长短，而消耗资源状况需要通过相应的"价格标准"进行换算。"价格标准"反映的是不同资源单位消耗量的成本。因此，针对不同成本项目的特性，依据历年的实际成本水平，选择、确定相应的"用量标准"和"价格标准"，成为此次标准成本重构的重心。

1. 重构物料标准成本

成飞公司生产环节的物料包括原材料、外协件、外购件及成品四种。由于成本特性不同，其管控重点也不相同。

（1）精细设定原材料的用量标准和价格标准。

一是用量标准的设定充分考虑实际消耗和工艺优化。原材料用量标准在设计阶段已明确规定了消耗定额，但在生产实际中，由于零件需要装夹、固定等，需对设计定额进行适当的放量，并且部分零件已实现成组加工，在此方式下，零件可以集中套裁，材料的利用率得以提高，因此原材料的用量标准是在设计定额的基础上考虑装夹及套裁等因素进行增减后形成的单件工艺定额。原材料标准成本制定过程见图4-4。

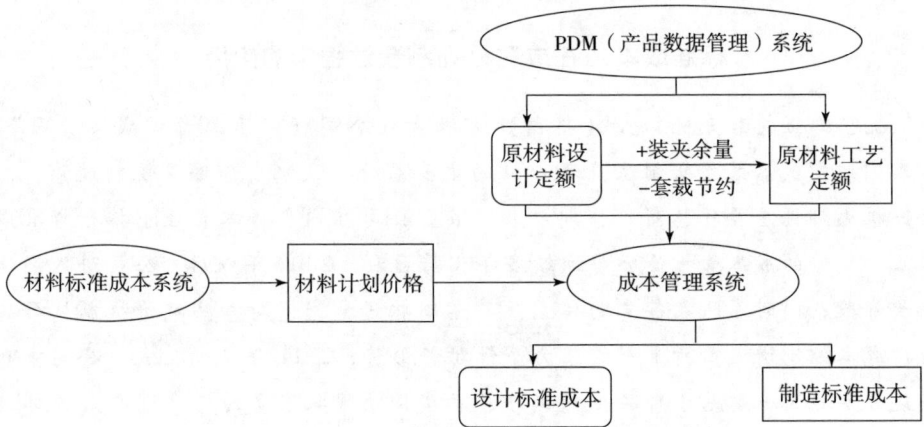

图4-4 原材料标准成本制定过程

二是基于采购价格制定计划价格。采购价格是原材料计划价格的基础。由于市场价格波动，同一品牌、规格、尺寸的材料在不同的时间采购，价格会存在差异，故采购价格可依据近三年的平均合同单价计算。为统一口径，涉及以外币结算的合同将按计划价格制定基准日的汇率折算为本位币。材料在仓储、发放及配送环节发生的仓储管理、合理损耗、下料配送等费用按材料类别（金属、非金属、工具、煤炭）确定不同的比率进行分摊。因此，材料计划价格＝近三年平均合同单价×辅助费用分摊率。

（2）外协件标准成本注重对临时外协的管控。

外协生产分为长期定点外协和非长期定点外协两种形式。长期定点外协件的标准成本取的是近三年的合同平均价格，非长期定点外协件的标准成本就是内部加工成本。由于外协成本有可能大于内部加工成本，因此外协件成本绩效的及时展示可以为外协或自制提供及时的决策依据。外协件成本绩效展示在成本管理系统中，成本管理系统集成了外协管理系统、制造执行系统以及资源计划系统，当外协成本大于内部加工成本并且亏损额度达到预警指标时，资源计划系统会重新进行资源平衡，制造执行系统依据调整后的资源配置，向内部充分挖掘生产潜力，重新进行生产能力平衡，从而控制和减少临时外协量。

2. 重构零件加工过程的标准成本

成飞公司零件加工过程的标准成本以工序成本为基础，借鉴作业成本法将产品制造过程中的"工序"作为"作业"，以零件加工过程中对资源占用与消耗的状况（用量标准）为"成本动因"，尽可能将占产品标准成本中比重较大的成本项目的消耗采用"直接对象化"的方式计入相应的成本项目，改变此前以统一分摊进行的成本归集方式。

零件加工过程占用的资源主要有五项，分别是人工成本、设备折旧费、能源动力费、专用刀具成本和维修成本。这些资源的消耗与生产加工的时间直接正相关，故其用量标准都设定为相关的时间，其中定额工时会定期进行修订，以体现其先进性。价格标准即小时费用率，也就是单位时间内这五个方面的资源占用情况，以上年度的实际消耗为参照，每年度更新一次。零件加工过程资源消耗标准成本计算过程见表 4-1。

表 4-1　　　　　　　　零件加工过程资源消耗标准成本计算过程

| 成本项目 | 用量标准 | 价格标准 |
|---|---|---|
| 人工成本 | 加工某项零件（工序）所耗用的定额工时 | 上年度生产一线职工薪酬总额÷上年度生产工人完成定额工时总量 |
| 设备折旧费 | 上年度加工某项零件（工序）所占用某台设备的平均时间 | 某台设备原值÷设备使用年限÷上年度设备开工总工时 |
| 能源动力费 | 上年度加工某项零件（工序）所耗用的能源动力 | 加工某项零件（工序）所使用设备的功率×能源动力费计价标准 |
| 专用刀具成本 | 加工某项零件（工序）所耗用的工艺仿真 | 刀具原值÷刀具使用年限÷上年度生产工人完成定额工时总量 |
| 维修成本 | 加工某项零件（工序）所耗用的定额工时 | 上年度生产用设备维修成本总额÷上年度生产工人完成定额工时总量 |

二、应用成本差异分析推动管理改进

成本差异可以分为两类：一类是计划差异，反映修订后的标准与原始标准的差异，即新旧标准之间的差异；另一类是运营差异，反映实际成本和标准成本之间的差异。

1. 实行计划差异分析

计划差异产生的原因是编制原始标准时依据的基准随着时间的推移发生了变化，计划差异的分析和改进用于优化和完善未来标准的制定和预算编制。

例如，由于成飞公司科研、生产并行，新研项目和不同批次的产品都存在设计更改频繁的现象，现场的生产依据FO（制造大纲）必须随着设计的更改而更改，不同版本的FO也会出现工序增减等情况。为解决这类问题，成飞公司建立了以FO版本、版次为基础，相同价格标准的多版本标准成本，包括设计标准成本、初始版次制造标准成本、有效版次制造标准成本，以便于对比不同FO方案之间成本的变化情况，为管理决策和工艺效率评价提供依据。例如新研项目材料定额绩效的评价依据是设计标准成本与初始版次制造标准成本之间的材料定额差异；老项目材料定额的绩效评价依据是初始版次制造标准成本与有效版次制造标准成本之间的材料定额差异。各版本、版次的标准成本在运行一定周期以后，通过绩效评价，选择更优的方案成为有效版次制造标准成本，使标准成本保持动态更新。

2. 实行运营差异分析

运营差异顾名思义就是在运营过程中实际成本与标准成本之间的差异，是实际运营过程中用量差异和价格差异导致的。运营差异的分析应用在于改进实际的工作流程。

（1）引导生产部门由成本中心向价值中心转型。

作为价值标杆，标准成本是衡量技术进步和管理创新成果的价值尺度，且通过实际成本与标准成本项目的一一对应比较分析，可以准确地找出利润源，引导生产各环节不断优化，改进成本行为和费用发生流程，使生产部门主动控制成本并向价值中心转型。

（2）实施绩效工资与成本考评挂钩，推动成本责任落实。

依托ERP系统，融合物流、工时管理、制造执行及以工序成本为基础的标准成本编制与管理系统，成飞公司建立了支持成本核算与管理全过程有效运行的数字化管理平台。通过物质变化过程与价值增值过程的对应、匹配，实现物流、信息流、价值流三流合一，使资源消耗可显、可查、可反馈，同时，生产部门绩效工资总额与成本绩效评价和部门绩效综合考评结果指标挂钩，使成本责任得到有效落实。

三、案例点评

成飞公司作为一家标准的制造业企业，其产品价值高，工序复杂，且由于国家目前采用的军品定价机制，因此对成本核算及管控水平提出了更高的要求。在成飞公司的标准成本管理体系构造过程中，以下几点经验为自身及其他同类企业提供了重要的借鉴。

（1）在成本核算过程中，对产品进行区别化成本管控。

对原材料的成本进行精细化管理，设定原材料的用量标准和价格标准，用量标准的设定充分考虑实际消耗和工艺优化，并且基于采购价格制定计划价格。而对于外协件，分为长期定点外协和非长期定点外协两种形式，长期定点外协件的标准成本取的是近三年的合同平均价格，临时外协件成本注重与内部加工成本的对比，进行绩效评价，依靠成本管理系统做出下一步生产决策。

成飞公司零件加工过程的标准成本以工序成本为基础，以零件加工过程中对资源占用与消耗的状况为"成本动因"，尽可能将占产品标准成本中比重较大的成本项目，如人工成本、设备折旧费、能源动力费、专用刀具成本和维修成本的消耗采用"直接对象化"的方式计入相应的成本项目，体现出了对标准成本法的良好运用。

（2）通过对计划和运营的成本差异进行分析，完善标准制定，改进工作流程。

使用标准成本法的更大意义在于完善成本考核，以此降低产品成本。成飞公司将成本差异分为两类，一类是计划差异，另一类是运营差异。针对计划差异，成飞公司通过建立以制造大纲为基础的不同版本标准成本，对比不同方案的成本变化情况，通过绩效评价，择优动态更新，为管理决策提供依据。而针对运营差异，则通过分析实际成本差异与标准成本差异，找出利润源，引导生产部门由成本中心向价值中心转型，同时便于绩效考评，落实成本责任。

## 4.2.3　变动成本法

（一）变动成本法含义

变动成本法，是指企业以成本性态分析为前提条件，仅将生产过程中消耗的变动生产成本作为产品成本的构成内容，而将固定生产成本和非生产成本作为期间成本，直接由当期收益予以补偿的一种成本管理方法。

成本性态，是指成本与业务量之间的相互依存关系。按照成本性态，成本可划分为固定成本、变动成本和混合成本。固定成本，是指在一定范围内，其总额不随业务量变动而增减变动，但单位成本随业务量增加而相对减少的成本。变动成本，是指在一定范围内，其总额随业务量变动发生相应的正比例变动，而单位成本保持不变的成本。混合成本，是指总额随业务量变动但不成正比例变动的成本。

变动成本法通常用于分析各种产品的盈利能力，为正确制定经营决策、科学进行成本计划、成本控制和成本评价与考核等工作提供有用信息。

变动成本法一般适用于同时具备以下特征的企业：

（1）企业固定成本比重较大，当产品更新换代的速度较快时，分摊计入产品成本中的固定成本比重大，采用变动成本法可以正确反映产品盈利状况；

（2）企业规模大，产品或服务的种类多，固定成本分摊存在较大困难；

（3）企业作业保持相对稳定。

（二）变动成本法应用环境

企业应用变动成本法，应遵循《管理会计应用指引第 300 号——成本管理》中对应用环境的一般要求。

（1）企业应用变动成本法所处的外部环境，一般应具备以下特点。

①市场竞争环境激烈，需要频繁进行短期经营决策。

②市场相对稳定，产品差异化程度不大，以利于企业进行价格等短期决策。

（2）企业应保证成本基础信息记录完整，财务会计核算基础工作完善。

（3）企业应建立较好的成本性态分析基础，具有划分固定成本与变动成本的科学标准，以及划分标准的使用流程与规范。

（4）企业能够及时、全面、准确地收集与提供有关产量、成本、利润以及成本性态等方面的信息。

（三）变动成本法应用程序

企业应用变动成本法，一般按照成本性态分析、变动成本计算、损益计算等程序进行。

（1）成本性态分析，是指企业基于成本与业务量之间的关系，运用技术方法，将业务范围内发生的成本分解为固定成本和变动成本的过程。

（2）混合成本的分解方法主要包括高低点法、回归分析法、账户分析法（也称会计分析法）、技术测定法（也称工业工程法）、合同确认法，前两种方法需要借助数学方法进行分解，后三种方法可通过直接分析认定。

①高低点法：企业以过去某一会计期间的总成本和业务量资料为依据，从中选取业务量最高点和业务量最低点，将总成本进行分解，得出成本模型。计算公式如下。

单位变动成本 = 最高点业务量的成本 − 最低点业务量的成本

固定成本总额 = 最高点业务量的成本 − 单位变动成本 × 最高点业务量

或：　　　　　　　　 = 最低点业务量的成本 − 单位变动成本 × 最低点业务量

高低点法计算较简单，但只采用了历史成本资料中的最高点和最低点两组数据，故代表性较差。

②回归分析法：企业根据过去一定期间的业务量和混合成本的历史资料，应用最小二乘法原理，计算最能代表业务量与混合成本关系的回归直线，借以确定混合成本中固定成本和变动成本的方法。计算公式如下。

假设混合成本符合总成本模型，即 $y = a + bx$。式中：$a$ 为固定成本；$b$ 为单位变动成本。

回归分析法的计算结果较为准确。

③账户分析法：企业根据有关成本账户及其明细账的内容，结合其与产量的依存关系，判断其比较接近的成本类别，将其视为该类成本。账户分析法较为简便易行，但精确度低且带有主观判断。

④技术测定法：企业根据生产过程中各种材料和人工成本消耗量的技术测定来划分固定成本和变动成本。技术测定法仅适用于投入成本和产出数量之间有规律性联系的成本分解。

⑤合同确认法：企业根据订立的经济合同或协议中关于支付费用的规定，来确认并估算哪些项目属于变动成本，哪些项目属于固定成本。合同确认法一般要配合账户分析法使用。

在变动成本法下，为加强短期经营决策，按照成本性态，企业的生产成本分为变动生产成本和固定生产成本，非生产成本分为变动非生产成本和固定非生产成本。其中，只有变动生产成本才构成产品成本，其随产品实体的流动而流动，随产量变动而变动。

（3）在变动成本法下，利润的计算通常采用贡献式损益表。该表一般应包括营业收入、变动成本、边际贡献、固定成本、利润等项目。其中，变动成本包括变动生产成本和变动非生产成本两部分，固定成本包括固定生产成本和固定非生产成本两部分。贡献式损益表中损益计算包括以下两个步骤。

①计算边际贡献总额。

边际贡献总额 = 营业收入总额 − 变动成本总额

　　　　　　 = 销售单价 × 销售量 − 单位变动成本 × 销售量

　　　　　　 = （销售单价 − 单位变动成本）× 销售量

　　　　　　 = 单位边际贡献 × 销售量

②计算当期利润。

$$利润 = 边际贡献总额 - 固定成本总额$$

（四）变动成本法评价

变动成本法的主要优点是：①区分固定成本与变动成本，有利于明确企业产品盈利能力和划分成本责任；②保持利润与销售量增减相一致，促进以销定产；③揭示了销售量、成本和利润之间的依存关系，使当期利润真正反映企业经营状况，有利于企业经营预测和决策。

变动成本法的主要缺点是：①计算的单位成本并不是完全成本，不能反映产品生产过程中发生的全部耗费；②不能适应长期决策的需要；③一般会降低期末存货估价，降低营业利润总额，对所得税有一定影响。

## 案例 变动成本法的应用案例

### 变动成本法在联想公司的应用

（一）公司简介

联想控股股份有限公司（以下简称"联想公司"）成立于1984年，由11名科技人员创办，中科院计算所投资20万元人民币，是一家在信息产业内多元化发展的大型企业集团，是富有创新性的国际化的科技公司。从1996年开始，联想电脑销量一直位居我国国内市场首位；2004年，联想公司收购IBM PC（个人电脑）事业部；2013年，联想电脑销售量升居世界第一位，成为全球最大的PC生产厂商。2014年10月，联想公司宣布了该公司已经完成对M公司的收购。联想公司主要生产智能电视、主板、手机、台式计算机、服务器、笔记本电脑、一体机电脑等商品。

（二）联想公司应用变动成本法案例分析

联想公司某型号产品2014年产量为500 000台，实际销售量为450 000台，2015年产量为450 000台，全年最终实际销售量为500 000台。两年中，该产品在市场上的实际销售价格均为0.3万元/台，其中单位变动成本为0.12万元/台，单位变动性销售费用为0.06万元/台。2014年和2015年，公司的固定制造费用无变化，均为3 000万元，固定销售及管理费用合计均为10 000万元。那么，对于2014年和2015年两年的营业利润，应用变动成本法和完全成本法进行核算，分别如下。

变动成本法：

2014 年：450 000 × 0.3 – 450 000 × (0.12 + 0.06) – (3 000 + 10 000) = 41 000（万元）

2015 年：500 000 × 0.3 – 500 000 × (0.12 + 0.06) – (3 000 + 10 000) = 47 000（万元）

完全成本法：

2014 年：450 000 × (0.3 – 0.12 – 0.06 + 3 000 ÷ 500 000) – 10 000 = 41 300（万元）

2015 年：500 000 × (0.3 – 0.12 – 0.06 + 3 000 ÷ 500 000) – 10 000 = 53 000（万元）

通过以上案例可以看出，同一时期在不同的会计核算方法下，税前利润结果是不同的。2014 年，完全成本法下的税前利润 41 300 万元是高于变动成本法下的税前利润 41 000 万元的，而 2014 年销量 450 000 台却低于 2014 年产量 500 000 台；2015 年，完全成本法下的税前利润 53 000 万元是高于变动成本法下的税前利润 47 000 万元的，2015 年销量 500 000 台高于 2015 年产量 450 000 台。在 2014 年、2015 年两年之内，联想公司的销售和税前利润之间是脱节的，如果采用完全成本法核算，销售得越多反而利润越低，最终企业利润表中的当期税前利润和联想公司的实际经营情况并不相符。

在这种情况下，完全成本法所提供的会计信息是不真实的，最终会造成会计信息失真，进而影响企业决策。如果采用完全成本法核算，企业期末存货成本会被当作库存商品，这部分库存商品被视为"未来可卖出的收益资产"，被记入资产负债表，只有库存商品销售后才能结转主营业务成本，成为销售当期收入的扣减项，造成虚增企业生产当期的税前利润，而非销售当期税前利润。如果采用变动成本法核算，期末存货成本计入下个会计期间，2014 年和 2015 年计算出的企业税前利润能够真实体现企业实际的销售和税前利润正相关的关系，即销售得越多，税前利润越高；反之则税前利润越低，有利于企业决策者做出准确的决策。

虽然变动成本法能够帮助企业内部管理者根据税前利润做出准确决策，但是变动成本法也有无法避免的缺点，它单纯强调贡献毛益而忽视固定成本，可能导致企业不能充分发挥生产能力，且无法满足企业多方位的成本信息需求，并与传统的成本计算方法相违背。在变动成本法下，要将存货中的固定制造费用剔除，并作为当期期间费用处理，从而减少当期税前利润，只有当被剔除了固定制造费用的存货销售后，才能补回减少的税前利润，这样就会影响当期股东或者企业管理者的分红金额。这样，在税前利润确定上与完全成本法发生差异会暂时影响企业及其利益相关者的利益，难以被企业管理者和股东接受。从货币的时间价值因素看，会影响各方面的实际利益。

此时，销量即使减少，利润表中也可能出现利润增加的情况，因此可能会使管理者做出继续增加产量的错误决策。其实，变动成本法主要目的在于减少变动成本对存货成本的影响，关键在于将最终结转为存货成本的制造成本分为变动制造成本与固定制造成本，固定制造成本计入当期损益而变动成本计入存货成本，但这样在期末会出现与按会计准则核算结果不一致的情况。在变动成本法下，期末的存货中只包含变动制造成本，期末中报表的成本需要将存货的固定制造费用与之相加。因此，需要将固定制造成本在已销与未销产品之间进行分配，在期末将未销产品应负担的固定制造成本转入存货成本。

（三）应用变动成本法过程中的合理建议

（1）弥补变动成本法在企业应用中的不足。变动成本法在联想公司是否能够正常运用，首先应当根据联想公司实际情况，判断是否试用该核算程序。由于变动成本法并不符合传统的成本概念，所以在计算方法方面需进行优化。可以与完全成本法中的优势条件相结合，弥补变动成本法在这一方面的不足，使变动成本法的计算结构更贴近实际情况。同时，为了更广泛地应用变动成本法，可以结合变动成本法使用特点，充分发挥变动成本法在企业经营管理、业绩考核等方面的积极性。

（2）明确划分变动成本与固定成本。针对联想公司经营核算过程中变动成本与固定成本难以区分的问题，应该加以重视。划分成本时，应充分考虑联想公司在生产制造过程中所发生的混合成本问题，可以采用较为精准、灵活的区分方法。在分解混合成本的过程中，可采用科学的数学模型计算方法，比如回归直线法，但有时也会出现难以准确定量分析的问题，这种情况下需要会计人员利用所掌握的资料与以往经验进行分析，再明确划分。划分过程应当结合联想公司实际情况，合理控制变动成本与固定成本的比例。

（3）提高会计人员素质，优化会计制度。变动成本法在联想公司的实际应用过程中，工作量会大幅提高，这就需要联想公司的会计人员具备更专业的从业水平，要解决这个问题，有以下方式：广泛提升联想公司会计人员的专业素质，积极举办专业讲座和培训，进一步提高会计人员专业水平；通过引进具有CIMA证书的管理会计专业人才为变动成本法在联想公司的广泛应用提供先决条件。变动成本法要得到更好的应用，不仅要求企业在会计人才保障工作方面加以重视，也需要完善相关会计核算方法，从而达到理想效果。又因为企业需要对外提供财务报表，所以在采用变动成本法核算过程中，同时也应充分考虑变动成本法与以往会计核算方法填制报表的异同点，尽量使其更简单和准确，当然这也考验了会计人员的专业素质。

（4）结合自身企业实际，合理选择成本核算方法。为了企业在使用变动成本法的过程中能够在企业经营中发挥最大的经济效益，企业不仅要结合自身实际情况，还要分析企业自身的竞争优势，充分了解企业自身的情况才能为企业赢得更大的竞争力。当然在现代企业竞争如此激烈的现实情况下，不能仅仅根据数据来决定企业的发展，更要充分发挥人的主观能动性，在对市场需求等各方面加以权衡后，再加以决策选择是否可以将变动成本法与完全成本法结合使用。

## 4.2.4　作业成本法

（一）作业成本法含义

作业成本法，是指以"作业消耗资源、产出消耗作业"为原则，按照资源动因将资源费用追溯或分配至各项作业，计算出作业成本，然后再根据作业动因，将作业成本追溯或分配至各成本对象，最终完成成本计算的成本管理方法。

资源费用，是指企业在一定期间内开展经济活动所发生的各项资源耗费。资源费用既包括房屋及建筑物、设备、材料、商品等有形资源的耗费，也包括信息、知识产权、土地使用权等各种无形资源的耗费，还包括人力资源耗费以及其他各种税费支出等。作业，是指企业基于特定目的重复执行的任务或活动，是连接资源和成本对象的桥梁。一项作业既可以是一项非常具体的任务或活动，也可以泛指一类任务或活动。按消耗对象不同，作业可分为主要作业和次要作业。主要作业是被产品、服务或客户等最终成本对象消耗的作业。次要作业是被原材料、主要作业等介于中间地位的成本对象消耗的作业。成本对象，是指企业追溯或分配资源费用、计算成本的对应物。成本对象可以是工艺、流程、零部件、产品、服务、分销渠道、客户、作业、作业链等需要计量和分配成本的项目。成本动因，是指诱导成本发生的原因，是成本对象与其直接关联的作业和最终关联的资源之间的中介。按其在资源流动中所处的位置和作用，成本动因可分为资源动因和作业动因。

作业成本法的应用目标包括：

（1）通过追踪所有资源费用到作业，然后再到流程、产品、分销渠道或客户等成本对象，提供全口径、多维度的更加准确的成本信息；

（2）通过作业认定、成本动因分析以及对作业效率、质量和时间的计量，更真实地揭示资源、作业和成本之间的联动关系，为资源的合理配置以及作业、流程和作业链（或价值链）的持续优化提供依据；

（3）通过作业成本法提供的信息及其分析，为企业更有效地开展规划、决策、控制、评价等各种管理活动奠定坚实基础。

作业成本法一般适用于具备以下特征的企业：作业类型较多且作业链较长；同一生产线生产多种产品；企业规模较大且管理层对产品成本准确性要求较高；产品、客户和生产过程多样化程度较高；间接或辅助资源费用所占比重较大等。

（二）作业成本法应用环境

企业应用作业成本法，应遵循《管理会计应用指引第 300 号——成本管理》中对应用环境的一般要求。

（1）企业应用作业成本法所需要的主要外部条件包括：

①客户个性化需求较高，市场竞争激烈；

②产品的需求弹性较大，价格敏感度较高。

（2）企业应用作业成本法所需要的主要内部条件包括：

①企业应用作业成本法应基于作业观，即企业作为一个为最终满足客户需要而设计的一系列作业的集合体，进行业务组织和管理；

②企业应成立由生产、技术、销售、财务、信息等部门的相关人员构成的设计和实施小组，负责作业成本系统的开发设计与组织实施工作；

③企业应能够清晰地识别作业、作业链、资源动因和成本动因，为资源费用以及作业成本的追溯或分配提供合理的依据；

④企业应拥有先进的计算机及网络技术，配备完善的信息系统，能够及时、准确地提供各项资源、作业、成本动因等方面的信息。

（三）作业成本法应用程序

企业应用作业成本法，一般按照资源识别及资源费用的确认与计量、成本对象选择、作业认定、作业中心设计、资源动因选择与计量、作业成本归集、作业动因选择与计量、作业成本分配、作业成本信息报告等程序进行。

（1）资源识别及资源费用的确认与计量，是指识别出由企业拥有或控制的所有资源，遵循国家统一的会计制度，合理选择会计政策，确认和计量全部资源费用，编制资源费用清单，为资源费用的追溯或分配奠定基础。资源费用清单一般应分部门列示当期发生的所有资源费用，其内容要素一般包括发生部门、费用性质、所属类别、受益对象等。

资源识别及资源费用的确认与计量应由企业的财务部门负责，在基础设施管理、人力资源管理、研究与开发、采购、生产、技术、营销、服务、信息等部门的配合下完成。

（2）在作业成本法下，企业应将当期所有的资源费用，遵循因果关系和受益原则，根据资源动因和作业动因，分项目经由作业追溯或分配至相关的成本对象，确定成本对象的成本。企业应根据国家统一的会计制度，并考虑预算控制、成本管理、营运管理、业绩评价以及经济决策等方面的要求确定成本对象。

（3）作业认定，是指企业识别由间接或辅助资源执行的作业集，确认每一项作业完成的工作以及执行该作业所耗费的资源费用，并据以编制作业清单的过程。

作业认定的内容主要包括对企业每项消耗资源的作业进行识别、定义和划分，确定每项作业在生产经营活动中的作用、同其他作业的区别以及每项作业与耗用资源之间的关系。

作业认定一般包括以下两种形式。

①根据企业生产流程，自上而下进行分解。

②通过与企业每一部门负责人和一般员工进行交流，自下而上确定他们所做的工作，并逐一认定各项作业。

作业认定的具体方法一般包括调查表法和座谈法。调查表法，是指通过向企业全体员工发放调查表，并通过分析调查表来认定作业的方法。座谈法，是指通过与企业员工的面对面交谈，来认定作业的方法。企业一般应将两种方法相结合，以保证全面、准确认定全部作业。

企业对认定的作业应加以分析和归类，按顺序列出作业清单或编制出作业字典。作业清单或作业字典一般应当包括作业名称、作业内容、作业类别、所属作业中心等内容。

（4）作业中心设计，是指企业将认定的所有作业按照一定的标准进行分类，形成不同的作业中心，作为资源费用追溯或分配对象的过程。作业中心可以是某一项具体的作业，也可以是由若干个相互联系的能够实现某种特定功能的作业的集合。

企业可按照受益对象、层次和重要性，将作业分为以下五类，并分别设计相应的作业中心。

①产量级作业，是指明确地为个别产品（或服务）实施的、使单个产品（或服务）受益的作业。该类作业的数量与产品（或服务）的数量成正比。产量级作业包括产品加工、检验等。

②批别级作业，是指为一组（或一批）产品（或服务）实施的、使该组（或批）产品（或服务）受益的作业。该类作业的发生是由生产的批量数而不是单个产品（或服务）引起的，其数量与产品（或服务）的批量数成正比。批别级作业包括设备调试、生产准备等。

③品种级作业，是指为生产和销售某种产品（或服务）实施的、使该种产品（或服务）的每个单位都受益的作业。该类作业用于产品（或服务）的生产或销售，但独立于实际产量或批量，其数量与品种的多少成正比。品种级作业包括新产品设计、现有产品质量与功能改进、生产流程监控、工艺变换需要的流程设计、产品广告设计等。

④客户级作业，是指为服务特定客户所实施的作业。该类作业保证企业将产品（或服务）销售给个别客户，但作业本身与产品（或服务）数量独立。客户级作业包括向个别客户提供的技术支持活动、咨询活动、独特包装等。

⑤设施级作业，是指为提供生产产品（或服务）的基本能力而实施的作业。该类作业是开展业务的基本条件，其使所有产品（或服务）都受益，但与产量或销量无关。设施级作业包括管理作业、针对企业整体的广告活动等。

（5）资源动因是引起资源耗用的成本动因，它反映了资源耗用与作业量之间的因果关系。资源动因选择与计量为将各项资源费用归集到作业中心提供了依据。

企业应识别当期发生的每一项资源耗用，分析资源耗用与作业中心作业量之间的因果关系，选择并计量资源动因。企业一般应选择与资源费用总额成正比的资源动因作为资源费用分配的依据。

（6）作业成本归集，是指企业根据资源耗用与作业之间的因果关系，将所有资源成本直接追溯或按资源动因分配至各作业中心，计算各作业总成本的过程。

作业成本归集应遵循以下基本原则：

①对于为执行某种作业直接消耗的资源，应直接追溯至该作业中心；

②对于为执行两种或两种以上作业共同消耗的资源，应按照各作业中心的资源动因量比例分配至各作业中心。

为便于将资源费用直接追溯或分配至各作业中心，企业还可以按照资源与不同层次作业的关系，将资源分为以下五类。

①产量级资源。其包括为单个产品（或服务）所取得的原材料、零部件、人工、能源等。

②批别级资源。其包括用于生产准备、机器调试的人工等。

③品种级资源。其包括为生产某一种产品（或服务）所需要的专门化设备、软件和人力等。

④客户级资源。其包括为服务特定客户所需要的专门化设备、软件和人力等。

⑤设施级资源。其包括土地使用权、房屋及建筑物，以及所保持的不受产量、批别、产品、服务和客户变化影响的人力资源等。

对产量级资源费用，应直接追溯至各作业中心的产品等成本对象。对于其他级别的资源费用，应选择合理的资源动因，按照各作业中心的资源动因量比例，分配至各作业中心。企业为执行每一种作业所消耗的资源费用的总和，构成该种作业的总成本。

（7）作业动因是引起作业耗用的成本动因，反映了作业耗用与最终产出的因果关系，是将作业成本分配到流程、产品、分销渠道、客户等成本对象的依据。

当作业中心仅包含一种作业的情况下，所选择的作业动因应该是引起该作业耗用的成本动因；当作业中心由若干个作业集合而成的情况下，企业可采用回归分析法或分析判断法，分析比较各具体作业动因与该作业中心成本之间的相关关系，选择相关性最大的作业动因，即代表性作业动因，作为作业成本分配的基础。

作业动因需要在交易动因、持续时间动因和强度动因间进行选择。其中：交易动因，是指用执行频率或次数计量的成本动因，包括接受或发出订单数、处理收据数等；持续时间动因，是指用执行时间计量的成本动因，包括产品安装时间、检查小时等；强度动因，是指不易按照频率、次数或执行时间进行分配而需要直接衡量每次执行所需资源的成本动因，包括特别复杂产品的安装、质量检验等。

企业如果每次执行所需要的资源数量相同或接近，应选择交易动因；如果每次执行所需要的时间存在显著的不同，应选择持续时间动因；如果作业的执行比较特殊或复杂，应选择强度动因。对于选择的作业动因，企业应采用相应的方法和手段进行计量，以取得作业动因量的可靠数据。

（8）作业成本分配，是指企业将各作业中心的作业成本按作业动因分配至产品等成本对象，并结合直接追溯的资源费用，计算出各成本对象的总成本和单位成本的过程。

作业成本分配一般按照以下两个程序进行。

①分配次要作业成本至主要作业，计算主要作业的总成本和单位成本。企业应按照各主要作业耗用每一次要作业的作业动因量，将次要作业的总成本分配至各主要作业，并结合直接追溯至次要作业的资源费用，计算各主要作业的总成本和单位成本。有关计算公式如下。

次要作业成本分配率＝次要作业总成本÷该次要作业动因总量

某主要作业分配的次要作业成本＝该主要作业耗用的次要作业动因量×

该次要作业成本分配率

主要作业总成本＝直接追溯至该作业的资源费用＋分配至该主要作业的

次要作业成本之和

主要作业单位成本＝主要作业总成本÷该主要作业动因总量

②分配主要作业成本至成本对象，计算各成本对象的总成本和单位成本。企业应按照各主要作业耗用每一次要作业的作业动因量，将次要作业成本分配至各主要作业，并结合直接追溯至成本对象的单位水平资源费用，计算各成本对象的总成本和单位成本。有关计算公式如下。

某成本对象分配的主要作业成本＝该成本对象耗用的主要作业成本动因量×

主要作业单位成本

某成本对象总成本＝直接追溯至该成本对象的资源费用＋

分配至该成本对象的主要作业成本之和

某成本对象单位成本＝该成本对象总成本÷该成本对象的产出量

（9）作业成本信息报告的目的，是通过设计、编制和报送具有特定内容和格式要求的作业成本报表，向企业内部各有关部门和人员提供其所需要的作业成本及其他相关信息。

作业成本报表的内容和格式应根据企业内部管理需要确定。作业成本报表提供的信息一般应包括以下内容：

①企业拥有的资源及其分布以及当期发生的资源费用总额及其具体构成的信息；

②每一成本对象总成本、单位成本及其消耗的作业类型、数量及单位作业成本的信息，以及产品营利性分析的信息；

③每一作业或作业中心的资源消耗及其数量、成本以及作业总成本与单位成本的信息；

④与资源成本分配所依据的资源动因以及作业成本分配所依据的作业动因相关的信息；

⑤资源费用、作业成本以及成本对象成本预算完成情况及其原因分析的信息；

⑥有助于作业、流程、作业链（或价值链）持续优化的作业效率、时间和质量等方面的非财务信息；

⑦有助于促进客户价值创造的有关增值作业与非增值作业的成本信息及其他信息；

⑧有助于业绩评价与考核的作业成本信息及其他相关信息；

⑨上述各类信息的历史或同行业比较信息。

（四）作业成本法评价

作业成本法的主要优点：①能够提供更加准确的各维度成本信息，有助于企业提高产品定价、作业与流程改进、客户服务等决策的准确性；②改善和强化成本控制，促进绩效管理的改进和完善；③推进作业基础预算，提升作业、流程、作业链（或价值链）管理的能力。

作业成本法的主要缺点：作业成本法的应用过程中，部分作业的识别、划分、合并与认定，成本动因的选择以及成本动因计量方法的选择等均存在较大的主观性，操作较为复杂，开发和维护费用较高。

## 案例　作业成本法的应用案例

### 农机厂应用作业成本法

某农机厂是典型的国有企业，采用以销定产、多品种小批量生产模式。传统成本法下制造费用超过人工费用的200%，成本控制不力。为此，企业决定实施作业成本法。

根据企业的工艺流程，确定了32个作业，以及各作业的作业动因，作业动因主要是人工工时，其他作业动因有运输距离、准备次数、零件种类数、订单数、机器工时、客户数等。

通过计算，发现了传统成本法的成本扭曲：最大差异率达到46.5%。根据作业成本法提供的信息，为加强成本控制，针对每个作业制定目标成本，使得目标成本可以细化到班组，增加了成本控制的有效性。

通过对成本信息的分析，发现生产协调、检测、修理和运输作业不增加顾客价值，这些作业的执行人员归属一个分厂管理，但是人员分布在各个车间。通过作业分析，发现大量的人力资源的冗余。根据分析，可以裁减一半的人员，并减少相关的资源支出。分析还显示，运输作业由各个车间分别提供，但是都存在能力剩余，将运输作业集中管理，可以减少三四台叉车。

此外，正确的成本信息对销售的决策也有重要的影响，根据作业成本信息以及市场行情，企业修订了部分产品的价格。修订后的产品价格更加真实地反映了产品的成本，具有更强的竞争力。

## 4.2.5　内部转移定价法

内部转移定价，是指企业内部转移价格的制定和应用方法。内部转移价格，是指企业内部分公司、分厂、车间、分部等责任中心之间相互提供产品（或服务）、资金等内部交易时所采用的计价标准。

责任中心，是指企业内部独立提供产品（或服务）、资金等的责任主体。企业应用内部转移定价工具方法的主要目标，是界定各责任中心的经济责任，计量其绩效，为实施激励提供可靠依据。内部转移定价法主要适用于具有一定经营规模、业务流程相对复杂、设置了多个责任中心且责任中心之间存在内部供求关系的企业。

企业应用内部转移定价法，一般应遵循以下原则。

（1）合规性原则。内部转移价格的制定、执行及调整应符合相关会计、财务、税收等法律法规的规定。

（2）效益性原则。企业应用内部转移定价法，应以企业整体利益最大化为目标，避免为追求局部最优而损害企业整体利益的情况；同时，应兼顾各责任中心及员工利益，充分调动各方积极性。

（3）适应性原则。内部转移定价体系应当与企业所处行业特征、企业战略、业务流程、产品（或服务）特点、业绩评价体系等相适应，使企业能够统筹各责任中心利益，对内部转移价格达成共识。

企业一般由绩效管理委员会或类似机构负责搭建内部交易和内部转移价格管理体系，制定相关制度，审核、批准内部转移定价方案，并由财务、绩效管理等职能部门负责编制和修订内部转移价格，进行内部交易核算、对内部转移价格执行情况进行监控和报告等内部转移价格的日常管理。

企业应建立与所采用的内部转移定价体系相适应的内部交易管理信息系统，并及时获取所需的内部转移价格，灵活确定有关定价方式，客观反映各责任中心绩效。

企业应用内部转移定价工具方法，一般按照明确责任中心、制定与实施转移价格、分析与评价内部转移价格等程序进行。企业应根据所属行业的特征、业务流程、组织结构等情况和实际需要明确各责任中心及其主要责任。

一般情况下，企业可将直接对外销售或有一定销售决策权的责任单位设置为内部利润中心，内部利润中心是既对成本费用负责又对利润负责的责任中心；将中间产品（或服务）、辅助产品（或服务）的提供方设置为内部成本中心，内部成本中心是主要对成本费用负责的责任中心。企业出于管理需要，也可以将中间产品（或服务）、辅助产品（或服务）的提供方设置为模拟的内部利润中心，该中心除降低成本外还承担优化品种结构、提高产品（或服务）质量、降低资金占用等责任。

企业绩效管理委员会或类似机构应根据各责任中心的性质和业务特点，分别确定适当的内部转移定价形式。内部转移定价通常分为价格型、成本型和协商型。

（1）价格型内部转移定价，是指以市场价格为基础制定的、由成本和毛利构成内部转移价格的方法，一般适用于内部利润中心。责任中心所提供的产品（或服务）经常外销且外销比例较大的，或所提供的产品（或服务）有外部活跃市场可靠报价的，可以外销价或活跃市场报价作为内部转移价格。责任中心一般不对外销售且外部市场没有可靠报价的产品（或服务），或企业管理层和有关各方认为不需要频繁变动价格的，可以参照外部市场价或预测价制定模拟市场价作为内部转移价格。没有外部市场但企业出于管理需要设置为模拟利润中心的责任中心，可以在生产成本基础上加一定比例毛利作为内部转移价格。

（2）成本型内部转移定价，是指以标准成本等相对稳定的成本数据为基础，制定内部转移价格的方法，一般适用于内部成本中心。标准成本的制定参见《管理会计应用指引第 302 号——标准成本法》。

（3）协商型内部转移定价，是指企业内部供求双方为使双方利益相对均衡，通过协商机制制定内部转移价格的方法，主要适用于分权程度较高的情形。协商价的取值范围通常较宽，一般不高于市场价，不低于变动成本。

除了以外销价或活跃市场报价制定的内部转移价格可能随市场行情波动而变动较频繁外，其余内部转移价格应在一定期间内保持相对稳定，以使需求方责任中心的绩效不受供给方责任中心绩效变化的影响。

企业可以根据管理需要，核算各责任中心资金占用成本，将其作为内部利润的减项，或直接作为业绩考核的依据。

责任中心占用的资金一般指货币资金，也可以包括原材料、半成品等存货以及应收款项等。占用资金的价格一般参考市场利率或加权资本成本制定。

金融企业内部转移资金，应综合考虑产品现金流及重定价特点、信息技术手段及管理需求等因素，分析外部金融市场环境，选择适当的资金转移定价和收益率曲线，获取收益率曲线中特定期限的利率，确定资金转移价格。资金转移定价主要包括指定利率法、原始期限匹配法、重定价期限匹配法、现金流匹配定价法等。

（1）指定利率法，是指以单一利率作为某类资金转移价格的方法。该方法一般适用于无确定期限、利率类型为不定期调整类型的资金业务，以及缺乏数据累积的最初阶段。

（2）原始期限匹配法，是指对有明确期限的资金，按照其期限制定与其匹配的转移价格，且在到期之前转移价格保持不变的定价方法。该方法一般适用于定期存贷款及银行贴现票据等到期支付全部本息的固定利率类型的资金业务。

（3）重定价期限匹配法，是指按照资金重定价的期限获取收益率曲线上对应利率，并将该利率作为资金转移价格，且在重定价期限内保持不变的定价方法，其主要作用是分离资金重定价周期中的利率风险。该方法一般适用于浮动利率类的资金业务。

（4）现金流匹配定价法，是指按照现金流的特性，先针对每一笔现金流按照原始期限匹配法或重定价期限匹配法制定转移价格，再对每笔现金流的转移价格加权平均得出转移价格，且在原始期限内（或重定价期限内）保持不变的定价方法。该方法一般适用于能够合理估计未来现金流分布的资金业务。

企业应及时对内部转移定价形成的结果进行汇总分析，作为考核责任中心绩效的依据；同时，应监测内部转移定价体系运行情况，协调、裁决交易中的争议，保障内部转移定价体系运转顺畅。此外，企业应定期开展内部转移定价应用评价工作，根据内外部环境变化及时修订、调整定价策略。

内部转移定价法的主要优点：能够清晰反映企业内部供需各方的责任界限，为绩效评价和激励提供客观依据，有利于企业优化资源配置。内部转移定价法的主要缺点：可能受到相关因素影响，内部转移定价体系产生的定价结果不合理，造成信息扭曲，误导相关方行为，从而损害企业局部或整体利益。

## 案例 内部转移定价法的应用案例

### T 集团的内部转移定价法应用

T 集团是 20 世纪 50 年代国家重点建设项目之一。经过多年的发展，集团已成为以农业机械、动力机械、车辆及零部件为主要业务的大型综合性机械制造企业集团。T 集团有很多子公司，锻件、齿轮、柴油机、燃油喷射部件、传动系等关键零部件都由子公司自行生产。铸造公司是其重要子公司之一，其铸件业务主要是为拖拉机和柴油机等主导产品提供铸件产品。铸件产品主要有发动机缸体、缸盖及变速箱壳体等百余个品种。铸造是典型的劳动密集型行业，也是典型的资源和能源消耗行业，是高耗材、高耗能、高成本但直接产出效益低的行业，同时又是一个不可替代和缺少的行业。铸件生产是典型的流水线生产，从原材料的投入到产成品的入库基本上是一个不间断的过程，因此，无论生产量的大小都必须全线设备同时开动，生产设备只能在有限范围内调控，这一特点决定了产量对铸件成本水平有至关重要的影响。作为 T 集团零件业务支柱产业的铸造业务近几年持续亏损，到 2013 年铸造公司第一季度亏损 500 万元（全年预计亏损 5 000 万元），3 月末所有者权益为 -4 282 万元，已基本失去生存能力。这里面有市场的原因，也有内部管理的原因，更有内部结算价格不合理的原因。

按照 T 集团对铸造业务发展定位与规划思路，提出铸造公司是集团承担铸造业务的专业单位，目前正处于战略转型、结构调整、艰难爬坡的关键阶段，若采用关停铸造公司的政策，将对集团产生较大的不利影响，失去核心产品的竞争能力。为此，公司专门成立了内部价格调整项目组，负责对内部定价模型进行调研与分析，找出一个适应公司发展的内部合理价格。通过对铸造事业部、农装事业部、柴油机事业部等单位进行内部结算价格模型的调研与探讨，在听取多方建议的基础上，项目组提出建立适应集团"聚核铸强"战略发展思路的内部转移价格（铸件）体系与定价模型，以解决铸造业务的发展动力。

公司铸件定价模型以公司整体效益最优、内部交易市场化及核心技术不外扩为前提，根据集团对铸造业务的战略定位，按照以下四条原则进行定价。

（1）行业对标原则。①投入产出率对标。吨铸件主材和燃料的投入量与国内同行业对标，本方案中，吨铸件主材消耗按 1 100 千克、焦炭按 230 千克测算。②废品率对标。主机单位只分担非管理因素造成的铸件成本增加，废品率指标反映了企业的管控水平，铸件废品率按8%测算。

（2）市场原则。在测算铸件成本时，主材、燃料的价格与市场接轨，铸件价格与行业对标，根据对行业资料的分析，锡铸和上铸内外价差在6%～20%。

（3）风险共担、利益共享原则。主机单位和铸造公司共同承担铸造资源闲置成本，共同分享铸造资源创造的收益。

（4）动态管理原则。铸件价格随着主机单位要货量和原材料价格变化而变化，实现对铸件价格的动态管理。

# 第 5 章
# 营运管理

如果说筹资管理、投资管理体现企业的战略思想，营运管理则是反映企业的管理水平。营运资金管理到位的企业，管理会更精细，会在企业采购、生产、销售各环节要收益。营运资金管理的目的是提高企业资金的周转速度，降低企业资金的占用成本。

## 5.1 营运管理概述

### 5.1.1 营运管理的含义

根据《管理会计应用指引第 400 号——营运管理》中的定义：营运管理，是指为了实现企业战略和营运目标，各级管理者通过计划、组织、指挥、协调、控制、激励等活动，实现对企业生产经营过程中的物料供应、产品生产和销售等环节的价值增值管理。

### 5.1.2 营运管理的一般程序

企业进行营运管理，应区分计划（plan）、实施（do）、检查（check）、处理（act）等四个阶段（简称"PDCA 管理原则"），形成闭环管理，使营运管理工作更加条理化、系统化、科学化。

营运管理领域应用的管理会计工具方法，一般包括本量利分析、敏感性分析、边际分析、约束资源优化分析和多维度盈利能力分析等。企业应根据自身业务特点和管理需要等，选择单独或综合运用营运管理工具方法，以更好地实现营运管理目标。

企业应用营运管理工具方法，一般按照制定营运计划、执行营运计划、调整营运计划、营运监控分析与报告、营运绩效管理等程序进行。

### 5.1.3　营运管理的应用环境

企业营运管理的应用环境包括组织架构、管理制度和流程、信息系统以及相关外部环境等。为确保营运管理的有序开展，企业应建立健全营运管理组织架构，明确各管理层级或管理部门在营运管理中的职责，有效组织开展营运计划的制定审批、分解下达、执行监控、分析报告、绩效管理等日常营运管理工作。

企业应建立健全营运管理的制度体系，明确营运管理各环节的工作目标、职责分工、工作程序、工具方法、信息报告等内容。

企业应建立完整的业务信息系统，规范信息的收集、整理、传递和使用等，有效支持管理者决策。

## 5.2　营运管理流程

### 5.2.1　制定营运计划

营运计划，是指企业根据战略决策和营运目标的要求，从时间和空间上对营运过程中各种资源所做出的统筹安排，主要作用是分解营运目标，分配企业资源，安排营运过程中的各项活动。

营运计划按计划的时间可分为长期营运计划、中期营运计划和短期营运计划；按计划的内容可分为销售、生产、供应、财务、人力资源、产品开发、技术改造和设备投资等营运计划。

制定营运计划应当遵循以下原则。

（1）系统性原则。企业在制定计划时不仅应考虑营运的各个环节，还要从整个系统的角度出发，既要考虑大系统的利益，也要兼顾各个环节的利益。

（2）平衡性原则。企业应考虑内外部环境之间的矛盾，有效平衡可能对营运过程中的研发、生产、供应、销售等存在影响的各个方面，使其保持合理的比例关系。

（3）灵活性原则。企业应当充分考虑未来的不确定性，在制定计划时保持一定的灵活性和弹性。

企业在制定营运计划时，应以战略目标和年度营运目标为指引，充分分析宏观经济形势、行业发展规律以及竞争对手情况等内外部环境变化，同时还应评估企业自身研发、生产、供应、销售等环节的营运能力，客观评估自身的优势和劣势以及面临的风险和机会等。

企业在制定营运计划时，应开展营运预测，并将预测结果作为营运计划制定的基础和依据。

营运预测，是指通过收集整理历史信息和实时信息，恰当运用科学预测方法，对未来经济活动可能产生的经济效益和发展趋势做出科学合理的预计和推测的过程。

企业应用多种工具方法制定营运计划的，应根据自身实际情况，选择单独或综合应用预算管理领域、平衡计分卡、标杆管理等管理会计工具方法；同时，应充分应用本量利分析、敏感性分析、边际分析等管理会计工具方法，为营运计划的制定提供具体量化的数据分析，有效支持决策。

企业应当科学合理地制定营运计划，充分考虑各层次营运目标、业务计划、管理指标等方面的内在逻辑联系，形成涵盖各价值链的、不同层次和不同领域的、业务与财务相结合的、短期与长期相结合的目标体系和行动计划。

企业应采取自上而下、自下而上或上下结合的方式制定营运计划，充分调动全员积极性，通过沟通、讨论达成共识。

企业应根据营运管理流程，对营运计划进行逐级审批。企业各部门应在已经审批通过的营运计划基础上，进一步制定各自的业务计划，并按流程履行审批程序。

企业应对未来的不确定性进行充分的预估，在科学营运预测的基础上，制定多方案的备选营运计划，以应对未来不确定性带来的风险与挑战。

## 5.2.2 执行营运计划

经审批的营运计划应以正式文件的形式下达执行。企业应逐级分解营运计划，按照横向到边、纵向到底的要求分解落实到各所属企业、部门、岗位或员工，确保营运计划得到充分落实。

经审批的营运计划应分解到季度、月度，形成月度的营运计划，逐月下达、执行。各企业应根据月度的营运计划组织开展各项营运活动。

企业应建立配套的监督控制机制，及时记录营运计划执行情况，进行差异分析与纠偏，持续优化业务流程，确保营运计划有效执行。

企业应在月度营运计划的基础上，开展月度、季度滚动预测，及时反映滚动营运计划所对应的实际营运状况，为企业资源配置的决策提供有效支持。

### 5.2.3 调整营运计划

营运计划一旦批准下达，一般不予调整。宏观经济形势、市场竞争形势等发生重大变化，导致企业营运状况与预期出现较大偏差的，企业可以适时对营运计划做出调整，使营运目标更加切合实际。

企业在营运计划执行过程中，应关注和识别存在的各种不确定因素，分析和评估其对企业营运的影响，适时开展调整原计划的有关工作，确保企业营运目标更加切合实际，更合理地进行资源配置。

企业在做出营运计划调整决策时，应分析和评估营运计划调整方案对企业营运的影响，包括对短期的资源配置、营运成本、营运效益等的影响以及对长期战略的影响。

企业应建立营运计划调整的流程和机制，规范营运计划的调整。营运计划的调整应由具体执行的所属企业或部门提出调整申请，经批准后下达正式文件。

### 5.2.4 营运监控分析与报告

为了强化营运监控，确保企业营运目标的顺利完成，企业应结合自身实际情况，按照日、周、月、季、年等频率建立营运监控体系；并按照 PDCA 管理原则，不断优化营运监控体系的各项机制，做好营运监控分析工作。

企业的营运监控分析，是指以本期财务和管理指标为起点，通过指标分析查找异常，并进一步揭示差异所反映的营运缺陷，追踪缺陷成因，提出并落实改进措施，不断提高企业营运管理水平。

营运管理监控的基本任务是发现偏差、分析偏差和纠正偏差。

（1）发现偏差。企业通过各类手段和方法，分析营运计划的执行情况，发现计划执行中的问题。

（2）分析偏差。企业对营运计划执行过程中出现的问题和偏差原因进行研究，采取针对性的措施。

（3）纠正偏差。企业根据偏差产生的原因采取针对性的纠偏对策，使企业营运过程中的活动按既定的营运计划进行，或者按照《管理会计应用指引第400号——营运管理》第五章内容对营运计划进行必要的调整。

企业营运监控分析应至少包括发展能力、盈利能力、偿债能力等方面的财务指标，以及生产能力、管理能力等方面的非财务内容，并根据所处行业的营运特点，通过趋势分析、对标分析等工具方法，建立完善营运监控分析指标体系。

企业营运分析的一般步骤包括：

（1）明确营运目的，确定有关营运活动的范围；

（2）全面收集有关营运活动的资料，进行分类整理；

（3）分析营运计划与执行的差异，追溯原因；

（4）根据差异分析采取恰当的措施，并进行分析和报告。

企业应将营运监控分析的对象、目的、程序、评价及改进建议形成书面分析报告。分析报告按照分析的范围及内容可以分为综合分析报告、专题分析报告和简要分析报告，按照分析的时间分为定期分析报告和不定期分析报告。

企业应建立预警、督办、跟踪等营运监控机制，及时对营运监控过程中发现的异常情况进行通报、预警，按照 PDCA 管理原则督促相关责任人将工作举措落实到位。

企业可以建立信息报送、收集、整理、分析、报告等日常管理机制，保证信息传递的及时性和可靠性；建立营运监控管理信息系统、营运监控信息报告体系等，保证营运监控分析工作的顺利开展。

## 5.2.5　营运绩效管理

企业可以开展营运绩效管理，激励员工为实现营运管理目标做出贡献。

企业可以建立营运绩效管理委员会、营运绩效管理办公室等不同层级的绩效管理组织，明确绩效管理流程和审批权限，制定绩效管理制度。

企业可以以营运计划为基础，制定绩效管理指标体系，明确绩效管理指标的定义、计算口径、统计范围、绩效目标、评价标准、评价周期、评价流程等内容，确保绩效管理指标具体、可衡量、可实现、相关以及具有明确期限。

绩效管理指标应以企业营运管理指标为基础，做到无缝衔接、层层分解，确保企业营运目标的落实。

## 案例　营运管理的应用案例

### 国美电器营运管理案例

（一）案例背景

国美电器股份有限公司（以下简称"国美电器"）成立于 1987 年，是我国第一家连锁型家电销售企业，2004 年 6 月国美电器在香港成功上市（港交所股票代码：0493），是我国目前最大的以电器及消费电子产品零售为主的全国性连锁企业。2009 年，国美电器入选中国世界纪录协会中国最大的家电零售连锁企业。截至 2012 年，国美电器在北京、太原、天津、上海、深圳、青岛、广州、香港等城市设立了 42 个分公司，及 1 049 家直营店面，零售网络已经覆盖全国 250 个城市。

国美电器坚持"薄利多销，服务当先"的经营理念，依靠准确的市场定位和不断创新的经营策略，引领家电消费潮流，为消费者提供个性化、多样化的服务，国美品牌得到我国广大消费者的青睐。国美电器空调复合增长率一直保持行业领先水平，并持续稳居空调市场销售份额第一，是我国空调渠道的第一渠道。本着"商者无域、相融共生"的企业发展理念，国美电器与全球家电制造企业保持紧密、友好、互助的战略合作伙伴关系，成为众多家电厂家在我国的最大经销商。国美电器正通过实施精细化管理，加速企业发展，力争成为备受尊重的世界家电零售行业第一。

目前我国家电零售连锁行业的竞争已进入深层次的竞争阶段，行业已经基本完成规模扩张和有效整合。而营运资金与企业的日常经营活动密切相关，从某种意义上说，要想在激烈的竞争中胜出，直接取决于其对营运资金的管理能力。国美电器在国内家电零售连锁行业中具有代表意义，因此对国美电器的营运资金管理状况进行研究具有重大的理论与现实意义。

（二）营运资金管理

国美电器之所以能够"既赚规模又赚利润"，主要在于其高效的渠道管理，对于连锁零售企业，这是至关重要的。而在渠道管理中，营运资金管理是最重要的一环。

1. 营运资金管理概述

营运资金，也称营运资本，是指用于支持企业流动资本的那部分资本，一般用流动资产与流动负债的差额来表示，是企业维持日常经营活动所需要的净额。从财务角度看，营运资金是流动资产与流动负债关系的总和，在这里"总和"不是数额的加总，而是关系的反映。其中，流动资产主要是指以下项目：货币资金、短期投资、应收票据、应收账款、预付费用和存货等。流动负债主要包括短期借款、应付票据、应付账款、应付工资、应付税金及未交利润等。

营运资金管理的本质是对流动资产和流动负债的管理。从静态角度看主要是加强对货币资金、应收款项、存货和应付款项等流动资金项目的管理；从企业动态营运过程来看，则是对采购与付款、销售与收款、存货收发存和货币资金收支等业务循环的动态管理与控制。营运资金管理具有多样性和复杂性，企业在选择其营运资金管理模式时，需要从全球长远的角度分析现在与未来的环境、企业的优势和劣势，把营运资金管理模式的确定建立在坚实的理论基础上。

2. 营运资金管理战略

营运资金管理的 OPM（Other People's Money）战略，是指企业充分利用做大规模的优势，增强与供应商的讨价还价能力，利用供应商在货款结算上的商业信用政策，将占用在存货和应收账款上的资金成本转嫁给供应商，用供应商的资金经营自身事业，从而谋求企业价值最大化的营运资金管理战略。营运资金管理的 OPM 战略对传统的营运资金管理提出了极大的挑战，认为保持流动性并不意味着必然要维持很高的营运资金和流动比率，只要企业能够加速应收账款和存货的周转，合理安排流动资产和流动负债的数量及期限以保证它们的衔接与匹配，就可以动态地保证企业的偿债能力。营运资金管理的 OPM 战略是一种高风险和低成本的经营战略，属于营运资金管理中的风险性决策方法，能使企业处于较高的盈利水平，但同时也承担较大的风险。

3. 基于渠道管理的营运资金管理策略

经营活动营运资金按照其与供应链或渠道的关系分为采购渠道的营运资金、生产渠道的营运资金和营销渠道的营运资金。这种分类方法能够清晰地反映出营运资金在渠道上的分布状况，从而为基于渠道管理的营运资金管理策略和管理模式研究奠定了基础。

（1）采购渠道的营运资金管理。

采购活动中影响营运资金的项目主要有材料存货、应付账款、应付票据和预付账款。

采购渠道营运资金周转期 = 采购渠道营运资金 ÷（全年材料消耗总额 ÷ 360）=（材料存货 + 预付账款 − 应付账款、应付票据）÷（全年材料消耗总额 ÷ 360）

在采购环节中，企业应选择信誉度较高的供应商，保证在采购过程中能够及时采购到高质量的材料。同时采用准时制采购方式，这样可以避免材料存货的囤积而引起资金成本的占用和不必要的消耗。

（2）生产渠道的营运资金管理。

企业内部生产业务流程管理对生产活动的营运资金管理起到至关重要的作用。

生产渠道营运资金周转期 = 生产渠道营运资金 ÷（全年完工产品成本 ÷ 360）=（在产品存货 + 其他应收款 − 应付职工薪酬 − 其他应付款）÷（全年完工产品成本 ÷ 360）

在生产环节中，在产品和半成品都是存货的重要组成部分，在产品和半成品越多，所占用的资金也就越多。企业生产流程的设计，应尽量缩短在产品和半成品的停留时间、运输时间和保管时间，以较高的效率将其变成产成品并完成销售，以提高资金的周转率。

（3）营销渠道的营运资金管理。

企业的营运资金的最终实现来源于营销活动，随着客户需求的多样化、异质化使企业完成销售、扩大市场份额，这必须从加强客户关系管理入手，注意与客户建立良好的合作关系，这样做不仅能够使企业持续拿到订单，而且能够使企业销售产品的资金及时收回，形成良性资金循环，其管理绩效通过营销渠道营运资金周转期衡量。

营销渠道营运资金周转期＝（成品存货＋应收账款、应收票据－预收账款－应交税费）÷（全年销售成本÷360）

成品存货的周转可以基于与上下游的节点企业关系考虑。销售的萧条带来产成品积压，从而占用大量的营运资金。因此，企业必须建立良好的客户关系以保障产成品的销售。另外，长期以来，供应链中的每个环节都有各自的库存控制策略。由于各自的库存控制策略不同，不可避免地产生需求的扭曲现象，即所谓的需求放大现象，形成了供应链中的"牛鞭效应"，加重了供应商的供应和库存风险。为了规避传统库存控制中的牛鞭效应，强调供应链企业之间双方的互利合作关系，VMI（Vendor Managed Inventory，供应商管理库存）、JMI（Jointly Managed Inventory，联合库存管理）等库存管理模式应运而生。VMI是双方以成本最小化为目标，在一个相互同意的框架下由供应商管理库存，这样的目标框架被经常性监督和修正，以产生一种连续改进的环境。JMI是一种在VMI的基础上发展起来的上游企业和下游企业权利责任平衡和风险共担的库存管理模式，JMI更加体现了战略供应商联盟的新型企业合作关系。

应收账款的数额依据企业信用政策的制定，放宽信用政策有利于存货销售，从而加大存货周转率。但是如果一味地追求销售额的增长，很可能导致资金难以收回，不仅占用大量资金，而且增加坏账风险。而过于严格的信用政策，势必造成企业销售额下降，影响企业的盈利能力。基于风险水平和盈利能力的权衡，企业应该遵循以客户需求为中心的原则，和客户建立良好的关系，制定适当的信用政策，减少现金回收时滞的同时，保持稳定销售额。

4. 营运资金管理问题

我国企业营运资金管理存在的问题主要表现在以下两个方面。

（1）流动资金不足。

目前，我国企业普遍存在流动资金短缺的问题，面临着严峻的营运资金风险。流动资金作为社会的一种资源，紧缺是在所难免的。但是，目前的紧缺程度已经远远超出了理性的极限，严重干扰了许多企业个体的营运资金运转。

（2）营运资金结构不合理。

营运资金结构的优化是营运资金管理的重点，企业应该形成自己理想的营运资金结构模式。比如，流动资产与流动负债的比例关系，流动资产以及流动负债各自本身的结构等。然而我国企业在营运资金管理上更加注重的是节约地占用和强调营运资金的安全，在营运资金结构优化的问题上却没有给予应有的重视。

（三）案例剖析

对于商业企业而言，营运资金占企业资金的绝大部分，其周转速度及平均占用余额直接影响企业效益，同时营运资金也是衡量一个企业短期偿债能力的重要指标，是企业得以生存的血液，一旦发生问题企业就难以生存，更加谈不上发展，也就无法实现财务管理的目标。因此企业要想健康快速地发展，就应该有效并合理地组织营运资金，加强营运资金的管理，使之运转自如，这样才能发挥其在企业中"血液"的作用，才能促进企业经济效益的提高，从而产生更大规模的资金并投入生产。

家电零售企业虽然是零售企业，但它的商品都为大型商品，因此，家电零售企业与一般零售企业的营运资金相比，具有其特殊性。所以对家电零售企业进行营运资金管理研究显得尤为重要。

1. 营运资金分析

构成流动资产的项目有很多，通常以货币资金、应收账款和存货作为研究对象。根据年报显示，国美电器的流动资产总额中，货币资金比重呈现上升的趋势，应收账款比重一直维持在相对较低的程度。另外，国美电器的债务主要是流动负债，几乎没有长期负债。而在流动负债中，又以短期借款、应付账款、应付票据为主。国美电器2008—2012年资产结构如表5-1所示。

表 5-1　　　　　　　国美电器 2008—2012 年资产结构　　　　单位：百万元

| 项目 | 2008 年 | 2009 年 | 2010 年 | 2011 年 | 2012 年 |
|------|---------|---------|---------|---------|---------|
| 总资产 | 27 495.10 | 36 763.18 | 36 217.262 | 37 227.468 | 36 378.629 |
| 流动资产 | 18 482.71 | 23 272.72 | 23 496.343 | 24 083.984 | 22 974.374 |

续表

| 项目 | 2008 年 | 2009 年 | 2010 年 | 2011 年 | 2012 年 |
|------|---------|---------|---------|---------|---------|
| 流动负债 | 15 147.25 | 20 682.377 | 19 556.858 | 21 216.213 | 21 524.1 |
| 流动比率 | 1.22 | 1.13 | 1.20 | 1.14 | 1.07 |
| 流动资产÷总资产 | 67.22% | 63.30% | 64.88% | 64.69% | 63.15% |

从表 5-1 可以看出，国美电器流动资产在总资产中所占比例较高，基本保持在 65% 左右，远高于长期资产占总资产的比例。零售业是个竞争激烈且需要大量资金的行业，国美电器流动资产比例大，使得该企业资产的流动性大，变现风险低，对于需要大量资金的国美电器是很有利的。

流动比率是企业流动资产与流动负债的比值，是衡量企业短期偿债能力的一个重要财务指标，这个比率越大，说明企业偿还流动负债的能力越强。该比率在 2 左右比较合适。从表 5-1 中可以看出，2008—2012 年国美电器的流动比率处在 1~1.3，未达到理想数值，流动负债得到偿还的保障不大。当然，国美电器的资产负债率低，权益乘数就小，企业负债程度低，财务状况良好。

2. 营运资金周转分析

从"三控"政策的角度来看，主要是在销售环节严格控制应收账款，采购环节严格控制应付账款以及生产环节严格控制多余或不必要的存货。这与前文所述的基于渠道管理的营运资金管理策略是一脉相承的。

(1) 存货周转率分析。

存货是指企业在生产经营过程中为生产或销售而储备的物资，如材料、在产品、产成品等，是流动资产的重要组成部分。存货周转率是企业一定时期的销售成本与存货平均余额的比率。存货周转率的高低，不仅影响企业资金的周转速度，而且还直接影响企业的资产流动性和生产经营过程中的连续性。一般来讲，存货周转率越高，周转天数越短，说明企业的存货周转速度越快，存货的资金占用水平越低，流动性越强，存货转化为现金或应收账款的速度就越快，这样会增强企业的短期偿债能力及获利能力，企业的经营效率就越高。存货管理的目的在于控制存货投资水平，降低存货成本，加大存货周转率。

存货周转率＝主营业务成本÷[(期初存货余额＋期末存货余额)÷2]

国美电器 2008—2012 年各年的存货周转率和周转天数如表 5-2 所示。

表 5 - 2　　　　　　　　国美电器 2008—2012 年存货周转率

| 项目 | 2008 年 | 2009 年 | 2010 年 | 2011 年 | 2012 年 |
|---|---|---|---|---|---|
| 存货周转天数（天） | 47.06 | 55.99 | 59.02 | 60.91 | 73.02 |
| 存货周转率 | 7.65 | 6.43 | 6.10 | 5.91 | 4.93 |

注：存货周转天数 = 360 ÷ 存货周转率。

从表 5 - 2 可以看出，国美电器的存货周转率较高，说明国美电器的经营较为有效，存货周转快，营运资金占用在存货上的金额较少，经营比较稳健。但和其他某些家电零售企业如苏宁相比仍显得存货周转率较低，周转天数较长。并且，2008—2012 年国美电器的存货周转率呈下降趋势，说明存货的流动性降低，库存管理不力，而造成存货积压，这也是国美电器总体竞争力下降的一个重要原因。因此，国美电器在加强存货管理方面仍有很大的空间。国美电器应建立相应的经济订货批量和再订货点，尽量缩短存货储存时间，加速存货周转，这是节约资金占用、降低成本费用、提高企业获利水平的重要保证。

（2）应收账款周转率分析。

应收账款是指企业因销售产品或提供劳务等业务，应向购货单位或接受劳务单位收取的款项，是企业流动资产投资的重要组成部分。企业进行应收账款投资，一方面可以提升企业的竞争能力，扩大销售；另一方面，应收账款各种成本的增加又不可避免。因此，制定合理的信用政策，权衡应收账款的收益与风险，比较不同方案下的成本与收益，追求应收账款管理效益最大化，就成为应收账款的管理目标。对应收账款的管理会影响应收账款的周转率，从而影响企业的经营。一般而言，应收账款周转天数越短，周转率越高，就表明企业收账速度快，平均收账期短，坏账损失少，应收账款变现能力强，资产流动快，偿债能力强，因而正常经营也越顺畅，企业盈利能力也越强。如果企业实际收回账款的天数超过了企业规定的应收账款天数，则说明债务人拖欠时间长，资信度低，增大了发生坏账损失的风险；同时也说明企业催收账款不力，使资产形成了呆账甚至坏账，造成了流动资产不流动的后果，这对企业正常的生产经营是很不利的。

应收账款周转率 = 营业收入 ÷［（期初应收账款净额 + 期末应收账款净额）÷ 2］

国美电器 2008—2012 年各年的应收账款周转率和周转天数如表 5 - 3 所示。

表5-3　　　　　国美电器2008—2012年应收账款周转率

| 项目 | 2008 年 | 2009 年 | 2010 年 | 2011 年 | 2012 年 |
|------|---------|---------|---------|---------|---------|
| 应收账款周转天数（天） | 0.54 | 0.43 | 0.92 | 1.22 | 1.48 |
| 应收账款周转率 | 669.31 | 837.21 | 391.16 | 294.91 | 242.77 |

注：应收账款周转天数＝360÷应收账款周转率。

从表5-3可以看出，国美电器的应收账款周转率较高，应收账款周转天数维持在1天左右，说明国美电器对应收账款的管理效率高，应收账款变现能力强，企业能在较短的时间内回笼资金，这方面可以说是国美电器的核心竞争力。当然，这也是零售业现金交易的经营模式决定的，所以基本没有应收账款的风险。其中2009年国美电器应收账款周转率为837.21，是因为2008年受全球经济形势的影响，国美电器为了增强企业的短期偿债能力，减少坏账损失，提高资产的流动性，奉行了比较严格的信用政策。2010—2011年随着国内外经济缓慢复苏，世界经济缓慢增长，国美电器逐渐放宽信用政策；同时国内"家电下乡"和"以旧换新"政策的实施，一方面促进企业销售增长。另一方面也使企业代垫财政补贴款增加，因而应收账款期末余额相应增加，导致应收账款周转率下降。但同时表明应收账款占用资金数量过多，影响企业的资金利用率，因此应重视应收账款的回收，减少坏账。

（3）总资产周转率分析。

总资产反映的是资产的周转速度，总资产周转率是考查企业资产运营效率的一项重要指标，体现了企业经营期间全部资产从投入到产出的流转速度，反映了企业全部资产的管理质量和利用效率。这一指标表明一定的销售收入平均需要占用的固定资产，同时也表明一定数量的固定资产能够带来多少销售收入。总资产周转率越高，周转天数越短，说明企业资产周转速度越快，反映企业的销售能力越强，资产的利用效率越高，获利的机会越多，企业资产创造收入的能力越强，为企业提升盈利能力奠定一个坚实的基础。

总资产周转率＝营业总收入÷［（期初资产总额＋期末资产总额）÷2］

国美电器2008—2012年各年的总资产周转率和周转天数如表5-4所示。

表5-4　　　　　国美电器2008—2012年总资产周转率

| 项目 | 2008 年 | 2009 年 | 2010 年 | 2011 年 | 2012 年 |
|------|---------|---------|---------|---------|---------|
| 总资产周转天数（天） | 218.18 | 266.67 | 255.32 | 220.86 | 272.73 |
| 总资产周转率 | 1.65 | 1.35 | 1.41 | 1.63 | 1.32 |

注：总资产周转天数＝360÷总资产周转率。

由表5-4可知，国美电器总资产周转天数长，总资产周转率低，波动不大，有轻微下降的趋势。这显然会影响资产创造收入的能力，影响其盈利能力。企业要加强总资产管理，提升企业的销售能力。国美电器可以适当提高资产利用率，提高总资产周转率。

（四）对策建议

从国际家电零售业的发展历史来看，大致经历了三个阶段：第一阶段是靠资源赚钱，即通过攫取上游供应商价值实现盈利与发展；第二阶段是对整个供应链的管理；包括对商品结构、库存、终端销售等过程的管理；第三阶段是供应链管理的延伸阶段——经营客户阶段。我国家电行业在长期的发展中，渠道关系表现为两个发展阶段：20 世纪 80 年代至 90 年代末，家电渠道关系表现为典型的传统常规渠道和渠道内部一体化；近年来，随着大型零售终端的崛起，家电渠道关系在一定程度上显现出以连锁零售商为主导的渠道结构特征。从国美电器的案例分析不难看出，我国目前以连锁零售商为主导的渠道关系说明我国家电零售业主要处于靠资源赚钱的阶段，其盈利主要来源于对上游供应商的价值攫取，而不是对整条价值链的价值创造。

营运资金被视为企业的血液，它对企业运作的重要程度是不言而喻的。营运资金管理是企业管理的一项重要内容，企业如何确定营运资金战略，如何对货币资金、存货和应收账款进行管理，对企业的发展至关重要。根据以上分析，我们可以看出国美电器的营运资金管理能力还有待提升，主要可从以下几方面提升。

1. 创新营运资金管理模式

把营运资金管理同企业业务流程管理和供应链管理、渠道关系管理和客户关系管理结合起来。提出基于渠道关系管理的营运资金管理，并对营运资金重新进行分配，建立一个绩效评价指标体系。

将营运资金分为经营活动营运资金和理财活动营运资金，进一步将经营活动营运资金按照其与经营渠道的关系分为营销渠道的营运资金、生产渠道的营运资金和采购渠道的营运资金，借以考察营运资金在渠道上的分布状况。

2. 提高存货管理水平

一方面，国美电器可以追求家电的个性化产品，刺激需求，加速存货流转。另一方面，国美电器应该强化库存管理。库存管理应因商品经营形式的不同而各有其侧重点。代销或联营经营方式采取售后结算、商品可随时退货和调换的制度，在网络技术条件下，快速补货成为可能。在快速补货制下，企业可大大减少存货量，从而节约成本。而供货商可借助网络技术对其商品的销售做到实时监控，当货架数量接近再订货点时，则立即送货。这就要求整个企业能制定出协调统一的计划，并与供货商保持顺畅的联系，及时沟通从而使交货时间、数量、质量都能完全符合规定。

3. 加强应收账款管理

加强应收账款管理，最大限度发挥赊销作用、降低应收账款风险和成本，寻找赊销收益和风险的最佳组合至关重要。企业要根据成本效益原则，制定合理的信用政策，控制应收账款规模。

4. 加强应付账款管理

与生产商进行必要的沟通，充分利用商业信用提供的应付账款周转期，加强应付账款的管理，从而提高营运资金管理水平。

5. 合理利用信用资金

国美电器企业流动资金管理中还涉及利用商业信用融资的问题，其中应付账款的比例最大。应付账款可分为免费信用、有代价信用和展期信用。在附有信用条件的情况下，因获得不同信用要付出不同的代价所以企业要慎重决策。要计算放弃折扣的机会成本，并与同期银行利率及短期投资收益率比较以决定是否放弃折扣，如果企业因缺乏资金而欲展延付款期，除了考虑放弃折扣的成本外，更主要的是防止企业信誉的恶化，否则可能会丧失稳定的供货商，可能日后招致苛刻的信用条件，国美电器尤其需要重视这一点。

# 5.3 营运管理工具方法

## 5.3.1 本量利分析

一、本量利分析概述

本量利分析是一种常用的生产经营的分析方法，它经常被运用在企业的生产销售中，该方法易于理解，且具有广泛和深远的意义。

（一）本量利分析的含义

通过对成本习性的分析我们了解了业务量与成本之间的相互关系。任何企业的最终目标均是谋取最大化的经济利润，故除了进行成本习性分析，还要考虑利润的因素。本量利分析法主要是用来分析成本、业务量、利润这三个重要变量之间的关系，即本、量、利分析的研究，只有搞清这三者的关系，才有利于企业的管理层做出预测和决策以便达到最终目标。所以本量利分析可以视作是对成本习性研究的合乎逻辑的理论延伸。

企业的一系列生产经营活动，都离不开获得利润这个目标，但是在生产和利润之间，还有成本和业务量这两个因素。为了找出生产和利润之间的关系，弥补传统的成本分类方法的缺陷，逐渐形成了本量利分析法。这种方法的历史可以追溯到 20 世纪初。早在 1904 年美国就已经出现了有关原始的本量利关系图的文字记载，1922 年美国哥伦比亚大学的一位会计学教授提出了完整的保本分析理论。

本量利分析是"成本－业务量－利润分析"的简称，也称为 CVP 分析（Cost Volume Profit Analysis）。它指的是在变动成本法和成本习性分析基础上，运用数量化模型，以成本、业务量、利润之间的关系为研究对象，以探讨三者之间的相互联系和相互制约的关系，采用定量的方法，以便更加科学合理地做出生产决策。这种方法应用十分广泛，特别是在有效控制、科学决策和合理规划等领域具有广阔前途。该方法简单易懂，并且能直接运用到企业的实际中，已经成为企业改善经营管理和进行决策分析的重要手段，它的用途主要表现在以下六个方面：

（1）预测保本点；

（2）预测保证目标利润实现的目标销售额和目标销售量；

（3）通过对利润的敏感性分析，预测估计成本水平、销售量和销售单价的变动对目标利润的影响；

（4）为定价决策和生产决策做出最优决策；

（5）编制责任预算和全面预算，规划目标利润；

（6）对责任预算和全面预算的执行进行业绩评价。

（二）本量利分析的假设

理论都是由一定的假设基础为依托的，这些假设限定了理论的应用范围，如果假设变化了，或者假设不成立了，那么这个理论的结果也便会发生改变。本量利分析也是如此。

本量利分析的假设主要有以下几种。

1. 成本性态的分类假设

前面的成本分类中，已经介绍了成本按其性态进行分类，可以分为变动成本和固定成本两个基本类别。它们分别在一定范围中与业务量水平保持正比例关系和没有关系。这里还需要补充的是，成本中还有一种是混合成本，它随业务量的增长而增长，但与业务量的增长不成正比例关系，它是介于固定成本和变动成本之间的成本。混合成本的情况比较复杂，比较常见的混合成本例如电话费中的座机费是固定的费用，但是进行通话又是按时间计费的，这就是变动的费用。在这样的情况下，混合成本便可以分解为固定成本和变动成本。因此，按照成本性态分类，成本还是主要由变动成本和固定成本两部分组成。

2. 本量利的线性假设

变动成本和固定成本分别在一定范围内与产量有关系和没关系，这是因为存在规模经济或者规模不经济，成本的变化可能会存在非线性的情况，这样不利于简化对本量利分析法的研究。所以，假设成本函数是个线性函数，等式表现为：$y = a + bx$，$y$ 为总成本，$a$ 为固定成本，$b$ 为单位变动成本，$x$ 为产量。另外，产品的单价也表现出固定性，不以业务量的变化而变化。产品单价可能因为商业折扣、现金折扣等因素的存在发生一定的变化，而在此研究中，我们排除了这样的情况，也表现出线性的关系：$y = px$，$y$ 为总收入，$p$ 为单价，$x$ 为业务量或者销量。

3. 产销平衡假设

产销平衡假设要求产销平衡，全部产品都得到销售，没有存货的剩余，不存在供过于求或者供不应求的局面。这样，全部生产成本可以对应全部销售收入，不需要将注意力放在销售的问题上，而是放在单价、成本以及业务量对营业利润的影响上。

4. 产品结构不变假设

企业的产品种类可能为一种，也可能为多种，而且产品结构还会因为外部和内部的各种因素的变动而变化，在本量利分析中也是如此。但是本量利分析要求的是产品组合的结构不变，若其经常变动，会不利于计算、分析和比较。

5. 目标利润假设

在西方国家会计比较看重利息、所得税对净利润的影响作用，由于这两者不是企业的生产所引起的，因此，通常采用息税前利润（Earnings Before Interest and Tax，EBIT）这样的说法。而在我国，会计中的利润指标主要是营业利润、利润总额和净利润。由于营业利润与成本、业务量有着密切的关系，所以本量利分析中，一般采用营业利润指标。

清楚了解上述假设，为实际应用本量利原理指明方向，要从动态角度研究技术条件、产品结构、生产要素、市场和价格以及企业经营条件等各种因素的变动情况，充分应用动态分析、敏感性分析和风险性分析等，适时调整修改分析结构，克服本量利分析的局限性，杜绝盲目套用本量利分析的现有结论。但是也不能故步自封，在实际操作时，也可以根据具体情况适当在上述假设条件所确定的分析模型上，改动修正部分条件，克服在原限定条件下进行分析时的局限性，衍生出其他更符合情况的复杂分析模型或补充调节之前的模型。

（三）本量利分析的模型

在以上假设的基础上，可以列出一些本量利分析的基本模型，用于后面的决策分析。

1. 损益模型

任何企业的终极目标都是获得利润，但分析利润通常要从生产量和销售量入手，影响利润的销售额和成本的因素均与业务量相关，损益模型就是根据成本、业务量、利润之间的关系所列出的基本等式，也是非常重要的一组等式。

（1）基本模型。

$$利润 = 销售收入 - 总成本$$

其中：销售收入 = 单价 × 销量。

总成本 = 变动成本 + 固定成本 = 单位变动成本 × 销量 + 固定成本

根据产销平衡假设，则有：

$$利润 = 单价 × 销量 - 单位变动成本 × 销量 - 固定成本$$

$$= 销量 × （单价 - 单位变动成本）- 固定成本$$

这个模型也称为本量利的基本关系式，它囊括成本、业务量、利润三个要素，很直观地反映了这三个要素的关系，便于理解和分析。如果将上述公式用字母来表示，便为：

$$I = PQ - VC - FC = Q × (P - UVC) - FC$$

其中：

$I$：利润；

$P$：单价；

$Q$：销量；

$VC$：变动成本；

$UVC$：单位变动成本；

$FC$：固定成本。

上述公式中的利润（$I$）指的是未扣除利息和所得税之前的营业利润，也就是息税前利润（Earnings Before Interest and Tax，EBIT），按一定比率计缴的增值税视作变动成本处理。

【例 5-1】某企业 20×4 年 1 月预计的固定成本为 2 万元，生产一种产品，单价为 100 元 /件，单位变动成本为 80 元 /件，计划销售 2 000 件，预期利润是多少？

将有关数据代入基本关系式：

$$I = PQ - VC - FC = Q \times (P - UVC) - FC$$

$$I = Q \times (P - UVC) - FC = 2\,000 \times (100 - 80) - 20\,000 = 20\,000 \text{（元）}$$

（2）基本模型的变形。

本量利分析的基本关系式可以根据所需计算的问题变换成其他形式，或者再加入一些与企业的具体情况相关的变量，从而改进为更复杂、更具有现实意义的模型。在这个关系式中，主要包含了 5 个相互联系的变量，只要在给定其中 4 个变量的情况下，就可以计算出另外 1 个变量的值。主要有 4 个变形后的模型，这也是本量利分析的根本目的和原理。

①计算销量的模型。

$$\text{销量} = \frac{\text{固定成本} + \text{利润}}{\text{单价} - \text{单位变动成本}} = \frac{FC + I}{P - UVC}$$

②计算单价的模型。

$$\text{单价} = \frac{\text{固定成本} + \text{利润}}{\text{销量}} + \text{单位变动成本} = \frac{FC + I}{Q} + UVC$$

③计算单位变动成本的模型。

$$\text{单位变动成本} = \text{单价} - \frac{\text{固定成本} + \text{利润}}{\text{销量}} = P - \frac{FC + I}{Q}$$

④计算固定成本的模型。

$$\text{固定成本} = \text{单价} \times \text{销量} - \text{单位变动成本} \times \text{销量} - \text{利润} = P \times Q - UVC \times Q - I$$

【例 5 - 2】某出版社 201×年将要出版一种新书，已知每本新书的单位变动成本为 10 元，固定成本总额为 40 000 元，销售单价为 35 元 /本，预计未来一个年度，可以销售 80 000 本。该年度销售此书可以获得的利润为多少？

利润 = 单价 × 销量 - 单位变动成本 × 销量 - 固定成本

$$= 35 \times 80\,000 - 10 \times 80\,000 - 40\,000 = 1\,960\,000 \text{（元）}$$

如果销量和成本不变，为了实现 300 000 元利润，那么新书的单价应该为多少？

$$\text{单价} = \frac{\text{固定成本} + \text{利润}}{\text{销量}} + \text{单位变动成本} = \frac{FC + I}{Q} + UVC$$

$$= \frac{40\,000 + 300\,000}{80\,000} + 10 = 14.25 \text{（元 /本）}$$

如果单价、固定成本和销量不变，计算实现 300 000 元目标利润的单位变动成本为多少。

$$单位变动成本 = 单价 - \frac{固定成本 + 利润}{销量} = P - \frac{FC + I}{Q}$$

$$= 35 - \frac{40\,000 + 300\,000}{80\,000} = 30.75\ （元/本）$$

如果单价、单位变动成本和销量不变，计算实现 300 000 元目标利润的固定成本为多少。

$$固定成本 = 单价 \times 销量 - 单位变动成本 \times 销量 - 利润 = P \times Q - UVC \times Q - I$$

$$= 35 \times 80\,000 - 10 \times 80\,000 - 300\,000 = 1\,700\,000\ （元）$$

若以息税前利润来定义利润的概念，还可以将期间费用放入总成本，但是其中只包括了销售费用和管理费用，而财务费用主要包含了利息收支、汇兑损益和手续费等，便不在营业的概念中了。那么，模型可以变形为：

利润 = 单价 × 销量 -（单位变动生产成本 + 单位变动销售和管理费用）×

销量 -（固定生产成本 + 固定销售和管理费用）

= 销量 ×（单价 - 单位变动生产成本 - 单位变动销售和管理费用）-

（固定生产成本 + 固定销售和管理费用）

若需要考虑税收问题，可以进一步将基本关系式进行变形，但我们在假设中已经明确不考虑税费问题，那就不赘述了。

2. 边际贡献模型

在提出边际贡献（contribution margin）的概念后，边际贡献模型成为非常重要的一种分析手段。

（1）边际贡献。

边际贡献是产品的销售收入减去变动成本后的差额，也称贡献边际、贡献毛益、边际利润。它的含义是企业的销售收入减去其变动成本后的余额。要企业能够盈利，边际贡献应首先用于补偿固定成本，之后若还有余额，这才是利润的来源。虽然边际贡献不是利润，但它是反映企业盈利能力的重要指标。

边际贡献是一个总括概念，是指产品的销售收入减去变动成本后的余额，反映它将为企业的盈利利润做多大贡献，其计算公式如下。

$$边际贡献（CM）= 销售收入 - 变动成本 = PQ - VC$$

相对应地，如果用单位产品表示，便是单位边际贡献，就是每增加一单位产品销售可以提供的毛益，它可以很好地反映单个产品的盈利能力，其计算公式如下。

$$单位边际贡献（UCM）= 单价 - 单位变动成本 = P - UVC$$

【例5-3】某企业只生产一种产品，单价为100元/件，单位变动成本为80元/件，销量为500件，则边际贡献和单位边际贡献各为多少？

边际贡献＝销售收入－变动成本＝500×（100－80）＝10 000（元）

单位边际贡献＝单价－单位变动成本＝100－80＝20（元/件）

如果按照包含期间成本的变形模型，变动成本中也可以加入变动的销售费用和管理费用，这根据经营决策的需要而定。

【例5-4】沿用【例5-2】，求单位边际贡献和边际贡献为多少？

单位边际贡献＝单价－单位变动成本＝35－10＝25（元/件）

边际贡献＝销售收入－变动成本＝35×80 000－10×80 000＝2 000 000（元）

边际贡献的含义在于企业的售价首先要弥补企业的变动成本。根据公式，很显然，边际贡献越大越好，当它大于零的时候，企业才有赢利的可能性。当边际贡献大于企业的固定成本，也便是能弥补固定成本的支出时，企业便能赢利；如果边际贡献小于固定成本，企业便要亏损；如果边际贡献等于固定成本，不盈也不亏，这便是决策分析的关键点。

（2）边际贡献率。

边际贡献率（marginal contribution rate）是指边际贡献在销售收入中所占的百分率。通常，边际贡献率是产品边际贡献率，可以理解为每一元销售收入中边际贡献所占的比重，反映了产品给企业做出贡献的能力。

$$边际贡献率 = \frac{边际贡献}{销售收入} \times 100\% = \frac{单位边际贡献 \times 销量}{单价 \times 销量} \times 100\%$$

$$= \frac{单位边际贡献}{单价} \times 100\% = \frac{UCM}{P} \times 100\%$$

【例5-5】沿用【例5-3】，边际贡献率为多少？

$$边际贡献率 = \frac{10\ 000}{500 \times 100} \times 100\% = \frac{20}{100} \times 100\% = 20\%$$

若企业生产的不是一种产品，而是一组产品，边际贡献率的计算就应该采用加权平均的思想，权重便是每种产品的销售收入占总收入的比重。

$$加权平均边际贡献率 = \frac{\sum 各产品边际贡献}{\sum 各产品销售收入} \times 100\%$$

（3）变动成本率。

与边际贡献率相对的，便是变动成本率（variable cost rate），即变动成本在销售收入中所占的百分率。通常，变动成本率指的是产品的变动成本率。

$$变动成本率 = \frac{变动成本}{销售收入} \times 100\% = \frac{单位变动成本 \times 销量}{单价 \times 销量} \times 100\%$$

$$= \frac{单位变动成本}{单价} \times 100\% = \frac{UVC}{P} \times 100\%$$

结合边际贡献率的模型，我们可以发现：

$$变动成本率 + 边际贡献率 = \frac{UVC}{P} + \frac{UCM}{P} = \frac{UVC + UCM}{P} = \frac{P}{P} = 1$$

所以，变动成本率 + 边际贡献率 = 1

**【例 5-6】** 沿用【例 5-2】，求出版社该年度的边际贡献率和变动成本率。

由于销售收入被分为变动成本和边际贡献两部分，前者是产品自身的耗费，后者是给企业的贡献，从含义上讲，两者的百分率之和也应当为 1。两者是互补的关系：产品的变动成本率高，则边际贡献率低，盈利能力小；反之，产品的变动成本率低，则边际贡献率高，盈利能力高。进一步分析，边际贡献率高（变动成本率低）的企业，如果产品在市场上销售对路，就应该尽其所能地提高产销量，销量一旦超过保本点（后面会有具体介绍），其利润便可以迅速增加；反之，若边际贡献率低（变动成本率高）的企业，盈利能力就低。由此可见，边际贡献率和变动成本率的高低，对于经营决策者有举足轻重的导向性作用。

（4）基于边际贡献的基本关系式的变形。

根据前面所讲的基本关系式，以及边际贡献的概念，可以将基本关系式变形为以下一些形式。

利润 = 单价 × 销量 – 单位变动成本 × 销量 – 固定成本

= 销量 ×（单价 – 单位变动成本）– 固定成本

= 边际贡献 – 固定成本

= 销量 × 单位边际贡献 – 固定成本

$= CM - FC = Q \times UCM - FC$

利润 = 边际贡献 – 固定成本

= 销售收入 × 边际贡献率 – 固定成本

那么，基本关系式的变形模型也用边际贡献来表达。

$$销量 = \frac{固定成本 + 利润}{单价 - 单位变动成本} = \frac{FC + I}{P - UVC} = \frac{FC + I}{UCM}$$

二、保本分析和保利分析

本量利分析的具体分析方法主要包括保本分析和保利分析。

（一）保本分析

企业均是以追求利润最大化为目标，盈利是在保本的基础上经营管理决策的升华，所以保本分析便是本量利分析的重要内容之一。所谓保本临界指的是企业的销售收入总额和成本总额相等，处在不盈不亏的状态，即保本状态。在固定成本、变动成本和销售价格不变的情况下，根据盈亏平衡基本公式，确定出使企业利润为零的销售量，即盈亏平衡的销售量。进一步讲，如果企业销售量超过保本点销售量，一般销售量越大，利润越多。研究本量利分析可以很好地为企业管理者进行科学决策提供依据，弄清楚何时企业能够获利，何时企业将发生亏损，为增加利润和减少亏损做出努力。

1. 保本分析的基本含义

保本分析亦称盈亏平衡分析，是本量利分析中的一项基本内容，是一种定量分析的方法。该方法主要用来研究如何确定保本点（盈亏临界点）、有关因素变动对保本点的影响等问题，并可为决策提供在何种业务量下企业将赢利或者亏损等信息，从而合理安排生产销售，有助于管理层做出决策。

保本点（Break Even Point，BEP）又称盈亏临界点，通常是指全部销售收入等于全部成本时的产量，即收支相等，不盈不亏。以保本点为界限：当销售收入高于保本点对应的收入时，企业赢利；销售收入低于保本点对应的收入时，企业亏损。

保本点通常有两种表现形式：一方面可以用销售量来表示，即保本点销售量，简称保本量；另一方面也可以用销售额来表示，即保本点的销售额，简称保本额。

2. 单一产品的保本点确定

在进行保本分析的时候，就需要使用本量利分析的模型。若企业仅生产一种产品，盈亏临界点计算比较简单，设置利润为零，便可以解出临界点的销售量。

由于计算利润的公式为：

$$利润 = 单价 \times 销量 - 单位变动成本 \times 销量 - 固定成本$$

$$= 销量 \times （单价 - 单位变动成本） - 固定成本$$

令利润 = 0，此时的销量便为保本点销售量。

$$0 = 单价 \times 销量 - 单位变动成本 \times 销量 - 固定成本$$

$$= 销量 \times （单价 - 单位变动成本） - 固定成本$$

$$保本点销售量 = \frac{固定成本}{单价 - 单位变动成本} = \frac{固定成本}{单位边际贡献} = \frac{FC}{UCM}$$

【例 5 - 7】某企业只生产一种产品，单价为 10 元/件，单位变动成本为 8 元/件，固定成本为每月 3 000 元，请计算其保本点销售量为多少。

$$保本点销售量 = \frac{固定成本}{单价 - 单位变动成本} = \frac{3\,000}{10 - 8} = 1\,500（件）$$

用同样的方法可以计算保本点销售额。

利润 = 边际贡献 - 固定成本 = 销售收入 × 边际贡献率 - 固定成本

令利润 = 0，保本点销售额为：

0 = 保本点销售额 × 边际贡献率 - 固定成本

同时，保本点销售额 = 保本点销售量 × 单价 = 1\,500 × 10 = 15\,000（元）

3. 产品组合的保本点确定

对于单一产品而言，在成本和销售价格确定的情况下，保本点销售量不难确定，但是通常企业并不只生产和销售一种产品，往往有多种产品，各个产品的成本、边际贡献都是不同的，那么就需要对前面所讲到的单一产品保本点的确定方法进行改进，采用综合边际贡献率计算。而且只能选择保本点销售额，因为不同产品的数量不能随意相加，但是金额是可以相加的。另外，各种产品的边际贡献率不同，所以采用加权平均边际贡献率计算多种产品盈亏临界点的销售额。具体公式如下。

$$综合保本点销售额 = \frac{固定成本总额}{产品的加权平均边际贡献率}$$

$$产品的加权平均边际贡献率 = \frac{各产品边际贡献}{\sum 各产品销售收入} \times 100\%$$

【例 5 - 8】某企业生产 A、B、C 三种产品，固定成本总额为 600\,000 元，其他相关资料如表 5 - 5 所示。

表 5 - 5　　　　　　　A、B、C 三种产品资料

| 摘要 | A 产品 | B 产品 | C 产品 |
|---|---|---|---|
| 产销量（件） | 200 000 | 50 000 | 20 000 |
| 销售单价（元/件） | 10 | 20 | 50 |
| 单位变动成本（元/件） | 8 | 16 | 30 |

要求：采用加权平均法，确定三种产品的保本点销售额和保本点销售量。

（1）根据上述资料，编制加权平均边际贡献率计算表，如表 5 - 6 所示。

表 5 - 6　　　　　　加权平均边际贡献率计算表

| 摘要 | A 产品 | B 产品 | C 产品 | 合计 |
|---|---|---|---|---|
| 产销量（$Q$） | 200 000 | 50 000 | 20 000 | — |
| 销售单价（$P$） | 10 | 20 | 50 | — |
| 单位变动成本（$UVC$） | 8 | 16 | 30 | — |

续表

| 摘要 | A产品 | B产品 | C产品 | 合计 |
|------|------|------|------|------|
| 单位边际贡献（UCM） | 2 | 4 | 20 | — |
| 边际贡献率（CMR） | 20% | 20% | 40% | — |
| 销售收入总额（PQ） | 2 000 000 | 1 000 000 | 1 000 000 | 4 000 000 |
| 销售比重 | 50% | 25% | 25% | 100% |
| 加权平均边际贡献率 | 10% | 5% | 10% | 25% |

（2）计算全部产品的综合保本点销售额。

$$综合保本点销售额 = \frac{600\ 000}{25\%} = 2\ 400\ 000\ （元）$$

（3）把综合保本点销售额分解为各产品的保本点销售额。

A产品的保本点销售额 = 2 400 000 × 50% = 1 200 000（元）

B产品的保本点销售额 = 2 400 000 × 25% = 600 000（元）

C产品的保本点销售额 = 2 400 000 × 25% = 600 000（元）

（4）计算各产品的保本点销售量。

A产品的保本点销售量 = 1 200 000 ÷ 10 = 120 000（件）

B产品的保本点销售量 = 600 000 ÷ 20 = 30 000（件）

C产品的保本点销售量 = 600 000 ÷ 50 = 12 000（件）

4. 安全边际和安全边际率

安全边际（margin of safety）是指正常销售额超过保本点（盈亏临界点）销售额的差额，它表明销售额下降多少企业仍不至于亏损，也就是现有的销售量或预计可达到的销售量到保本点还有多大的差距。差距越大，企业发生亏损的可能性就越小，企业的经营就越安全。

安全边际有绝对数和相对数两种表示方式。安全边际率（margin of safety ratio）表示的就是相对数的指标，表示安全边际与正常销售额（或当年实际订货额）的比值。

安全边际能为企业提供利润，而保本点销售额扣除变动成本后只能为企业收回固定成本。安全边际部分的销售额减去自身变动成本后成为企业利润，即安全边际中的边际贡献等于企业利润。这个结论也可以通过公式推导得出。

利润 = 销售收入 − 变动成本 − 固定成本

= 边际贡献 − 固定成本

= 销售收入 × 边际贡献率 − 固定成本

= 销售收入 × 边际贡献率 − 保本点销售额 × 边际贡献率

$$= （销售收入 - 保本点销售额） \times 边际贡献率$$

所以，利润 = 安全边际 × 边际贡献率

而且，将这个式子的左右两边都除以销售收入，便得到：

$$\frac{利润}{销售收入} = \frac{安全边际}{销售收入} \times 边际贡献率$$

即：

$$销售利润率 = 安全边际率 \times 边际贡献率$$

安全边际模型主要用于企业分析其经营的安全程度。安全边际的数值越大，或者安全边际率越高，说明企业发生亏损的可能性越小，企业经营也就越安全。而且，安全边际率作为相对数指标，也便于不同企业和不同行业比较。

【例 5 - 9】沿用【例 5 - 7】，假设当月实际销售量为 2 000 件，请问该企业的安全边际和安全边际率为多少？

安全边际 = 2 000 - 1 500 = 500 （件）

安全边际率 = 500 ÷ 2 000 × 100% = 25%

该企业的经营属于较安全的等级范围。

5. 保本作业

与安全边际率相关的另一指标为保本作业率，它反映的是保本点销售额（量）在目前或预测的销售额（量）中所占的比重，换言之，是反映企业目前的或者预测的销售额（量）中包含多大比重的保本点销售额（量），公式为：

$$保本作业率 = \frac{保本点销售额（量）}{目前的或预测的销售额（量）} \times 100\%$$

该指标越低，企业经营安全程度越高；反之，保本作业率越高，企业经营安全程度越低。这个指标与安全边际率是互补关系。

$$安全边际率 + 保本作业率 = 1$$

（二）保利分析

保本分析是研究当企业恰好处于保本状态时的本利关系的一种定量分析方法。而保利分析是为了达到一定的目标利润的水平，而对成本、业务量等方面进行分析，计算求得为保证目标利润的实现各因素应达到（或控制）的水平。它的分析方法和保本分析的思路是一致的。

可以通过对基本关系式的推导，得出保利分析的模型。

$$实现目标利润的销售量 = \frac{固定成本 + 目标利润}{单价 - 单位变动成本} = \frac{固定成本 + 目标利润}{单位边际贡献}$$

$$实现目标利润的销售额 = \frac{固定成本 + 目标利润}{边际贡献率}$$

【例 5 - 10】 沿用【例 5 - 7】，假设企业的目标利润为 10 000 元，那么实现这个目标利润的销售量为多少件？

$$实现目标利润的销售量 = \frac{3\ 000 + 10\ 000}{10 - 8} = 6\ 500（件）$$

通过对基本关系式的推导，还可以得出其他保利分析的模型。

$$实现目标利润的单位变动成本 = 单价 - \frac{固定成本 + 目标利润}{销售量}$$

$$实现目标利润的固定成本 = 销售量 \times（单价 - 单位变动成本）- 目标利润$$

$$实现目标利润的销售单价 = 单位变动成本 + \frac{固定成本 + 目标利润}{销售量}$$

通过对保本分析和保利分析的研究可得，企业管理会计应掌握本量利分析的原理与操作，分析成本习性，协助经营管理者做好经营决策，提高经济效益和社会效益。

（三）本量利图示法

用图形来描述企业生产经营保本点是盈亏平衡分析的常用方法，该图形叫作"保本图"（break - even chart），它充分利用图形形象生动的特点，清晰地展示有关因素的变动会对利润产生的影响，这样可以有效提高经营管理工作的预见性和主动性。

基本图式的横坐标为企业产品销售量，纵坐标为企业的销售收入，故销售收入线的斜率为产品的单价；固定成本线呈水平状，因为它不随销售量的变动而变动，这是变动成本法要求固定成本所具有的特性，而且固定成本的起点也在零点之上，说明无论企业生产与否，固定成本总是存在的；由于变动成本线是以单位变动成本为斜率的一条斜线，它随销售量的变动成正比例变动，因此总成本线是在变动成本线和固定成本线叠加的基础上形成的，直观上就是把变动成本线向上调整一个固定成本的数额，斜率自然与变动成本线一样；销售收入线与变动成本线相似，为一条向上倾斜的直线，但通常斜率较大，正是由于这个原因，企业才会赢利，否则如果其斜率小于变动成本线斜率（也就是总成本线斜率），那两条线便会永不相交，企业也就永不会赢利。基本图式如图 5 - 1 所示。

根据保本点的含义，销售收入线与总成本线相交的点，即收入与成本相等的点，便是保本点。在保本点销售量的基础上，再增加销售量，企业就会相应出现盈利，在图形上直观的盈利总额为两条直线交叉点以上交叉区域的面积；与之对应，在保本点销售量的基础上减少销售量，企业必然会出现亏损，在图形上，亏损的总额为两条直线交叉点以下交叉区域的面积。

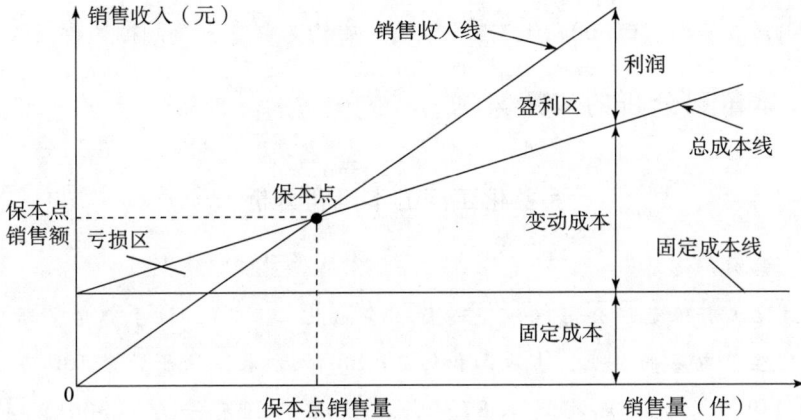

**图 5 - 1　基本图式**

这幅图还直观地揭示了成本、业务量和利润之间的一些规律性的联系。

（1）在保本点不变的情况下，销售量每超过保本点一个单位，便可获得一个单位的边际贡献，因为在保本点以后，销售收入已经弥补了固定成本。那么，销售量越大，利润额越多，销售收入只要弥补变动成本就可以了。反之，销售量每低于保本点一个单位，便要发生一个单位的边际贡献的亏损，销售量越小，亏损越大。

（2）在销售量不变的情况下，保本点越低，盈利区的面积越大，亏损区的面积越小，反映了企业的盈利能力越高；反之，保本点越高，企业的盈利能力越低。

（3）在销售价格不变的情况下，即销售收入线不变，保本点的高低取决于总成本线的位置，也就是变动成本和固定成本的水平。如果总成本越多，则保本点越高；反之，保本点越低。

（4）在成本不变的情况下，即总成本线不变，保本点的高低取决于销售收入线的位置。销售收入线位置主要取决于斜率，也就是单价。如果单价越高，保本点越低；反之，保本点越高。

基本图式的基本绘制步骤如下。

第一，选定直角坐标系，横轴为销售量，纵轴为销售收入。

第二，在纵轴上确定固定成本数值，以（0，固定成本）为起点，绘制一条与横轴平行的固定成本线。

第三，以（0，固定成本）为起点，以单位变动成本为斜率，绘制出总成本线。

第四，以坐标（0，0）为起点，以销售单价为斜率，绘制销售收入线。

# 案例　本量利分析的应用案例

## 金益化工厂的本量利分析

### 一、案例介绍

金益化工有限责任公司（以下简称"金益化工厂"），位于鄂尔多斯市，是一家专门生产电石的企业，占地面积约 20 000 平方米，注册资金 500 万元，现有资产 1 979 万元，现有员工 87 人。目前该厂拥有一台 6 300kW 和一台 8 000kW 的电石炉，年生产能力达到 15 900t。只要掌握了该厂的收入、成本、利润等年计划数据，便可推断其本量利的相关性及其决策应用。

### 二、金益化工厂的成本分解情况

1. 相关假设及资料

在进行本量利分析时，可以把全部成本划分为固定成本和变动成本两部分。现假设如下：固定成本为 $a$；销售量为 $x$；销售收入为 $px$。则这些变量之间的关系可由下式反映：总收入函数 $y = px$、总成本函数 $y = a + bx$、营业利润函数 $z = px - (a + bx) = px - bx - a$。

该厂 2007 年的相关资料如下。年销量：12 589.98t；销售单价：3 530 元/t；制造费用：3 080 669.51 元；管理费用：3 425 827.95 元；销售费用：2 649 582.17元；财务费用：1 489 000 元。

2. 该厂固定成本和变动成本的分解情况

因为该厂的成本变化趋势比较稳定，所以可以采用历史资料分析法中的高低点法来确定固定成本和变动成本。单位变动成本：$b = 3 333.89$ 元/t；销售收入：$px = 12 589.98 \times 3 530 = 44 442 629.4$（元）；营业利润：$z =$ 销售收入 － 变动成本 － 固定成本 $= 44 442 629.4 - 41 973 608.4 - 1 984 313.17 = 484 707.83$（元）；总成本函数：$y = a + bx = 1 984 313.17 + 3 333.89x$；总收入函数：$y = px = 3 530x$

### 三、金益化工厂本量利的具体分析

1. 电石的边际贡献和边际贡献率的分析

边际贡献 ＝ 销售收入 － 变动成本 ＝ 44 442 629.4 － 41 973 608.4 ＝ 2 469 021（元）

单位边际贡献 = 边际贡献 ÷ 销售量 = 2 468 968.02 ÷ 12 589.98 = 196.11（元）

营业利润 = 边际贡献 − 固定成本 = 2 468 968.02 − 1 984 313.17 = 484 654.85（元）

边际贡献率 = 单位贡献边际 ÷ 单价 × 100% = 196.11 ÷ 3 530 × 100% = 5.56%

变动成本率 = 变动成本 ÷ 销售收入 × 100% = 41 973 608.4 ÷ 44 442 629.4 = 94.44%

边际贡献率 + 变动成本率 = 1

企业产品所提供的边际贡献，虽然不是企业的营业利润，但与企业营业利润的形成有着密切的关系。因为边际贡献首先用于补偿企业的固定成本，只有当边际贡献大于固定成本时才能为企业提供利润，否则企业将出现亏损，即边际贡献反映的是产品销售对企业营业利润的贡献水平。从上式计算可以看出，销售 12 589.98t 电石可得到边际贡献 2 468 968.02 元，但这 2 468 968.02 元并非企业营业利润。企业取得的边际贡献还要用来补偿固定成本，补偿后的余额 484 654.85 元，形成利润。

另外，边际贡献率与变动成本率是互补关系。变动成本率高的企业其边际贡献率低，创利能力弱；反之，变动成本率低的企业其边际贡献率高，创利能力强。计算得知，金益化工厂的边际贡献率为 5.56%，变动成本率高达 94.44%。所以，该厂的边际贡献率较低，创利能力小。

2. 金益化工厂保本点的分析

保本点又称盈亏临界点，是指企业利润为零，处于不盈不亏时的经营状态。如果企业的保本点较高，意味着企业必须销售较多的产品才能不至于亏损，在市场销售量一定的情况下，盈利的空间就会比较小；反之，如果企业的保本点较低，意味着企业只需销售较少的产品就能保本，在市场销售量一定的情况下，盈利的空间就会比较大。可见，保本点的高低反映了企业经营亏损风险的大小。

单一品种的保本点可以按图示法、基本等式法、边际贡献法来确定。在对金益化工厂的分析当中，我们采用边际贡献法来确定该厂的保本点。计算如下。

保本量 = 固定成本 ÷ 单位边际贡献 = 1 984 313.17 ÷ 196.11 = 10 118.37（t）

保本额 = 固定成本 ÷ 边际贡献率 = 1 984 313.17 ÷ 5.56% = 35 689 085.79（元）

通过计算可看出，该厂的保本点，即盈亏平衡时的销售量为 10 118.37t，销售额为 35 689 085.79 元，而该厂去年的销售量为 12 589.98t，虽然该厂的销售量在保本点之上，但是该厂的保本点较高，说明盈利的空间比较小，仍然存在潜在的风险。

企业在计算保本点的基础上，还要考虑企业经营的安全程度，确定安全边际指标。当企业经营处于保本状态时，表明企业当期获得的边际贡献恰好补偿固定成本。若要实现利润，就必须使销售量超过保本点。安全边际在一定程度上反映了企业盈利能力，更重要的是反映了企业的经营风险。安全边际越大，企业经营风险越小。

安全边际量 = 实际销售量 − 保本量 = 12 589.98 − 10 118.37 = 2 471.61（t）

安全边际额 = 实际销售额 − 保本额 = 44 442 629.4 − 35 689 085.79 = 8 753 543.61（元）

安全边际率 = 安全边际量 ÷ 实际销售量 × 100% = 2 471.61 ÷ 12 589.98 × 100% = 19.63%

由计算结果可知，企业经营处于值得注意的状态，存在着一定的经营风险。企业要想降低经营风险，就应当分析哪些因素会对企业的利润造成影响以及影响的程度如何，因此，有必要根据该厂的具体情况进行利润的敏感性分析。

## 5.3.2 敏感性分析

在本量利分析中，重点关注的是当影响利润的某个因素变动时，所引起的利润变动大小，也就是它对利润产生影响的程度。换个角度讲，便是利润对该因素的变动是否敏感。若变动因素稍微变动便会引起利润较大幅度的变动，那两者之间的关系就较为敏感；反之，如果变动因素已经发生较大变化，而利润只有微弱改变，那就表明利润对该因素的变动不敏感。

通过上述的定性分析和定量分析可以看到：影响保本点和保利点的因素有很多，但都包含在本量利分析的基本关系式中。简单来说，影响因素主要包括产品单价、单位变动成本、固定成本、销售量。这些因素或单独地，或联合地对目标值产生作用。在激烈的市场竞争中，为保证企业不亏损并争取利益最大化，应深入研究各变动因素对利润的影响程度以及如何利用这些经济因素，达到事半功倍的效果，因此就要进行敏感性分析。

敏感性分析（sensitivity analysis）是一种具有广泛用途的分析工具，它常用于研究分析一个系统中因周围条件发生变化，而引起其状态变化的敏感性，是为了说明条件变化一个单位，系统会变化多少单位，从而说明系统对这个条件的敏感程度，系统变化得越多，说明其对条件越敏感。或者从另一层面讲是分析各个指标因素变化到什么程度，仍然可以使利润达到最优。

变动指标一般有四个：销售单价、销售量、单位变动成本和固定成本，这四项中单独一个变化或者同时几个变化均会对利润产生影响，但敏感程度一般不同，这里便引入敏感系数这一指标，其计算公式如下。

$$敏感系数 = \frac{目标值变动百分比}{参量值变动百分比}$$

其含义是，在其他因素不变的条件下，某一单独因素变动一个百分比所引起的利润变动的百分比数。敏感系数的正负号反映利润变动方向与某一因素变动方向的关系，正号为同向关系，负号为反向关系。在此，我们将采用敏感性分析，研究有关参数发生多大变化才会使企业的利润发生变化，以及各有关参数变化对利润的影响程度等问题。

一、单价因素单独变动的敏感程度

当其他因素不变的时候，单价的变动会引起单位边际贡献和边际贡献的同方向变化，使得保本点和保利点发生变化。在单价上升时，单位边际贡献和边际贡献上升，相应的保本点和保利点便会下降，使得企业生产的安全边际变大，经营状况比较好；而当单价下降的时候，单位边际贡献和边际贡献下降，保本点和保利点上升，企业生产的安全边际减小，经营状况较差。表现在本量利的图上，便是销售收入线的斜率发生变化，以原点为轴点发生转动，那么它与总成本线的交点就会发生下移或者上移。单价对利润的敏感系数的计算公式如下。

$$单价的敏感系数 = \frac{\triangle I/I}{\triangle P/P}$$

【例 5 - 11】假设某公司生产的 A 产品单价为 100 元 /件，单位变动成本为 80 元 /件，每个月的固定成本为 10 000 元，1 月 A 产品的销量为 5 000 件，那么利润为 90 000 元。别的因素不变，如果现在 A 产品的单价上调 10%，则利润变化为多少？单价对利润的敏感程度为多少？

变化后的利润 = 5 000 ×[ 100 ×（ 1 +10% ) - 80 ] - 10 000 = 140 000 （元）

$$单价的敏感系数 = \frac{\triangle I/I}{\triangle P/P} = \frac{（140\,000 - 90\,000）\div 90\,000}{（110 - 100）\div 100} = 5.56$$

二、单位变动成本因素单独变动的敏感程度

当其他因素不变的时候，单位变动成本的变动会引起单位边际贡献和边际贡献率的反方向变化，使得保本点和保利点发生变化。在单位变动成本上升时，单位边际贡献和边际贡献率下降，相应的保本点和保利点便会上升，使得企业生产的安全边际变小，经营状况变差；而当单位变动成本下降的时候，单位边际贡献和边际贡献率上升，保本点和保利点下降，企业生产的安全边际变大，经营状况变好。表现在本量利的图上，便是变动成本线和总成本线的斜率发生变化，分别以原点和（0，固定成本）为轴点发生转动，那么它们与销售收入线的交点就会发生上移或者下移。单位变动成本对利润的敏感系数的计算公式如下。

$$单位变动成本的敏感系数 = \frac{\triangle I/I}{\triangle UVC/UVC}$$

【例5-12】沿用【例5-11】。别的因素不变，如果现在A产品的单位变动成本上调10%，则利润变化为多少？单位变动成本对利润的敏感程度为多少？

变化后的利润 = 5 000 × [ 100 - 80 × ( 1 + 10% ) ] - 10 000 = 50 000（元）

$$单位变动成本的敏感系数 = \frac{\triangle I/I}{\triangle UVC/UVC} = \frac{( 50\ 000 - 90\ 000 ) \div 90\ 000}{( 88 - 80 ) \div 80} =$$

-4.44

### 三、固定成本因素单独变动的敏感程度

当其他因素不变的时候，固定成本的变动会引起保本点和保利点计算公式的分子发生变化，使得保本点和保利点发生变化。在固定成本上升时，保本点和保利点便会上升，使得企业生产的安全边际变小，经营状况变差；而在固定成本下降时，保本点和保利点下降，企业生产的安全边际变大，经营状况变好。表现在本量利的图上，便是固定成本线和总成本线发生变化，以固定成本的变化量为界，上下平移，那么它们与销售收入线的交点就会发生上移或者下移。固定成本对利润的敏感系数的计算公式如下。

$$固定成本的敏感系数 = \frac{\triangle I/I}{\triangle FC/FC}$$

【例5-13】沿用【例5-11】。别的因素不变，如果现在A产品的固定成本上调10%，则利润变化为多少？固定成本对利润的敏感程度为多少？

变化后的利润 = 5 000 × ( 100 - 80 ) - 10 000 × ( 1 + 10% ) = 89 000（元）

$$固定成本的敏感系数 = \frac{\triangle I/I}{\triangle FC/FC} = \frac{( 89\ 000 - 90\ 000 ) \div 90\ 000}{( 11\ 000 - 10\ 000 ) \div 10\ 000} = -0.11$$

### 四、销售量因素单独变动的敏感程度

由于保本点和保利点本身就是业务量指标，所以销售量的变动只会影响营业利润，对保本点和保利点的计算都不会产生影响。

销售量对利润的敏感系数的计算公式如下。

$$销售量的敏感系数 = \frac{\triangle I/I}{\triangle Q/Q}$$

【例 5 - 14】某企业生产 A 产品，单价为 6 元 / 件，单位变动成本为 5 元 / 件，固定成本总额为 50 000 元，当前产销量为 100 000 件，计算当前利润水平，并且分析在每个因素分别提高 10% 的情况下对利润的影响，确定各个参数的敏感系数。

息税前利润 = 100 000 × (6 - 5) - 50 000 = 50 000 (元)

(1) 单价的敏感程度。

单价变动后的利润 = 100 000 × [6 × (1 + 10%) - 5] - 50 000 = 110 000 (元)

目标值变动百分比 = (110 000 - 50 000) ÷ 50 000 × 100% = 120%

单价的敏感系数 = 120% ÷ 10% = 12

经上述计算可知，单价与利润同方向变化：单价上涨 1%，利润会增加 12%；反之，单价下降 1%，利润则减少 12%。

(2) 单位变动成本的敏感程度。

单位变动成本变动后的利润 = 100 000 × [6 - 5 × (1 + 10%)] - 50 000 = 0 (元)

目标值变动百分比 = (0 - 50 000) ÷ 50 000 × 100% = -100%

单位变动成本的敏感系数 = -100% ÷ 10% = -10

单位变动成本与利润反方向变化：单位变动成本上涨 1%，利润减少 10%；反之，单位变动成本下降 1%，利润则增加 10%。

(3) 销售量的敏感程度。

销售量变动后的利润 = 100 000 × (1 + 10%) × (6 - 5) - 50 000 = 60 000 (元)

目标值变动百分比 = (60 000 - 50 000) ÷ 50 000 × 100% = 20%

销售量的敏感系数 = 20% ÷ 10% = 2

销售量与利润同方向变化：销售量上涨 1%，利润会增加 2%；反之，销售量下降 1%，利润减少 2%。

(4) 固定成本的敏感程度。

固定成本变动后的利润 = 100 000 × (6 - 5) - 50 000 × (1 + 10%) = 45 000 (元)

目标值变动百分比 = (45 000 - 50 000) ÷ 50 000 × 100% = -10%

固定成本的敏感系数 = -10% ÷ 10% = -1

在其他因素不变的情况下：固定成本每增加1%，利润会减少1%；反之，固定成本减少1%，利润会增加1%。

因为采用公式计算敏感系数，需要在产销结束之后方能确定各个因素的敏感系数，所以无法实现事先控制风险。其实在确定各个参数的敏感系数时，假定各个参数是单独变化的，那么每个参数值的变化只能直接影响中间变量，利润通过中间变量间接受到影响。因此，可以用更加简单的方法确定各个参数的敏感系数。其关系如表5-7所示。

表 5-7　　　　　　　　敏感系数和参数值及目标值关系

| 参数值 | 中间变量 | 目标值 |
|---|---|---|
| 单价<br>单位变动成本<br>销售量<br>固定成本 | 销售收入<br>变动成本总额<br>边际贡献总额<br>固定成本总额 | 息税前利润 |

根据表5-7可知，在某因素单独变化的情况下，参数值和中间变量同方向变化，中间变量与目标值的比值等于参数值与目标值的比值，所以，可以借助基期资料计算出报告期的敏感系数，其公式为：

$$某参数值敏感系数 = \frac{该参数值中间变量基期数}{目标值基期数}$$

根据上述公式，计算【例5-14】中各参数的敏感系数。

单价的敏感系数 = (100 000 × 6) ÷ 50 000 = 12

单位变动成本的敏感系数 = (-100 000 × 5) ÷ 50 000 = -10

销售量的敏感系数 = [100 000 × (6-5)] ÷ 50 000 = 2

固定成本的敏感系数 = -50 000 ÷ 50 000 = -1

我们就上述【例5-14】计算出的各参数的敏感度，按照其绝对值由大到小排列，单价是最敏感的，其次是单位变动成本，然后是销售量，最不敏感的是固定成本。因此，该企业的管理者做决策时，可以优先考虑提高单价，再考虑降低单位变动成本和增加销售量，最后考虑降低固定成本。通常情况下，产品的销售单价是最敏感因素，但切记敏感性分析也是有局限的，单价过高也会导致销售量急剧下降。

## 案例　敏感性分析的应用案例

### 化工企业敏感性分析应用案例

某市新建一家化工企业，计划投资 3 000 万元，建设期 3 年，考虑设备有形损耗和无形损耗，生产期定为 15 年，项目报废时，残值与清理费正好相等。投资者的要求是项目的投资收益率不低于 10%，基准收益率为 8%，其他数据见表 5 - 8。

表 5 - 8　　　　　某化工企业新建项目基本情况　　　　　单位：万元

| 年份 | 投资成本 | 销售收入 | 生产成本 | 净现金流量 | 折现系数（10%） | 净现值 |
|------|---------|---------|---------|-----------|----------------|--------|
| 1 | 500 | | | - 500 | 0.909 1 | - 454.55 |
| 2 | 1 500 | | | - 1 500 | 0.826 4 | - 1 239.60 |
| 3 | 1 000 | 200 | 140 | - 940 | 0.751 3 | - 706.22 |
| 4 | | 3 000 | 2 600 | 400 | 0.683 0 | 273.20 |
| 5 | | 5 000 | 4 500 | 500 | 0.620 9 | 310.45 |
| 6 ~ 15 | | 6 000 | 5 400 | 600 | 3.815 3 | 2 289.18 |
| 合计 | 3 000 | 68 200 | 61 240 | 3 960 | | 472.46 |

问题：通过敏感性分析决定该项目是否可行以及应采取的措施。

分析过程如下。

第一步：预测正常年份的各项收入与支出，以目标收益率为基准收益率，计算出基本情况下的净现值和内部收益率。

由表 5 - 8 可见基本情况下的净现值为 472.46 万元。

内部收益率有试算法和内推法两种，用内推法进行计算。当折现率为 10% 时，由表 5 - 8 可知净现值为 472.46 万元；当折现率为 15% 时，同理可计算出净现值为 - 212.56 万元。由此可得内部收益率：

$$内部收益率 = R_1 + （R_2 - R_1） \frac{NPV_1}{NPV_1 + |NPV_2|}$$

$$= 10\% + （15\% - 10\%） \frac{472.46}{472.46 + | - 212.56|} = 13.414\%$$

即内部收益率为 13.414%。

第二步：进行投资成本增加的敏感性分析。

假定第一年投资成本上升了总成本的 15%，在此条件下计算净现值和内部收益率，如表 5 - 9 所示。

表 5-9　　　　　　投资成本增加 15% 的敏感性分析　　　　　单位：万元

| 年份 | 投资成本 | 销售收入 | 生产成本 | 净现金流量 | 折现系数（10%） | 净现值 |
|---|---|---|---|---|---|---|
| 1 | 950 | | | -950 | 0.909 1 | -863.65 |
| 2 | 1 500 | | | -1 500 | 0.826 4 | -1 239.60 |
| 3 | 1 000 | 200 | 140 | -940 | 0.751 3 | -706.22 |
| 4 | | 3 000 | 2 600 | 400 | 0.683 0 | 273.20 |
| 5 | | 5 000 | 4 500 | 500 | 0.620 9 | 310.45 |
| 6~15 | | 6 000 | 5 400 | 600 | 3.815 3 | 2 289.18 |
| 合计 | 3 450 | 68 200 | 61 240 | 3 510 | | 63.36 |

由表 5-9 可见当第一年投资成本上升了 15% 后，净现值变为 63.36 万元。

当折现率为 12% 时，净现值为 -251.59 万元，由内推法可得内部收益率：

$$内部收益率 = R_1 + (R_2 - R_1) \frac{NPV_1}{NPV_1 + |NPV_2|}$$

$$= 10\% + (12\% - 10\%) \frac{63.36}{63.36 + |-251.59|} = 10.42\%$$

即内部收益率为 10.42%。

第三步：进行项目建设周期延长的敏感性分析。

现假定项目建设周期由于意外事故延长一年，并由此导致总投资增加 100 万元（第 1、2、3 和 4 年分别为 500、1 400、900 和 300 万元），其余条件不变。在此条件下计算净现值和内部收益率。

由表 5-10 可见当工期延长一年后，净现值变为 85.94 万元。

当折现率为 12% 时，净现值为 -205.05 万元，由内推法可得内部收益率：

$$内部收益率 = R_1 + (R_2 - R_1) \frac{NPV_1}{NPV_1 + |NPV_2|}$$

$$= 10\% + (12\% - 10\%) \frac{85.94}{85.94 + |-205.05|} = 10.59\%$$

即内部收益率为 10.59%。

建设周期延长一年的敏感性分析如表 5-10 所示。

表 5-10　　　　　　建设周期延长一年的敏感性分析　　　　　单位：万元

| 年份 | 投资成本 | 销售收入 | 生产成本 | 净现金流量 | 折现系数（10%） | 净现值 |
|---|---|---|---|---|---|---|
| 1 | 500 | | | -500 | 0.909 1 | -454.55 |
| 2 | 1 400 | | | -1 400 | 0.826 4 | -1 156.96 |
| 3 | 900 | | | -900 | 0.751 3 | -676.17 |

| 年份 | 投资成本 | 销售收入 | 生产成本 | 净现金流量 | 折现系数（10%） | 净现值 |
|---|---|---|---|---|---|---|
| 4 | 300 | 200 | 140 | −240 | 0.683 0 | −163.92 |
| 5 | | 3 000 | 2 600 | 400 | 0.620 9 | 248.36 |
| 6～15 | | 6 000 | 5 400 | 600 | 3.815 3 | 2 289.18 |
| 合计 | 3 100 | 63 200 | 65 740 | 3 360 | | 85.94 |

第四步：进行生产成本增加的敏感性分析。

现假定项目投产后第 6～15 年生产成本上升 5%，其余条件不变。在此条件下计算净现值和内部收益率。

生产成本上升 5% 的敏感性分析如表 5-11 所示。

表 5-11　　　　　　　生产成本上升 5% 的敏感性分析　　　　单位：万元

| 年份 | 投资成本 | 销售收入 | 生产成本 | 净现金流量 | 折现系数（10%） | 净现值 |
|---|---|---|---|---|---|---|
| 1 | 500 | | | −500 | 0.909 1 | −454.55 |
| 2 | 1 500 | | | −1 500 | 0.826 4 | −1 239.60 |
| 3 | 1 000 | 200 | 140 | −940 | 0.751 3 | −706.22 |
| 4 | | 3 000 | 2 600 | 400 | 0.683 0 | 273.20 |
| 5 | | 5 000 | 4 500 | 500 | 0.620 9 | 310.45 |
| 6～15 | | 6 000 | 5 670 | 330 | 3.815 3 | 1 259.05 |
| 合计 | 3 000 | 68 200 | 63 940 | 1 260 | | −557.67 |

由表 5-11 可见，当项目投产后第 6～15 年生产成本上升 5% 后，净现值变为 −557.67 万元。

当折现率为 5% 时，净现值为 68.73 万元，由内推法可得内部收益率：

$$内部收益率 = R_1 + (R_2 - R_1) \frac{NPV_1}{NPV_1 + |NPV_2|}$$

$$= 5\% + (10\% - 5\%) \frac{68.73}{68.73 + |-557.67|} = 5.55\%$$

即内部收益率为 5.55%。

第五步：进行价格下降的敏感性分析。

现假定项目投产后第 6～15 年产品销售价格下降 5%，其余条件不变。在此条件下计算净现值和内部收益率。

项目投产后第 6～15 年产品价格下降 5% 的敏感性分析如表 5-12 所示。

表 5 - 12            产品价格下降5%的敏感性分析          单位：万元

| 年份 | 投资成本 | 销售收入 | 生产成本 | 净现金流量 | 折现系数（10%） | 净现值 |
|------|---------|---------|---------|-----------|---------------|--------|
| 1 | 500 | | | - 500 | 0.909 1 | - 454.55 |
| 2 | 1 500 | | | - 1 500 | 0.826 4 | - 1 239.60 |
| 3 | 1 000 | 200 | 140 | - 940 | 0.751 3 | - 706.22 |
| 4 | | 3 000 | 2 600 | 400 | 0.683 0 | 273.20 |
| 5 | | 5 000 | 4 500 | 500 | 0.620 9 | 310.45 |
| 6～15 | | 5 700 | 5 400 | 300 | 3.815 3 | 1 144.59 |
| 合计 | 3 000 | 65 200 | 61 240 | 960 | | - 672.13 |

由表 5 - 12 可见，当项目投产后第 6～15 年产品销售价格下降5%后，净现值变为 - 672.13 万元。

当折现率为5%时，净现值为129.23 万元，由内推法可得内部收益率：

$$内部收益率 = R_1 + (R_2 - R_1) \frac{NPV_1}{NPV_1 + |NPV_2|}$$

$$= 5\% + (10\% - 5\%) \frac{129.23}{129.23 + |-672.13|} = 5.81\%$$

即内部收益率为5.81%。

第六步：对整个项目的敏感性分析进行汇总对比。

某化工企业四个主要因素敏感性分析汇总如表 5 - 13 所示。

表 5 - 13          某化工企业四个主要因素敏感性分析汇总

| 序号 | 敏感因素 | 净现值（万元） | 与基本情况的差异（万元） | 内部收益率（%） | 与基本情况差异（百分点） |
|------|---------|--------------|----------------------|---------------|----------------------|
| 0 | 基本情况 | 472.46 | 0 | 13.41 | 0 |
| 1 | 第一年投资成本增加15% | 63.36 | - 409.10 | 10.40 | - 3.01 |
| 2 | 建设周期延长一年 | 85.94 | - 386.52 | 10.59 | - 2.82 |
| 3 | 项目投产后第 6～15 年生产成本增加5% | - 557.67 | - 1 030.13 | 5.55 | - 7.86 |
| 4 | 项目投产后第 6～15 年产品销售价格下降5% | - 672.13 | - 1 144.59 | 5.81 | - 7.6 |

结论：

当第一年投资成本增加15%或建设周期延长一年时，净现值仍为正，仍能实现投资者期望的收益率；当项目投产后第 6～15 年生产成本增加5%或产品销售价格下降 5% 时，净现值变为负值，内部收益率低于基准收益率 8%，不能实现投资者的期望，亦即项目效益对后两种因素更为敏感。

从总体上讲，该项目风险太大，应放弃。

## 5.3.3　边际分析

边际分析是为做出最佳选择而对有关备选方案的边际成本、边际收入和边际利润进行的观察、计量与分析。边际收入同边际成本之间的差额为边际利润。当边际收入大于边际成本，边际利润为正数时，企业的盈利总额将随产销量的增加而增加；而当边际收入小于边际成本，边际利润为负数时，企业的盈利总额将随产销量的增加而减少，甚至发生亏损。这就是说，当边际收入等于（或趋近于）边际成本，边际利润等于（或趋近于）零时，企业的盈利总额将达到最大值。可见，边际分析的结果及其所揭示的边际收入同边际成本之间的数量关系是确定有关产品最佳产销规模的重要依据，这种决策分析方法可应用于产品生产和产品定价等决策中。

一、基本定义

边际分析即边际分析法（marginal analysis method），是把追加的支出和追加的收入相比较，二者相等时为临界点，也就是投入的资金产生的收益与损失相等时的点。如果组织的目标是取得最大利润，那么当追加的收入和追加的支出相等时，这一目标就能达到。

边际分析法的数学原理很简单。对于离散情形，边际值（marginal value）为因变量变化量与自变量变化量的比值；对于连续情形，边际值为因变量关于某自变量的导数值。所以边际的含义本身就是因变量关于自变量的变化率，或者说是自变量变化一个单位时因变量的改变量。在经济管理研究中，经常考虑的边际量有边际收入（Marginal Receipt，MR）、边际成本（Marginal Cost，MC）、边际产量（Marginal Product，MP）、边际利润（Marginal Profit，MP）等。

二、边际分析应用

（一）无约束条件下最优投入量的确定

利润最大化是企业决策考虑的根本目标。由微积分基本原理可知：利润最大化的点在边际利润等于 0 时获得。利润（或称净收益）为收入与成本之差，边际利润亦即边际收入与边际成本之差，即：$MB = MR - MC$。

由此可以获得结论：只要边际收入大于边际成本，这种经济活动就是可取的；在无约束条件下，边际利润值为 0（即：边际收入 = 边际成本）时，资源的投入量最优（利润最大）。

（二）有约束条件下最优业务量分配的确定

对于有约束情形可以获得以下最优化法则：在有约束条件下，各方向上每增加单位资源所带来的边际效益都相等，且同时满足约束条件，资源分配的总效益最优。这一法则也称为等边际法则。

当所考虑的资源是资金时，有约束的最优化法则为：在满足约束条件的同时，各方向上每增加一元钱所带来的边际效益都相等。如果资金是用来购买资源的，而各方向的资源价格分别都是常数，有约束的最优化法则为：在满足约束条件的同时，各方向上的边际效益与价格的比值都等于一个常数。

（三）最优化法则的离散结果

当边际收益大于边际成本时，应该增加行动；当边际收益小于边际成本时，应该减少行动；最优化水平在当边际成本大于边际收益的前一单位水平时达到。

提倡使用增量分析，增量分析是边际分析的变形。增量分析是分析某种决策对收入、成本或利润的影响。这里"某种决策"可以是变量的变化，包括离散的、跳跃性的变化，也可以是非数量的变化，如不同技术条件、不同环境下的比较。增量分析通过比较不同决策引起的变量变化值进行分析。

在管理决策中应用边际分析法相当于是建立了一套有利于决策的评价体系：不仅考虑变量的总值（total），也同时考虑变量的平均值（average）和边际值（marginal）。总值、平均值与边际值之间具有以下关系（total－average－marginal relationship）：

（1）边际值的符号是总值上升或下降的信号；

（2）当边际值大于平均值时，平均值处于递增状态。

如果有可能，对上述结论进行数学推导，细化结论的文字描述，这可以加深对结论的理解应用。特别注意4个重要点位：盈亏临界点、边际利润最大点、平均利润最大点、总利润最大点。

应用边际分析法还隐含着一个思想：充分利用与促进开发信息资源。

在应用边际分析法或最优化法则也应该注意以下复杂因素：

（1）现实经济管理问题总是千丝万缕，存在多个变量，要争取抓住主要变量，并在各个方向上满足最优化法则；

（2）决策变量与相关结果之间关系复杂，所选取的变量是否得当，必须定量分析与定性分析相结合，并进行方程回归、曲线拟合、显著性检验等检验处理；

（3）注意所考虑问题存在各种各样的约束条件和数学工具的应用条件；

（4）注意决策问题存在的不确定性和风险。

## 案例　边际分析的应用案例

### Richardson 汽车公司边际分析案例

Richardson 汽车公司每月使用 10 单位的 T305 零件来生产大型柴油发动机，生产 1 单位的 T305 零件成本如表 5 – 14 所示。

表 5 – 14　　　　　　生产 1 单位 T305 零件的成本

单位：美元

| 直接材料 | 2 000 |
| --- | --- |
| 材料处理（直接材料成本的20%） | 400 |
| 直接人工 | 16 000 |
| 生产间接费用（直接人工的150%） | 24 000 |
| 总生产成本 | 42 400 |

材料处理成本不包括在生产间接费用中，它是接收部门的直接变动成本，根据接收的直接材料或者采购部件的成本计算。Richardson 汽车公司年度生产间接费用预算是三分之一变动成本和三分之二固定成本。Simpson 铸件公司是 Richardson 公司的一家可靠供应商。它报价 1 单位 T305 零件价格为 30 000 美元。如果 Richardson 汽车公司从 Simpson 铸件公司购买 10 单位 T305 零件，则它用来生产这些配件的产能将闲置。如果 Richardson 汽车公司决定向 Simpson 铸件公司采购此配件，则 1 单位 T305 零件的成本将如何变动？

基本思路就是计算自制的成本和外购的成本，然后进行比较。需要注意的是"材料处理"成本，是接收部门的直接变动成本。题干没有告诉可避免的固定成本，产能闲置则表明机会成本为零。

自制的相关成本 = 变动成本 + 可避免的固定成本 + 机会成本

　　　　　　= （直接材料 + 材料处理 + 直接人工 + 生产间接费用变动部分）+ 0 + 0

　　　　　　= 2 000 + 400 + 16 000 + 24 000 × 1/3 + 0 + 0

　　　　　　= 26 400（美元）

外购的相关成本 = 材料处理 + 采购价格

　　　　　　= 30 000 × 20% + 30 000 = 36 000（美元）

如果外购，成本变化 = 外购的相关成本 - 自制的相关成本 = 36 000 - 26 400 = 9 600（美元），成本增加 9 600 美元。

## 5.3.4 约束资源优化分析

一、约束资源优化的概念

约束资源优化，是指企业通过识别制约其实现生产经营目标的瓶颈资源，并对相关资源进行改善和调整，以优化企业资源配置、提高企业资源使用效率的方法。约束资源，是指企业拥有的实际资源能力弱于需要的资源能力的资源，即制约企业实现生产经营目标的瓶颈资源，如流动资金、原材料、劳动力、生产设备、技术等要素及要素投入的时间安排等。约束资源优化一般适用于企业的投融资管理和营运管理等领域。

二、应用环境

企业应用约束资源优化工具方法，约束资源的缺口一般应相对稳定。企业应用约束资源优化工具方法，相关数据一般应完整并可获取，必要时提供信息技术的支持。

三、应用程序

企业应用约束资源优化工具方法，一般按照识别约束资源、寻找突破方法、协同非约束资源、评价实施效果等程序进行。企业应用约束资源优化工具方法，应识别出管理过程中制约既定目标实现的约束资源，并对约束资源进行定量分析。在约束资源难以进行定量分析时，可以通过内部评审法、专家评价法等，识别出管理过程中的约束资源。

内部评审法，是指企业通过内部组织开展评议、审查识别约束资源的方法。企业通常应组建满足约束资源识别所需的，由财务部门、生产部门和其他相关部门人员组成的内部评审小组或类似评审组织，通过集中研讨等方式，识别出管理过程中的约束资源。

专家评价法，是指利用专家的经验、知识等识别约束资源的方法。对于企业既定目标的实现形成重大制约影响的约束资源，企业通常采用此方法进行综合评判。

在识别约束资源的基础上，企业应比较约束资源的资源能力差距，搜集约束资源的相关数据等信息，系统分析约束资源形成的原因和涉及的实施责任主体，制定约束资源优化的实施方案，建立实现约束资源优化的长效机制，促进约束资源的资源能力提升。

（1）当约束资源是流动资金时，通常采取企业资金内部调剂、缩短应收账款回收周期、加快存货周转、延长付款周期等方法补充流动资金缺口，也可以通过外部融资扩大企业的资金来源，如债务融资、权益融资等。

（2）当约束资源是原材料时，通常采取设置库存缓冲，确保原材料的及时供应等方法消除原材料缺口。

（3）当约束资源是劳动力时，通常采取招聘新员工、增设新岗位、其他岗位借调等方法消除劳动力瓶颈。

（4）当约束资源是生产设备时，通常采取提前安排设备购置计划或寻找委托加工方式弥补产能的不足。

（5）当约束资源是技术时，通常采取技术研发、引进新技术等方法来消除技术瓶颈。

（6）当约束资源是要素投入的时间时，通常在明确各项作业的关键路线和关键工序的基础上，重新安排各项作业的工作流程，利用时间缓冲进行优化，确保要素投入的时间不受影响。

企业应根据约束资源优化的解决方法和解决方案，重新安排其他资源和活动，确保非约束资源的协同利用。通常情况下，企业需要根据约束资源的运作节奏，调整和改变原有的管理政策和其他资源的配置，利用倒排的方法对其他资源进行调整，确保非约束资源的运作与约束资源同步，实现各个环节的衔接，协调整个管理流程。

企业应评价原有约束资源的资源能力改善情况并确认原有约束资源的资源能力得到改善，确保原有约束资源不再制约企业实现既定目标，重新梳理各项作业流程，识别新的约束资源，寻找相应的突破方法，进一步实现资源优化配置。

四、工具方法评价

约束资源优化的主要优点：促进企业不断地发现、分析和解决企业发展的关键瓶颈，提高企业资源配置效率。

约束资源优化的主要缺点：涉及多个部门、多个责任主体，协调沟通难度大；对相关数据的量化要求较高。

## 案例　约束资源优化的应用案例

### 板材下料优化方法的特点及其工作流程

一、板材下料优化方法工作流程

用线性规划求解最优下料方案，通常要求首先设计出所有可行合理的下料方式，然后建立 LP 模型求解最优下料方案。由于板材下料是典型的二维下料，每一种下料方式对应一张排料图，在零件种类较多的情况下，要绘制出所有可行且合理的排料图，不仅工作量非常巨大，而且也是不现实的。为减少绘制排料图的工作量，同时又能达到良好的效果，我们在此给出了一种高效的板材下料优化方法的工作流程。该工作流程有以下特点。

（1）对绘制排料图的要求不高。开始时，只需选择绘制少量包含各种零件且材料利用率较高的排料图，这不仅可减少绘图工作量，还可简化模型。

（2）对所得最优解进行最优化分析。若初始最优解效果不理想，则通过有针对性地再增加少量排料图后重新求解，通常就可达到事半功倍的效果。

（3）通常板材下料问题中的变量应当是整数，若采用整数规划求解，则显然会使材料利用率降低。这里我们先采用线性规划求解，对得到的最优解通过舍去小数部分取整，对取整后的零件短缺数，再绘制少量排料图解决。此"取整修正"方法可比使用整数变量求解得到更高的材料利用率。

板材下料优化方法工作流程如图 5－2 所示。

二、实际操作中的注意事项

1. 绘制排料图时的注意事项

为简化排料图的绘制，排料前应先将零件进行分类，一般可分为以下三类。

（1）零件边长大于钢板短边。此类零件在钢板上只有一种排法，对材料利用率影响较大，应注意利用余料制作其他尺寸较小的零件。

（2）零件两边均小于钢板短边。此类零件排料组合情况较多，应注意不同零件的搭配。

（3）零件尺寸较小或某边长与钢板某边长成倍数关系。此类零件单一下料利用率高。

绘制排料图时，应先考虑第一类零件，其次搭配好第二类零件，最后将第三类零件作为余料的填充件，数量较多的第三类零件则还应绘制单一排料图。

2. 简化模型的方法

在下料问题的 LP 模型中，每种零件对应一个约束条件，当一批下料任务中零件种类较多时，不仅会使排料工作复杂化，而且 LP 模型也会相应复杂，此时可按以下方法进行简化处理。

（1）对尺寸不大且数量较少的零件，在排料时可暂不考虑，它们通常可在取整修正阶段一起解决。

（2）对数量相同，且某边长也相同或相近的两种或多种零件，可组合成一种"新零件"进行排料和建模。

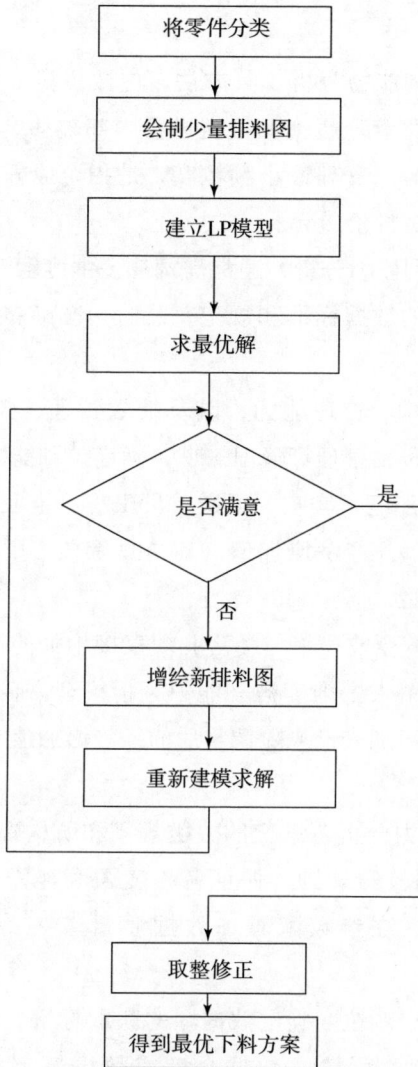

```
┌─────────────────┐
│   将零件分类      │
└─────────────────┘
         │
         ▼
┌─────────────────┐
│  绘制少量排料图   │
└─────────────────┘
         │
         ▼
┌─────────────────┐
│   建立LP模型     │
└─────────────────┘
         │
         ▼
┌─────────────────┐
│    求最优解      │
└─────────────────┘
         │
         ▼
    ◇ 是否满意 ◇ ──是──┐
         │             │
        否             │
         ▼             │
┌─────────────────┐    │
│  增绘新排料图    │    │
└─────────────────┘    │
         │             │
         ▼             │
┌─────────────────┐    │
│  重新建模求解    │    │
└─────────────────┘    │
         │             │
         ◄─────────────┘
         ▼
┌─────────────────┐
│    取整修正      │
└─────────────────┘
         │
         ▼
┌─────────────────┐
│  得到最优下料方案 │
└─────────────────┘
```

图 5-2　板材下料优化方法工作流程

## 5.3.5　多维度盈利能力分析

多维度盈利能力分析,是指企业对一定期间内的经营成果,按照区域、产品、部门、客户、渠道、员工等维度进行计量,分析盈亏动因,从而支持企业精细化管理、满足内部营运管理需要的一种分析方法。多维度盈利能力分析主要适用于市场竞争压力较大、组织结构相对复杂或具有多元化产品（或服务）体系的企业。企业应用多维度盈利能力分析工具方法，还应具备一定的信息化程度和管理水平。

企业应用多维度盈利能力分析工具方法，应按照多维度建立内部经营评价和成本管理制度，并按照管理最小颗粒度进行内部转移定价、成本分摊、业绩分成、经济增加值计量等。管理最小颗粒度，是指企业根据实际管理需要与管理能力所确定的最小业务评价单元。

企业应用多维度盈利能力分析，通常需构建多维度盈利能力分析信息系统、模块或工具，制定统一的数据标准和规范，及时、准确、高效地获取各维度管理最小颗粒度相关信息。

企业应根据组织架构、管理能力，以及绩效管理、销售管理、渠道管理、产品管理、生产管理、研发管理等管理需求，确定盈利能力分析各维度的类别，通常包括区域、产品、部门、客户、渠道、员工等。企业应以营业收入、营业成本、利润总额、净利润、经济增加值（EVA）等核心财务指标为基础，构建多维度盈利能力分析模型。

业财融合程度较高的企业可将与经营业绩直接相关的业务信息，如销售量、市场份额、用户数等，纳入多维度盈利能力分析模型。金融企业在构建多维度盈利能力分析模型时，可加入经风险调整后的经济增加值（EVA）、风险调整资本回报率等指标。

企业应根据盈利能力分析各维度的分类规则和所构建的分析模型制定统一的基础数据标准和数据校验规则，保证各维度盈利能力分析数据基础的一致性和准确性，并通过系统参数配置、数据质量管控等在信息系统中予以实施。

企业应根据管理最小颗粒度确定数据源的获取标准，并从信息系统中收集基础数据。有条件的企业可建立数据仓库或数据集市，形成统一规范的数据集。

企业根据管理需求对收集的数据进行加工，一般包括以下两个方面。

（1）按照管理最小颗粒度进行内部转移定价、成本分摊、业绩分成及经济增加值计量等，并根据多维度盈利能力分析模型，生成管理最小颗粒度盈利信息。

①企业应遵循《管理会计应用指引第 404 号——内部转移定价》的一般要求，确定内部转移价格。

②企业应遵循"谁受益、谁负担"原则，通过建立科学有效的成本归集路径，将实际发生的完全成本基于业务动因相对合理地分摊到管理最小颗粒度。

③企业应依据业绩匹配原则，合理选择佣金法、量价法、比例法等方法，对业务协同产生的业绩进行分成。

④企业应遵循《管理会计应用指引第 602 号——经济增加值法》的一般要求，计量经济增加值。

（2）企业根据设定的数据标准，按管理最小颗粒度与区域、产品、部门、客户、渠道、员工等维度的归属关系进行分类汇总，生成各维度盈利信息。

企业应根据管理需求，进一步整理、分析多维度盈利能力分析信息，综合使用趋势分析法、比率分析法、因素分析法等方法，从不同维度进行盈利能力分析，编制多维度盈利能力分析报告。

企业应根据报告使用者需求确定多维度盈利能力分析报告的具体内容，一般包括多维度盈利目标及其在报告期实现程度、整体盈亏的多维分析、各维度具体盈亏状况及其驱动因素分析（如区域下各产品、渠道盈利分析等）、各维度下经营发展趋势分析及风险预警、下一步的建议措施（如优化资源配置）等。

企业编制多维度盈利能力分析报告时，可采用排序法、矩阵法、气泡图、雷达图等方法对各维度盈利能力进行评估与分类。

多维度盈利能力分析的主要优点：可以灵活地支持企业实现精细化内部管理，为客户营销、产品管理、外部定价、成本管控、投资决策、绩效考核等提供相关、可靠的信息。多维度盈利能力分析的主要缺点：对企业管理能力、内部治理的规范性和数据质量等要求较高，不容易被企业有效运用。

## 案例　多维度盈利能力分析的应用案例

### X 公司多维度盈利能力分析案例

×公司成立于 1991 年，是一家多元化的全球型工业集团，主营家用空调、中央空调、智能装备等产品，远销 160 多个国家和地区。公司现有 9 万多名员工，在国内外建有 14 个生产基地，同时建有 5 个再生资源基地，覆盖从上游生产到下游回收全产业链，实现了绿色、循环、可持续发展。

（一）×公司总体情况及适用环境

作为我国电器行业的领先品牌，×公司组织结构完善，能够承受公司开发与运营多元化产品的压力。随着客户需求日渐多元化，同产业产品层出不穷，行业竞争压力与日俱增，×公司面临来自国内外多个公司的竞争压力。同时，公司注重办公效率，管理信息系统功能强大，信息技术人员能够支持公司进行信息系统改革。对×公司这样一个内部结构复杂、外部竞争较大、信息系统完善的大型公司来说，实施多维度盈利能力分析有利于识别其盈亏驱动因素，不断改进公司的运行机制和产销体制。

（二）×公司多维度盈利能力分析体系的设计

为了对×公司进行多维度盈利能力分析，参考财政部会计司的案例示范，应按以下步骤展开设计。

第一，确定分析维度。根据公司的管理要求，结合组织架构、管理能力、绩效管理、销售管理、渠道管理、产品管理、生产管理、研发管理等部门的管理需求，建立综合全面的分析维度。其组织结构形式为事业部制，事业部下分设业务部门，业务部门下分设生产中心、研发中心和销售中心，销售中心下设各班组，班组由岗位人员组成。由此，得到了细化到岗位个人的企业组织结构。

×公司作为工业企业，产品结构复杂、销售范围广泛，根据公司管理需求，结合应用管理会计应用指引要求，按照区域、产品、部门、渠道和客户建立分析维度，如图 5-3 所示。区域、产品、部门为较常见的分类形式，在对客户进行分类管理时，可以使用 ABC 客户分类法，将客户群分为关键客户（A 类）、重要客户（B 类）和普通客户（C 类），对不同类别的客户，采取不同的管理方法，建立科学动态的管理机制。在对销售渠道进行管理时，将其分为线上电商和实体店铺两类，再按照"分级管理、责任到位、量化管理"的原则进行归集和分配。

第二，建立分析模型。将不同维度的市场占比等纳入分析模型，企业盈利能力采用营业收入、营业利润、净利润、经济增加值等指标来衡量。

第三，制定数据标准。由于各个维度的数据基础有所不同，在收集数据前应确定统一的数量级数据单位，便于数据分析报告中对不同维度进行对比。根据 X 公司实际的产销情况，在公司整体层面进行分析时，将"亿元"作为统计单位。若需要进一步细化到各个具体维度进行分析，再根据各个维度的数量级确定统计单位。

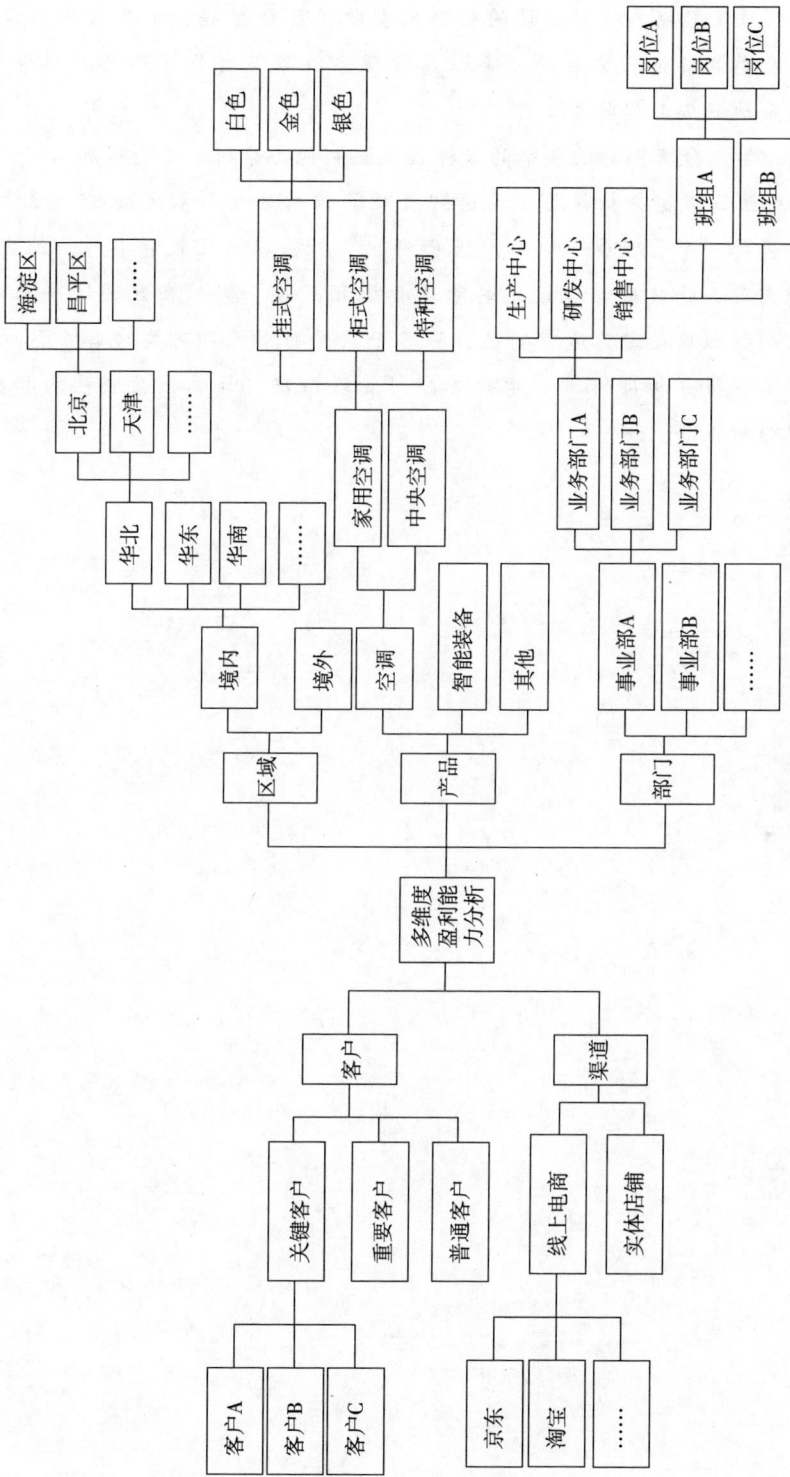

图5-3 X公司多维度盈利能力分析体系

第四，收集数据。按照设计的数据模型收集整理数据，由于数据需求量较大，需要公司具备较为完善的业务信息管理系统且与财务信息系统形成对接，以方便快捷地完成数据收集工作。

第五，加工数据。对收集来的数据按照盈利能力分析模型进行加工。

第六，编写数据分析报告。为达到直观具体的效果，本文按照以上步骤选取每一维度的一个管理最小颗粒度进行对比分析，以做比较和参考。结合企业当前管理需要，收集数据至设定的管理最小颗粒度。例如在区域这一维度中，将管理最小颗粒度设定为城市的区，将各个区进行对比即可发现各个区的盈亏情况，对其进行分析即可进一步改善公司管理情况，计算出盈利能力指标后，编写数据分析报告。

# 第 6 章
# 投 融 资 管 理

## 6.1 投融资管理概述

### 6.1.1 投融资管理的内容与含义

投融资管理包括投资管理和融资管理。投资管理，是指企业根据自身战略发展规划，以企业价值最大化为目标，对将资金投入营运进行的管理活动。融资管理，是指企业为实现既定的战略目标，在风险匹配的原则下，对通过一定的融资方式和渠道筹集资金进行的管理活动。企业融资的规模、期限、结构等应与经营活动、投资活动等的需要相匹配。

一、投资管理

（一）投资的类型

投资可按多种方式进行分类。

1. 按照投资性质分类

投资按其性质可分为权益性投资、债权性投资和混合性投资三种。

权益性投资，指企业通过投资取得被投资企业相应份额净资产的所有权，投资企业与被投资企业之间形成所有权关系。权益性投资主要是企业通过购买股票或者采取合同、协议方式投出资产取得股权，包括购入普通股股票，根据合同或协议向合营、联营等企业投入资产取得股权。

投资企业所拥有的股权，主要是投资企业对被投资企业所有者权益相应份额的所有权。投资企业有权直接或间接参与被投资企业的经营管理；有权参与被投资企业的财产分配，获取较高收益；有权转让股权并享有股权价值的升值。权益性投资，投资数额较大，投资收益不确定，能否取得较高收益，取决于被投资企业的盈利能力。股票投资投出的资金，不能随时收回；按合同、协议投出的资产，在合同、协议到期之前也不能随时收回，投出资产受被投资企业长期支配。权益性投资风险大，市场上股票价格变动幅度大，可能给投资企业带来较大收益，也可能给投资企业带来较大损失。

债权性投资，指企业通过投资获得债权，投资企业与被投资企业之间形成债权债务关系。债权性投资主要是投资企业将企业的资产投资于债权性证券，如公司债券和国库券等。投资企业所取得的债权有固定的期限，到期可收回本金；有事先约定的利率，可定期收取利息；债权到期之前，可以随时转让或贴现，以换取投资企业所需要的资金。债权性投资风险小，收益较低，债权人无权过问发行债券单位的经营管理情况。

混合性投资，指同时具有权益性和债权性双重性质的投资。这种投资兼有权益性和债权性投资的特点，也便于投资企业转换投资性质。混合性投资主要是企业通过购买优先股股票，或者购买可转换公司债券进行投资。优先股股票具有约定的股利率，股利的支付及破产的清偿，均优先于普通股股票，类似于债权性投资；股票无到期日，投资人不能定期收回本金，类似于权益性投资。可转换公司债券，转换之前是债权性投资，转换之后是权益性投资，是具有双重性质的投资。

**2. 按投资的目的分类**

投资按其目的可分为短期投资和长期投资。

短期投资，指各种能够随时变现，持有时间不超过一年的债券、股票等有价证券投资。短期投资是企业利用暂时闲置的资金，以最低限度的风险，获取一定收益的投资，同时，又要保持资产的流动性。短期投资在较短的时间内随时变现，能保证企业营运资金的需要。

长期投资，指不准备在一年内随时变现的投资，包括长期债券投资、长期股票投资和长期其他股权投资。企业进行长期投资，不仅在于获取投资收益，还在于借助于投资的长期持有，对被投资企业实行控制或兼并，或者对被投资企业的经营决策、财务决策施加重大影响，从而达到投资企业的经营目的。

**3. 按投资形式分类**

投资按其形式可分为货币投资、实物投资和无形资产投资。

货币投资，指企业用现金等货币资金进行的投资。企业用货币资金直接投资，应按实际投出金额作为投资入账价值；如果用货币资金购买债券、股票等有价证券，则应以投资成本作为投资入账价值。投资成本指获得一项投资所支付的全部价款，包括提供劳务、放弃相关资产的评估价值。

实物投资，指企业用材料、固定资产等实物资产进行的投资。这类投资应按投出资产的评估价值作为投资成本计价入账。

无形资产投资，指用企业所拥有的无形资产所有权或使用权进行的投资。这类投资应按投出无形资产的评估价值作为投资成本计价入账。

4. 按投资对被投资企业的影响分类

投资按对被投资企业的影响可分为对控制企业的投资、对共同控制企业的投资、对有重大影响企业的投资和对无重大影响企业的投资。

对控制企业的投资，指对本企业所控制的企业投资。所谓控制，指能够统驭一个企业的财务和经营决策，借此从该企业的经营活动中获取收益。投资企业直接或间接地拥有被投资企业有表决权的资本总额在 50% 以上时，对被投资企业有控制权，或根据章程或协议，投资企业对被投资企业拥有实质上的控制权。通常称投资企业为"母公司"，称被投资企业为"子公司"，母公司及其全部子公司构成一个企业集团，或称为"集团公司"。

对共同控制企业的投资，指按合同约定对某项经济活动所共有的控制。这里的共同控制，仅指共同控制实体，不包括共同控制经营、共同控制财产等。共同控制实体是指由两个或多个企业共同投资建立的实体，被投资企业的财务和经营政策必须由投资双方或若干方共同决定。

对有重大影响企业的投资，指投资企业对被投资企业的财务和经营政策有参与决策的权力，但无法控制，通常指投资企业出资组成的合营企业、联营企业。投资企业对被投资企业的财务和经营政策的决策具有重大影响。此外，虽然投资企业拥有的被投资企业有表决权的资本总额在 20% 以下，但实质上对被投资企业有重大影响，也应确认。

对无重大影响企业的投资，指对除控制、共同控制且重大影响三种类型以外的企业的投资。投资企业的投资额占被投资企业有表决权的资本总额在 20% 以下，同时不存在其他实施重大影响的条件，则投资企业对被投资企业的财务和经营政策无重大影响。

（二）投资的特点

投资的特点主要有：首先，投资是让渡其他资产而换取的另一项资产；其次，投资是企业在生产经营过程之外持有的资产；然后，投资是一种以权利为表现形式的资产；最后，投资是一种具有财务风险的资产。

（三）投资决策的影响因素

**1. 时期因素**

时期因素是由项目计算期的构成情况决定的。项目计算期是指投资项目从投资建设开始到最终清理结束整个过程的全部时间，包括建设期和运营期，即

$$项目计算期 = 建设期 + 运营期$$

建设期是指项目资金正式投入到项目建成投产所需要的时间。建设期第一年的年初称为建设起点，建设期最后一年的年末称为投产日。

运营期是指投产日到终结点之间的时间，包括试产期和达产期（完全达到设计生产能力）两个阶段。

**2. 成本因素**

成本因素包括投入和产出两个阶段的广义成本费用。

（1）投入阶段的成本。

投入阶段的成本是由建设期和运营期前期所发生的原始投资所决定的。

原始投资，又称初始投资，是企业为使该项目完全达到设计生产能力、开展正常经营而投入的全部现实资金。

原始投资，包括建设投资和流动资金投资两项内容。建设投资是指在建设期内按一定生产经营规模和建设内容进行的投资。流动资金投资是指项目投产前后一次或分次投放于营运资金项目的投资增加额，又称垫支流动资金或营运资金投资。

而原始投资与建设期资本化利息之和构成项目总投资。项目总投资是反映项目投资总体规模的价值指标。

（2）产出阶段的成本。

产出阶段的成本由运营期发生的经营成本、税金及附加和企业所得税三个因素决定。经营成本又称付现的营运成本（或简称"付现成本"），是指在运营期内为满足正常生产经营而动用货币资金支付的成本费用。从企业投资者的角度看，税金及附加和企业所得税属于成本费用的范畴，都是在投资决策中必须考虑的因素。

**3. 资金因素**

（1）现金流量。

在项目投资决策中，现金流量（cash flow）是指该项目所引起的现金流入量和现金流出量的统称。现金，是指广义上的现金，包括各种货币资金和项目需要投入的企业拥有的非货币资源的变现价值。

（2）净现金流量。

净现金流量，又称现金净流量（net cash flow），是指在项目计算期内由每年现金流入量与同年现金流出量之间的差额所形成的序列指标，其理论计算公式为

$$某年净现金流量（NCF_t）= 该年现金流入量 - 该年现金流出量$$
$$= CI_t - CO_t（t = 0, 1, 2, ...）$$

净现金流量有以下两个特征：第一，无论是在经营期内还是在建设期内都存在净现金流量；第二，由于项目计算期不同阶段上的现金流入和现金流出发生的可能性不同，各阶段上的净现金流量在数值上表现出不同的特点，如建设期内的净现金流量一般小于或等于零，在经营期内的净现金流量则多为正值。

二、融资管理

拥有资金是企业生存与发展的关键。任何一个以营利为目的的企业，在其初创期都必须以权益资本的形式从企业发起人以及一些原始投资者那里获得其所需的原始资本，并以此来吸引其他投资或成为各类债款的基础和保证。融资是指企业为满足其生产经营与资本支出等活动的需要，通过各种融资渠道和方式从外部有关单位和个人以及从企业内部筹措和集中资金的财务行为。企业融资就是根据其生产经营、对外投资以及调整资本结构的需要，通过一定的融资渠道，采用适当的融资方式，经济有效地筹措资金的过程。筹集资金是企业生产经营活动的前提条件，也是企业生产顺利进行的保证。同时，融资也为投资提供了基础和前提，没有资金筹集，就无法进行资金投放，从一定意义上讲，融资的数量与结构直接影响企业效益，进而影响企业收益的分配。因此，企业的融资管理是企业财务管理的首要任务。

（一）融资的目的

融资活动是资金运转的起点，企业融资的基本目的是满足正常的生产经营需要，主要表现在以下三个方面。

1. 满足企业设立的需要

拥有资金是企业持续从事生产经营活动的基本条件。企业在新创建时筹集资金的主要目的是满足新企业的设立对资金的需要。作为企业设立的前提，融资活动是财务活动的起点，必须达到国家规定的最低限额才能进行企业的设立、登记，进而开展正常的生产经营活动。

2. 满足生产经营的需要

为满足生产经营需要而进行的融资活动是企业经常性的活动，它能够为企

业生产经营活动的正常开展提供财务保障。筹集资金，作为企业资金周转运动的起点，主要是为满足简单再生产需要和扩大再生产的资金需要。企业在其产业生命周期的成长期，往往需要筹集大量的资金，用于生产经营规模的扩大、设备更新和技术改造，以满足正常波动需求和生产经营活动的需要。

3. 满足结构调整的需要

资本结构是企业各种融资方式的组合及其比例关系的反映，它是由企业采用各种融资方式及其不同的组合而形成的。企业在不同时期由于融资方式不同，组合会形成不同的资本结构。企业资本结构需要随着环境变化和企业发展中的变化做出相应的调整，使之趋于合理。

（二）融资渠道与方式

企业筹集资金需要通过一定的渠道、采用一定的方式进行。融资渠道与融资方式既有联系又有区别。同一融资渠道的资金可以采用不同的融资方式取得，而同一融资方式又可以筹措到不同融资渠道的资金。所以，企业应该对融资渠道和融资方式分别加以研究，以确定最优的融资结构。

1. 企业融资渠道

融资渠道是指企业取得资金的来源和通道，体现着所筹集资金的来源和流量。我国社会资金的提供者众多，分布广泛，为企业融资提供了广泛的资金来源。认识和了解各融资渠道及其特点，有助于企业充分拓宽和正确利用融资渠道，实现各种融资渠道的合理组合，有效地筹集资金。目前，我国企业的融资渠道主要有以下七种。

（1）国家财政资金。

国家财政资金是指国家以财政拨款、财政贷款、国有资产入股等形式向企业投入的资金，它是我国国有企业的主要资金来源。国家财政资金基础坚固、来源充沛，是国有企业筹集资金的重要渠道。

（2）银行信贷资金。

银行信贷资金是指商业性银行和政策性银行贷放给企业使用的资金，前者追求贷款的营利性，后者不以营利为目的。银行信贷资金有居民储蓄、单位存款等较稳定的资金来源。

银行信贷资金贷款方式灵活，能适应各种企业的资金需要，是企业一项十分重要的资金来源。

（3）非银行金融机构资金。

非银行金融机构资金是指非银行金融机构中的部分机构为了达到一定的目

的而聚集的资金，其可以通过一定的途径或方式将一部分不会立即投入使用的资金以各种方式投资于企业。这种融资渠道的财力比银行信贷资金要小，但其资金供应比较灵活，而且可以提供多种特定服务，是一项很有前景的资金来源。

（4）其他法人单位资金。

其他法人单位资金是指其他法人单位以其可以支配的资产对企业投资形成的资金。企业在组织生产经营活动或其他业务活动中，往往会形成部分暂时或长期闲置的资金，可以在企业之间进行相互投资和短期商业信用。随着横向经济联合的发展，其他企业资金也成为企业资金的一项重要来源。

（5）民间资金。

民间资金是指企业职工和城乡居民闲置的消费资金。企业可以通过一定的方式合理地调整资金使用上的经济关系，把这些结余货币集中起来形成企业的资金，充分利用这一有很大发展空间的融资渠道。

（6）企业自留资金。

企业自留资金是指企业通过各种途径和形式积累起来的属于企业自有的资金，包括企业在税后利润中提取的公积金、未分配利润和计提折旧费用而形成的资金。这些资金的主要特征是无须通过一定的方式筹集，而是直接由企业内部自动生成或转移。

（7）外商资金。

外商资金是指外商向我国企业投入的资金。利用外商资金是弥补资金不足、促进企业不断壮大、推动经济发展的重要手段之一。随着国际经济业务的拓展，利用外商资金已成为企业融资的一个新的重要方式。

2．企业融资方式

企业融资方式是指企业筹集资金所采取的具体形式，体现资金的属性。融资方式属于企业的主观能动行为，我们应该正确认识融资方式的种类及每种融资方式的属性，以便选择最佳的融资方式并进行有效组合，降低成本，提高融资效益。一般情况下，长期资金采用长期融资方式筹集，短期资金采用短期融资方式筹集。目前，我国企业的融资方式主要有吸收直接投资、发行股票、金融机构贷款、商业信用、发行债券、租赁、联营和企业内部积累等。

企业的资金有多种来源渠道和方式，不同的来源渠道和方式又形成不同的资金成本。而资金成本就是企业选择资金来源、拟订融资方案的依据。企业通过金融市场，从多种渠道筹集资金，为提高企业的效益，企业必须降低资金的综合成本，根据目标资金结构充分分析各种资金来源中个别资金成本的高低，选择适当的资金来源，拟订相应的融资方案。

融资渠道解决的是资金来源的问题，融资方式则解决企业如何取得资金的问题，两者相互独立又密不可分。特定的融资渠道只能配以相应的融资方式，而一定的融资方式可能只适用于某一特定的融资渠道。企业必须权衡融资风险与融资成本，选择最佳的融资渠道与融资方式，以使企业保持一个合理的资本结构，保障良好的运营，实现企业价值最大化。

（三）企业融资需求预测

资金需要量的预测方法有定性预测法和定量预测法两大类。

1. 定性预测法

所谓定性预测法，就是依靠熟悉业务知识、具有丰富经验和综合分析能力的人员或专家，根据已经掌握的历史资料和直观材料，运用人的知识、经验和分析判断能力，预测企业未来的财务状况和资金需要量的方法。定性预测法偏向于事物发展性质上的分析，主要是凭借知识、经验和人的分析能力。它是一种很实用的预测方法。常用的定性预测法有个别专家预测法、专家集体会议法、德尔菲法等。

（1）个别专家预测法。

这种方法是聘请专家顾问或个别征求专家意见，然后把各方面的意见整理、归纳、分析、判断后做出预测结论的方法。这种方法的片面与局限问题不可避免。

（2）专家集体会议法。

这种方法是组成有关各方专家委员会或工作组，在相互交换信息、充分讨论的条件下，把专家的意见集中起来，做出预测结论的方法。这种方法有利于集中各方面专家的专业知识和各种意见，有利于克服片面性与局限性，但也常出现与专家意见不同，难以形成一致看法等问题。

（3）德尔菲法。

这是一种较特殊的定性预测法。其基本特点是，由企业聘请一批专家，通常是7～20人，由预测主持人与他们建立联系。其突出特点有以下两点。

①反复性。多次双向反馈，每个专家在多轮讨论中，可以多次提出和修正自己的意见，又可以多次听取其他专家的意见。

②匿名性。专家讨论问题时，采取背对背方式，这样可以消除主观和心理上的影响，使讨论比较快速和客观。

定性预测法通常在数据不足或不能充分说明问题的情况下采用。定性预测法是十分有用的，但它不能揭示资金需要量与有关因素之间的数量关系。在预测资金需要量时，可以先采用定量预测法进行预测，再用定性预测法予以修正。

2．定量预测法

定量预测法是根据各项因素之间的数量关系建立数学模型来对资金需要量进行预测的方法。定量预测法常用的有线性回归分析法等。

线性回归分析法是假定资金需要量与业务量之间存在线性关系，并以此建立数学模型，然后根据有关的历史资料，用回归直线方程确定参数需要量的方法。一元回归线性方程式可用下列数学模型表示。

$$y = a + bx$$

其中，$y$ 为资金需要量（因变量）；$a$ 为不变资金（常数）；$b$ 为单位业务量所需要的变动资金（$x$ 的系数）；$x$ 为业务量（自变量）。

$a$ 和 $b$ 的值通常按照下列公式计算。

$$a = \frac{\sum y - b \sum x}{n}$$

$$b = \frac{n \sum xy - \sum x \sum y}{n \sum x^2 - \left( \sum x \right)^2}$$

其中，不变资金是指在一定的经营范围内不随业务量变动而变动的资金需要量，变动资金是指随着业务量的变动而成比例变动的资金需要量。其预测的步骤是：①确定 $a$ 和 $b$ 的值；②根据自变量 $x$ 求出因变量 $y$ 的值。

## 6.1.2　投融资管理的原则

企业进行投融资管理，一般应遵循以下原则。

（1）价值创造原则。投融资管理应以持续创造企业价值为核心。

（2）战略导向原则。投融资管理应符合企业发展战略与规划，与企业战略布局和结构调整方向相一致。

（3）风险匹配原则。投融资管理应确保投融资对象的风险状况与企业的风险综合承受能力相匹配。

## 6.1.3　投资管理业务流程

企业项目投资的制定与实施，需要一个组织化的过程。特别是扩充型的重大投资工程，如新设企业、新建分厂、新增经营项目等，其决策应进行全程式跟踪管理，全面纳入项目投资程序。当然，对于投资较少、影响较小的个别设备更新等投资项目可适当简化流程。项目投资的基本程序如下。

## 一、提出投资项目

提出投资项目是项目投资程序的第一步,是根据企业的长远发展战略、中长期投资计划和投资环境的变化,在发现和把握良好投资机会的情况下提出的。它可以由企业管理当局或高层管理人员提出,也可以由企业的各级管理部门和相关部门领导提出。任何项目投资建议都必须与企业的战略设计保持一致,尽力避免对与企业战略相矛盾的投资项目进行不必要的分析论证。

## 二、研究项目可行性

项目投资特别是重大建设项目投资涉及的因素很多,而且各因素之间相互联系,牵一发而动全身。投资项目可行性研究应在下列五个方面全面展开。其概要如表 6 – 1 所示。

表 6 – 1 　　　　　　　　　　投资项目可行性研究内容

| 条件上的可能性<br>(环境) | 市场上的必要性<br>(需求) | 技术上的先进性<br>(设备) | 财务上的保障性<br>(资金) | 经济上的效益性<br>(回收) |
|---|---|---|---|---|
| 自然、社会、<br>经济环境 | 容量、竞争、<br>周期预测 | 当代、成套、<br>配套考察 | 廉价、足额、<br>及时到位 | 报酬、风险、<br>高效回收 |

项目投资前必须进行可行性研究,从环境、市场、技术、资金、效益五大方面进行全面的、系统的论证研究,以便提高投资成功概率,降低投资风险。可行性研究的最终成果应体现为可行性研究报告,为项目投资决策提供可靠的依据。

项目可行性研究是从环境、市场、技术、资金及效益上论证建设项目可行性的综合研究,是预测项目的经济效益及生命力、筹措资金、开展设计、进行谈判、签订各种合同和进行施工准备的重要依据。

项目可行性研究的一般要求包括以下三方面。

(1)必须站在客观公正的立场上进行调查研究,做好基础资料的收集工作。

(2)可行性报告的内容深度必须达到国家规定的标准,基本内容要完整,应尽可能多地收集数据资料,避免粗制滥造、搞形式主义。

(3)保证咨询设计单位有足够的工作周期。

(一)市场分析

1. 市场分析和预测的意义

做好市场分析和预测是做好可行性研究的前提和基础,是提高可行性研究工作水平的需要,也是提高投资决策水平和提高社会经济效益的需要。

2. 市场调查和分析的内容

市场调查和分析的内容包括以下几方面。

（1）调查、预测国内外市场对项目产品的需求。

（2）调查市场的需求量。

（3）预测国内市场对产品的未来需求量。

（4）调查、预测项目产品的国内供应。

（5）调查、预测产品国外的供应量。

（6）调查产品进入国际市场的状况和预测出口前景。

（7）全面分析项目产品市场供需情况。

（8）销售预测，即预测和分析销售价格。

3. 市场调查方法

市场调查方法如下。

（1）普遍调查：对调查对象进行全样本调查。

（2）抽样调查：抽取调查对象样本，需要根据拟调查问题的性质和调查对象的具体情况进行抽样设计，主要抽样方法有随机抽样、分层抽样和分群抽样等。

（3）专家调查：专家访谈、专家会议等。

（4）档案研究：通过收集和查阅有关资料获取信息，可利用的资料包括宏观社会资料、经济统计资料、公众传播媒介信息、专业机构业务信息等。

（5）其他调查方法：书面问卷、电话访谈、当面访谈等，其中，问卷设计要尽量避免偏差。

（二）资金分析

资金分析包括盈利能力分析、清偿能力分析和不确定性分析。

1. 盈利能力分析

盈利能力分析因素包括投资利润率、投资利税率、财务净现值和财务内部收益率。

投资利润率是指项目的年利润总额与总投资的比率，计算公式为

$$投资利润率 = 年利润总额 \div 总投资 \times 100\%$$

投资利税率是指项目达到设计生产能力后的一个正常生产年份的年利税总额或项目生产经营期内的年平均利税总额与总投资的比率，其计算公式为

$$投资利税率 = 年利税总额或年平均利税总额 \div 总投资 \times 100\%$$

财务净现值是指项目财务净现值与项目总投资之比。

财务内部收益率是项目在计算期内净现金流量现值累计等于零时的折现率，是考查项目盈利能力的主要动态评价指标。

2. 清偿能力分析

清偿能力分析因素包括资产负债率、流动比率、速动比率和贷款偿还期。

$$资产负债率 = 负债总额 \div 资产总额$$

资产负债率反映企业总体偿债能力，资产负债率越低，偿债能力越强。

$$流动比率 = 流动资产 \div 流动负债$$

流动比率反映企业短期偿还债务的能力，流动比率越高，偿还短期负债的能力越强。

$$速动比率 = （流动资产总额 - 存货 - 预付费用）\div 流动负债总额$$

速动比率反映企业在很短的时间内偿还短期负债的能力，速动比率越高，表示企业在很短时间内偿还短期负债的能力越强。

$$贷款偿还期 = 偿清债务年份 - 1 + 偿清债务当年应付本息 \div$$
$$当年可用于偿债的资金$$

贷款偿还期小于银行所规定的期限，则表明企业有足够的偿还能力；贷款偿还期大于银行所规定的期限，说明企业还款能力不足。

3. 不确定性分析

不确定性分析包括盈亏平衡分析和敏感性分析。

盈亏平衡分析是通过盈亏临界点分析项目成本与收益平衡关系的一种方法。各种不确定因素（如投资、成本、销售量、产品价格、项目寿命期等）的变化会影响投资方案的经济效果，当这些因素的变化达到某一临界值时，就会影响方案的取舍。盈亏平衡分析的目的就是找出这个临界值，即盈亏临界点，判断投资方案对不确定因素变化的承受能力，为决策提供依据。

敏感性分析是投资项目经济评价中常用的一种研究不确定性因素的方法。它在确定性分析的基础上，进一步分析不确定性因素对投资项目的最终经济效果指标的影响及影响程度。敏感性因素一般可选择主要参数（如销售收入、经营成本、生产能力、初始投资、寿命期、建设期、达产期等）进行分析。若某参数的小幅度变化能导致经济效果指标产生较大的变化，则称此参数为敏感性因素；反之则称其为非敏感性因素。

三、评价投资项目

投资项目评价的重点是可行性研究内容的专题性深入和细化。它包括：①对投资项目的投入、产出进行测算，进而估计方案的相关现金流量；②计算投资项目的价值指标，如净现值、内部收益率、投资回收期等；③将有关价值指标与可接受标准进行比较，选择可执行的方案。要科学准确完成这一步工作是一件相当不简单的事情，所有的数据都建立在一定假设基础之上，是对未来的预测、估算，和现实可能会有较大出入，必须慎重并纳入专业化轨道。

四、项目选定与实施

项目评价完成之后，应按分权管理的决策权限由企业高层管理人员或相关部门经理做最后决策，对于特别重大的项目投资还需要由董事会或股东大会批准形成决策。决策形成后，应编制资本预算，积极组织实施。对工程进度、工程质量、施工成本和预算执行等进行监督、控制、审核。注意防止工程建设中的舞弊行为，确保工程质量，保证按时完成，当有新情况出现而造成偏差时，应及时反馈和修正，确保资本预算的先进性和可行性。

五、投资项目再评价

对于已实施的投资项目应进行跟踪审计。其作用在于：①发现原有预测评价的偏差，明了在什么地方脱离了实际；②提供改善财务控制的线索，弄清在执行中哪些方面出了问题；③形成决策纠错机制，如在环境、需求、设备、财力等出现重大变化的条件下，得出哪类项目值得继续实施或不值得实施的评价意见。如果情况发生重大变化确实使原来的投资决策变得不合理，就要进行是否终止投资和怎样终止投资的决策，以避免更大损失。当然，终止投资本身的损失就可能很惨重，人们都力求避免做这种决策，但事实上很难完全避免。

## 6.1.4　融资管理业务流程

融资管理业务流程如表 6 - 2 以及图 6 - 1 所示。

表 6 - 2　　　　　　　　　　融资管理业务流程

| 工作目标 | 知识准备 | 关键点控制 | 细化执行 |
|---|---|---|---|
| 1. 规范公司融资管理的各项工作，提升公司融资能力<br>2. 通过合理的融资方式筹集资金，调整和完善公司的资本结构<br>3. 为公司生产运营和投资筹集足够的资金 | 1. 深入掌握融资管理的理论知识<br>2. 掌握融资的方法、途径及各种方法的操作要点<br>3. 熟悉国家筹资相关的法律法规 | 1. 资金需求分析<br>公司融资管理人员根据公司的战略发展规划、公司生产经营状况、投资计划以及公司当前的资金状况，对公司的资金需求进行预测和分析 | 资金需求分析表 |
| | | 2. 融资风险分析<br>公司融资管理人员进行融资风险分析，如信用风险分析、市场风险分析、金融风险分析、政治风险分析等 | 融资风险变动分析表 |
| | | 3. 制定融资计划 | |

| 工作目标 | 知识准备 | 关键点控制 | 细化执行 |
|---|---|---|---|
| | | 3.1 融资管理人员在融资风险分析的基础上，选择合适的融资方式、融资对象等，并编制融资计划 | 融资计划书 |
| | | 3.2 融资计划经主管领导审批通过后生效，由融资管理人员传达给相关人员执行 | |
| | | 4. 实施融资计划<br>公司融资实施人员执行融资计划，与融资的相关单位进行谈判，或者向银行等金融机构提出融资申请 | 融资申请书 |
| | | 5. 签订融资合同 | |
| | | 5.1 公司融资管理人员与融资对象进行商谈，签订融资合同，确定融资的金额、利率、偿还时间、偿还方式等内容 | |
| | | 5.2 融资合同经主管领导审批通过后生效 | |
| | | 6. 资金到位管理<br>公司财务部根据融资计划和公司资金需求状况对筹集到的资金进行合理的分配和运用 | 资金筹集运用报告表 |
| | | 7. 融资账务处理<br>公司财务部根据融资管理人员提交的相关凭证，进行融资账务处理，明确每一笔融资资金的到位情况、分配情况和收益情况 | |
| | | 8. 融资评价报告<br>公司财务部对整个融资过程进行监督和指导，收集相关信息，编制融资评价报告，提出融资管理建议 | 融资评价报告 |

| | |
|---|---|
| 资金需求分析 | 融资管理人员根据公司战略发展规划、公司生产经营状况、投资计划以及公司当前资金状况，对公司的资金需求进行预测和分析 |
| 融资风险分析 | 融资管理人员根据资金需求分析的结论，进行融资活动风险分析，包括信用风险分析、市场风险分析、金融风险分析、政治风险分析等 |
| 制定融资计划 | 融资管理人员在融资风险分析的基础上，选择合适的融资方式、融资对象等，并编制融资计划，报财务部经理、总经理审批 |
| 实施融资计划 | 公司融资实施人员根据融资计划，与融资相关单位进行谈判，或者向银行等金融机构提出融资申请 |
| 签订融资合同 | 融资管理人员与融资对象进行商谈，签订融资合同，确定融资的金额、利率、偿还时间、偿还方式等，融资合同经财务部经理审核、总经理签字后生效 |
| 资金到位管理 | 财务部根据融资计划和公司资金需求状况对筹集到的资金进行合理分配和运用 |
| 融资账务处理 | 公司财务部根据融资管理人员提交的相关凭证进行融资账务处理，明确每一笔融资资金的到位情况、分配情况和收益情况 |
| 融资评价报告 | 公司财务部对整个融资过程进行监督和指导，编制融资评价报告，提出融资管理建议 |

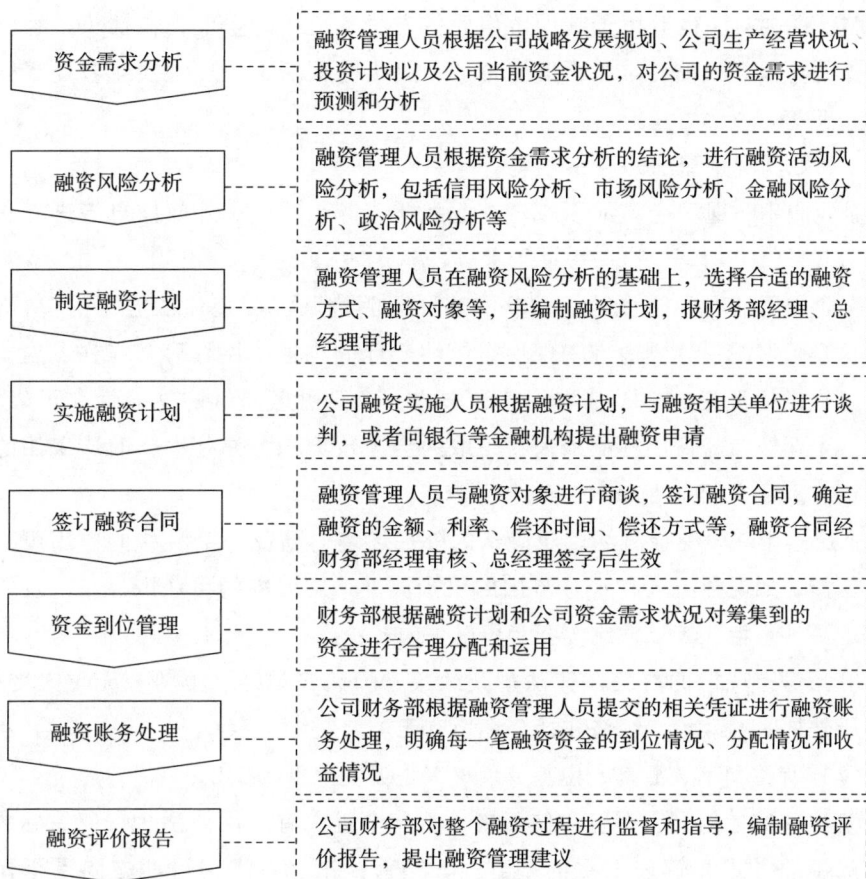

**图 6 - 1　融资管理业务流程**

# 6.2　投融资管理工具方法

## 6.2.1　贴现现金流法

一、贴现现金流法的定义

贴现现金流法，是以明确的假设为基础，选择恰当的贴现率对预期的各期现金流入、流出进行贴现，通过贴现值的计算和比较，为财务合理性提供判断依据的价值评估方法。

贴现现金流法一般适用于在企业日常经营过程中，与投融资管理相关的资产价值评估、企业价值评估和项目投资决策等。

贴现现金流法也适用于其他价值评估方法不适用的企业，包括正在经历重大变革的企业，如债务重组、重大转型、战略性重新定位、亏损或者处于开办期的企业等。

二、贴现现金流法的应用环境

企业应用贴现现金流法，应对企业战略、行业特征、外部信息等进行充分了解。

企业应用贴现现金流法，应从战略层面明确贴现现金流法应用的可行性，并根据实际情况，建立适宜贴现现金流法开展的沟通协调程序和操作制度，明确信息提供的责任主体、基本程序和方式，确保信息提供的充分性和可靠性。同时，企业应考虑评估标的未来将采取的会计政策和评估基准日时所采用的会计政策在重要方面是否基本一致。

企业应用贴现现金流法，应确认内外部环境对贴现现金流法的应用可提供充分支持，如现金流入和现金流出的可预测性、贴现率的可获取性，以及所有数据的可计量特征等。通常需要考虑以下内容：

（1）国家现行的有关法律法规及政策、国家宏观经济形势有无重大变化，各方所处地区的政治、经济和社会环境有无重大变化；

（2）有关利率、汇率、税基及税率等是否发生重大变化；

（3）评估标的的所有者和使用者是否完全遵守有关法律法规，评估标的在现有的管理方式和管理水平的基础上，经营范围、方式与目前方向是否保持一致；

（4）有无其他不可抗拒因素及不可预见因素对企业造成重大不利影响。

三、贴现现金流法的应用程序

企业应用贴现现金流法，一般按以下程序进行：

（1）估计贴现现金流法的三个要素，即贴现期、现金流、贴现率；

（2）在贴现期内，采用合理的贴现率对现金流进行贴现；

（3）进行合理性判断；

（4）形成分析报告。

企业应用贴现现金流法，应当说明和反映影响现金流入和现金流出的事项和因素，既要反映现金流的变化总趋势，也要反映某些重要项目的具体趋势。

（1）企业应用贴现现金流法进行资产价值评估，要基于行业市场需求情况、经营风险、技术风险和管理难度等，分析与之有关的预期现金流，以及与收益有关的成本费用、配套资产等；并合理区分标的资产与其他配套资产或者作为企业资产的组成部分，所获得的收益和所受的影响；同时，要准确评估标的资产使用权和收益权的完整性，并评估其对资产预测现金流所产生的影响。

（2）企业应用贴现现金流法进行企业价值评估，一般按照以下程序进行。

①从相关当事方获取标的企业未来经营状况和收益状况的预测资料，充分考虑并分析标的企业的资本结构、经营状况、历史业绩、发展前景和影响标的企业生产经营的宏观经济因素、标的企业所在行业发展状况与前景，以及未来各种可能性发生的概率及其影响，合理确定预测假设和权重，进行未来收益预测。

②确定预测现金流中的主要参数的合理性，一般包括主营业务收入、毛利率、营运资金、资本性支出、成本及费用构成等，尤其要注意企业会计盈余质量对企业估值所产生的影响，需要调整并减少企业的非经常性损益、重组成本、非主营业务对会计报表的影响。

③确定预测现金流，应区分以企业整体还是以所有者权益作为企业价值评估的基础。通常，企业整体价值评估采用企业自由现金流作为预测现金流的基础，企业所有者权益价值评估采用股权自由现金流作为预测现金流的基础。

（3）企业应用贴现现金流法进行项目投资决策，需要充分考虑并分析项目的资本结构、经营状况、历史业绩、发展前景，影响项目运行的市场行业因素和宏观经济因素，并要明确区分项目的预测现金流，同时要合理区分标的项目与其他项目，或者作为企业的组成部分，所获得的收益和所受到的影响，尤其要注意可能存在的关联交易，包括关联交易性质及定价原则等对预测现金流的影响。

贴现率是反映当前市场货币时间价值和标的风险的回报率。贴现率的设定要充分体现标的特点，通常应当反映评估基准日类似地区同类标的平均回报水平和评估对象的特定风险。同时，贴现率应当与贴现期、现金流相匹配，当使用非年度的时间间隔（比如按月或按日）进行分析时，年度名义贴现率应调整为相应期间的实际贴现率。

①资产价值评估采用的贴现率，通常根据与资产使用寿命相匹配的无风险报酬率进行风险调整后确定。无风险报酬率通常选择对应期限的国债利率，风险调整因素有政治风险、市场风险、技术风险、经营风险和财务风险等。

②进行企业价值评估采用的贴现率，需要区分是以企业整体还是以所有者权益作为价值评估的基础。通常，企业整体价值评估采用股权资本成本和债务资本成本的加权平均资本成本作为贴现率的确定依据，企业所有者权益价值评

估采用股权资本成本作为贴现率的确定依据。

资本成本，是指筹集和使用资金的成本率，或进行投资时所要求的必要报酬率，一般用相对数即资本成本率表达。

企业的股权资本成本通常以资本资产定价模型为基础进行估计，综合考虑控制权程度、股权流动性、企业经营情况、历史业绩、发展前景和影响标的企业生产经营的宏观经济因素、标的企业所在行业发展状况与前景等调整因素。

③项目投资决策采用的贴现率，应根据市场回报率和标的项目本身的预期风险来确定。一般地，可以按照标的项目本身的特点，适用资产价值评估和企业价值评估的贴现率确定方法，但要注意区分标的项目与其他项目，或者作为企业组成部分所产生的风险影响，对贴现率进行调整。

企业应用贴现现金流法进行价值评估，一般从以下方面进行合理性判断。

①客户要求。当客户提出的特殊要求不符合市场价值为基础的评估对有关贴现期、现金流或贴现率的相关规定时，其估值结果是基于客户特殊要求下的投资价值而不是市场价值。

②评判标准。贴现现金流法作为一项预测技术，评判标准不在于贴现现金流预测最终是否完全实现，而应关注预测时的数据对贴现现金流预测的支持程度。

贴现现金流法分析报告的形式可以根据业务的性质、服务对象的需求等确定，也可在资产评估报告中整体呈现。当企业需要单独提供贴现现金流法分析报告时，应确保内容的客观与翔实。贴现现金流法分析报告一般包括以下内容。

①假设条件。贴现现金流法分析报告应当对贴现现金流法应用过程中的所有假设进行披露。

②数据来源。贴现现金流法分析报告应当清楚地说明并提供分析中所使用的有关数据及来源。

③实施程序。编制贴现现金流法分析报告一般按照以下程序进行：合理选择评估方法；评估方法的运用和逻辑推理；主要参数的来源、分析、比较和测算；对评估结论进行分析，形成评估结论。

④评估者身份。当以内部评估人员身份开展评估工作时，评估人员与控制资产的实体之间的关系应当在评估报告中披露；当以外部评估人员身份开展评估工作且以营利为目的为委托方工作时，评估人员应当对这种关系予以披露。

## 案例  贴现现金流法的应用案例

### 贵州茅台对贴现现金流法的应用

贵州茅台酒股份有限公司（以下简称"贵州茅台"）于 1999 年 11 月 20 日注册成立，注册资本为 18 500 万元，其股票于 2001 年 7 月 31 日在上海证券交易所公开发行交易（股票代码 600519）。

（一）确定评估年限

确定评估年限为 7 年。

（二）历史数据

根据贵州茅台的财务数据，我们计算其每年的增长率及各个费用占营业收入的比例如表 6-3 所示。

表 6-3　　　贵州茅台各项增长率及占营业收入比例数据　　单位：亿元

| 项目 | 2015 年 | 2014 年 | 2013 年 | 2012 年 | 2011 年 | 2010 年 | 2009 年 | 平均值 |
|---|---|---|---|---|---|---|---|---|
| 营业收入增长率 | 0.034 8 | 0.022 7 | 0.166 0 | 0.440 2 | 0.586 2 | 0.199 6 | 0.173 5 | 0.231 9 |
| 营业成本／营业收入 | 0.077 7 | 0.074 1 | 0.070 9 | 0.077 0 | 0.084 2 | 0.090 5 | 0.098 3 | 0.081 8 |
| 销售费用／营业收入 | 0.045 3 | 0.052 8 | 0.060 2 | 0.046 0 | 0.039 1 | 0.058 4 | 0.064 2 | 0.052 3 |
| 财务费用／营业收入 | -0.002 0 | -0.003 9 | -0.013 9 | -0.016 | -0.019 1 | -0.015 3 | -0.014 | -0.012 0 |
| 管理费用／营业收入 | 0.085 9 | 0.107 0 | 0.091 6 | 0.083 0 | 0.090 8 | 0.116 4 | 0.126 2 | 0.100 1 |
| 所得税／税前利润 | 0.214 0 | 0.230 6 | 0.223 7 | 0.218 5 | 0.208 0 | 0.209 2 | 0.218 2 | 0.217 5 |

由此可估计 2016 到 2022 年的现金流如表 6-4 所示。

表 6-4　　　　　　　贵州茅台现金流　　　　　　　单位：亿元

| 项目 | 2016 年 | 2017 年 | 2018 年 | 2019 年 | 2020 年 | 2021 年 | 2022 年 |
|---|---|---|---|---|---|---|---|
| 营业收入 | 402.82 | 496.22 | 611.28 | 753.01 | 927.61 | 1 142.69 | 1 407.63 |
| 减：营业成本 | 32.96 | 40.60 | 50.01 | 61.61 | 75.89 | 93.49 | 115.16 |
| 销售费用 | 21.06 | 25.95 | 31.97 | 39.38 | 48.51 | 59.75 | 73.61 |
| 财务费用 | -4.83 | -5.95 | -7.33 | -9.03 | -11.12 | -13.70 | -16.87 |
| 管理费用 | 40.33 | 49.68 | 61.20 | 75.39 | 92.87 | 114.40 | 140.92 |

续表

| 项目 | 2016 年 | 2017 年 | 2018 年 | 2019 年 | 2020 年 | 2021 年 | 2022 年 |
|------|---------|---------|---------|---------|---------|---------|---------|
| 税前利润 | 313.30 | 385.94 | 475.43 | 585.66 | 721.46 | 888.75 | 1 094.81 |
| 所得税 | 68.13 | 83.92 | 103.38 | 127.35 | 156.88 | 193.26 | 238.07 |
| 净现金流 | 245.17 | 302.02 | 372.05 | 458.31 | 564.58 | 695.49 | 856.74 |

（三）估算资本成本

加权平均资本成本＝股权资本成本股权资本占公司总资产比例＋

债务资本成本债务资本占公司总资产比例

对股份制公司通常采用 CAMP 模型的预期收益率作为股权资本成本。

无风险利率为 4.97%，为根据上证综指 2009 到 2015 年日收益率计算的几何平均值，系数为 0.49（使用线性回归模型，根据贵州茅台及食品饮料行业收益率 2009 至 2015 年的历史数据计算）。进而计算得到股权资本成本为 10.36。

债务资本成本计算公式为：

债务资本成本＝利率×(1 - 公司所得税税率)

由于公司近五年长短期借款均为 0，故对债务资本成本估计为 0。

公司资本成本为加权平均资本成本，由于债务资本成本估计为 0，则公司资本成本等于企业股权资本成本，即 10.36。

（四）估算净现值

经过现金流贴现后，得到贵州茅台价值为 2 444.97 亿元。

## 6.2.2 项目管理

一、项目管理的定义与原则

（一）项目管理的定义

项目管理，是指通过项目各参与方的合作，运用专门的知识、工具和方法，对各项资源进行计划、组织、协调、控制，使项目能够在规定的时间、预算和质量范围内，实现或超过既定目标的管理活动。

（二）项目管理的原则

企业进行项目管理时，一般应遵循以下原则。

（1）注重实效，协同创新。项目应围绕项目管理的目标，强调成本效益原则，实现项目各责任主体间的协同发展、自主创新。

（2）按级负责，分工管理。项目各责任主体，应当根据管理层次和任务分工的不同，有效行使管理职责，履行管理义务，确保项目取得实效。

（3）科学安排，合理配置。严格按照项目的目标和任务，科学合理编制预算，严格执行预算。

二、项目管理的基本程序

企业应用项目管理工具方法一般按照项目可行性研究、项目立项、项目计划、项目实施、项目验收和项目后评价等程序进行。

（一）项目可行性研究

项目可行性研究，是指对项目在技术上是否可行、经济上是否合理、社会和环境影响是否积极等进行科学分析和论证，以最终确定项目投资建设是否进入启动程序的过程。

企业一般可以从投资必要性、技术可行性、财务可行性、组织可行性、经济可行性、环境可行性、社会可行性、风险因素及对策等方面开展项目可行性研究。

（二）项目立项

项目立项，是指对项目可行性研究进行批复，并确认列入项目实施计划的过程。

经批复的可行性研究报告是项目立项的依据，项目立项一般应在批复的有效期内完成。

（三）项目计划

项目计划，是指项目立项后，在符合项目可行性报告批复相关要求的基础上，明确项目的实施内容、实施规模、实施标准、实施技术等计划实施方案，并据此编制项目执行预算的书面文件。

通常情况下，项目执行预算超过可行性研究报告项目预算的10%时，或者项目实施内容、实施规模、实施地点、实施技术方案等发生重大变更时，应重新组织编制和报批可行性报告。经批复的项目计划及项目执行预算应作为项目实施的依据。

项目可行性报告的内容一般包括项目概况、市场预测、产品方案与生产规模、厂址选择、工艺与组织方案设计、财务评价、项目风险分析，以及项目可行性研究结论与建议等。

（四）项目实施

项目实施，是指按照项目计划，在一定的预算范围内，保质保量按时完成项目任务的过程。通常，应重点从质量、成本、进度等方面，有效控制项目的实施过程。

（1）企业应遵循国家规定及行业标准，建立质量监督管理组织、健全质量管理制度、形成质量考核评价体系和反馈机制等，实现对项目实施过程的质量控制。

（2）成本控制应贯穿于项目实施的全过程。企业可以通过加强项目实施阶段的投资控制，监督合同执行，有效控制设计变更，监督和控制合同价款的支付，实现项目实施过程的成本控制。

（3）企业应通过以下方式实现对项目实施过程的进度控制：建立进度控制管理制度，编制项目实施进度计划，制定项目实施节点；实行动态检测，完善动态控制手段，定期检查进度计划，收集实际进度数据；加强项目进度偏差成因分析，及时采取纠偏措施等。

（五）项目验收

项目验收，是指项目完成后，进行的综合评价、移交使用、形成资产的整个过程。

项目验收一般应由可行性研究报告的批复部门组织开展，可以从项目内容的完成情况、目标的实现情况、经费的使用情况、问题的整改情况、项目成果的意义和应用情况等方面进行验收。

（六）项目后评价

项目后评价，是指通过对项目实施过程、结果及其影响进行调查研究和全面系统回顾，与项目决策时确定的目标以及技术、经济、环境、社会指标进行对比，找出差别和变化，据以分析原因、总结经验、提出对策建议，并通过信息反馈，改善项目管理决策，提高项目管理效益的过程。

企业应比对项目可行性报告的主要内容和批复文件开展项目后评价，必要时应参照项目计划的相关内容进行对比分析，进一步加强项目管理，不断提高决策水平和投资效益。

三、项目财务管理

（一）项目财务管理的定义

项目财务管理，是指基于项目全生命周期的项目财务活动的归口管理工作，是对项目营运过程中财务资源使用的全流程管理活动。

在项目营运过程中，企业应当重视并严格执行项目预算管理和项目成本控制等。企业可根据项目规模、周期、经费额度等指定专人负责上述工作，并参与项目论证与评估等工作。

（二）项目预算管理的程序

企业进行项目预算管理，一般应从项目预算编制、预算执行控制、项目预算调整等方面开展。

1. 项目预算编制

（1）企业应基于项目的重要性和成本效益考虑，制定项目预算管理制度，可以指定项目预算管理分管领导、设置项目预算专职人员。

（2）企业应依据总量控制、分项预算的总体框架，按照需要与可能、局部与全局、重点与一般、当前与长远相结合的编制原则，编制项目预算。

（3）企业应在充分调研和论证的基础上，强调项目预算编制的明细化和标准化，明确预算的编制内容、编制依据和编制方法，实现项目预算与会计核算相关科目的配比性。

2. 预算执行控制

（1）企业应分解落实项目实施各阶段的预算执行计划，明确项目各阶段的预算控制目标。

（2）在项目执行过程中，企业应以项目预算执行计划和目标为依据，定期对项目预算执行情况进行核查、比对、分析。

3. 项目预算调整

（1）企业应依据外部环境变化、项目实施进展和项目方案优化要求等，不断修正和完善项目各阶段的预算执行计划和预算控制目标。

（2）在项目预算管理中，企业可采用滚动预算方式，以项目执行前一阶段的预算调整，作为下一阶段项目预算控制的目标，按照时间（如年、月、日）或项目单元编制，依次分解，滚动预算。

（三）项目成本控制

企业进行项目成本控制，一般应从项目费用定额管理、项目合同管理、项目成本变更管理等方面开展。

（1）项目费用定额管理。企业应根据项目自身特点，制定项目费用定额表，如物资消耗费、工时定额等，形成项目成本控制的依据。

（2）项目合同管理。项目执行过程中涉及合同管理时，财务管理人员一般可以参与合同的论证、签订、审查和履行、变更、解除等，负责审查并履行合同支付职能，定期了解合同方的资信和履约能力，建立合同管理台账。

（3）项目成本变更管理。项目成本原则上不得随意变更，因特殊情况需要调整时，需根据相应的批报程序，报原审核部门核定，按照先批准、后变更的原则进行处理。

四、项目管理的工具方法

项目管理的工具方法一般包括挣值法、成本效益法、价值工程法等。

（一）挣值法

挣值，是指项目实施过程中已完成工作的价值，用分配给实际已完成工作的预算来表示。

挣值法，是一种通过分析项目实施与项目目标期望值之间的差异，从而判断项目实施的成本、进度绩效的方法。

挣值法广泛适用于项目管理中的项目实施、项目后评价等阶段。挣值法的评价基准包括成本基准和进度基准，通常可以用于检测实际绩效与评价基准之间的偏差。

挣值法的主要优点是：一是通过对项目当前运行状态的分析，可以有效地预测出项目的未来发展趋势，严格地控制项目的进度和成本；二是在出现不利偏差时，能够较快地检测出问题所在，留有充足的时间对问题进行处理和对项目进行调整。

挣值法的主要缺点是：一是片面注重用财权的执行情况判断事权的实施效益；二是属于事后控制方法，不利于事前控制；三是存在用项目非关键路径上取得的挣值掩盖关键路径上进度落后的可能性，影响项目绩效判断的准确性。

（二）成本效益法

成本效益法，是指通过比较项目不同实现方案的全部成本和效益，以寻求最优投资决策的一种项目管理工具方法。其中，成本指标可以包括项目的执行成本、社会成本等，效益指标可以包括项目的经济效益、社会效益等。

成本效益法属于事前控制方法，适用于项目可行性研究阶段。

企业应用成本效益法，一般按照以下程序进行：确定项目中的收入和成本；确定项目不同实现方案的差额收入；确定项目不同实现方案的差额费用；制定项目不同实现方案的预期成本和预期收入的实现时间表；评估难以量化的社会效益和成本。

成本效益法的主要优点是：一是普适性较强，是衡量管理决策可行性的基本依据；二是需考虑评估标的经济与社会、直接与间接、内在与外在、短期与长期等各个维度的成本和收益，具有较强的综合性。

成本效益法的主要缺点是：一是属于事前控制方法，存在的不确定性因素较多；二是综合考虑项目的经济效益、社会效益等各方面，但除了经济效益以外的其他效益存在较大的量化难度。

（三）价值工程法

价值工程法，是指对研究对象的功能和成本进行系统分析，比较为获取的功能而发生的成本，以提高研究对象价值的管理方法。

本方法下的功能，是指对象满足某种需求的效用或属性；本方法下的成本，是指按功能计算的全部成本费用；本方法下的价值，是指对象所具有的功能（功能通常用加权过后的功能评价系数来表示）与获得该功能所发生的费用之比。

企业应用价值工程法，一般按照以下程序进行。

（1）准备阶段。选择价值工程的对象并明确目标、限制条件和分析范围；根据价值工程对象的特点，组成价值工程工作小组；制定工作计划，包括具体执行人、执行日期、工作目标等。

（2）分析阶段。收集整理与对象有关的全部信息资料；通过分析信息资料，简明准确地表述对象的功能、明确功能的特征要求，并绘制功能系统图；运用某种数量形式表达原有对象各功能的大小，求出原有对象各功能的当前成本，并依据对功能大小与功能当前成本之间关系的研究，确定应当在哪些功能区域改进原有对象，并确定功能的目标成本。

（3）创新阶段。依据功能系统图、功能特性和功能目标成本，通过创新性的思维和活动，提出实现功能的各种不同方案；从技术、经济和社会等方面评价所提出的方案，看其是否能实现规定的目标，从中选择最佳方案；将选出的方案及有关的经济资料和预测的效益编写成正式的提案。

（4）实施阶段。组织提案审查，并根据审查结果签署是否实施的意见；根据具体条件及内容，制定实施计划，组织实施，并指定专人在实施过程中跟踪检查，记录全程的有关数据资料，必要时，可再次召集价值工程工作小组提出新的方案；根据提案实施后的技术经济效果，进行成果鉴定。

价值工程法的主要优点是：一是把项目的功能和成本联系起来，通过削减过剩功能、补充不足功能使项目的功能结构更加合理化；二是着眼于项目成本的整体分析，注重有效利用资源，有助于实现项目整体成本的最优化。

价值工程法的主要缺点是：要求具有较全面的知识储备，不同性质的价值工程分析对象涉及的其他领域的学科性质，以及其他领域的广度和深度等都存在很大差别，导致功能的内涵、结构和系统特征也具有实质性区别。

## 案例 项目管理的应用案例

### 蓝光集团项目管理应用案例

一、引言

在蓝光集团 2001 年 11 月 3 日的执行委员会大会上，董事长兼总裁江宁要求由营销部副总韩辉和投资部副总李彦负责，认真调查市场目前和潜在的需求情况，准备投资开发新的项目，挖掘集团新的利润增长点。

韩辉和李彦散会后与办公室主任王明进行会晤，讨论解决方案。最后他们决定成立一个项目团队来进行这一工作，团队应由研发部、市场部、投资部、财务部的成员组成，并同意由毕业于中国人民大学的工商管理硕士李嘉负责领导该团队。李嘉已在公司工作了 3 年，以前在市场部任职，现在在投资部任职，对市场和公司情况有深入的了解。韩辉和李彦都对此人很有信心。

二、公司背景及产品介绍

蓝光集团是一个以高科技产品为主导产品，多种产业并存发展，集贸易、房地产、教育、文化、服务、运输等为一体的多元化跨国企业集团。集团组建于 1994 年，总部设在北京，生产基地坐落于天津市经济技术开发区，占地面积 27 万平方米，建筑面积 13 万平方米，资产规模超过 10 亿元人民币。集团的前身是天津蓝光经济发展总公司（1990 年创建）和天津生物工程公司（1991 年创建）。

蓝光集团以尖端的生物技术为依托，开发具有降低血脂、延缓衰老、抗肿瘤、润肠通便等功能的高品质系列保健品，并从国外引进先进的生产设备和工艺，建立了严格的品质管理体系，公司已通过了国际化标准的 ISO9002 质量体系认证。为保证公司长远有序地发展，蓝光集团已在十几个国家注册了商标。在美国、加拿大、俄罗斯、韩国、泰国、越南等国家的分公司已相继开业，还有二十多个国家的分公司正在筹备之中，将于近期开业。

为了确保产品品质，满足市场需求，蓝光集团不断进行技术改造和设备更新，投入巨资兴建现代化生产基地，从意大利、荷兰、英国等地引进具有国际先进水平的生产设备。至今已生产出包括营养补钙为主的系列保健品、普通食品、医疗器械和生活用品四大系列一百多种产品，并在全球十几个国家获得了市场准入资格，部分产品通过了美国食品药品监督管理局检测，而且产品的范围正在不断扩大。

### 三、市场调研

项目团队组成并明确任务后，首先对市场进行了认真深入的调查。以下是项目团队提供的一份市场调查报告的一部分。

"蓝光集团在努力扩大保健品市场份额的同时，不应忽视一个问题，即目前在钙、核酸产品淡出视线，脑白金市场日渐衰落的情况下，我国医药保健品行业出现了市场热点的空缺，而从历史经验来看，新的热点应该很快就会填补这个空缺。项目团队对有可能产生的市场热点进行了分析和预测，对骨关节炎市场很是看好。

项目团队根据搜集的资料发现，我国的骨关节炎患者超过一亿人，而且近年来国际上对骨关节炎的重视程度越来越高，1999 年世界卫生组织将骨关节炎与心血管疾病及癌症列为威胁人类健康的'三大杀手'，将 2000—2010 年定为'骨关节十年'。然而，对骨关节炎的治疗手段不尽如人意，目前通常采用的消炎镇痛类药物，不能从根本上进行治疗。氨基酸葡萄糖硫酸盐作为软骨组织的营养补充剂，被认为是唯一能够根本缓解骨关节炎病症的特异性产品，但早期开发的产品因含有 20% 以上的钠离子、钾离子、氯离子等杂质，对心血管疾病及肾病患者有一定影响，因此效果不够理想。由于没有出现真正对其构成威胁的竞争产品，因此这个市场一直是消炎镇痛类药物的'天下'。

如今，这种局面正面临着被打破的可能，已有两家医药企业开发出氨基酸葡萄糖类的特异性产品，利用选择性离子过滤技术，有效地剔除了生产过程中的杂质，生物的利用程度得到大幅度提高，显著地缓解了骨关节炎的病症。然而，不容忽视的一个问题是，长期以来无论是医生还是患者接触的主要是消炎镇痛类产品，要说服他们使用新的特异性产品尚需一段时日，因此，疾病教育问题对这个市场来说可能是最棘手的。

可喜的是，蓝光集团是以生产壮骨粉起家的，在新产品的研发方面具有一定的技术优势。所以，项目团队认为应该抢抓机遇，进军骨关节炎市场。"

### 四、固定资产投资分析

韩辉将李嘉提供的前期市场调研和项目可行性研究结果向董事长江宁汇报。项目团队的投资建议得到认可。并且为了确保骨关节炎项目的实施，蓝光集团打算进行一系列的固定资产投资，以便为进军骨关节炎市场做好前期准备。蓝光集团的财务人员根据公司的实际情况，提供了甲、乙两种可供选择的方案。

甲方案：（1）原始投资共有 1 000 万元（全部来源于自有资金），其中包括固定资产投资 750 万元，流动资金投资 200 万元，无形资产投资 50 万元。（2）该项目的建设期为 2 年，经营期为 10 年。固定资产和无形资产投资分两年平均投入，流动资金投资在项目完工时（第二年年末）投入。（3）固定资产的寿命期限为 10 年（考虑预计的净残值）。无形资产投资分 10 年摊销完毕，流动资产于终结点一次收回。（4）预计项目投产后，每年发生的相关营业收入（不含增值税）和营业成本分别为 600 万元和 200 万元，所得税税率为 25%，该项目不享受减免所得税的待遇。（5）该行业的基准折现率为 14%。

乙方案：比甲方案多加 80 万元的固定资产投资，建设期为 1 年，固定资产和无形资产在项目开始时一次投入，流动资金在建设期期末投放，经营期不变，经营期各年的现金流量为 300 万元，其他条件不变。

目前，蓝光集团的固定资产占总资产的 15% 左右，集团已经形成了一套固定资产的管理方法：公司的固定资产折旧方法为年限平均法，净残值率按原值的 10% 确定，折旧年限——房屋建筑物为 20 年，机器设备、机械和其他生产设备为 10 年，电子设备、运输工具以及与生产经营有关的器具、工具、家具为 5 年。

根据以上情况，回答下列问题。

问 1：骨关节炎市场虽然有可能成为市场的热点，但该市场也有很多的不确定因素，如果你是项目团队的投资分析人员，你认为该市场会有哪些不确定的因素？你是如何看待这些不确定因素的？你的最后决策是什么？

答：不确定因素包括市场容量的不确定性、市场接受时间的不确定性、疾病教育问题、市场竞争的不确定性、产品研发风险、保健品营销泛滥困局、夏季的淡季运作问题。

1. 市场容量的不确定性

市场对产品的需求量具有极大的不确定性，表现在以下方面。

（1）当新产品刚上市时，由于销量不稳定，可能会造成贩卖不畅，产品积压。

（2）消费人群分布不均衡，因此市场的实际消费能力还需要评估，公司要根据市场需求量确定生产量。

2. 市场接受时间的不确定性

新产品投放市场后，到底要经过多长时间才能被消费者接受，也具有不确定性。有些产品，也许技术含量很高，但在一定的社会经济条件下，却不为市场所接受。

3. 疾病教育问题

无论是医生还是患者，长期以来接触的主要是消炎镇痛类产品，此类特异性产品属于保健品，药效不会很快体现，因此要说服患者使用新的特异性产品尚需一段时间，且工作任务肯定会相当艰巨。

公司必须要加大产品宣传力度和积极普及疾病知识，加快社会大众的观念转变速度，争取缩短市场导入期。

4. 市场竞争的不确定性

一项新产品从创意的产生到进行商品化生产，一般要经过数月到数年的时间，在这么长的时间内，市场环境会发生很大的变化。面对这些情况，公司要加快研发进度，密切关注市场动态，做好战略决策。

5. 产品研发风险

（1）新药研发一般呈现出研发时间越来越长、研发费用越来越高、创新成果无法被合法承认的特征。

（2）药物创新过程中未注意从知识产权的角度保护创新成果，被他人廉价使用或侵犯，导致公司的技术创新收益下降。

（3）新药技术生命周期长短的不确定。

6. 保健品营销泛滥困局

炙手可热的保健品市场，超乎想象的利润、极低的进入门槛和国家行业管理的缓慢反应，一时间使保健品市场鱼目混珠、产品众多、产品质量良莠不齐、行业信誉度差、管理相对滞后。一些公司的广告宣传等方面的不规范、不断发生的质量问题和公司的欺诈行为，逐步造成了消费者对整个行业的不信任。我们要规范广告宣传，打破营销困局，凭借产品优势和务实的营销理念，赢得消费者的肯定与信任，成为行业的一流品牌。

7. 夏季的淡季运作问题

天气转暖，骨关节炎症状就会得到缓解，产品需求迫切度就会降低。只有一个周期的运作完成并卓有成效，才能保证产品一直在市场热销。因此夏季的销售问题不容忽视。

这就要求销售服务人员牢记以消费者为核心的观念，构建与消费者之间较好沟通的渠道，保持沟通的频次等，不断服务和不断交流，形成两者紧密的服务与被服务关系，让产品顺理成章地成为服务的一项内容。

未来骨关节炎市场的发展优势：市场潜力巨大，发展途径广阔。

问 2：假如蓝光集团有能力打入骨关节炎市场，请你对甲、乙两个固定资产投资方案进行财务可行性分析，计算 PP、NPV、PI、IRR 等财务指标。根据计算所得，你会选择哪个方案进行投资？

答：

1. 治疗方法尚无良策，科研方向众多

甲方案：扩大生产队伍，固定资产每年折旧 = 750（1 – 10%）÷ 10 = 67.5（万元）

$NCF_0 = -400$（万元）

$NCF_1 = -400$（万元）

$NCF_2 = -200$（万元）

$NCF_{3\sim11} = 600 - 200 - (600 - 200 - 67.5 - 5) \times 25\% = 318.125$（万元）

$NCF_{12} = 318.125 + 75 + 200 = 593.125$（万元）

乙方案：每年折旧 = （750 + 80）（1 – 10%）÷ 10 = 74.7（万元）

$NCF_0 = -800$（万元）

$NCF_1 = -200$（万元）

$NCF_{2\sim10} = 300$（万元）

$NCF_{11} = 300 + 83 + 200 = 583$（万元）

2. 非贴现现金流量指标

投资回收期（$PP$）= 原始投资额 ÷ 每年的 $NCF$

经计算，得：甲方案的投资回收期 = 2 + 1 000 ÷ 318.125 = 5.14（天）

乙方案的投资回收期 = 1 + 1 080 ÷ 300 = 4.6（天）

这一指标的缺点是没有考虑资金的时间价值，没有考虑回收期满后的现金流量状况，因而不能充分说明该选哪个方案。

3. 贴现现金流量指标

（1）净现值（$NPV$）。

该指标优点是考虑了资金的时间价值，能够反映各种投资方案的净收益，因而是一种较好的方法；缺点是不能揭示各个投资方案本身可能达到的实际报酬率是多少。

甲方案：

$NPV = 318.125 [ (P/A, 14\%, 11) - (P/A, 14\%, 2) ] + 593.125 (P/F, 14\%, 12) - [ 400 + 400 (P/F, 14\%, 1) + 200 (P/F, 14\%, 2) ] = 1\ 210.783\ 75 + 123.132\ 75 - 904.78 = 429.136\ 5$

乙方案：

$NPV = 300 [ (P/A, 14\%, 10) - (P/A, 14\%, 1) ] + 583 (P/F, 14\%, 11) - [ 880 + 200 (P/F, 14\%, 1) ] = 1\ 301.67 + 137.937\ 8 - 1\ 055.44 = 384.167\ 8$（万元）

从上面计算我们可以看出，两个方案的净现值均大于零，故都是可取的。但甲方案的净现值大于乙方案，故应该选甲方案。

（2）获利指数（$PI$）。

其优点是考虑了资金的时间价值，能够真实地反映投资项目的盈亏程度。由于获利指数是用相对数表示，所以，有利于与初始投资额不同的投资方案进行对比；缺点是获利指数这一概念不便于理解。

$PI = $ 未来报酬的总现值 ÷ 初始投资额

甲方案：

$$PI = \{318.125[(P/A，14\%，11) - (P/A，14\%，2)] + 593.125(P/F，14\%，12)\} \div [400 + 400(P/F，14\%，1) + 200(P/E，14\%，2)] = 1.4743$$

乙方案：

$$PI = \{300[(P/A，14\%，10) - (P/A，14\%，1)] + 583(P/F，14\%，11)\} \div [880 + 200(P/F，14\%，1)] = 1.363988$$

从计算结果看，甲、乙两个方案的获利指数都大于 1，故两个方案都可进行投资，但因甲方案的获利指数更大，所以应该选甲方案。

（3）内部收益率（$IRR$）。

其优点是考虑了资金的时间价值，反映了投资项目的真实报酬率，缺点是计算过程比较复杂，特别是每年的 $NCF$ 不相等的投资项目，一般要经过多次测算才能求得。

甲方案的 $IRR = 22.04\%$

乙方案的 $IRR = 20.8792\%$

可以看出，甲方案的内部收益率较高，故甲方案的收益比乙方案高。

综上，根据各个指标的计算以及最终的结果比较，蓝光集团应该选择甲方案进行投资。

## 6.2.3　情景分析法

一、情景分析法的定义

情景分析法，是指在对企业经营管理中未来可能出现的相关事件情景进行假设的基础上，结合企业管理要求，通过模拟等技术，分析相关方案发生的可能性、相应后果和影响，以做出最佳决策的方法。

情景分析法一般适用于企业的投融资决策，也可用于战略目标制定、风险评估等。

## 二、情景分析法的应用环境

企业应用情景分析工具方法，应重点考虑对决策事项有重大影响的事件情景，评价事件情景与分析方案、决策事项关联程度，并将情景分析建立在合理假设的基础上。

企业应用情景分析工具方法，应考虑与决策事项有关的参数、边界条件等的完整性及可获取性，尤其应考虑宏观环境因素的可测性，如产业政策、行业状况等。

## 三、情景分析法的应用程序

企业应用情景分析工具方法，一般按照确认决策事项、确认影响因素、设定情景、分析方案和分析实施后果等程序进行。

企业应用情景分析工具方法，应根据决策目标和决策需求确定决策事项。同时，决策事项应存在多种可量化的影响因素及其不同的实现路径。

企业应用情景分析工具方法，应对决策事项的影响因素进行全面分析，并根据重要性原则明确决策事项的主要影响因素，以此作为设置情景的主要内外部影响因素。

（1）企业在进行投融资决策时，通常应考虑投资额、资本成本等影响因素。

（2）企业在进行战略目标制定时，通常应考虑消费者信心指数、市场占有率等影响因素。

（3）企业在进行风险评估时，通常应考虑利率、汇率等产生可承受最大损失的影响因素。

企业通常应根据决策事项设定不同的情景，这些情景应能提供有意义的测试环境，以便后续制定多个可选择方案。

（1）根据历史情况设定情景时，通常可以选取最优、最差或基准的历史情况作为情景，或者以历史特殊事件作为情景，如重复进行的标准历史事件。

（2）根据其他假设设定情景时，通常使用人为假设、专家认定或者数据模拟等方法来设定情景。

企业应在情景设定的基础上，建立影响因素与决策目标之间的逻辑关系。通过搜集相关数据，对不同情景下决策事项的总体发展状况进行分析，或对不同情景下决策事项可能产生的经济后果进行测算，制定出各种情景下的对策和实施方案。

企业应建立情景变化监测机制，及时调整情景分析中的主要影响因素，修改对策和实施方案。

四、情景分析法的优缺点

情景分析法的主要优点：注重情景发展的多种可能性，能降低决策失误对企业造成的影响，对决策事项的可参考性较强。

情景分析法的主要缺点：情景假设的主观性较强，对于情景数据的准确性、逻辑性及因果关系的建立要求较高，不容易被企业掌握和运用。

## 案例　情景分析法的应用案例

### 大华公司的渠道

李先生是大华公司的市场总监，正在为即将召开的由董事会主持的"201×年公司战略发展讨论会"做准备。分管营销的副总经理陈总已经通知他，让他主要谈谈如何调整公司目前的分销渠道，以达到进一步减少公司营销成本和提高公司干性、湿性农业用途的化学产品的售后服务质量的目标。大华公司的销售系统如图 6-2 所示。

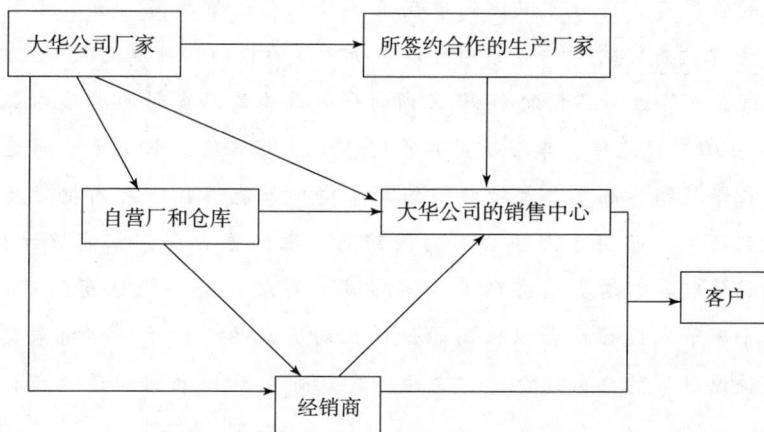

**图 6-2　大华公司的销售系统**

图 6-2 中，大华公司的销售系统由 3 种机构构成：（1）公司 2 家直属的自营厂；（2）5 家签约的、属于季节性生产的工厂；（3）分布全国的 10 家经销商。大华公司主要销售 49 种不同商品。对于销售而言，这些商品可分为两大类：A 类商品由 13 种商品组成，这类商品的销售具有很强的季节性，并占据了公司 85% 的收入；B 类商品由其余 36 种商品组成，这类商品虽然全年都在进行销售，但它们同 A 类商品一样，也具有一定的季节性，这类商品虽然只占销售

额的 15%，但它们却贡献了 30% 的税前利润。

通常情况下，这两类商品在农业用途上比较广泛，因此一向受到农药经销商的欢迎。公司把商品批发给经销商，经销商再转手卖给农民。这类经销商不仅销售大华公司的商品，而且销售其他公司的商品，包括大华公司的竞争对手。按经验来说，一般农民在施肥前一到两个星期去购买公司商品，而订购哪类商品很大程度上取决于当地的各季度降雨量。因此，公司在农民需要商品时必须及时供应，同时每一单位的剂量也应与当地的降雨量紧密联系以及全国各地的农民的需求在用药时间上有很大差异。

为了更好地利用现有的销售渠道，公司对提前 90 天以上向公司订购商品的经销商提供了大量的库存津贴和折扣奖励。"预先订购"的销售额占总销售额的30%～40%。对经销商而言，这一政策的实施意味着将积压更多的存货。然而，事实上，库存津贴对全年销售的商品而言是一种特别折扣。为了避免这一优惠措施的滥用，公司规定了适用于这类优惠措施的最低订购量。大华公司也接受低于"预先订购"总量15%的退货，同时承担货物的运输费用。显然，这一政策的实施的作用有：公司可以比较准确地预计装载的货物量，有利于节省运输费用。实施"预先订购"的经销商可以享受额外的折扣，可以削减一定成本。

经销商在季节性商品预购期 90 天内向公司订购商品支付的款项占公司销售额的60%～70%。这样，季节性商品的销售量很大程度上取决于公司运输货物的速度。在季节销售旺季，大多数经销商希望厂家能够在一天内把货物从销售中心运送到商家。而对于大华公司的经销商，他们更希望厂家能够连夜运达。诚然，在销售旺季，这类服务的费用非常高，即使这样，经销商仍有利可图，因为在这个季节农民往往会以较高的价格来购买商品。对于经销商来说，选择一个能够快速送货的公司是至关重要的。这类商品80%的需求集中在我国东部各省。

大华公司的销售系统相对比较简单。公司 2 家直属的工厂分别在湖北省和江苏省。前者主要生产全年销售的商品，后者则生产全部的两类商品。这 2 家工厂都位于有利于国内原材料运输的港口城市。其他 5 家合作制的季节性工厂也考虑到地理方面的因素，大都坐落于运输便利的城市之中。

内部仓库的费用相当低廉，所有仓库和销售中心在公司的销售系统中都可被广泛利用。因此，公司的成本主要取决于商品产量和存货时间。各经销商可以便捷地利用公司存储各类商品的销售中心。尽管有一些预定的商品由工厂或仓库直接发送到经销商处，但仍有90%的货物是从销售中心运送到经销商手中。

这部分货物有的由销售中心运送，有的由经销商运送。

这些销售中心的存货补充主要靠公司存货计划的分配和控制。所有中心的货物都有销售总部办公室通过各种通信方式来告知各销售中心。从订货到装运，其间不超过 48 小时。其中，从工厂到仓库和各销售中心的运输主要靠陆运。

各渠道的损益如表 6 - 5 所示。

表 6 - 5　　　　　　　　　　各渠道的损益　　　　　　　单位：百元

|  | 自营厂 | 签约厂家 | 经销商 | 整个公司 |
|---|---|---|---|---|
| 销售额 | 30 000 | 10 000 | 20 000 | 60 000 |
| 商品生产成本 | 19 500 | 6 500 | 13 000 | 39 000 |
| 毛利 | 10 500 | 3 500 | 7 000 | 21 000 |
| 各项营销费用摊销 | 4 000 | 1 300 | 200 | 5 500 |
| 广告 | 1 550 | 620 | 930 | 3 100 |
| 包装和运送 | 3 000 | 1 260 | 540 | 4 800 |
| 开单 | 1 500 | 630 | 270 | 2 400 |
| 营销总费用 | 10 050 | 3 810 | 1 940 | 15 800 |
| 净利润 | 450 | - 310 | 5 060 | 5 200 |

由表 6 - 5 可见：通过签约厂家出售，公司将亏损；而通过经销商销售，公司实际上获得了它的绝大部分利润。这里要注意的是，每个渠道的销售额并不是每个渠道所获净利的可靠指标。根据副总经理陈总的要求，此次对整个销售系统进行评估，主要突出两个重点：对公司的现有营销效益和服务水平进行评估。尽管从整体而言，整个销售系统运行比较良好，但在每个订货季节之后，仍有一大部分的经销商抱怨他们的要求得不到满足，而同时又有一部分经销商在退货。这样，我们可以发现，如果商品能够按需分配，那么公司就能获得更大的利润。这其中，客户服务中最重要的一条就是合理安排经销商的订货。

# 第 7 章
# 绩 效 管 理

## 7.1 绩效管理概述

### 7.1.1 绩效管理的含义

绩效管理，是指企业与员工之间就业绩目标及如何实现业绩目标达成共识，并帮助和激励员工取得优异业绩，从而实现企业目标的管理过程。绩效管理的目的在于激发员工的工作热情和提升员工的能力和提高素质，以达到改善企业绩效的效果。绩效管理的核心是业绩评价和激励管理。

业绩评价，是指企业运用系统的工具方法，对一定时期内企业营运效率与效果进行综合评判的管理活动。业绩评价是企业实施激励管理的重要依据。

激励管理，是指企业运用系统的工具方法，调动企业员工的积极性、主动性和创造性，激发企业员工工作动力的管理活动。激励管理是促进企业业绩提升的重要手段。

### 7.1.2 绩效管理的原则

企业进行绩效管理时，应当遵循以下原则。

1. 权责一致原则

各项绩效考核指标的主要作用，在于监控和考核相关的业务流程和每项业务流程所对应的工作岗位的工作情况。绩效考核实施前提是必须解决企业战略清晰化、部门职能规范化、岗位责任细致化和业务流程合理化等基础管理问题，否则，无法做好绩效考核。

所以，绩效考核首先要求明确考核对象，对考核对象承担的责任和赋予的权利有明确的界定，从而明晰管理层次的关系，减少部门摩擦，减少对立情绪，提高企业整体运行效率。

由此可见，科学的管理制度和细致的岗位描述是绩效管理的基础，对被考核者来说，只是考核其所在岗位的绩效表现，而不是针对其个人。只有在这个前提下，绩效考核才有可能在企业顺利实施，才会对管理者和员工起到绩效牵引的作用。

**2. 量化考核原则**

绩效考核是通过系统量化的方法，对员工在工作过程中表现出来的业绩、工作的数量、质量以及工作能力、工作态度进行公正、客观的评价。

绩效考核往往是单一的上级对下属进行审查或考评，考评者作为员工的直接上级，与员工的私人关系或个人喜好等方面的因素，在很大程度上会影响绩效考评结果。

同时，考评者常常由于相关信息的缺失，而难以给出令人信服的考评意见，甚至会引发上下级的关系紧张和矛盾。因此，只有量化了的指标才具有操作价值。

在设置绩效指标时，对企业层面的关键业绩指标、部门层面的考核指标和业务层面的日常管理指标，要尽量做到指标量化，能用财务性指标量化的，尽量用财务性指标量化，不能用财务性指标量化的，尽可能准确地描述每种绩效表现和对应的奖惩幅度，从而使考核者能够准确把握绩效标准，公正地对被考核者做出评价。

**3. 兼顾公平原则**

兼顾公平原则主要是指合理设置考核权重，处理好集体与个人绩效的关系，关键是避免两种理解偏差：第一种情况是个人绩效突出，但因部门绩效不佳，受到牵连，导致个人考评结果不理想，从而极大地损害员工的工作热情；第二种情况是员工个人绩效极差，却因部门绩效较好，考评结果优异，导致员工存在侥幸心理，认为即使依赖他人同样可以获得较高的得分，不利于改进此类员工的工作绩效。

因此，在实际绩效考核过程中，要结合部门和员工实际职责内容，制定和落实"30/70 原则"：中、高层管理者考核得分中，个人工作业绩权重为 70%，企业关键业绩权重为 30%，部门工作与企业生产经营业绩的直接关联度越大，此项权重就越大；员工考核得分中，部门业绩权重为 30%，个人业绩权重为70%。合理设置权重，从而达到拉开差距、激励先进、鞭策后进、兼顾公平的绩效考核目的。

### 4. 绩效沟通原则

绩效沟通是绩效管理的关键，在绩效管理的每个环节都发挥着重要的作用。离开了绩效沟通，企业的绩效管理将流于形式。但是由于管理理念差异以及重结果、轻过程等意识的存在，许多管理者不是很重视绩效沟通，尤其是员工的直接上级。他们不进行绩效沟通有三个原因：第一，没有时间；第二，认为根本没有必要；第三，缺乏必要的沟通技巧。这样的沟通意识不利于员工素质的提高和绩效效果的改善。

因此，管理者不仅要注重对员工工作最终结果的考核，并以此作为奖惩的依据，还必须从思想认识、沟通技巧、绩效管理全过程跟踪等三个方面着手，从绩效计划环节中的合理分解指标和分配任务，到绩效实施过程中的辅导支持和管理培训，再到绩效周期结束后的纠偏分析、适时激励，从而把握绩效沟通过程的关键点，做绩效沟通的管理者。

### 5. 全员参与原则

全员参与绩效管理是提升管理执行力的关键，从企业高层到每位员工都有不可推卸的责任。

（1）高层领导参与。绩效管理是企业管理行为，是企业追求效率最优化和效益最大化的管理系统，因此绩效管理必然是"一把手工程"，只有企业高层领导参与，下决心并全力支持绩效管理，才有可能把企业战略目标逐级分解，同时将绩效管理的理念和方法渗透企业的各个角落，推动中层管理者和员工参与到绩效管理中。

（2）中层管理者参与。绩效管理不只是企业管理部门的责任，企业管理部门在绩效管理实施中主要扮演流程制定、工作表格提供和咨询顾问的角色，真正的责任主体应该是执行层管理者——部门经理、行政主管、班组长，他们在绩效管理中应花费更多的精力和时间，与下属讨论绩效目标、标准，经常进行检查，掌握下属的工作业绩，对下属进行反馈和辅导，评定下属的绩效结果，给予奖励和惩罚。

（3）基层员工参与。让所有员工的绩效都与企业生产经营业绩紧密关联，使人人肩上都有担子，事事有目标，人人有事做，这往往是决定绩效管理成功的因素。

### 6. 注重实效原则

持续的管理改进是绩效管理的根本意义所在。绩效管理是通过绩效计划（P）、绩效实施（D）、绩效考核（C）和绩效反馈（A）4个阶段的循环操作，实现组织目标和员工发展的动态管理过程。

在绩效管理实践操作中，是注重短期结果导向还是注重长期过程改进，取决于两个方面。

（1）设定合理的考核周期。如果考核周期设计过长，往往导致过程监控不力。对很多企业来说，采用月度考核、季度小结、年度总评的考核方式，能够更好地兼顾短期（月度、季度）的管理改进和长期（年度）的业绩提升。

（2）考核结果的运用。绩效管理必须与员工薪酬挂钩。一般来说，企业将员工薪酬分为岗位工资和绩效工资两个部分，考核权重各占 50%，既保证了基本收入，也合理拉开了考核差距，达到奖优罚劣、激励先进的目标。

同时，考核结果要与员工学习成长和职业发展相互关联，通过绩效测评，疏通员工职业发展渠道，职业发展渠道有好的（升、奖、委以重任）和差的（降、罚、再培训甚至辞退），这样才能使员工更多地关注企业发展、个人绩效和学习成长，营造注重实效、和谐发展的企业文化氛围。

## 7.1.3　绩效管理的流程

绩效管理流程通常被看作一个循环，这个循环分为五步，即绩效计划与指标体系的构建、绩效形成的过程控制、绩效考核与评估、绩效反馈与面谈、绩效考核结果的应用。绩效管理的一般流程可以用图 7－1 表示。

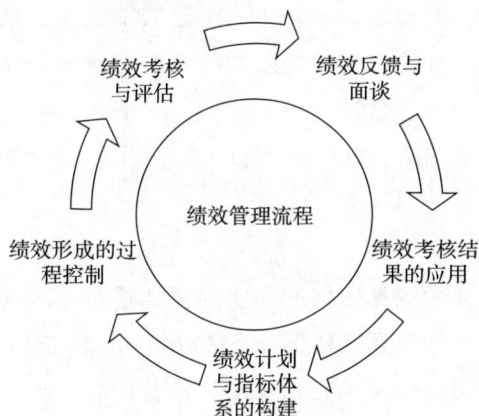

**图 7－1　绩效管理流程**

1. 绩效计划与指标体系的构建

绩效计划作为绩效管理流程的第一个环节，它是绩效管理实施的关键和基础。绩效计划制定得科学合理与否，直接影响绩效管理整体的实施效果。在这个阶段，管理者和员工的共同投入与参与是进行绩效管理的基础。如果是管理者单方面布置任务，员工单纯地接受任务，绩效管理就变成了传统的管理活动，也就失去了协作性的意义。有了明确的绩效计划之后，便要根据计划来构建指标体系。指标体系的构建可以使员工了解企业目前经营的重点，为员工日后工作提供指引。指标体系包括绩效指标和绩效标准。绩效指标是指企业对工作产出进行衡量或评估的方面，而绩效标准是指在各个指标上应该分别达到什么样的水平。换句话说：指标解决的是企业需要关注"什么"，才能实现其战略目标的问题；而标准着重强调的是被考核者需要在各个指标上做得"怎样"或完成"多少"。绩效指标与绩效标准是相互对应的。

2. 绩效形成的过程控制

制定了绩效计划、构建了指标体系之后，被考核者就开始按照计划开展工作。绩效管理不仅关注最终任务完成情况、目标完成情况、结果或产出，同时还要关注绩效形成的过程。因为过分强调结果或产出会使企业管理者无法准确地获得个体活动信息，从而不能很好地对员工进行指导与帮助，而且更多时候会导致企业的短期行为。绩效形成过程中，管理者要对被考核者的工作进行指导和监督，对发现的问题及时予以解决，并随时根据实际情况对绩效计划进行调整。

在整个绩效期间内，管理者都需要不断地对员工进行指导和反馈，即进行持续的绩效沟通。这种沟通是一个双方追踪进展情况、找到影响绩效的障碍及得到使双方成功所需信息的过程。持续的绩效沟通能保证管理者和员工共同努力、及时处理出现的问题、修订工作职责，使上下级在平等的交往中相互获取信息、增进了解、联络感情，从而保证员工的工作能正常地开展，使绩效实施的过程顺利进行。

3. 绩效考核与评估

工作绩效考核可以根据具体情况和实际需要进行月度考核、季度考核、半年考核和年度考核。工作绩效考核是一个按事先确定的工作目标及其衡量标准，考查员工实际完成的绩效情况的过程。考核期开始时签订的绩效合同或协议一般都规定了绩效目标和绩效测量标准。绩效合同一般包括工作目的描述、员工认可的工作目标及其衡量标准等。绩效合同是进行绩效考核的依据。绩效考核包括工作结果考核和工作行为评估两个方面。其中：工作结果考核是对考核期内员工工作目标实现程度的测量和评价，一般由员工的直接上级按照绩效合同中的标准，对员工的每一个工作目标完成情况进行等级评定；而工作行为考核则是针对员工在绩效周期内表现出来的具体行为态度进行评估。同时，在绩效实施过程中，所收集到的能够说明被考核者绩效表现的数据和事实，可以作为判断被考核者是否达到关键绩效指标要求的依据。

4．绩效反馈与面谈

绩效管理的过程并不是为绩效考核打出一个分数就结束了，主管还需要与员工进行一次甚至多次面对面交谈。通过绩效反馈与面谈，使员工了解主管对自己的期望，了解自己的绩效，认识自己有待改进的方面；员工也可以提出自己在完成绩效目标中遇到的困难，请求上级的指导。

5．绩效考核结果的应用

绩效考核完成以后，不可以将评估结果束之高阁，而是要将其与相应的其他管理环节相衔接。这种衔接主要有以下几个管理接口。

（1）制定绩效改进计划。

绩效改进是绩效管理过程中的一个重要环节。传统绩效考核的目的是通过对员工的工作业绩进行评估，将评估结果作为确定员工薪酬、晋升或降级的标准。而现代绩效管理的目的不限于此，员工能力的不断提升和绩效的持续改进与发展才是其根本目的。绩效考核结果反馈给员工后，有利于员工认识自己的工作成效，发现自己工作过程中的不足之处。绩效沟通给员工带来的这种信息会使可能一直不能正确认识自己的员工真正认识到自己的缺点和优点，从而积极主动地改进工作。所以，绩效改进工作的成功与否，是绩效管理过程是否发挥效用的关键。

（2）组织培训。

组织培训是指根据绩效考核的结果分析对员工进行量身定制的培训。对于难以靠自学或规范自身行为态度就能改进绩效的员工来说，可能真的在知识、技能或能力方面遇到了"瓶颈"，因此企业必须及时认识到这种需求，有针对性地安排一些培训项目，组织员工参加培训或接受再教育，及时弥补员工能力的欠缺。这样带来的结果是既满足了完成工作任务的需要，又可以使员工享受免费的学习机会，对企业、对员工都是有利的。而培训和再教育也越来越成为企业吸引优秀员工加盟的福利。

（3）薪酬奖金的分配。

企业除了基本工资外，一般都有业绩工资。业绩工资是直接与员工个人业绩相挂钩的。这种工资形式在业界很流行，它被形容为"个人奖励与业绩相关的系统，建立在使用各种投入或产出指标来对个体进行某种形式的评估或评价"。一般来说,绩效评价越高,所得业绩工资越多。这其实是对员工追求高业绩的一种鼓励与肯定。

(4)职务调整。

经过多次绩效考核后,如果员工的业绩始终不见改善,则需进行职务调整。究其原因,如果确实是员工本身能力不足,不能胜任工作,管理者则将考虑为其调整工作岗位;如果是员工本身态度不端正的问题,经过多次提醒与警告都无济于事,管理者则会考虑将其解雇。这种职务调整在很大程度上是以绩效考核结果为依据的。

(5)员工职业发展开发。

根据绩效评价的结果,针对员工在培养和发展方面的特定需要,制定培训开发计划,以便最大限度地发挥他们的优点,使他们的缺点最小化。例如,可以提高培训效率,降低培训成本;在实现组织目标的同时,帮助员工发展和执行他们的职业生涯规划。

(6)人力资源规划。

绩效评价可以为组织提供总体人力资源质量优劣程度的确切情况,获得所有人员晋升和发展潜力的数据,以便为组织的未来发展制定人力资源规划。

(7)正确处理内部员工关系。

坦率公平的绩效评价可以为员工在提薪、奖惩、晋升、降级、调动、辞退等重要人力资源管理环节提供公平客观的数据,减少人为的不确定因素对管理的影响,进而保持组织内部员工的相互关系建立于可靠的基础之上。

## 7.1.4 绩效管理的应用环境

企业能有效地进行绩效管理,通常要求应用环境满足以下三个条件。

(1)企业进行绩效管理时,应设立薪酬与考核委员会或类似机构,主要负责审核绩效管理的政策和制度、绩效计划与激励计划、绩效评价结果与激励实施方案、绩效评价与激励管理报告等,协调解决绩效管理工作中的重大问题。

薪酬与考核委员会或类似机构下设绩效管理工作机构,主要负责制定绩效管理的政策和制度、绩效计划与激励计划,组织绩效计划与激励计划的执行与实施,编制绩效评价与激励管理报告等,协调解决绩效管理工作中的日常问题。

(2)企业应建立健全绩效管理的制度体系,明确绩效管理的工作目标、职责分工、工作程序、工具方法、信息报告等内容。

（3）企业应建立有助于绩效管理实施的信息系统，为绩效管理工作提供信息支持。

# 7.2 绩效管理工具方法

## 7.2.1 关键绩效指标法

1. 关键绩效指标的概念

关键绩效指标（Key Performance Indicator，KPI）是通过对组织内部流程的输入端、输出端的关键参数进行设置、取样、计算、分析，衡量流程绩效的一种目标式量化管理指标，是把企业的战略目标分解为可操作的工作目标的工具，是企业绩效管理的基础。KPI 可以使部门主管明确部门的主要责任，并以此为基础，明确部门人员的业绩衡量指标。建立明确的切实可行的 KPI 体系，是做好绩效管理的关键。KPI 是用于衡量工作人员工作绩效表现的量化指标，是绩效计划的重要组成部分。

KPI 可分为两个层次：战略层次和职位层次。战略层次的 KPI 是指企业宏观战略目标决策经过层层分解产生的可操作性的战术目标，是宏观战略决策执行效果的监测指标。职位层次的 KPI 是指衡量某职位任职者工作绩效的具体量化指标，是对任职者工作任务完成效果最直接、客观的衡量依据。KPI 的主要目的是明确引导任职者将主要精力集中在对职位贡献最有成效的职责上，并通过努力及时采取提高绩效水平的改进措施，因此它是最能影响企业价值创造的关键驱动因素。

KPI 的理论基础来源于意大利经济学家帕累托提出的经济学二八原理，即企业在价值创造过程中，每个部门和每位员工的 80% 的工作任务是由 20% 的关键行为完成的。按照绩效考核的二八原理，对考核工作的主要精力要放在关键的指标和关键的过程上，抓住了 20% 的关键部分，就抓住了考核的主体。

KPI 是衡量企业战略实施效果的关键指标，其目的是建立一种机制，将企业战略转化为内部过程和活动，以不断增强企业的核心竞争力和持续地取得高效益，使考核体系不仅成为激励约束手段，更成为战略实施工具。

关键绩效指标的精髓，或者说对绩效管理的最大贡献，是企业业绩指标的设置必须与企业的战略挂钩，其"关键"两字的含义就是指在某一阶段一个企业战略上要解决的最主要的问题。例如，处于超常增长状态的企业，业务迅速增长带来企业的组织结构迅速膨胀、员工队伍极力扩充、管理不力及技能短缺、流程及规范不健全成为制约企业有效应对高增长的主要问题。解决这些问题便成为该阶段对企业具有战略意义的关键所在，绩效管理体系则相应地应针对这些问题的解决设计管理指标。

2．KPI 的提取方法

企业需要采用特定的方法找出自身的 KPI。通常情况下，企业采用的方法有鱼骨图法、头脑风暴法、三分法、德鲁克五分法、战略目标分解法和九宫图法。下面对每一个方法进行简要说明。

（1）鱼骨图法。

鱼骨图，又名因果图，是一种发现问题产生的"根本原因"的分析方法，其特点是简洁实用、深入直观。它看上去有些像鱼骨，问题或缺陷标在"鱼头"外。鱼骨上的鱼刺相当于产生问题的各种可能原因。它是一种透过现象看本质的分析方法，在精益生产管理中，对问题的分析与解决起到很大作用。制作鱼骨图分两大步骤：分析问题产生原因、绘制鱼骨图。

（2）头脑风暴法。

组织有关专家召开专题会议，进行群体决策，主持者以明确的方式向所有专家阐明问题，说明会议的规则，尽力创造融洽轻松的会议气氛。管理者一般不发表意见，以免影响会议的自由气氛。由专家自由地提出尽可能多的方案。

联想是产生新观念的基本过程。在集体讨论问题的过程中，每提出一个新观念，都能引发他人的联想。相继产生一连串的新观念，产生连锁反应，形成新观念堆，为创造性地解决问题提供更多的可能性。

在不受任何限制的情况下，集体讨论问题能激发人的热情。人人自由发言、相互影响、相互感染，能形成热潮，突破固有观念的束缚，最大限度地发挥创造性的思维能力。

在有竞争氛围的情况下，人人争先恐后，竞相发言，不断地发散思维，力求有独到见解、新奇观念。心理学的原理告诉我们，人类有争强好胜心理，在竞争环境下，人的心理活动效率可增加 50% 或更多。

（3）三分法。

三分法是指按照成长战略、运营效率、组织结构三个维度分析组织的关键成功要素指标的方法。

第一个维度是成长战略，成长战略主要包括以下两个方面：一是实现以利润为目标的核心业务的增长，要求将利润目标设置为中高级管理层共享的绩效指标；二是抓住业务的成长机会，主要测量的绩效指标有新产品销售数据、新产品推广流程优化程度和相应分销渠道数量等。

第二个维度是运营效率，可分为以下六个方面：一是加强渠道的发展，主要将参与渠道、运营效率设置为销售公司经理绩效指标；二是优化媒体组合，一般要求将媒体有效性和品牌强度设置为市场部的 KPI；三是系统化分销管理，主要测量的绩效指标有销售公司的店面陈设和分销商管理；四是提高促销有效性，主要测量的指标有市场部门和销售部门促销有效性以及市场部门制定促销预算的质量；五是提升供应链各环节的计划能力和技术能力，主要是将绩效指标的具体目标与供应链计划相联系；六是提高供应链中的效率和成本管理，其中绩效考核指标涵盖了供应链的所有活动。

第三个维度是组织结构，主要是加强全系统的职能部门结构优化程度，主要测量的指标有中高级管理层分担成本控制责任等。

（4）德鲁克五分法。

德鲁克五分法主要测量组织绩效的五个关键指标。一是市场地位及其变动趋势，包括市场上的位置是在升高还是下降、市场改进的方向、相关替代品的市场状况等。二是组织创新，包括创新产品的市场效果（创新产品是否确保并推动了公司的市场地位上升）、产品或服务创新周期（从开始研究到作为一项成功的产品或服务推向市场的周期）、创新产品成功与失败的比例是在改善还是在恶化等。三是生产率，包括投入生产的全部要素（资本/原材料/人工）与其相对应的生产成果的比率，以及每个要素的生产率是在稳步提高还是有所下降。四是清偿能力和现金流量，清偿能力是指企业偿还借贷的能力，如果长期过多地采取了应收账款的业务处理，会降低企业的现金流量和清偿能力，则意味着企业不是"获得"而是"买得"了市场，会大大地影响企业的财务状况。五是盈利能力，指的是企业产生利润资源的生产能力，即公司赚取利润的能力。

（5）战略目标分解法。

战略目标分解法是将企业的绩效指标按照自上而下的原则，由组织目标出发分解到各个岗位的员工身上的方法。这一方法的主要实施步骤如下。

步骤一，将组织战略目标转化为组织绩效考核指标；步骤二，将组织绩效考核指标分解到部门；步骤三，将部门的绩效考核指标分解到岗位；步骤四，将年度绩效考核指标分解到日常。

战略目标分解法的核心思想表现在以下两个技术上。一个是 PAST（Process

Analysis System Technique，工作流程分解法），其在明确组织 KPI 关注领域的基础上，依据企业的业务流程及部门支撑关联将指标元素进行层层分解和传递，从而将企业的战略目标和业绩指标传达并落实到每个岗位的每名员工身上，将企业上下有机地结合到一起；第二个是 FAST（Function Analysis System Technique，功能分析系统技术），其从梳理企业的组织架构和岗位体系入手，对岗位职责进行模块化的专业描述，进而结合实际业绩目标设计年度及日常绩效考核指标，建立完整的绩效考核指标体系。

（6）九宫图法。

九宫图法是一种有助于扩散性思维的思考策略。利用一幅九宫格图，将主题写在中央，然后把由主题所引发的各种想法或联想写在其余格内。其优点是由事物核心出发，向八个方向思考，发挥八种不同的联想。依循此思维方式可以发挥并扩散思考范围。九宫图法可分为曼陀罗法和莲花法。

曼陀罗法是利用一幅像九宫格的图，将主题写在中央，然后把主题所引发的各种想法或联想写在其余八个圈内的方法。

莲花法从曼陀罗法的基本单位发展而来，如图 7-2 所示。

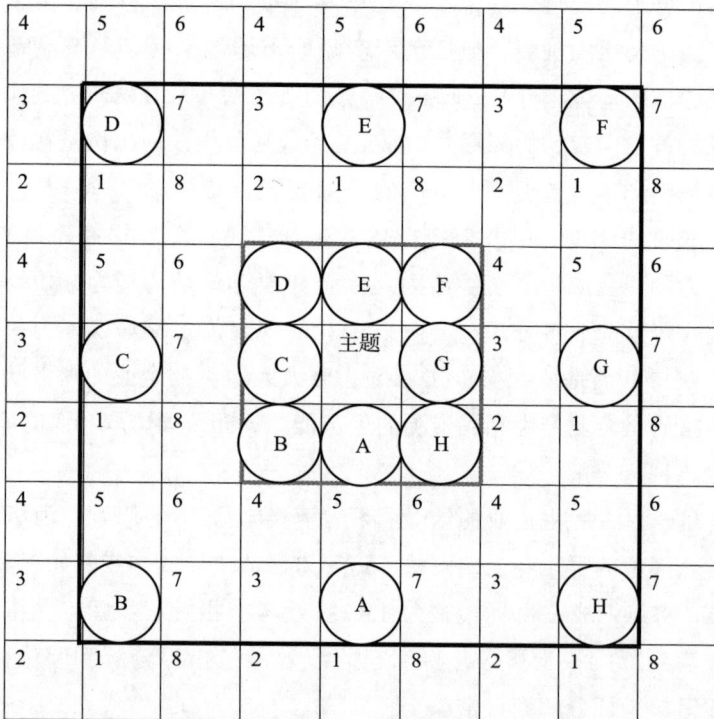

图 7-2　莲花法

莲花法的实施步骤如下。

首先，每位讨论者手持莲花图，并将讨论的主题或问题写于图中央位置。其次，把相关的想法写入围着主题四周的八个圈中（每个圈的左上角分别写上英文字母 A 至 H），使之成为八个子题，并于图中央构成一幅曼陀罗法九宫格图。然后，讨论者可就各个子题再想出另外八个想法，将之写于围着子题四周及标着 1~8 的方格内，讨论者可沿以上步骤再延伸构思新的想法。讨论直至整个莲花图写满为止。

3. KPI 建立的流程

在具体的操作过程中，KPI 的提取要在各层面都做到纵向战略目标分解、横向结合业务流程，也不是一件非常容易的事情。图 7-3 为 KPI 的提取流程。

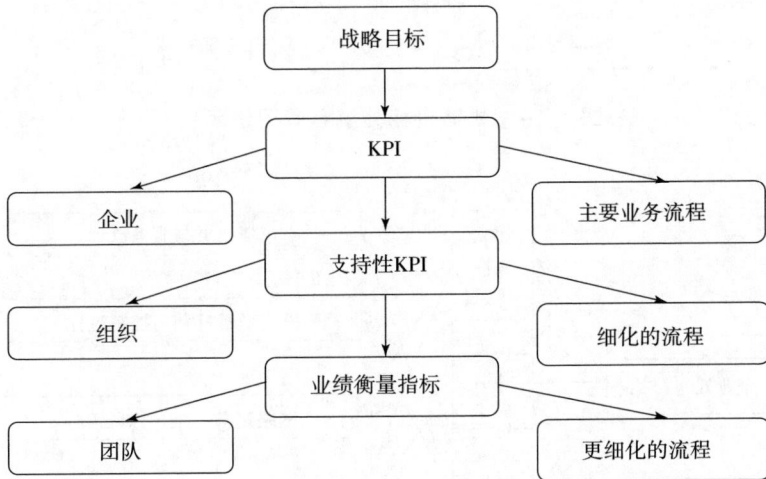

图 7-3　KPI 提取流程

（1）分解企业战略目标，分析并建立各子目标与主要业务流程的联系。

企业的总体战略目标在通常情况下均可以分解为几项主要的支持性子目标，而这些支持性的、更为具体的子目标本身需要企业的某些主要业务流程的支持才能在一定程度上达成。因此，在本环节上需要完成以下工作：

①企业高层确立企业的总体战略目标；

②由企业中高层将战略目标分解为主要的支持性子目标；

③在企业的主要业务流程与支持性子目标之间建立关联。

战略目标分解的鱼骨图法示例如图 7-4 所示。战略目标与流程分解示例如图 7-5 所示。

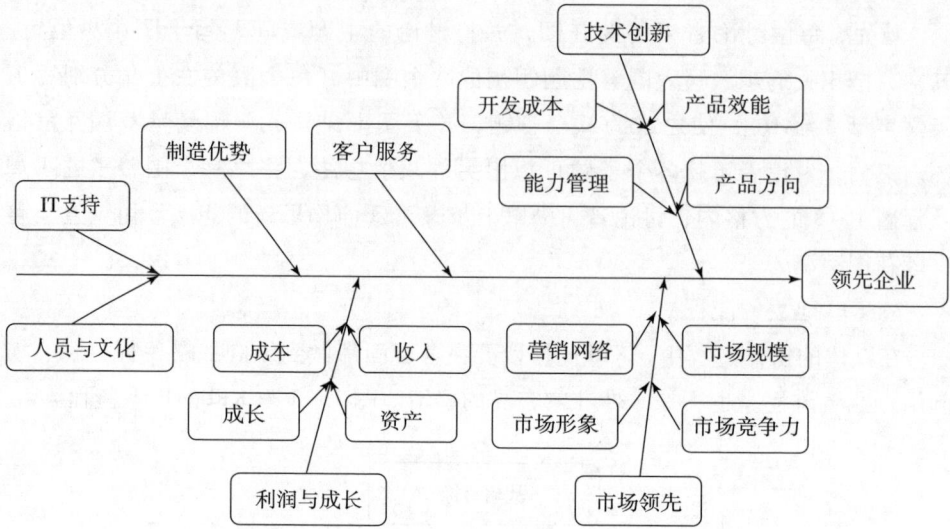

图 7 − 4  战略目标分解鱼骨图法示例

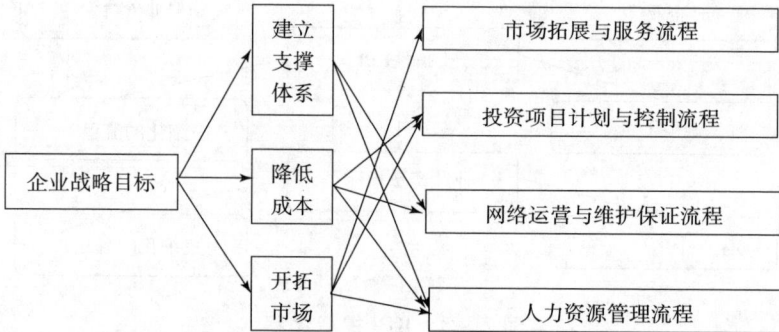

图 7 − 5  战略目标与流程分解示例

（2）确认各支持性业务流程目标。

确认各战略子目标的支持性业务流程后，需要进一步确认各业务流程在支持性子目标达成的前提下流程本身的总目标，并运用九宫图法进一步确认流程总目标在不同维度上的详细分解内容。确认流程目标实例如表 7 − 1 所示。

表 7－1　　　　　　　　　　　确认流程目标实例

| 流程总目标：低成本、快速满足客户对产品质量和服务的要求 | | 组织目标要求（客户满意度高） | | | |
|---|---|---|---|---|---|
| | | 产品性能指标合格品 | 服务质量满意率 | 工艺质量合格率 | 准时齐全发货率 |
| | | 产品设计质量 | 工程服务质量 | 生产成本 | 产品交付质量 |
| 客户要求 | 质量高 | 产品设计好 | 安装能力强 | | |
| | 价格低 | 引进成熟技术 | | | |
| | 服务好 | | 提供安装服务 | | |
| | 交货周期短 | | | 生产周期短 | 发货及时 |

（3）确认各业务流程与各职能部门的联系。

本环节通过九宫图法建立流程与职能部门之间的联系，从而在更微观的部门层面建立流程、职能与指标之间的联系，进而为企业总体战略目标和部门绩效指标建立联系。业务流程与职能部门联系示例如表 7－2 所示。

表 7－2　　　　　　　　　业务流程与职能部门联系示例

| 流程：新产品开发 | 各职能部门所承担的流程中的角色 | | | | |
|---|---|---|---|---|---|
| | 市场部 | 销售部 | 财务部 | 研究部 | 开发部 |
| 新产品概念选择 | 市场论证 | 销售数据收集 | | 可行性研究 | 技术力量评估 |
| 产品概念测试 | | 市场测试 | | | 技术测试 |
| 产品建议开发 | | | 费用预算 | 组织预研 | |

（4）部门级 KPI 的提取。

在本环节中要从通过上述环节建立起来的流程重点、职能部门之间的联系中提取部门级 KPI。部门级 KPI 提取示例如表 7－3 所示。

表 7－3　　　　　　　　　　部门级 KPI 提取示例

| 关键绩效指标维度 | | | | 指标 |
|---|---|---|---|---|
| | 测量主体 | 测量对象 | 测量结果 | |
| 绩效变量维度 | 时间 | 效率管理部 | 新产品（开发） | 上市时间 | 新产品上市时间 |
| | 成本 | 投资部 | 生产过程 | 成本降低 | 生产成本率 |
| | 质量 | 客户管理部 | 产品与服务 | 满足程度 | 客户满意度 |
| | 数量 | 能力管理部 | 销售过程 | 收入总额 | 销售收入 |

（5）目标、流程、职能、职位的统一。

根据部门 KPI、业务流程以及确定的各职位职责，建立企业目标、流程、职能与职位的统一。KPI 进一步分解到职位示例如表 7－4 所示。

表7-4                                KPI进一步分解到职位示例

| 流程：新产品开发流程 | | 市场部职责 | | 部门内职位职责 | | | |
|---|---|---|---|---|---|---|---|
| | | | | 职位一 | | 职位二 | |
| 流程步骤 | 指标 | 产出 | 指标 | 产出 | 指标 | 产出 | 指标 |
| 发现客户问题，确认客户需求 | 发现商业机会 | 市场分析与客户调研，制定市场策略 | 市场占有率 | 市场与客户研究成果 | 市场占有率 | 制定出市场策略，指导市场运作 | 市场占有率 |
| | | | 销售预测准确率 | | 销售预测准确率 | | 销售预测准确率 |
| | | | 市场开拓投入率 | | | | |
| | | | 企业市场领先预期值 | | | | |

（6）审核KPI。

对KPI进行审核的目的主要是确认其是否能够全面、客观地反映被考核者的工作绩效以及其是否适合于被评价与操作。对IPI进行审核，主要是审核以下问题：多个考核者对同一个KPI进行评价，结果是否能取得一致，这些指标的总和是否可以解释被考核者80%以上的工作目标，跟踪和监控KPI是否可以操作，等等。

每一个职位都影响某项业务流程的一个过程，或影响过程中的某个点。在订立目标及进行绩效考核时，应考虑职位的任职者是否能控制该指标的结果，如果任职者不能控制，则该项指标就不能作为任职者的业绩考核指标。比如，跨部门的指标就不能作为基层员工的考核指标，而应作为部门主管或更高层主管的考核指标。

4. 关键绩效指标法的优点和不足

关键绩效指标法在企业战略管理和绩效管理中都体现着巨大的优势和作用。

首先，KPI目标明确，有利于公司战略目标的实现。KPI是企业战略目标的层层分解，企业通过KPI的整合和控制，使员工绩效行为与企业目标要求的行为相吻合，不至于出现偏差，有力地保证了企业战略目标的实现。

其次，关键绩效指标法提出了客户价值理念。关键绩效指标法提倡的是要实现企业内外部客户价值的思想，对于企业形成以市场为导向的经营理念是有一定提升作用的。

最后，KPI有利于组织利益与个人利益达成一致。策略性地分解指标，使企业战略目标成为个人绩效目标，员工个人在实现个人绩效目标的同时，也是在实现企业的总体战略目标，达到两者和谐、企业与员工共赢的目的。

虽然关键绩效指标法有着巨大的作用，但是也存在一些不足，主要体现在以下几点：一是 KPI 比较难界定，KPI 更多是倾向于定量化的指标，这些定量化的指标是否真正对企业绩效产生关键性的影响，如果没有运用专业化的工具和手段，难以界定；二是关键绩效指标法会使考核者误入机械的考核方式，过分地依赖考核指标，而没有考虑人为因素和弹性因素，会产生一些考核上的争端和异议；三是关键绩效指标法并非对所有岗位都适用，有的岗位由于工作内容的特性而不适用关键绩效指标法。

## 案例　关键绩效指标法的应用案例

### 小米的"去 KPI"化管理

在大家都强调 KPI 的重要性时，小米却号称自己"轻管理，极度扁平化，无 KPI"。小米的轻管理主要体现在两方面：极度扁平化与"去 KPI"化的绩效考核。极度扁平化是指小米的组织架构非常简单，只有三级：核心创始人、业务负责人和普通员工。小米的管理层很少，七八个创始人下面分别有个主管，管理着七八个小组，然后就是普通员工，而且除创始人有职位，其他人都没有职位，都是工程师，晋升的唯一奖励就是涨薪。这种极度扁平化与小米的"去 KPI"化的绩效考核模式相辅相成。

1. 小米的"去 KPI"化绩效考核办法

（1）用用户满意度来衡量员工的绩效。

小米有 KPI，但不是传统意义上的考核指标在 KPI 考核上，而是它实行的不是通常意义上的考核指标。"小米追求的是活跃度。"黄江吉提道。以路由器为例，一台路由器卖出去的活跃度有多少？用户是不是真的使用了这些功能？传统企业追求总销量，但在互联网时代，小米追求的是用户满意度，即小米不把财务指标当成目标和考核指标，而是鼓励员工以用户为中心——用户对产品体验的满意度就是标准。例如，手机维修一小时内完成，配送时间从三天减少到两天，用户电话接通率达到 80% 等。用用户满意度来衡量员工的绩效。

（2）"去 KPI"化——一种变相 KPI 改良办法。

在小米，有一个很有趣的现象：员工不做 PPT，也没有工作汇报和年终总结。每天下午，黄江吉都会做的一件事情，就是坐在自己的办公室一一对他负责的产品进行升级。这一天，员工完善了哪些产品功能，通过升级他都一清二楚。员工所做的任何工作，一个新的功能诞生，一次优化、修复，黄江吉都能知道，并且给予即时的反馈，而不需要等到年中或者年底，通过书面的形式集中反馈。同时，当员工提出一个新想法的时候，黄江吉能立即做决定，而非员工一层一层传递工作报告。"因为我自己就身在一线，了解用户的反馈和痛点。"在小米，随处可见用来沟通讲解的白板，即使遇到更加复杂的问题，黄江吉也只需要和员工花一小时来讨论，就可以立马做决定，而不必花多余的时间做任何书面的汇报。

因此，所谓"去 KPI"化，实际上是考核制度的改良，去掉 KPI 设计中不合理的部分。也就是说，"去 KPI"化是一种变相 KPI 改良方法。

（3）管理层高度参与业务，能快速、具体地了解每位员工的绩效并对其考核。

对于黄江吉而言，他负责的路由器、云服务等业务板块的员工绩效考核，只需要他和其他几个业务负责人就可以完成。黄江吉认为，当管理者高度参与业务的时候，他甚至知道哪个功能是哪个工程师开发的。通过产品就能了解员工的贡献度。

正是由于公司的极度扁平化，管理层才能够做到高度参与业务，熟悉业务的每一部分，从而可以快速具体地了解到每位员工所做的工作以及取得的成果，并对该员工进行绩效考核。

2. 小米"去 KPI"化的绩效考核指标来源

有人说，雷军是小米最大的"产品经理"。从雷军开始，创始人团队每个人每天会花一小时来回复微博上的评论。不仅如此，在小米，全员皆客服。通过赋予用户高度的参与感，小米把管理员工的任务交给了"米粉"。因为关于产品的反馈直接来自用户，而非管理者，员工会对此有更加强烈的感知。用户的一句表扬，就足以带给员工物质难以替代的激励。同样，用户的一句批评和指责，也会让员工拥有迫切改进的动力。

用户都能够知道某个功能是哪位工程师开发的，哪个模块是哪位工程师开发的，用户批评了，对应的工程师就说这个问题反馈我们看到了，会立刻去改。做得好不好，依靠用户投票，大家公认的好设计才是好设计。

因此，小米绩效考核的指标来自用户。以用户反馈来驱动开发，响应快速，倒逼管理改进，把员工交给用户管理，而不是管理者。让用户通过体验对员工的绩效做出评价。换言之，你开发的功能让用户觉得舒服，你就达到了绩效指标，你开发的功能让用户觉得有问题，说明绩效没达标，需要按着用户的意向改进，以用户的需求为导向来使绩效达标。

## 7.2.2　经济增加值法

### 1. 经济增加值法的概念

经济增加值法主要指的是以企业经营活动取得的经济增加值（Economic Value Added，EVA）作为企业的业绩评价的主要评价尺度与标准，是基于税后营业净利润金额确定产生这些利润所需资本投入的总成本的一种企业绩效评价方法（属于内涵扩大型的财务业绩评价指标）。该理念最早是由美国 Stern Stewart 管理咨询公司于 1982 年提出的。如今该方法在实践中正在得到愈来愈广泛的应用和推广，如在宝洁、通用电气、联邦快递和可口可乐等跨国企业，还有我国目前由国资委管辖的所有中央企业均在采用该方法评价各企业及其内部各业务部门的经营业绩。

### 2. 经济增加值法的原理与流程

现代企业采用 EVA 作为业绩考核与评价关键指标的根本目的是未来使经营者能够站在所有者的立场上，将二者的目标实现趋同或一致，解决两权分立带来的弊端。EVA 法通过确定对经营者的奖励是他为所有者创造的增量价值的一部分，从而使得经营者的利益与所有者的利益相联系，可以鼓励经营者采取符合企业价值最大化的行动，并有效地缓解因委托代理关系产生的道德风险和逆向选择矛盾，最终降低企业的经营管理成本。EVA 业绩评价的原理与实质表现如图 7 - 6 所示。

企业业绩评价的基本模型（如财务业绩评价中的会计利润指标）不能直接应用于企业的 EVA 绩效评价指标的计算过程中，EVA 真正不同于传统会计利润概念之处在于，它还需要以传统的会计方法为基础对一些项目进行调整，增加或扣除某些项目，以体现企业真实财务状况。对于上市公司而言，通常将市场评价指标作为管理者业绩评价的主要指标。市场评价指标一般是根据企业在股票市场上的表现确定的，根据历史经验，上市公司常用的市场评价指标包括股票价格、股票的托宾 q 值、市场增加值（Market Value Added，MVA）和股票收益率等。经济增加值的计算模型及其调整如表 7 - 5 所示。

```
┌─────────┐    ┌─────────┐    ┌─────────┐    ┌─────────┐    ┌─────────┐
│ 传统业绩 │    │收入-成本 │───▶│ 经营利润 │    │ 会计利润 │◀───│收入-成本-│
│ 评价指标 │    └─────────┘    └─────────┘    └─────────┘    │   利息   │
└─────────┘                        │              │         └─────────┘
```

图示说明：

- 业务经理关注
- 财务报表
- 总经理关注
- 非真实反映 → 经营状况
- 非真实反映 → 经营业绩

- 没有扣除权益成本，计算不全 资本、利润扭曲

- EVA原理 → 超过资本成本的那部分价值=股东价值增量
  - EVA>0，表明创造了价值、财富 → EVA越大，管理者业绩越好
  - EVA<0，表明没有创造价值、财富 → EVA越小，管理者业绩越差

- EVA突出特点
  - 度量资本利润，非企业利润
  - 度量资本的社会利润，非个别利润
  - 度量超额收益，非利润总额

- EVA的4M内涵
  - 评价指标（measurement）：考虑了指标的成本，使评价指标更完善
  - 管理体系（mangement）：取代其他指标与决策程序统一，形成完整管理体系
  - 激励制度（motivation）：通过奖励计划，实现管理激励
  - 理念体系（mindset）：引入新观念，统一评价起点，有利于部门间沟通

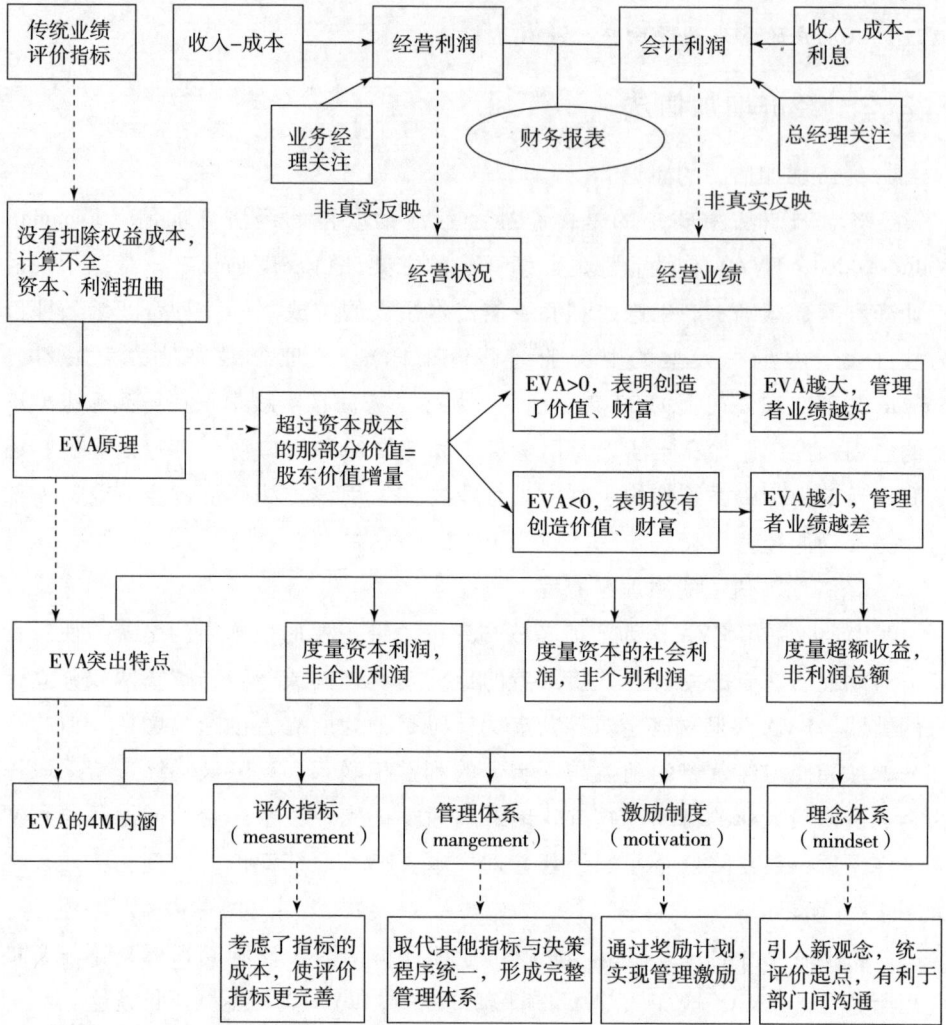

**图 7-6　EVA 业绩评价的原理与实质表现**

**表 7-5　　　　　　经济增加值的计算模型及其调整**

| 项目 | 计算过程及主要变量 | | |
|------|------|------|------|
| 模型 | $EVA = NOPAT - C \times WACC = (RONA - WACC) \times C$ | | |
| | 经济增加值 = 税后净利润 - 资本投入额×加权平均资本成本率 = （资产利润率 - 加权平均资本成本率）×资本投入额 | | |
| 变量 | 税后净利润 = | 资本投入额 = | |

244

续表

| 项目 | 计算过程及主要变量 | | |
|---|---|---|---|
| 基础 | 报告期息税前利润 | 净营运资本 | $WACC = (E \div V) \times Re + (D \div V) \times Rd \times (1 - Tc)$<br>式中：$Re$ 为股本成本；$Rd$ 为债务成本；$E$ 为公司股本的市场价值；$D$ 为公司债务的市场价值；$V$ 为企业的市场价值，$V = E + D$；$Tc$ 为企业税率 |
| 调整项目 | + 利息费用 | + 少数股东权益 | |
| | + 少数股东权益 | + 递延税款贷方余额 | |
| | + 本年商誉摊销 | + 各种准备金 | |
| | + 递延税款贷方余额的增加 | + 累计商誉摊销 | |
| | + 其他准备金额的增加 | + 资本化的研发投资 | |
| | + 资本化研发费用 | + 借款（长短借款）总额 | |
| | − 资本化研发费用本年摊销额 | | |
| | ①某项调整对 EVA 是否真有影响 | ③这项调整对执行者来说是否容易理解 | |
| | ②管理者是否能够影响与该项调整相关的支出 | ④调整所需的资料是否容易取得 | |
| 提高方法 | 增加税后净营业利润 | 减少资本占用额 | 减小加权平均资本成本率 |
| 优点 | 能够将企业整体利益与企业业绩密切联系起来，避免决策的次优化，并减少传统会计指标对企业经济效率的扭曲 | | |
| 缺点 | ①难以反映企业的规模差异<br>②财务导向上可能会导致财务操纵<br>③过分强调短期效果，易出现生产经营上的短期行为，不愿意投资创新项目（成本确认会减少利润） | | |

3. 企业 EVA 指标应用注意要点

（1）资本成本确定或估计的方法比较多，计算 EVA 时应保持前后一致。

（2）因为资本成本的变异性会导致评价的可靠性降低，因此，管理会计人员使用这些估计方法时要充分考虑各期选择方法的可变性与一致性，以保持 EVA 绩效可耦合体系的连续性与客观性。

（3）由于影响会计利润的因素比较复杂，计算 EVA 时应减少会计调整主观判断的影响。

（4）对关键变量调整宜根据企业自身实际情况适当调整，不应过度调整。

（5）EVA 指标可能无法解释企业内在的成长机会。

（6）EVA 比其他指标更接近企业真正创造的价值，同时也降低了 EVA 与资本市场的相关性，难以解释企业内在成长机会。

（7）使用 EVA 绩效业绩评价时应避免对管理者的考核和评价的偏差。

EVA 对会计指标的调整可能会对管理层的各期业绩造成歪曲，可能会抵消使用该绩效评价指标原本可以发挥的激励作用。

# 案例　经济增加值法的应用案例

## 青岛啤酒的 EVA

2001 年，面对困境青岛啤酒采纳了 SternStewart&Co. 得出的以 EVA 为核心的管理重组方案，实施后青岛啤酒在取得了喜人的效果的同时也发现了诸多问题，但 EVA 的价值管理理念是毋庸置疑的，随着这些问题的逐步解决，EVA 的应用在我国必将大放光彩。

1. 案例背景

青岛啤酒股份有限公司（以下简称"青岛啤酒"）前身为国有青岛啤酒厂，始建于 1903 年，是我国历史最为悠久的啤酒生产厂。1993 年 6 月 16 日公司注册成立，7 月 15 日在香港联合交易所有限公司（以下简称"联交所"）上市，同年 7 月公司在国内发行 A 种股票并于 8 月 27 日在上海证券交易所上市。经过前几年的并购，已基本上完成了在我国市场的战略布局，其产品覆盖了我国的主要市场，并已行销世界四十余个国家和地区。但在庞大的集团组织体系与利润逐渐下滑的双重压力下，整合现有资源，重组青岛啤酒管理模式迫在眉睫。为此 2001 年底，在经过管理高层的慎重考虑之后，青岛啤酒决定采纳 Stern Stewart&Co. 得出的以 EVA 为核心的管理重组方案，建立一个更加合理、科学的激励与约束机制。

2. EVA 在青岛啤酒的实施

（1）在员工中形成对 EVA 价值管理的认同。青岛啤酒建立了以 EVA 为中心的目标管理体系，要求整个财务体系按照 EVA 来做财务报表，年底以这些指标来考核业绩，改变了公司历年来表达财务目标的方法多而混乱的局面。

（2）激励与 EVA 价值挂钩。传统激励方式是单纯以会计利润为中心的考核办法，忽略了资本成本的投入，使其公平性和有效性大打折扣。以 EVA 为中心的激励制度，使经理层更加注重资本利用率，理智地使用资本。考核指标设定更为科学合理，保障了经理人利益和股东利益相联系。由于考虑了资本成本的问题，管理者将更为理智合理地利用资本，而且资本成本直接和他们的激励挂钩，使管理者会更加考虑投资的风险性，使他们每次决策都会更加理智谨慎。

（3）改革组织结构。为了适应 EVA 的薪酬激励模式和改革青岛啤酒现有的组织结构，青岛啤酒根据 Stern Stewart&Co. 的 EVA 绩效评价方案，经过一系列的重组整合，青岛啤酒建立了一个基于 EVA 的扁平化的组织结构，从而彻底改变了公司原有的管理体系和模式，公司变得更具透明度。

3. EVA 在青岛啤酒的应用效果分析

首先，青岛啤酒引入 EVA 的理念和考核办法后，使原来以效益为中心转变为以资本增值为中心，对青岛啤酒的业绩而言，最直接的变化就是资产的流动性和资金的周转率提高了。

其次，EVA 的价值管理理念也逐步为公司所接受，人人都谈 EVA，做什么都以 EVA 为评判标准，符合公司做强做大的目标。

然后，强化了公司的品牌形象，EVA 让人一目了然公司的业绩情况，消除人们的疑虑和猜想，使信息更加透明，极大地增强了人们对公司的信心。

最后，形成效率较高的组织结构，形成基于 EVA 的扁平化的组织结构改变了公司原有的管理体系和模式，使公司变得更加透明，有利于股东和社会的监督。

4. 案例评析

EVA 和会计利润等指标相比，注重权益和债务的资本成本，考虑了这些资本的机会成本，能更准确地反映公司是否为股东创造了价值、创造了多少价值，能更为科学、有效、全面地反映经营者的业绩。同时，EVA 能保持管理层和股东之间利益的一致性。对于管理层而言，基于以 EVA 为基础的红利激励计划，能规范管理者行为。对于所有者而言，EVA 的应用既有管理监督的作用，也有吸引和留住人才的作用，为公司创造更多财富。而且，EVA 指标体系能够反映公司的抗风险能力，从而提升公司的公信力。当然，通过对青岛啤酒应用 EVA 进行薪酬激励的案例分析，我们也发现在应用 EVA 的时候存在的困难。第一，宏观环境的影响。EVA 指标体系对会计信息质量的要求高，如果资本市场不完善、监管力度不够，在计算 EVA 的过程中会或多或少地存在偏差。第二，公司内部治理结构的影响。董事会容易被操纵，监事会不能完全履行该有的职责，不利于公司方针政策的有效实施。第三，缺少必要的中介机构，从而在实施的过程中效果往往不太理想。

EVA 不仅是一种管理思想，更是一种评价激励机制。作为管理思想，EVA 对公司的治理结构能起到优化的作用，能够规范公司的投资行为。作为评价激励机制，EVA 对业绩的评价更全面科学，对激励更为有效合理，更能吸引和留住人才。所以，随着我国资本市场的不断完善、公司内部治理结构的逐步改善和中介机构的建立，使 EVA 的管理激励理念深入人心，EVA 在我国应该有较大的利用空间。

### 7.2.3 平衡计分卡

1. 平衡计分卡的理念与实施步骤

传统的业绩评价指标体系主要是从财务视角对企业管理者从事的经营活动所取得的成绩进行评价，然而仅仅考虑财务指标实际上并不能全面或整体评价企业的竞争力和各责任中心管理层的经营业绩，对企业管理层的业绩评价还必须与非财务活动的因素，如企业战略目标、市场需求和员工的变革创新能力等方面相联系，即做到财务指标与非财务指标相平衡、相协调才能进行全面和客观的业绩评价工作。本小节的平衡计分卡（Balanced Score Card，BSC）就是在此背景下被美国学者卡普兰和诺顿于 1992 年开发出来的一种新型、多角度、综合、有效地衡量企业经营业绩的绩效评价工具。目前该战略型的业绩评价工具已经在全世界各地企业的企业内部管理中得到广泛运用，受到了许多企业的治理层和管理层的普遍好评。平衡计分卡的理念与主要特征如图 7 - 7 所示。

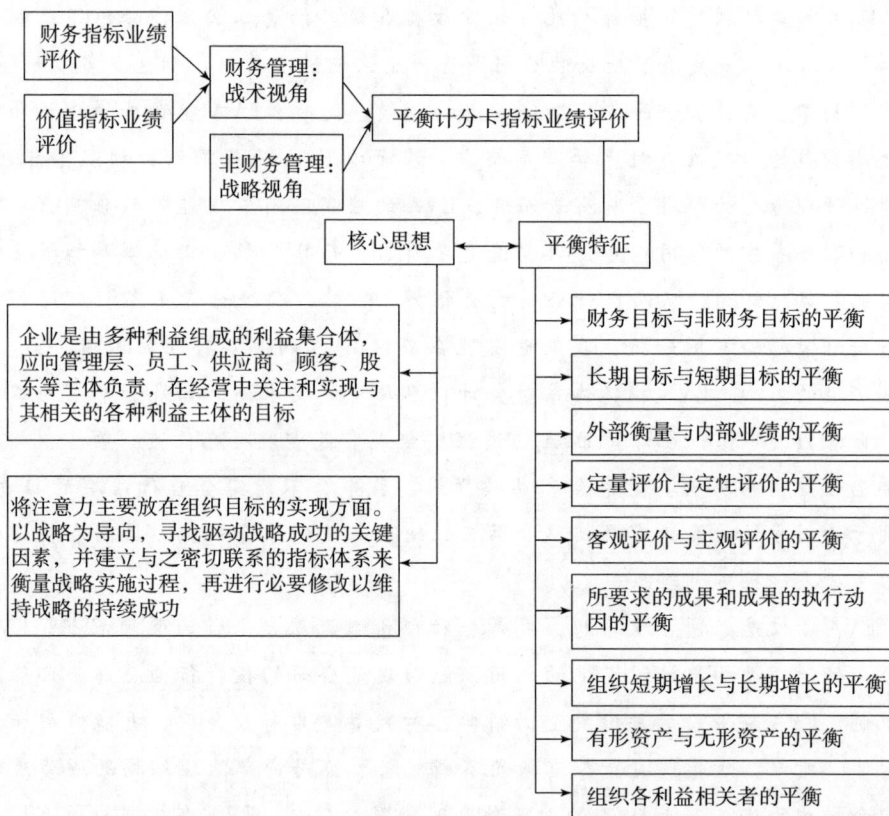

**图 7 - 7 平衡计分卡的理念与主要特征**

2. 平衡计分卡的核心内容与框架

平衡计分卡的核心内容与框架见图 7 – 8。

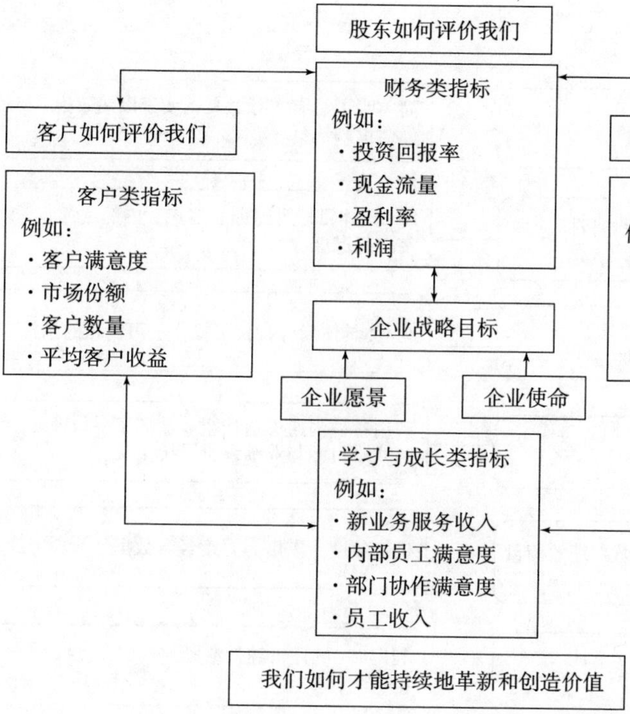

图 7 – 8　平衡计分卡的核心内容与框架

通过图 7 – 8 所描述的平衡计分卡核心内容与框架，我们可以看出一套完善的平衡计分卡体系应该从企业战略目标出发，站在管理者和经营者目标一体化的立场上，从四个方面分别设定有助于达到战略目标的绩效管理指标，这样才能自上而下地将绩效管理与战略实施有机地结合起来，使得企业管理层能够看到企业绩效的广度和总的规模，才能使企业对管理者的绩效评价公正、公平和达到预期的管控效果，从而使实施平衡计分卡评价体系的企业的经营管理具有真正的活力与潜力。

3. 企业应用平衡计分卡的基本程序

从企业的平衡计分卡的核心内容与框架，我们已经知道平衡计分卡不只是一套业绩评价体系，更是一个战略管理层次的、复杂的管理系统，在设计与实施过程中需要考虑多方面因素的影响，需要得到自上而下全体企业经营参与者的全面配合与大力支持。因此，有效实施平衡计分卡指标评价系统的最关键路径或措施是以战略目标为导向，将各种影响战略实现的驱动因素协调地结合起来，这样才能真正发挥平衡计分卡的战略管控作用。平衡计分卡评价方法实施的基本步骤如图 7 - 9 所示。

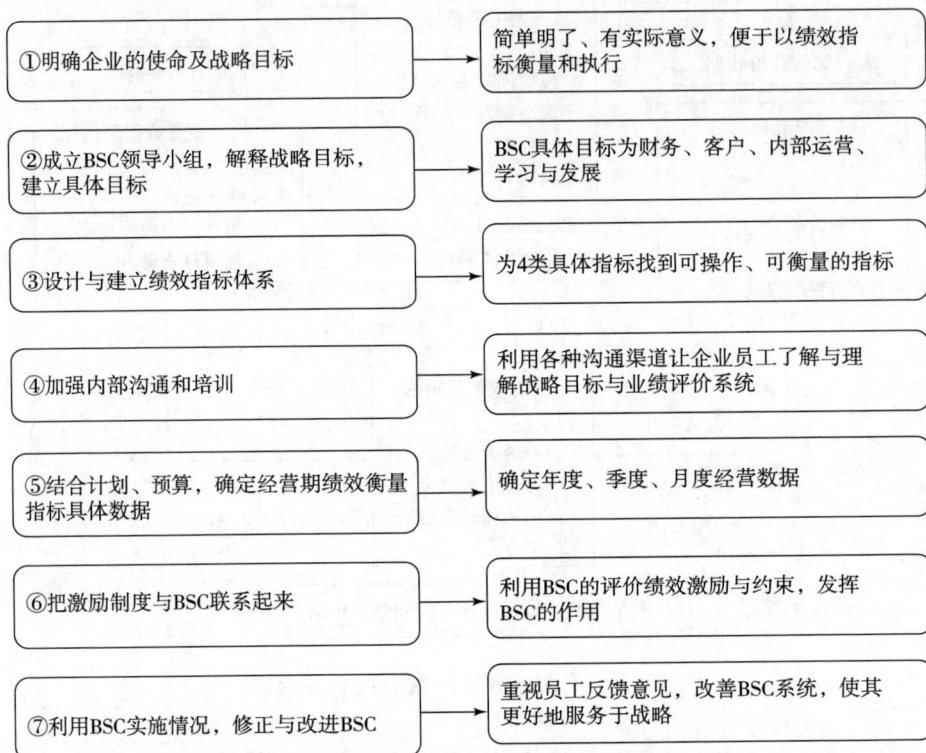

| | |
|---|---|
| ①明确企业的使命及战略目标 | 简单明了、有实际意义，便于以绩效指标衡量和执行 |
| ②成立BSC领导小组，解释战略目标，建立具体目标 | BSC具体目标为财务、客户、内部运营、学习与发展 |
| ③设计与建立绩效指标体系 | 为4类具体指标找到可操作、可衡量的指标 |
| ④加强内部沟通和培训 | 利用各种沟通渠道让企业员工了解与理解战略目标与业绩评价系统 |
| ⑤结合计划、预算，确定经营期绩效衡量指标具体数据 | 确定年度、季度、月度经营数据 |
| ⑥把激励制度与BSC联系起来 | 利用BSC的评价绩效激励与约束，发挥BSC的作用 |
| ⑦利用BSC实施情况，修正与改进BSC | 重视员工反馈意见，改善BSC系统，使其更好地服务于战略 |

**图 7 - 9    平衡计分卡评价方法实施的基本步骤**

4. 企业应用平衡计分卡的优缺点

作为一种新兴的企业绩效评价体系，平衡计分卡在从战略视角全面评价企业经营绩效方面发挥着巨大的作用，但它并非完美的评价方法，还存在一定的局限性，需要企业管理者在具体的经营实践中，正确地、有针对性地加以选择与使用，这样才可能发挥它应有的积极作用与管理价值。平衡计分卡的优缺点如图 7 - 10 所示。

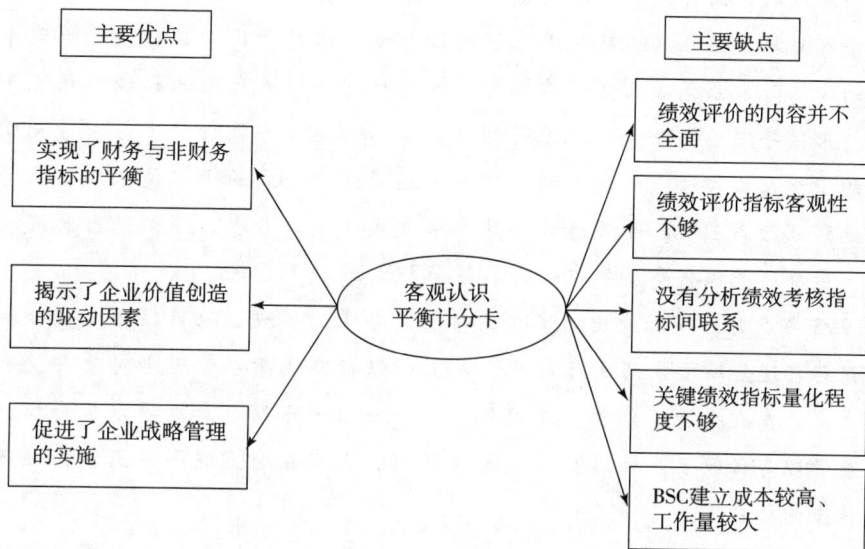

图 7 - 10　平衡计分卡的优缺点

# 案例　平衡计分卡的应用案例

## 美国化学银行的平衡计分卡

　　美国化学银行（chemical bank）是美国密歇根州的第四大银行，资产总规模为 30 亿美元，分支机构有 129 家，遍布密歇根州。该银行以经营针对个人的零售银行业务即小额储蓄、理财和信贷业务为主。

　　20 世纪 90 年代是美国零售银行激烈竞争的 10 年。在这 10 年里，美国银行从 14 000 家减少到 10 000 家。这种局面的形成主要有以下原因：①利息率较低；②储蓄资金向其他非银行机构（如互助基金）分流；③客户的需求发生变化，要求银行采用高新技术，通过新渠道、新方式和新项目来提供服务，传统服务模式所占的市场份额逐渐缩小；④为了满足客户的需求，银行需要进行大量的投资，增加经营费用，而这无疑会增加银行企业的经营风险。面对上述局面，化学银行的高层管理者都认识到必须进行改革。寻找一个合适的战略执行工具便成为化学银行高层管理者的首要工作之一。

　　泰德·弗兰克威廉是银行策略计划和财务部门的管理主任。1992 年，他参加了一个为期一周的关于平衡计分卡的培训。在了解了平衡计分卡的概念和内容等基本知识后，他立刻认识到由财务、客户、内部业务流程、学习与成长四个方面组成的平衡计分卡能清楚地明确战略目标，能准确地将其分解为部门目标和个人目标，而且能够对其进行适当的计量，这对于化学银行的改革是个很有用的方法。弗兰克威廉让化学银行的策略计划和财务部门的副经理托尼·劳夫蒙特来领导中层管理者，为银行的纽约市场部建立平衡计分卡。由劳夫蒙特领导的小组在工作过程中认识到，仅由中层管理者组成的小组是很难把执行指标推进到银行高层的，如果想成功建立和发展平衡计分卡，则必须有总经理迈克尔·荷加迪等银行高层管理者的参与和支持。

1993 年 5 月，荷加迪出席了介绍平衡计分卡的会议，他确信平衡计分卡将帮助银行实现他所要求的文化转变，然而，银行其他高层管理者对此却抱有怀疑的态度。发表平衡计分卡文章的作者之一戴维·诺顿也参加了这次会议，并给高层管理者讲解了平衡计分卡。通过讲解，大家在会上统一了思想，一致同意实施平衡计分卡。

平衡计分卡构建小组又分成了四个小组，每个小组的责任是根据化学银行的战略来为平衡计分卡中的某一方面确定其相应的目标和指标。

1993 年 10 月，对平衡计分卡四个方面的战略目标全部制定出来了。具体内容如下。

- 提升企业利用资金创造财富的能力（财务方面）。
- 以客户为中心，转换客户/利润组合（客户方面）。
- 提高经营的效率和效益（内部业务流程方面）。
- 创造一个有能力的组织（学习与成长方面）。

制定了目标之后，接下来的任务是小组为各个方面的战略目标开发关键成功因素（Critical Success Factors，CSF）及相应的 KPI。

在财务方面，化学银行确定的战略目标是提升企业利用资金创造财富的能力。顺利完成此目标后，财务上的典型反应便是费用功效的提高，因此该战略目标的结果为，CSF 是费用功效，其相应的 KPI 就是费用收益率。而要想达到此目标，银行必须在以下几个关键方面取得成功：一是增加收入，二是降低成本，三是降低风险。因此，此战略目标的 CSF 为收入增加、成本降低和风险降低等，相应的 KPI 为收入增长率、储蓄服务成本和付费业务覆盖率等。

在客户方面，化学银行确定的战略目标是以客户为中心，转换客户/利润组合，增加可获利客户的数量和比例。与该战略目标相关联，其结果是 CSF 为客户满意和市场份额，相应的 KPI 为客户满意度和市场占有率。与之相对应，该战略目标的 CSF 为客户保持、新客户获得、客户获利能力和服务质量等，相应的 KPI 为客户留住率、新客户获得率、客户获利能力和客户投诉次数等。

在内部业务流程方面，化学银行确定的战略目标是提高经营的效率和效益，与该战略目标相关联，其结果是 CSF 为人均销售和人均利润，相应的 KPI 为人均销售收入和人均销售利润。与之相对应，该战略目标的 CSF 为新产品收入、目标客户群、分配和服务效率等，相应的 KPI 为新产品收入比重、人均销售新产品收入、市场开发有效性、分配渠道组合、服务方式、服务时间等。

在学习与成长方面，化学银行确定的战略目标是创造一个有能力的组织。与该战略目标相关联，其结果是 CSF 为员工满意和员工能力，相应的 KPI 为员工满意度和员工工作效率。与之相对应，该战略目标的 CSF 为信息系统、员工培训、奖励系统等，相应的 KPI 为信息处理和响应时间、信息覆盖比率、员工培训天数、权责利对称系数等。

为每个战略目标确立了结果和 CSF，以及相应的 KPI 之后，还应该为 KPI 制定定义，这是一项非常重要的工作。如果不能制定出高质量的准确的定义，化学银行也就无法准确而有效地使用平衡计分卡对 CSF 进行计测。平衡计分卡的工作小组在经过了统一银行的战略目标、开发银行的 CSF 和 KPI 等一系列工作之后，他们建立了银行最初的平衡计分卡，并于 1993 年年底在银行内部开始应用这种新型的绩效管理系统。平衡计分卡的应用为银行带来了良好的效果。其具体内容分述如下。

（1）平衡计分卡促使化学银行这个大型企业的高层管理者汇集，通过会议上的积极讨论，明确了银行的战略，保证了决策的一致性，并使他们向着一个共同的目标——为银行建立平衡计分卡而努力。

（2）平衡计分卡在整个银行内部的推行和应用，让各级管理者和工作人员看清了战略与行动计划之间的联系，有利于银行战略的传达、落实和实现。

（3）建立平衡计分卡的关键环节之一是开发 CSF 和 KPI，因此在这个过程中，银行管理者开始共同思考对银行经营成功起决定作用的因素，使银行找到了成功的关键业绩动因。

（4）平衡计分卡内部存在着因果关系链，因此它在银行的应用使员工知道并理解了从财务目标到内部运营目标之间的因果关系。

（5）平衡计分卡的应用加强了银行自上而下和自下而上的交流，保证了银行决策和行动的正确性，增强了银行的竞争力。

（6）尽管平衡计分卡的应用为银行带来了许多良好的效果，但是它的应用也不是一帆风顺的。银行总是在不断地调整和改进平衡计分卡的内容和指标，以便适应银行的实际情况。

化学银行建立平衡计分卡这一实例带给我们下列启示。

（1）通过化学银行认识、接受和建立平衡计分卡的过程来看，平衡计分卡在银行得以顺利建立的关键之一是银行高层管理者的参与和支持。实践证明，管理者对平衡计分卡的一致理解和统一思想对建立和实施这种新的绩效管理系统具有积极作用，因此在企业中宣传平衡计分卡是一项非常重要的工作。

（2）化学银行建立平衡计分卡经历了一年多，实施过程中也在不断地修改和补充，这说明对绩效管理系统的变革和完善并不是一件轻而易举的事情，它需要时间，需要企业上下的共同努力。尤其是对直接负责设计和建立平衡计分卡的人员来说，一方面需要他们了解企业的战略，另一方面还需要他们清楚企业的业务流程，并通过平衡计分卡将两者结合起来。

（3）化学银行在实施平衡计分卡时，发现指标的设计和现实存在着差距，这种差距影响了平衡计分卡实施的有效性。因此，保证平衡计分卡内容和指标的正确性是平衡计分卡发挥积极作用的前提。这一前提要求企业具有一个完善的信息反馈系统，为企业的成功经营提供各种有用而准确的信息，使企业依据所获得的信息调整战略、目标、决策、CSF 和 KPI。

## 7.2.4　绩效棱柱模型

### 1. 绩效棱柱模型基本逻辑

绩效棱柱模型是由克兰菲尔德学院教授 Andy Neely 与安达信咨询公司于2000 年联合开发的三维绩效框架模型，用棱柱的五个方面分别代表组织绩效存在内在因果关系的五个关键要素：利益相关者的满意、利益相关者的贡献、组织战略、业务流程和组织能力。

模型以现存的绩效测量框架和方法为基础，通过对它们进行创新和整合，进而提出一种更为全面并且易于理解的绩效管理框架，从而更好地为企业管理服务。

该模型设计逻辑是企业要想在市场中长期生存和发展，战略的选择和执行是极为重要的，但更为重要的是：首先，必须知道谁是企业的利益相关者以及利益相关者的需求是什么；其次，根据利益相关者的需求制定战略，以保证利益相关者长期利益的实现；再次，基于战略设计企业运营的流程，以保证战略的有效实施；然后，根据流程培养企业的能力，以保证流程的顺利运行；最后，能力从哪里来？企业的各种能力本质上来源于利益相关者对企业的贡献。

因此，绩效棱柱模型包括环环相扣的五个方面：利益相关者的满意、利益相关者的贡献、组织战略、业务流程和组织能力。这五个方面构成了绩效棱柱模型的五个维度：利益相关者的满意和利益相关者的贡献为上下两个底面，组织战略、业务流程、组织能力分别为三个侧面，由此构成一个三棱柱，故称为绩效棱柱模型，如图 7 - 11 所示。

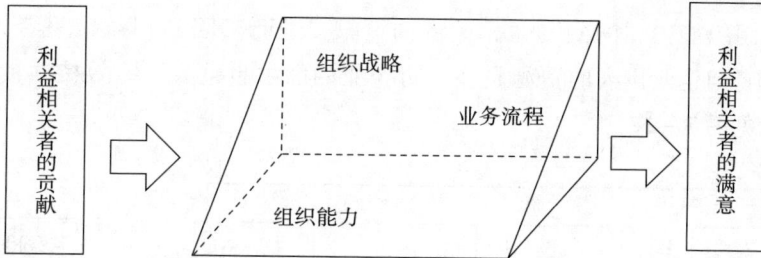

**图 7 - 11　绩效棱柱模型**

2. 绩效棱柱模型的评价内容

绩效棱柱模型指标体系通常包括以下内容。

（1）利益相关者的满意评价指标：与投资者（包括股东和债权人，下同）相关的指标有总资产报酬率、净资产收益率、派息率、资产负债、流动比率等；与员工相关的指标有员工满意度、工资收入增长率、人均工资等；与客户相关的指标有客户满意度、客户投诉率等；与供应商相关的指标有逾期付款次数等；与监管机构相关的指标有社会贡献率、资本保值增值率等。

（2）组织战略评价指标：与投资者相关的指标有可持续增长率、资本结构、研发投入比率等；与员工相关的指标有员工职业规划、员工福利计划等；与客户相关的指标有品牌意识、客户增长率等；与供应商相关的指标有供应商关系质量等；与监管机构相关的指标有政策法规认知度、企业的环保意识等。

（3）业务流程评价指标：与投资者相关的指标有标准化流程比率、内部控制有效性等；与员工相关的指标有员工培训有效性、培训费用支出率等；与客户相关的指标有产品合格率、准时交货率等；与供应商相关的指标有采购合同履约率、供应商的稳定性等；与监管机构相关的指标有环保投入率、罚款与销售比率等。

（4）组织能力评价指标：与投资者相关的指标有总资产周转率、管理水平评分等；与员工相关的指标有员工专业技术水平、人力资源管理水平等；与客户相关的指标有售后服务水平、市场管理水平等；与供应商相关的指标有采购折扣率水平、供应链管理水平等；与监管机构相关的指标有节能减排达标率等。

（5）利益相关者的贡献评价指标：与投资者相关的指标有融资成本率等；与员工相关的指标有员工生产率、员工保持率等；与客户相关的指标有客户忠诚度、客户毛利水平等；与供应商相关的指标有供应商产品质量水平、按时交货率等；与监管机构相关的指标有当地政府支持度、税收优惠程度等。

绩效棱柱模型形成了一个循环：从利益相关者的满意，经过组织战略、业务流程、组织能力，回到利益相关者的贡献，进而又回到利益相关者的满意。利益相关者向企业投入的资源越多，对企业的需求也越大。绩效棱柱模型循环图与逻辑见图 7 – 12。

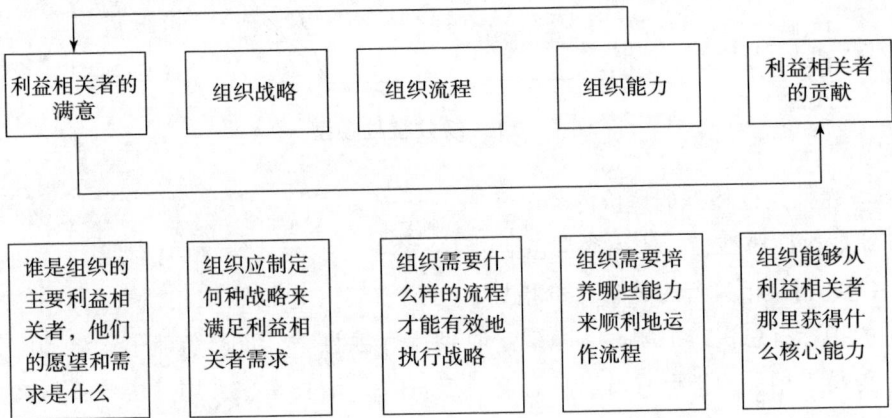

**图 7 – 12　绩效棱柱模型循环图与逻辑**

**3. 绩效棱柱模型的实施程序**

实施绩效棱柱模型评价体系需要经过四大程序的循环，如图 7 – 13 所示。

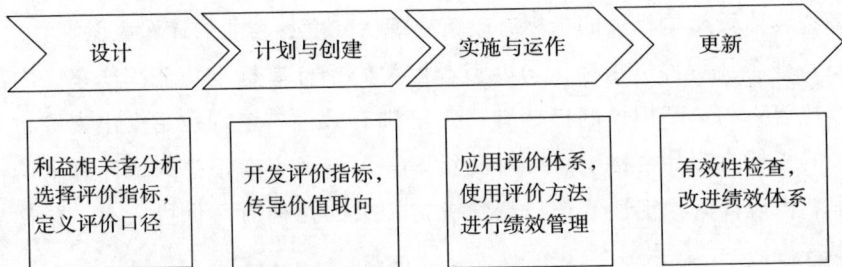

**图 7 – 13　绩效棱柱模型的实施流程**

第一，设计。设计阶段的目标是思考并设计企业绩效评价到底评价什么，并界定评价口径。设计绩效评价指标的起点是进行利益相关者分析，即识别企业的主要利益相关者，调查分析主要利益相关者的需求以及可能对企业的贡献。

第二，计划与创建。计划与创建阶段是为实施绩效评价做好准备工作，主要包括开发评价指标，通过评价指标传导评价的价值取向，其根本目的是统一思想，消除评价偏见。

第三，实施与运作。实施与运作阶段即应用评价体系进行绩效评价，通过评价发现问题，提供绩效改善的建议。

第四，更新。绩效评价系统是一个不断更新的系统。通过绩效评价体系的应用，针对不适用部分进行改进，以保证绩效评价体系与时俱进。

4．绩效棱柱模型的优缺点

绩效棱柱模型的优点主要体现在其理论突破上。

（1）关注所有重要的利益相关者。21世纪的组织由于多方面的原因而不得不考虑所有利益相关者的愿望和要求。绩效棱柱模型既能满足利益相关者的特殊需求，也在法律上、道德伦理上对利益相关者负有责任。

（2）重新认识了绩效管理的起点。绩效管理的起点应是明确谁是组织的利益相关者以及他们的愿望和要求是什么，即为利益相关者创造价值，而非制定战略。

（3）灵活且能够不断自我完善。这个框架设计得非常有弹性，这样它既可以满足宽泛的要求，也能满足严格的要求。

虽然从理论上讲基于绩效棱柱模型的绩效管理是近乎完美的，但在实际操作中仍然存在着一些不可完全解决的问题。

（1）非财务指标难于计量，且精确度不够；财务指标与非财务指标的权衡和搭配困难。

（2）由于现有的管理者补偿大多依据财务绩效而制定，这可能破坏非财务绩效与管理者补偿之间的应有联系。

（3）若绩效棱柱模型衍生的指标过多，则可能分散管理者的注意力，甚至令其无所适从。

（4）过分强调根据实际与标准的对比而调整指标，从而易陷入一种自我封闭的循环，不利于产生新的改进机制。

## 案例 绩效棱柱模型的应用案例

### 苏州固锝的绩效棱柱

1. 案例背景

苏州固锝电子股份有限公司（以下简称"苏州固锝"）是我国半导体二极管的领头羊，是专业的半导体二极管生产厂商。公司成立于 1990 年 11 月，于 2006 年上市。公司成立以来就非常注重履行企业社会责任和中国传统文化的建设。公司推行"绿色制造、绿色设计、绿色采购、绿色销售"的理念，坚信"企业的利润来自员工的幸福和客户的感动"。在公司核心价值观和公司家训的双重指导下，公司努力打造成为幸福企业的典范，并且逐渐形成了中国式管理——"家文化"管理模式。公司将圣贤文化贯穿于企业管理的全过程，探索出八大模块系统化的幸福企业推进模式，并努力向全社会辐射。在这种管理模式下公司获得了承担社会责任和企业经营的双丰收。

苏州固锝重视利益相关者管理，实施绩效棱柱模型体系是最佳选择。

2. 苏州固锝利益相关者的界定和分析

首先，对公司的利益相关者进行分析，根据公司特征，列出与苏州固锝存在利益关系的 16 种利益相关者，主要包括：员工、社会公众、自然环境、管理层、顾客、社会团体、股东及债权人、金融机构、竞争对手、定规者和社区等。然后，专家进行选择，选出入选率大于 80% 的利益相关者，分别是：股东及债权人、顾客、员工、供应商、定规者和社区。最后，进行利益相关者分析，获得公司主要利益相关者的满意和贡献，如表 7 - 6 所示。

表 7 - 6　　　　　　　苏州固锝利益相关者分析

|  | 股东及债权人 | 顾客 | 员工 | 供应商 | 定规者和社区 |
|---|---|---|---|---|---|
| 利益相关者的满意 | 利润、分红、现金流量 | 快速、适当、价廉、便捷 | 意图、关心、技能、报酬 | 利润、增长、建议、信任 | 合法、公平、安全、环境 |
| 组织战略 | 企业的发展、合并和收购、成本缩减、资本积累、资金成本 | 提供新的产品和服务、吸引潜在顾客、保留核心顾客、增加市场份额 | 打造员工使命和价值观、提高队伍的灵活性、建立学习型组织和创新团队 | 提高供应商绩效、优化采购成本、建立战略联盟、加强价值链管理 | 遵纪守规、与社区一体化、提高社区归属感 |

续表

|  | 股东及债权人 | 顾客 | 员工 | 供应商 | 定规者和社区 |
|---|---|---|---|---|---|
| 业务流程 | 内部控制流程、财务管理流程、成本控制流程、投融资与风险管理流程 | 产品和服务、市场联盟、调查产品需求、质量管理流程、售后服务流程 | 人力资源管理、心理调查、需求调查 | 确定供应商、监督质量和服务发送、追踪采购成本、供应链管理 | 管理服从程序、为未来规定做准备、管理社区关系、管理当地资源条件 |
| 组织能力 | 投资者的沟通、品牌和产品管理、核心能力投资、财务管理和控制 | 研发、商品化、顾客关系管理、定价、销售效率、售后服务、质量管理、应收账款管理能力 | 员工培训与技能提升、招聘标准、企业文化的价值认可机制、公平政策、心理测试能力 | 供应商授权和审核、买者协商技能、管理流程完善、存货管理、应付账款管理能力 | 管理教育及义务、设施投资、选择的赞助者和捐款、当地政府关系、社区领导力及影响 |
| 利益相关者的贡献 | 资金、信用、风险和支持 | 回报、增长、意见和信任 | 凝聚力、效率、质量、成本 | 迅速、准确、便宜和方便 | 规划、政策支持、口碑、形象 |

3. 苏州固锝绩效棱柱模型评价指标体系的设计

在利益相关者分析的基础上，按照客观性、系统性、可操作性、动态性原则，设计评价指标体系，如表7-7所示。

表 7-7　　　　苏州固锝绩效棱柱模型评价指标体系

|  | 股东及债权人 | 顾客 | 员工 | 供应商 | 定规者和社区 |
|---|---|---|---|---|---|
| 利益相关者的满意 | A11 总资产利润率<br>A12 销售利润率<br>A13 现金流量比率 | B11 市场占有率<br>B12 顾客满意度<br>B13 顾客投诉率 | C11 员工收入水平<br>C12 员工收入增长率<br>C13 员工满意度评分 | D11 供应商保留时间<br>D12 超期支付次数<br>D13 账单的出错次数 | E11 社会贡献率<br>E12 资源节约效率<br>E13 对社区的贡献 |
| 利益相关者的贡献 | A21 自有资本比率<br>A22 举债经营比率<br>A23 资产总额 | B21 顾客稳定性<br>B22 顾客回头率<br>B23 顾客建议水平 | C21 员工合理化建议<br>C22 员工士气水平<br>C23 员工平均月销售额 | D21 供应商产品质量<br>D22 送货的准时性<br>D23 购后出现问题次数 | E21 市场法规健全度<br>E22 当地政府支持度<br>E23 社区公众拥护度 |
| 组织战略 | A31 市场开发支出率<br>A32 主营收入增长率 | B31 新顾客获得率<br>B32 市场开拓性<br>B33 销售稳定性 | C31 员工培训支出率<br>C32 员工人均受训时间<br>C33 员工的战略认知度 | D31 供应商关系质量<br>D32 供应商地域的广阔性<br>D33 供应商社会责任状况 | E31 资产的纳税率<br>E32 政策法规认识度 |

|  | 股东及债权人 | 顾客 | 员工 | 供应商 | 定规者和社区 |
|---|---|---|---|---|---|
| 业务流程 | A41 新市场占领比重<br>A42 财务管理制度<br>A43 债务合同履约率 | B41 业务处理水平<br>B42 准时交货水平<br>B43 市场敏感性 | C41 培训的有效性<br>C42 高级员工的稳定性 | D41 供应商合同履约率<br>D42 供应商的稳定性<br>D43 对供应渠道的开拓力 | E41 就业贡献率<br>E42 对违规的处理<br>E43 罚款与销售比 |
| 组织能力 | A51 企业品牌评分<br>A52 管理水平评分<br>A53 总资产周转率 | B51 售后服务水平<br>B52 品牌意识<br>B53 市场管理水平 | C51 员工劳动生产率<br>C52 员工的道德水准<br>C53 人资部门绩效水平 | D51 供应链管理水平<br>D52 折扣率<br>D53 供应链中的存货水平 | E51 公益性捐助率<br>E52 守法和公众意识 |

4. 苏州固锝绩效棱柱模型评价结果

运用上述评价指标体系对苏州固锝进行初步评价。先对所有评价指标进行无量纲化预处理，经预处理后的评价指标值在 1 ~ 5（计算过程略）。评价结果如表 7 - 8 所示。

表 7 - 8　　　　　　　　苏州固锝绩效评价

|  | 股东及债权人 | 顾客 | 员工 | 供应商 | 定规者和社区 |
|---|---|---|---|---|---|
| 利益相关者的满意 | 3.510 | 3.468 | 3.473 | 4.006 | 4.547 |
| 利益相关者的贡献 | 4.585 | 4.074 | 4.037 | 4.048 | 4.221 |
| 组织战略 | 3.145 | 4.364 | 3.550 | 3.696 | 3.435 |
| 业务流程 | 3.080 | 4.467 | 4.251 | 4.253 | 4.089 |
| 组织能力 | 3.102 | 3.696 | 3.740 | 3.256 | 4.389 |

根据评价结果可知，公司各项评价结果都在 3 分以上，达到了中等水平，一些项目还达到了 4.5 分以上，即优秀水平。总的来说，公司在利益相关者管理方面比较均衡，这与公司长期奉行责任理念、关注利益相关者利益与公司核心利益的长期均衡具有直接关系，值得其他公司学习与借鉴。

面对社会经济发展的新常态，企业的绩效评价也应该有所创新与发展。企业是利益相关者缔结的共生系统，关注并满足利益相关者的需求，并将其渗透到企业战略制定、流程实施和能力培养中，是企业获得可持续竞争优势的重要渠道。

绩效棱柱模型评价体系能够全面地分析利益相关者的需求和贡献，并且与组织战略、业务流程、组织能力结合紧密，能够对企业绩效进行全面评价，并能够有效地引导企业满足利益相关者需求，进而获得利益相关者支持，实现可持续发展。

# 第 8 章
# 风险管理

## 8.1 风险管理概述

### 8.1.1 风险管理的含义

一、风险的概念与种类

广义上的风险，是指收益的不确定性。企业风险是指影响企业实现其战略目标的不确定性。

企业面对的风险种类根据不同的分类方法，可以划分为不同的种类。本书中将风险分为战略风险、运营风险、财务风险、法律风险、市场风险等。

1. 战略风险

战略风险，是指未来的不确定性对企业实现其战略目标的影响。

战略风险可以结合我国《企业内部控制应用指引第 2 号——发展战略》进行理解。

制定与实施发展战略需关注的主要风险如下。

（1）缺乏明确的发展战略或发展战略实施不到位，可能导致企业盲目发展，难以形成竞争优势，丧失发展机遇和动力。

（2）发展战略过于激进，脱离企业实际能力或偏离主业，可能导致企业过度扩张，甚至经营失败。

（3）发展战略因主观原因频繁变动，可能导致资源浪费，甚至危及企业的生存。

2. 运营风险

所谓运营风险是指企业在运营过程中，由外部环境的复杂性和变动性以及主体对环境的认知能力和适应能力的有限性，导致的运营失败或使运营活动达不到预期的目标的可能性及其损失。

3. 财务风险

财务风险，是指企业财务结构不合理、融资不当等可能造成企业丧失偿债能力、投资者预期收益下降、陷入财务困境甚至破产的风险。

4. 法律风险

法律风险，是指企业在经营过程中由自身经营行为的不规范或者外部法律环境发生重大变化造成的不利法律后果的风险。

5. 市场风险

市场风险，是指未来市场价格（利率、汇率、股票价格和商品价格）的不确定性对企业实现其既定目标的不利影响。

二、风险管理的起源与发展

风险管理思想起源于德国。20 世纪 20 年代德国出现了严重的通货膨胀，经济严重衰竭。企业如何摆脱困境、恢复正常生产经营，成为当时德国企业面临的重要问题。人们开始思考，当企业遇上重大消极事件，或者财务出现严重危机时，企业应当如何应对。因此，企业界提出了包括风险管理在内的一系列经营管理问题。

1929 年，美国爆发了资本主义经济史上最持久、最深刻、最严重的周期性世界经济危机。美国出现了经济大萧条，随后时任总统罗斯福开始实行新政，提出了许多至今仍在发挥巨大作用的法律法规。这对美国后来的发展起到了推动作用，更使得风险管理问题成为许多经济学家研究的重点。

20 世纪 50 年代中期，"风险管理"这个术语出现在美国。最早的文献之一是加拉格尔于 1956 年发表于《哈佛商业评论》上的一篇文章。加拉格尔认为，组织中应当有专人负责管理风险，这样的人应当被称为全职风险经理。同一时间，企业界发生的两件大事更使风险管理问题在企业界引起了极高的重视并使风险管理得到推广：一是美国钢铁行业发生了长达半年的大罢工，给国民经济造成了难以估量的损失；二是通用汽车的自动变速装置引发火灾，造成巨额经济损失。这两件大事促进了风险管理在企业界的推广，风险管理由此得到了蓬勃发展。

随着科技、生产和贸易的迅猛发展，企业生产经营面临更多新的不确定性因素，经济活动的竞争性进一步加强。企业面临的风险日趋复杂，包括环境风险、经营风险、技术风险、财务风险、人员风险等，任何风险处理不当都可能给企业带来巨大经济损失。在拥有了较多管理科学知识和工具如运筹学、统计学、计量经济学等之后，企业开始用资产组合理论做指导，来分散企业所面临的风险。资产组合理论提出："不要把鸡蛋放在同一个篮子里。"其意味着将资金投资于不同资产结构的组合中可以有效降低风险。

20 世纪 80 年代以后，风险管理取代了过去的保险管理。人们不仅希望预防风险损失，而且希望从风险管理中获利。因此，风险管理除了估计单一风险发生的可能性和风险的复杂性之外，还要分析风险可能导致的后果，分析哪些风险可以控制，从而使企业对风险进行系统的安排和处理。此时，"全面风险管理"思想应运而生。通过识别和评价所面临的风险，企业可以避免一些风险损失并从风险管理中获利，从而使得损失的影响最小化。风险管理真正演变成为一门研究风险变化规律，并在此基础上采取优化组合化解风险，从而以最合理的成本和最安全的保障实现企业目标的管理学科。

三、风险管理的概念与目标

企业风险管理，是指企业对风险进行有效评估、预警、应对，为企业风险管理目标的实现提供合理保证的过程和方法。企业风险管理并不能替代内部控制，企业应当建立健全的内部控制制度，并将其作为风险管理的工作基础。

企业风险，是指不确定事项对企业实现战略与经营目标产生的影响。企业风险管理，指企业通过对风险的识别和衡量，采用合理的经济和技术手段对风险加以处理，以最小的成本获得最大安全保障的一种管理行为。

全面风险管理，指企业围绕总体经营目标，通过在企业管理的各个环节和经营过程中执行风险管理的基本流程，培育良好的风险管理文化，建立健全全面风险管理体系，包括风险管理策略、风险理财措施、风险管理的组织职能体系、风险管理信息系统和内部控制系统，从而为实现风险管理的总体目标提供合理保证的过程和方法。其内涵主要包括以下内容：

（1）正在进行并贯穿整个企业的过程（全过程）；

（2）受到各个层次人员的影响（全员化）；

（3）战略制定时得到应用（战略性）；

（4）适用于各个级别和单位的企业（普遍性）；

（5）识别可能影响企业及其风险管理的潜在事项（管理的前提）；

（6）可以对企业的管理层和董事会提供合理保证（管理的限制）；

（7）致力于实现一个或多个单独但是类别相互重叠的目标（管理目的）。

风险管理的目标可以分为损前目标和损后目标两种。

1．损前目标

（1）经济目标。企业应以最经济的方法预防潜在的损失。这要求对安全计划、保险以及防损技术的费用进行财务分析。

（2）减轻企业和个人对潜在损失的烦恼和忧虑。

（3）遵守和履行外界赋予企业的责任。例如，政府法规可以要求企业安装安全设备以免造成工伤。同样，一个企业的债权人可以要求贷款的抵押品必须被保险。

2．损后目标

（1）企业生存。在损失发生之后，企业至少要在一段合理的时间内能恢复部分生产或经营。为了实现上述目标，风险管理人员必须识别风险、衡量风险和选择适当的对付风险的方法。

（2）保持企业经营的连续性。这对公用事业单位尤为重要，这些单位有义务提供不间断的服务。

（3）收入稳定。保持企业经营的连续性便能实现收入稳定的目标，从而使企业保持生产持续增长。

（4）社会责任。社会责任指尽可能减轻受损对他人和整个社会的不利影响，因为企业遭受一次严重的损失会影响员工、顾客、供货人、债权人、税务部门乃至整个社会的利益。

为了实现上述目标，风险管理人员必须识别风险、衡量风险和选择适当的对付风险的方法，以最小的风险管理成本获得最大的安全保障，从而实现经济单位价值最大化。

企业开展全面风险管理要努力实现的风险管理总体目标包括：

（1）确保将风险控制在与总体目标相适应并可承受的范围内；

（2）确保内外部，尤其是企业与股东之间实现真实、可靠的信息沟通，包括编制和提供真实、可靠的财务报告；

（3）确保企业遵守有关法律法规；

（4）确保企业有关规章制度和为实现经营目标而采取重大措施的贯彻执行，保障经营管理的有效性，提高经营活动的效率和效果，降低实现经营目标的不确定性；

（5）确保企业建立针对各项重大风险发生后的危机处理计划，保护企业不因灾害性风险或人为失误而遭受重大损失。

四、企业风险管理的特征

随着企业管理制度的发展，风险管理理念也从传统风险管理发展到现今的全面风险管理，如表 8 - 1 所示。在传统风险管理理念的基础上，风险管理的概念、目标、内容等有了根本性的变化。

表 8 - 1　　　　　　　　　　风险管理理念的新旧对比

| 项目 | 传统风险管理 | 全面风险管理 |
|------|------|------|
| 涉及面 | 主要涉及企业财务和审计，并由相应部门负责；对象主要是可保风险和财务风险 | 包括高管在内的全体成员都得承担与自己行为相关的风险管理责任；对象为所有风险（包括纯企业风险和风险机会） |
| 连续性 | 必要时才进行 | 完整的、系统的、有重点的、持续的行为 |
| 态度 | 消极地将风险管理视作成本 | 积极地将风险管理作为价值中心 |
| 目标 | 转移或规避风险，与企业战略联系不紧密 | 紧密联系企业战略，寻求风险优化措施 |
| 方法 | 事后反应式的风险管理方法 | 事前风险防范、事中风险预警、事后风险及时处理 |
| 注意焦点 | 专注于纯粹和灾害性风险 | 专注于所有利益相关者的共同利益最大化 |

同时，经过多年的发展，从以上新旧理念的对比可知，全面风险管理具有以下 5 项特征。

（1）战略性：主要运用于企业战略管理层面。

（2）全员化：包括公司治理层、管理层、员工在内全员化的风险管理过程。

（3）专业性：人才专业化管理。

（4）二重性：损失＋机会。全面风险管理既要管理纯粹风险（只有损失机会，而无获利可能的风险）也要管理机会风险，其商业使命在于损失最小化管理，不确定性管理，绩效最优化管理。

（5）系统性：运用一套系统、规范的方法进行管理。

## 8.1.2　风险管理的原则

企业进行风险管理，一般应遵循以下四大原则。

1. 量力而行原则

确定哪些风险需要特殊的防范措施，最重要的是看哪些因素会引起最大的潜在损失。有一些损失会导致财务上的灾难，逐步侵蚀企业的资产；另一些损失就只产生一些轻微的财务后果。如果一个风险的最大潜在损失的程度达到企业无法承受的地步，那么，风险留存是不可行的。

可能的损失必须被降低到一个可控制的程度，否则就必须将风险转移。如果一个风险既不能被降低到一个可控制的程度，又无法转移的时候，那么必须将它规避。

确定企业可以安全地留存多大规模的风险的问题是非常复杂的，也是很有技术性的，各个单一风险的留存水平与企业的总体损失留存能力有关，而后者又取决于企业的现金流量、流动资产和在出现紧急情况时增加现金流最大的能力。对任何企业而言，有些损失可以直接用现金流量来补偿，有些需要动用企业的现金储备或变卖流动资产来补偿。还有一些损失只能通过借贷来补偿。有些损失甚至采取所有这些措施都不能被补偿，企业可以承担的损失的数额因企业而异，一家企业的损失承受水平也因时而变，主要取决于企业在发生损失时所能获得的补偿资源。

**2. 与企业战略相一致原则**

风险管理作为企业全部管理活动的一部分，其原则的制定应该而且必须符合企业发展战略。现代风险管理必须同企业战略联系起来，只有两者相符合，企业的努力才会有效。同一个企业在不同的历史时期或企业实施不同的战略时，面对同一风险应采取不同的风险管理方法和措施。不同的企业，由于其战略选择不同，对面临的同一风险也会采取不同的应对措施。

**3. 低成本高效益原则**

要使风险管理见效，必须采取低成本策略，因为有时风险的发生会给企业带来灾难性的后果。如果一味地用企业的自有资金进行补偿，有时会发现其结果是难以想象的。花钱就要把风险管理好，并从风险管理中使企业受益。

风险管理和其他财务管理一样，必须遵循成本效益原则，只有当风险管理方案的所得大于支出时，该风险管理才是成功的。成本效益原则就是要对风险管理活动中的所得与支出进行分析比较，对管理行为的得失进行衡量，使效益与成本进行最优的结合，以求获得最多的盈利。

**4. 考虑损失可能性原则**

在确定型风险决策中，各种损失发生的概率是可以知道的，而在不确定型风险决策中是没有这些信息的，决策中信息越充分，决策的准确程度就越高。因此，对风险管理决策者而言，确定型风险决策更为安全可靠。然而，有时人们对这种可能性或概率的理解会发生偏差，因为损失是否会发生的可能性并没有如损失确实发生时的可能损失程度那么重要。

这并不是说在应对风险的时候，特定风险的发生可能性是可以被忽略的。恰恰相反，即使是当潜在的损失程度表明必须对某个风险采取什么措施时，这个风险中损失的可能性对最终的风险管理决策也可能会有决定性的作用，知道这个风险会引起损失的可能性是很小、中等或很大，将帮助风险管理决策者来决定如何处理既定的风险。

这个原则强调了针对特定的风险，在考虑采取何种应对措施时必须把损失的可能性或概率作为一个重要的因素来考虑。

## 8.1.3　风险管理的应用环境

《中央企业全面风险管理指引》指出，企业风险管理体系包括五大体系：（1）风险管理策略；（2）风险理财措施；（3）风险管理的组织职能体系；（4）内部控制系统；（5）风险管理系统。企业风险管理体系如图 8-1 所示。

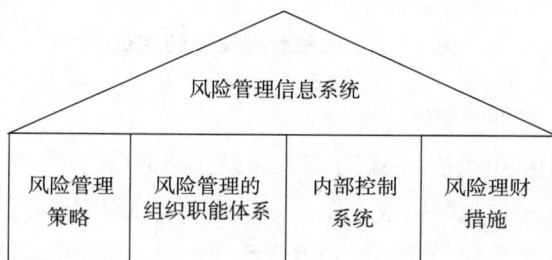

**图 8-1　企业风险管理体系**

一、风险管理策略

（一）风险管理策略总体定位与作用

1. 风险管理策略的总体定位

风险管理策略，指企业根据自身条件和外部环境，围绕企业发展战略，确定风险偏好、风险承受度、风险管理有效性标准，选择风险承担、风险规避、风险转移、风险转换、风险对冲、风险补偿、风险控制等适合的风险管理工具的总体策略，并确定风险管理所需人力和财力资源的配置原则的策略。

从《中央企业全面风险管理指引》中不难看到风险管理策略的总体定位：

（1）风险管理策略是根据企业经营战略制定的全面风险管理的总体策略；

（2）风险管理策略在整个风险管理体系中起着统领全局的作用；

（3）风险管理策略在企业战略管理的过程中起着承上启下的作用，制定与企业战略保持一致的风险管理策略减少了企业战略出错的可能性。风险管理策略的总体定位如图 8-2 所示。

图 8-2 的文字内容：

风险管理策略受控于企业战略
风险管理策略服务于企业战略

使命

战略目标

战略计划
战略举措

风险管理策
略影响范围

战略执行
支持体系

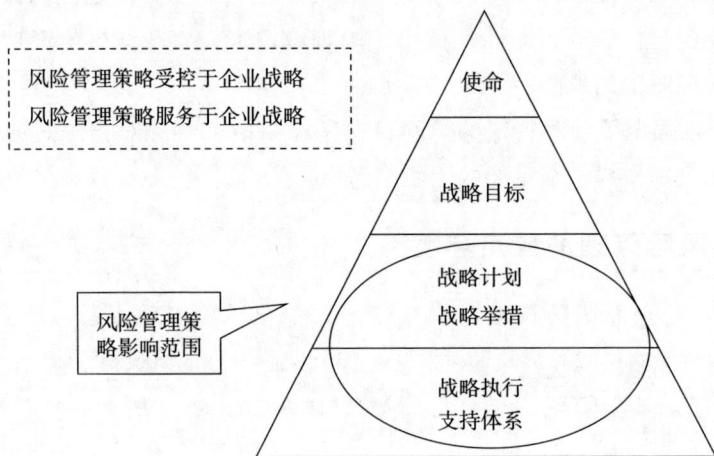

**图 8-2 风险管理策略的定位**

2. 风险管理策略的作用

风险管理策略的总体定位决定了风险管理策略的作用：

（1）为企业的总体战略服务，保证企业经营目标的实现；

（2）连接企业的整体经营战略和运营活动；

（3）指导企业的一切风险管理活动；

（4）分解为各领域的风险管理指导方针。

（二）风险管理策略的组成部分

（1）风险偏好和风险承受度。明确企业要承担什么风险、承担多少风险。

（2）全面风险管理的有效性标准。明确怎样衡量风险管理工作成效。

（3）风险管理的工具选择。明确怎样管理重大风险。

（4）全面风险管理的资源配置。明确如何安排人力、财力、物力等风险管理资源。

（三）风险管理策略的工具

风险管理策略的工具共有七种：风险承担、风险规避、风险转移、风险转换、风险对冲、风险补偿和风险控制。在实施中，企业要注意策略性工具使用的技术，选择合适的手段。

1. 风险承担

风险承担亦称风险保留、风险自留，是指企业对所面临的风险采取接受的态度，从而承担风险带来的后果。

企业面临的风险有很多，通常企业能够明确辨识的风险只占全部风险的少数。风险评估的工作结果对企业是否采用风险承担影响很大。

对未能辨识出的风险，企业只能采用风险承担。

对于辨识出的风险，企业也可能由于以下几种原因采用风险承担：①缺乏能力进行主动管理，对这部分风险只能承担；②没有其他备选方案；③从成本效益考虑，这一方案是最适宜的方案。

对于企业的重大风险，即影响到企业目标实现的风险，企业一般不应采用风险承担。

2. 风险规避

风险规避是指企业回避、停止或退出蕴含某一风险的商业活动或商业环境，避免成为风险的所有人。例如：

（1）退出某一市场以避免激烈竞争；

（2）拒绝与信用不好的交易对手进行交易；

（3）外包某项对工人健康安全风险较高的工作；

（4）停止生产可能有潜在客户安全隐患的产品；

（5）禁止各业务单位在金融市场进行投机；

（6）不准员工访问某些网站或下载某些内容。

3. 风险转移

风险转移是指企业通过合同将风险转移到第三方，企业对转移后的风险不再拥有所有权。转移风险不会降低其可能的严重程度，只是从一方移除后转移到另一方。

（1）保险：保险合同规定保险公司为预定的损失支付补偿，作为交换，在合同开始时，投保人要向保险公司支付保险费。

（2）非保险型的风险转移：将风险可能导致的财务风险损失负担转移给非保险机构。例如，服务保证书等。

（3）风险证券化：将风险作为保险标的，通过出售与之相对应的证券化的金融产品分散这种风险的金融手段。通常指的是通过证券化保险风险来构造保险连接型证券。这种产品的利息支付和本金偿还取决于某个风险事件的发生或严重程度。

4. 风险转换

风险转换指企业通过战略调整等手段将企业面临的风险转换成另一个风险。风险转换的手段包括战略调整和衍生产品等。

风险转换一般不会直接降低企业总的风险，其简单形式就是在减少某一风险的同时，增加另一风险。例如，通过放松交易客户信用标准，增加应收账款，但扩大了销售。

企业可以通过风险转换在两个或多个风险之间进行调整，以达到最佳效果。

风险转换可以在低成本或者无成本的情况下达到目的。

5. 风险对冲

风险对冲是指采取各种手段，引入多个风险因素或承担多个风险，使得这些风险能够互相对冲，也就是使这些风险的影响互相抵消。

常见的例子有资产组合使用、多种外币结算的使用和战略上的多种经营等。

在金融资产管理中，对冲也包括使用衍生产品，如利用期货进行套期保值。

在企业的风险中，有些风险具有自然对冲的性质，应当加以利用。例如，不同行业的经济周期风险对冲。

风险对冲必须涉及风险组合，而不是对单一风险；对于单一风险，只能进行风险规避、风险控制。

6. 风险补偿

风险补偿是指企业对风险可能造成的损失采取适当的措施进行补偿。风险补偿表现在企业主动承担风险，并采取措施以补偿可能的损失。

风险补偿的形式有财务补偿、人力补偿、物资补偿等。

财务补偿是损失融资，包括企业自身的风险准备金或应急资本等。例如，某公司历年一直购买灾害保险，但经过数据分析，该公司认为保险公司历年的赔付不足以平衡相应的保险费用支出，故不再续保；同时，为了应付可能发生的灾害性事件，公司与银行签订应急资本协议，规定在灾害发生时，由银行提供资本以保证公司的持续经营。

7. 风险控制

风险控制是指控制风险事件发生的动因、环境、条件等，来减少风险事件发生时的损失或降低风险事件发生的概率。

通常影响某一风险的因素有很多。风险控制可以通过控制这些因素中的一个或多个来达到目的，但主要需要控制风险事件发生的概率和发生后的损失。控制风险事件发生的概率，如室内使用不易燃地毯、山上禁止吸烟等；而控制风险事件发生后的损失，如修建水坝防洪、设立质量检查以防次品出厂等。

风险控制对象一般是可控风险，包括多数运营风险，如质量、安全和环境风险，以及法律风险中的合规性风险。

与传统的风险应对策略相比较，传统的风险应对策略只有风险规避、风险承担、风险控制和风险转移，其目的在于降低风险和预防风险。传统风险管理基于风险是负面影响的看法，将每个风险分开管理，手段相当程度上局限在风险控制和风险转移，因此只注意到流程中的风险和灾害性风险，没有与整体战略结合，忽视了战略管理手段。

一般情况下，对战略、财务、运营和法律风险，可采取风险承担、风险规避、风险转换、风险控制等方法。对能够通过保险、期货、对冲等金融手段进行理财的风险，可以采用风险转移、风险对冲、风险补偿等方法。

（四）确定风险偏好和风险承受度

风险偏好和风险承受度是风险管理策略的重要组成部分，《中央企业全面风险管理指引》指出："确定风险偏好和风险承受度，要正确认识和把握风险与收益的平衡，防止和纠正忽视风险，片面追求收益而不讲条件、范围，认为风险越大、收益越高的观念和做法；同时，也要防止单纯为规避风险而放弃发展机遇。"

确定企业整体风险偏好要考虑以下因素。

（1）风险个体：对每一个风险都可以确定风险偏好和风险承受度。

（2）相互关系：既要考虑同一个风险在各个业务单位或子公司之间的分配，又要考虑不同风险之间的关系。

（3）整体形状：一个企业的整体风险偏好和风险承受度是基于针对每一个风险的风险偏好和风险承受度的。

（4）行业因素：同一风险在不同行业的风险偏好和风险承受度不同。

一般来讲，风险偏好和风险承受度是针对企业的重大风险制定的，对企业的非重大风险的风险偏好和风险承受度不一定要十分明确，甚至可以先不提出。

重大风险的风险偏好是企业的重大决策，应由董事会决定。

（五）风险度量

1. 关键在于量化

风险承受度的表述需要对所针对的风险进行量化描述，风险偏好可以定性，但风险承受度一定要定量。如果不能量化风险，仅靠直觉的观察或感觉很可能出错，不容易在整个企业统一思想，不能够准确计算成本与收益的关系，也不容易管理，不容易同绩效考核联系起来。很多风险管理手段如风险理财必须有风险的量化描述。

2. 风险度量

风险度量模型是指度量风险的方法。确定合适的企业风险度量模型是建立风险管理策略的需要。企业应该采取统一制定的风险度量模型，对所采取的风险度量取得共识；但不一定在整个企业使用唯一的风险度量模型，允许对不同的风险采取不同的度量方法。

所有的风险度量模型应当在企业层面的风险管理策略中得到评价，比如，对企业战略目标的影响的评价。

3. 风险度量方法

常用的风险度量方法包括：最大可能损失；概率值（损失发生的概率或可能性）；期望值，包括统计期望值、效用期望值；波动性；方差或均方差；在险值；等等。

（1）最大可能损失。最大可能损失指风险事件发生后可能造成的最大损失。企业一般在无法判断发生概率或无须判断发生概率的时候，使用最大可能损失作为风险的度量方法。

（2）概率值。概率值是指风险事件发生的概率或造成损失的概率。在可能的结果只有好坏、对错、是否、输赢、生死等简单情况下，常常使用概率值。在实践中，统计意义上的频率和主观概率的判断都是可以用的，但是要分清不同的场合。有时，人们的主观判断会由于心理上的原因造成失误；同时，在许多场合使用频率作为概率值是没有意义的，特别是在缺少数据或者一次性的决策场合。

（3）期望值。期望值通常指的是数学期望，即概率加权平均值。所有事件中，每一事件发生的概率乘以该事件的影响，然后将这些乘积相加得到和，即为期望值。常用的期望值有统计期望值和效用期望值，期望值的办法综合了概率值和最大可能损失两种方法，如图 8-3 所示。

（4）在险值。在险值，又称 VaR，是指在正常的市场条件下，在给定的时间段中，给定的置信区间内，预期可能发生的最大损失，如图 8-4 所示。在险值具有通用、直观、灵活的特点。在险值的局限性是适用的风险范围小，对数据要求严格，计算困难，无法应用于肥尾效应。

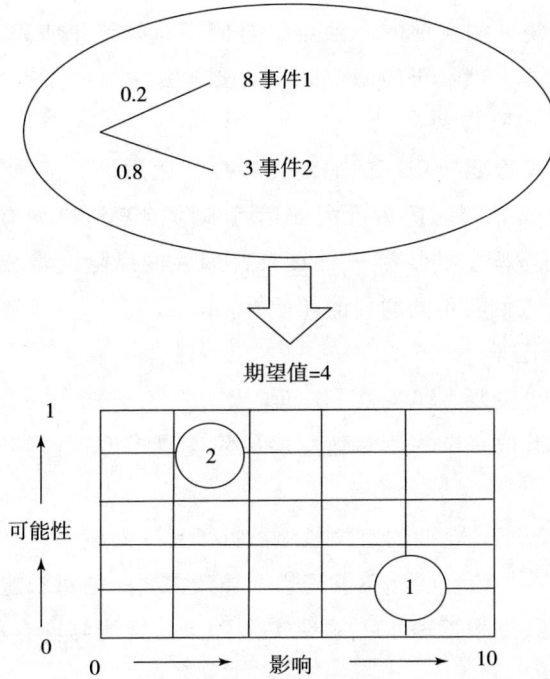

图 8 - 3　期望值

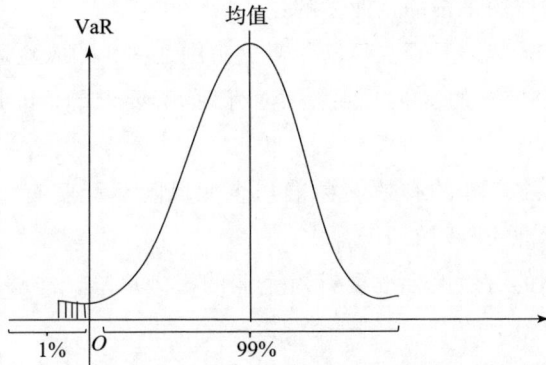

图 8 - 4　在险值

### 4. 概率方法与直观方法

以上例子都是建立在概率统计基础上的度量，不依赖于概率统计结果的度量是人们直观的判断，如专家意见。

当统计数据不足或需要度量结果包括人们的偏好时，可以使用直观的度量方法，如层次分析法（Analytic Hierarchy Process，AHP）等。

很多情况下，统计和直观的方法会综合使用。如首先使用专家意见来缩小范围，取得初始数据，然后再使用统计的度量方法。

5. 选择适当的度量模型

对不同种类的风险要使用不同的度量模型。适用于外部风险的度量模型包括市场指标、景气指数等。适用于内部运营风险的度量模型有各种质量指标、执行效果、安全指数等。要找到一种具有普遍性的风险度量模型是很困难的，也没有必要，因为人们有不同的目的和偏好。

6. 风险量化的困难

风险量化的困难主要表现在以下方面。

方法：企业情况很复杂，致使建立的风险度量模型不能够准确反映企业的实际情况。

数据：很多情况下，企业的有关风险数据不足，质量不好。

信息系统：企业的信息传递不够理想，导致需要的信息未能及时到达。

整合管理：在数据和管理水平的现实条件下，不能与现存的管理连接而有效应用结果。

（六）风险管理的有效性标准

风险管理的有效性标准是指企业衡量企业风险管理是否有效的标准。风险管理有效性标准的作用是帮助企业了解：

（1）企业现在的风险是否在风险承受度范围之内，即风险是否优化；

（2）企业风险状况的变化是否是企业自身所要求的，即风险的变化是否优化。

量化的企业风险管理的有效性标准与企业风险承受度有相同的度量基础。风险管理有效性标准的原则如下。

（1）风险管理的有效性标准要针对企业的重大风险，能够反映企业重大风险管理的现状。

（2）风险管理有效性标准应当对照全面风险管理的总体目标，在所有方面保证企业的运营效果。

（3）风险管理有效性标准应当在企业的风险评估中应用，并根据风险的变化随时调整。

（4）风险管理有效性标准应当用于衡量全面风险管理体系的运行效果。

（七）风险管理的资源配置

风险管理的资源包括人才、组织设置、政策、设备、物资、信息、经验、知识、技术、信息系统、资金等。

由于全面风险管理覆盖面广，资源的使用一般是多方面的、综合性的。企业应当统筹兼顾，将资源用于需要优先管理的重大风险。

企业可以使用内部和外部的资源，许多资源可以从外部获得，如信息、知识、技术等；但要注意，有些资源是不能够从外部得到的，如经验，只能靠内部积累。

（八）确定内附管理的优先顺序

企业应根据风险与收益相平衡的原则以及各风险在风险坐标上的位置，进一步确定风险管理的优先顺序，明确风险管理成本的资金预算和控制风险的组织体系、人力资源、应对措施等总体安排。

1. 风险管理的优先顺序

风险管理的优先顺序决定企业优先管理哪些风险，决定企业各方面资源优先配置。

风险管理的优先顺序体现了企业的风险偏好。因此，要找到一种具有普适性的方法来确定风险管理的优先顺序是很困难的。

一个很重要的原则是，风险与收益相平衡的原则，在风险评估结果的基础上，全面考虑风险与收益。

要特别重视对企业有影响的重大风险，要首先解决"颠覆性"风险问题，保证企业可持续发展。

2. 确定风险管理的优先顺序

根据风险与收益相平衡的原则，确定风险管理的优先顺序可以考虑以下几个因素：

（1）风险事件发生的可能性和影响；

（2）风险管理的难度；

（3）风险的价值或管理可能带来的收益；

（4）合规的需要；

（5）对企业技术准备、人力、资金的需求；

（6）利益相关者的要求。

（九）风险管理策略检查

企业应定期总结和分析已制定的风险管理策略的有效性和合理性，结合实际不断修订和完善。其中，应重点检查依据风险偏好、风险承受度和风险控制预警线实施的结果是否有效，并提出定性或定量的有效性标准。

风险管理策略要随着企业经营状况的变化、经营战略的变化、外部环境风险的变化而调整。

风险管理策略定期检查的频率依赖于企业面临的风险。企业在进行经营战略回顾时应该同时总结和分析风险管理策略。要重新评估风险以便确认风险管理策略的有效性。必要时，调整有效性标准。

制定风险管理策略要注意整个全面风险管理体系的配合，如是否有强有力的组织职能支撑，经济上是否划算，技术上能否掌握，等等。因此，一个好的风险管理策略往往要到解决方案完善后才能制定完成。

二、风险理财措施

（一）风险理财的一般概念

风险理财使用金融手段管理金融风险。

1．风险理财的必要性

对于可控的风险，所有的风险控制措施，除了规避风险在特定范畴内完全有效外，其余均无法保证不会发生。风险理财可以针对不可控的风险。

风险理财的发展迅速，形式灵活，覆盖的风险面广，有很多创新，日益成为企业经营中不可回避的重要内容。

2．风险理财的特点

（1）风险理财的手段既不改变风险事件发生的可能性，也不改变风险事件可能引起的直接损失程度。

（2）风险理财需要判断风险的定价，因此量化的标准较高，即不仅需要风险事件的可能性和损失的分布，更需要量化风险本身的价值。

（3）风险理财的应用范围一般不包括声誉等难以衡量其价值的风险，也难以消除战略失误造成的损失。

（4）风险理财手段技术强，许多风险理财工具本身有着比较复杂的风险特性，使用不当容易造成重大损失。

3．风险理财与公司理财

风险理财过去被认为是公司财务管理的一部分，现在则认为其在很多情况下超出了公司财务管理的范畴。具体表现在：

（1）风险理财注重风险因素对现金流的影响；

（2）风险理财影响公司资本结构，注意以最低成本获得现金流；

（3）风险理财成为公司战略的有机部分，其风险经营的结果直接影响公司整体价值的提升。

注意：传统的风险理财是损失理财，即为可能发生的损失融资，补偿风险造成的财务损失，如购买保险。传统的风险理财的目的是降低公司承担的风险。与损失理财相反，公司可能通过使用金融工具来承担额外的风险，改善公司的财务状况，创造价值。

（二）风险理财的策略与方案

1. 选择风险理财策略要考虑以下几点：

①与整体风险管理策略一致，通盘考虑。选择风险理财的策略，应根据公司风险管理整体策略确定的风险偏好和承受度确定风险理财的目标，并量化风险的特性及其价值。要考虑到诸如对公司的资产负债率等方面的影响，以及对诸如"零容忍度"的具体安排等问题。

②要根据所面对的风险的性质，采用与之相匹配的风险理财手段。

③风险理财工具有多种，如准备金、保险、应急资本、期货、期权、其他衍生产品等，企业在选择这些风险理财工具时，要考虑如下几点：合规的要求；可操作性；法律法规环境；企业的熟悉程度；风险理财工具的风险特征；不同的风险理财手段可能适用同一风险。

④考虑成本与收益的平衡。

2. 在企业选择风险理财的策略与方案时，涉及对金融衍生产品的选择。

衍生产品包括远期合约、期货、互换、期权。

（1）运用衍生产品进行风险管理的主要思路：

①增加自己愿意承担的风险；

②消除或减少自己不愿承担的风险；

③转换不同的风险。

（2）衍生产品的特点：

优点：准确性；时效；使用方便；成本优势；灵活性；对于管理金融市场等市场风险有不可替代的作用。

缺点：衍生产品的杠杆作用很大，因而风险很大，如用来投机可能会造成巨大损失

（3）运用衍生产品进行风险管理要满足以下条件：

①满足合规要求；

②与公司的业务和发展战略保持一致；

③建立完善的内部控制措施，包括授权、计划、报告、监督、决策等流程和规范；

④采用能够准确反映风险状况的风险计量方法，明确头寸、损失、风险限额；

⑤完善的信息沟通机制，保证头寸、损失、风险敞口的报告及时可靠；

⑥合格的操作人员。

三、风险管理的组织职能体系

企业应根据相关法律法规的要求和风险管理的需要，建立组织架构健全、职责边界清晰的风险管理结构，明确董事会、监事会、经营管理层、业务部门、风险管理部门和内审部门在风险管理中的职责分工，建立风险管理决策、执行、监督与评价等职能既相互分离与制约又相互协调的运行机制。

企业风险管理组织职能体系，主要包括规范的公司法人治理结构、风险管理委员会、风险管理职能部门、审计委员会和企业其他职能部门及各业务单位以及下属公司。

（一）规范的公司法人治理结构

企业应建立健全规范的公司法人治理结构，股东（大）会、董事会、监事会、经理层依法履行职责，形成高效运转、有效制衡的监督约束机制。同时，还应建立外部董事、独立董事制度，外部董事、独立董事人数应超过董事会全部成员的半数，以保证董事会能够在重大决策、重大风险管理等方面做出独立于经理层的判断和选择。

董事会就全面风险管理工作的有效性对股东（大）会负责。董事会在全面风险管理方面主要履行以下职责：

（1）审议并向股东（大）会提交企业全面风险管理年度工作报告；

（2）确定企业风险管理总体目标、风险偏好、风险承受度，批准风险管理策略和重大风险管理解决方案；

（3）了解和掌握企业面临的各项重大风险及其风险管理现状，做出有效控制风险的决策；

（4）批准重大决策、重大风险、重大事件和重要业务流程的判断标准或判断机制；

（5）批准重大决策的风险评估报告；

（6）批准内部审计部门提交的风险管理监督评价审计报告；

（7）批准风险管理组织机构设置及其职责方案；

（8）批准风险管理措施，纠正和处理任何组织或个人超越风险管理制度做出的风险性决定的行为；

（9）督导企业风险管理文化的培育；

（10）履行全面风险管理的其他重大事项的相关职责。

（二）风险管理委员会

具备条件的企业，董事会可下设风险管理委员会。该委员会的召集人应由不兼任总经理的董事长担任；董事长兼任总经理的，召集人应由外部董事或独立董事担任。该委员会成员中需有熟悉企业重要管理及业务流程的董事，以及具备风险管理监管知识或经验和一定法律知识的董事。

风险管理委员会对董事会负责，主要履行以下职责：

（1）提交全面风险管理年度报告；

（2）审议风险管理策略和重大风险管理解决方案；

（3）审议重大决策、重大风险、重大事件和重要业务流程的判断标准或判断机制，以及重大决策的风险评估报告；

（4）审议内部审计部门提交的风险管理监督评价审计综合报告；

（5）审议风险管理组织机构设置及其职责方案；

（6）办理董事会授权的有关全面风险管理的其他事项。

企业总经理对全面风险管理工作的有效性向董事会负责。总经理或总经理委托的高级管理人员，负责主持全面风险管理的日常工作，负责构思企业风险管理组织机构设置及组织拟订其职责方案。

（三）风险管理职能部门

企业应设立专职部门或确定相关职能部门履行全面风险管理的职责。该部门对总经理或其委托的高级管理人员负责，主要履行以下职责：

（1）研究提出全面风险管理工作报告；

（2）研究提出跨职能部门的重大决策、重大风险、重大事件和重要业务流程的判断标准或判断机制；

（3）研究提出跨职能部门的重大决策风险评估报告；

（4）研究提出风险管理策略和跨职能部门的重大风险管理解决方案，并负责该方案的组织实施和对该风险的日常监控；

（5）负责对全面风险管理有效性的评估，研究提出全面风险管理的改进方案；

（6）负责组织建立风险管理信息系统；

（7）负责组织协调全面风险管理日常工作；

（8）负责指导、监督有关职能部门、各业务单位以及全资、控股子企业开展全面风险管理工作；

（9）办理风险管理的其他有关工作。

（四）审计委员会

企业应在董事会下设立审计委员会，企业内部审计部门对审计委员会负责。内部审计部门在风险管理方面，主要负责研究提出全面风险管理监督评价体系，制定监督评价相关制度，开展监督与评价，出具监督评价审计报告。

（五）企业其他职能部门及各业务单位

企业其他职能部门及各业务单位在全面风险管理工作中，应接受风险管理职能部门和内部审计部门的组织、协调、指导和监督，主要履行以下职责：

（1）执行风险管理基本流程；

（2）研究提出本职能部门或业务单位重大决策、重大风险、重大事件和重要业务流程的判断标准或判断机制；

（3）研究提出本职能部门或业务单位的重大决策风险评估报告；

（4）做好本职能部门或业务单位建立风险管理信息系统的工作；

（5）做好培育风险管理文化的有关工作；

（6）建立健全本职能部门或业务单位的风险管理内部控制子系统；

（7）办理风险管理其他有关工作。

（六）下属公司

企业应通过法定程序，指导和监督其全资、控股子企业建立与企业相适应或符合全资、控股子企业自身特点、能有效发挥作用的风险管理组织职能体系。

四、内部控制系统

企业应建立健全能够涵盖风险管理主要环节的风险管理制度体系。一般应包括风险管理决策制度、风险识别与评估制度、风险监测预警制度、应急处理制度、风险管理考核制度、风险管理评价制度等。

内部控制系统，指围绕风险管理策略目标，针对企业战略、规划、产品研发、投融资、市场运营、财务、内部审计、法律事务、人力资源、采购、加工制造、销售、物流、质量、安全生产、环境保护等各项业务管理及其重要业务流程，通过执行风险管理基本流程，制定并执行的规章制度、程序和措施。

五、风险管理信息系统

企业应将信息技术应用于风险管理的主要环节，并建立与财务信息系统和业务信息系统的信息共享机制与方式。

企业应将信息技术应用于风险管理的各项工作，建立涵盖风险管理基本流程和内部控制系统各环节的风险管理信息系统，包括信息的采集、存储、加工、分析、测试、传递、报告、披露等。

企业应采取措施确保向风险管理信息系统输入的业务数据和风险量化值的一致性、准确性、及时性、可用性和完整性。对输入风险管理信息系统的数据，未经批准，不得更改。

风险管理系的作用包括：能够监控风险管理信息重大风险和重要业务流程；能够对超过风险预警上限的重大风险实施信息报警；能够满足风险管理内部信息报告制度和企业对外信息披露管理制度的要求。系统应能够进行对各种风险的计量和定量分析、定量测试；能够实时反映风险矩阵和排序频谱的功能。

风险管理信息系统应实现信息在各职能部门、业务单位之间的集成与共享，既能满足单项业务风险管理的要求，也能满足企业整体和跨职能部门、业务单位的风险管理综合要求。

企业应确保风险管理信息系统的稳定运行和安全，并根据实际需要不断进行改进、完善或更新。

已建立或基本建立企业风险管理信息系统的企业，应补充、调整、更新已有的管理流程和管理程序，建立完善的风险管理信息系统；尚未建立企业管理信息系统的，应将风险管理与企业各项管理业务流程、管理软件统一规划、统一设计、统一实施、同步运行。

## 8.1.4　风险管理的应用程序

企业应用风险管理工具方法，一般按照风险管理目标的设立、风险识别、风险分析、风险监测与预警、风险应对、风险管理沟通、风险管理考核、风险管理有效性评价等程序进行。

风险管理目标是在确定企业风险偏好的基础上，将企业的总体风险和主要类型的风险控制在风险容忍度范围之内。风险偏好，是指企业愿意承担的风险及相应的风险水平；风险容忍度，是指企业在风险偏好的基础上，设定的风险管理目标值的可容忍波动范围。

企业应根据风险形成机制，从企业的内部和外部识别可能影响风险管理目标实现的风险因素和风险事项。企业应在风险识别的基础上，对风险成因和特征、风险之间的相互关系，以及风险发生的可能性、对目标影响严重程度和可能持续的时间进行分析。在风险评价的基础上，针对需重点关注的风险，设置风险预警指标体系对风险的状况进行监测，并通过指标值与预警临界值的比较，识别预警信号，进行预警分级。企业应针对已发生的风险或已超过监测预警临界值的风险，采取风险承担、风险规避、风险转移、风险转换、风险对冲、风险补偿、风险控制等策略，把风险控制在风险偏好及容忍度之内。企业应在企业内部各管理级次、责任单位、业务环节之间，以及企业与外部投资者、债权人、客户、供应商、中介机构和监管部门等有关方面之间，将风险管理各环节的相关信息进行传递和反馈。

企业应建立风险管理报告制度，明确报告的内容、对象、频率和路径。根据风险管理职责设置风险管理相关机构和人员的风险管理考核指标，并纳入企业绩效管理，建立明确的、权责利相结合的奖惩制度，以保证风险管理活动的持续性和有效性。

风险管理部门应定期对各职能部门和业务部门的风险管理实施情况和有效性进行考核，形成考核结论并出具考核报告，及时报送企业经营管理层和绩效管理部门。

企业应对风险管理制度和工具方法设计的健全性、实施后的有效性，以及风险管理目标的达成情况进行评价，识别是否存在重大风险管理缺陷，形成评价结论并出具评价报告。

风险管理基本流程包括以下主要工作：（1）收集风险管理初始信息；（2）进行风险评估；（3）制定风险管理策略；（4）提出和实施风险管理解决方案；（5）风险管理监督与改进。风险管理基本流程如图 8-5 所示。

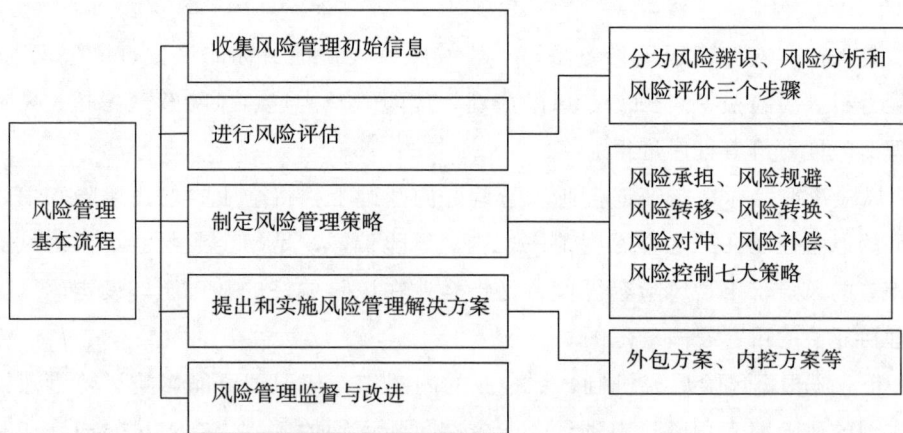

**图 8-5　风险管理基本流程**

一、收集风险管理初始信息

收集风险管理初始信息是风险管理基本流程的第一步，要广泛地、持续不断地收集与本企业风险和风险管理相关的内部、外部初始信息，包括历史数据和未来预测信息。应把收集初始信息的职责分工落实到各有关职能部门和业务单位。

收集初始信息要根据所分析的风险类型具体展开。

（1）分析战略风险。企业应广泛收集国内外企业战略风险失控导致企业蒙受损失的案例，并至少收集与本企业相关的以下重要信息：

①国内外宏观经济政策以及经济运行情况、企业所在产业的状况、国家产业政策；

②科技进步、技术创新的有关内容；

③市场对该企业产品或服务的需求；

④与企业战略合作伙伴的关系，未来寻求战略合作伙伴的可能性；

⑤该企业主要客户、供应商及竞争对手的有关情况；

⑥与主要竞争对手相比，该企业实力与差距；

⑦本企业发展战略和规划、投融资计划、年度经营目标、经营战略，以及编制这些战略、规划、计划、目标的有关依据；

⑧该企业对外投融资流程中曾发生或易发生错误的业务流程或环节。

（2）分析财务风险。企业应广泛收集国内外企业财务风险失控导致危机的案例，并至少收集本企业的以下重要信息：

①负债、或有负债、负债率、偿债能力；

②现金流、应收账款及其占销售收入的比重、资金周转率；

③产品存货及其占销售成本的比重、应付账款及其占购货额的比重；

④制造成本和管理费用、财务费用、销售费用；

⑤盈利能力；

⑥成本核算、资金结算和现金管理业务中曾发生或易发生错误的业务流程或环节；

⑦与本企业相关的产业会计政策、会计估算、与国际会计制度的差异与调节（如退休金、递延税项等）等信息。

（3）分析市场风险。企业应广泛收集国内外企业忽视市场风险、缺乏应对措施导致企业蒙受损失的案例，并至少收集与本企业相关的以下重要信息：

①产品或服务的价格及供需变化；

②能源、原材料、配件等物资供应的充足性、稳定性和价格变化；

③主要客户、主要供应商的信用情况；

④税收政策和利率、汇率、股票价格指数的变化；

⑤潜在竞争者、竞争者及其主要产品、替代品情况。

（4）分析运营风险。企业应至少收集与该企业、本行业相关的以下信息：

①产品结构、新产品研发；

②新市场开发，市场营销策略，包括产品或服务定价与销售渠道，市场营销环境状况等；

③企业组织效能、管理现状、企业文化，高、中层管理人员和重要业务流程中专业人员的知识结构、专业经验；

④期货等衍生产品业务中曾发生或易发生失误的流程和环节；

⑤质量、安全、环保、信息安全等管理中曾发生或易发生失误的业务流程或环节；

⑥因企业内、外部人员的道德风险致使企业遭受损失或业务控制系统失灵的信息；

⑦给企业造成损失的自然灾害以及除上述有关情形之外的其他纯粹风险；

⑧对现有业务流程和信息系统操作运行情况的监管、运行评价及持续改进能力；

⑨企业风险管理的现状和能力。

（5）分析法律风险。企业应广泛收集国内外企业忽视法律法规风险、缺乏应对措施导致企业蒙受损失的案例，并至少收集与该企业相关的以下信息：

①国内外与该企业相关的政治、法律环境；

②影响企业的新法律法规和政策；

③员工道德操守的遵从性；

④该企业签订的重大协议和有关贸易合同；

⑤该企业发生重大法律纠纷案件的情况；

⑥企业和竞争对手的知识产权情况。

企业还要对收集的初始信息进行必要的筛选、提炼、对比、分类、组合，以便进行风险评估。

二、进行风险评估

完成了风险管理初始信息收集之后，企业要对收集的风险管理初始信息和企业各项业务管理及其重要业务流程进行风险评估。

风险评估包括风险辨识、风险分析、风险评价三个步骤。

风险辨识是指查找企业各业务单元、各项重要经营活动及其重要业务流程中有无风险,有哪些风险。风险分析是对辨识出的风险及其特征进行明确的定义描述,分析和描述风险发生可能性的高低、风险发生的条件。风险评价是评估风险对企业实现目标的影响程度、风险的价值等。

进行风险辨识、分析、评价,应将定性与定量方法相结合。定性方法可采用问卷调查、集体讨论、专家咨询、情景分析、政策分析、行业标杆比较、管理层访谈、由专人主持的工作访谈和调查研究等。定量方法可采用统计推论(如集中趋势法)、计算机模拟(如蒙特卡洛分析法)、失效模式与影响分析、事件树分析等。进行风险定量评估时,应统一制定各风险的度量单位和风险度量模型,并通过测试等方法,确保评估系统的假设前提、参数、数据来源和定量评估程序的合理性和准确性。要根据环境的变化,定期对假设前提和参数进行复核和修改,并将定量评估系统的估算结果与实际效果进行对比,据此对有关参数进行调整和改进。

风险分析应包括风险之间的关系分析,以便发现各风险之间的自然对冲、风险事件发生的正负相关性等组合效应,从风险策略上对风险进行统一集中管理。

企业在评估多项风险时,应根据对风险发生可能性的高低和对目标的影响程度的评估,绘制风险坐标图,对各项风险进行比较,初步确定对各项风险的管理优先顺序和策略。

风险评估应由企业组织有关职能部门和业务单位实施,也可聘请有资质、信誉好、风险管理专业能力强的中介机构协助实施。

企业应对风险管理初始信息实行动态管理,定期或不定期实施风险辨识、分析、评价,以便对新的风险进行评估和对原有风险的变化重新评估。

三、制定风险管理策略

风险管理基本流程的第三步是制定风险管理策略。风险管理策略,是指企业根据自身条件和外部环境,围绕企业发展战略,确定风险偏好、风险承受度、风险管理有效性标准,选择风险承担、风险规避、风险转移、风险转换、风险对冲、风险补偿、风险控制等适合的风险管理工具的总体策略,并确定风险管理所需人力和财力资源的配置原则。

企业在制定风险管理策略时,要根据风险的不同类型选择其适宜的风险管理策略。例如,一般认为,对战略、财务、运营、政治风险、法律风险等,可采取风险承担、风险规避、风险转换、风险控制等方法。对能够通过保险、期货、对冲等金融手段进行理财的风险，可以采用风险转移、风险对冲、风险补偿等方法。

制定风险管理策略的一个关键环节是企业应根据不同业务特点统一确定风险偏好和风险承受度，即企业愿意承担哪些风险，明确风险的最低限度和不能超过的最高限度，并据此确定风险的预警线及相应采取的对策。确定风险偏好和风险承受度，要正确认识和把握风险与收益的平衡，防止和纠正两种错误倾向：一是忽视风险，片面追求收益而不讲条件、范围，认为风险越大、收益越高；二是单纯为规避风险而放弃发展机遇。

在制定风险管理策略时，还应根据风险与收益相平衡的原则以及各风险在风险坐标图上的位置，进一步确定风险管理的优先顺序，明确风险管理成本的资金预算和控制风险的组织体系、人力资源、应对措施等总体安排。

对于已经制定和实施的风险管理策略，企业应定期总结和分析已制定的风险管理策略的有效性和合理性，结合实际不断修订和完善。其中，应重点检查依据风险偏好、风险承受度和风险控制预警线实施的结果是否有效，并提出定性或定量的有效性标准。

四、提出和实施风险管理解决方案

按照风险管理的基本流程，制定风险管理策略后的工作是提出和实施风险管理解决方案，也就是执行前一阶段制定的风险管理解决策略，进一步落实风险管理工作。在这一阶段，企业应根据风险管理策略，针对各类风险或每一项重大风险制定风险管理解决方案。方案一般应包括风险解决的具体目标，所需的组织领导，所涉及的管理及业务流程，所需的条件、手段等资源，风险事件发生前、中、后所采取的具体应对措施以及风险管理工具（如关键风险指标管理、损失事件管理等）。

（一）风险管理解决方案的两种类型

从大的分类看，风险管理解决方案可以分为外部和内部解决方案。

1. 外部解决方案

外部解决方案一般指外包。企业经营活动外包是利用产业链专业分工，提高运营效率的必要措施。企业许多风险管理工作可以外包出去，如企业使用投资银行、信用评级公司、保险公司、律师事务所、会计师事务所、风险管理咨询公司等专业机构，将有关方面的工作外包，可以降低企业的风险，提高效率。外包可以使企业规避一些风险，但同时可能带来另一些风险，应适当加以控制。

如果企业制定风险管理解决的外包方案，应注重成本与收益的平衡、外包工作的质量、自身商业秘密的保护以及防止自身对外包产生依赖性等，并制定相应的预防和控制措施。

2. 内部解决方案

内部解决方案是指风险管理体系的运转。在具体实施中，一般是以下几种手段的综合应用：风险管理策略；组织职能；内部控制（以下简称"内控"），包括政策、制度、程序；信息系统，包括报告体系；风险理财措施。

在上述内部解决方案中，企业制定风险解决的内控方案，应满足合规要求，坚持经营战略与风险策略一致、风险控制与运营效率及效果相平衡的原则，针对重大风险所涉及的各管理及业务流程，制定涵盖各个环节的全流程控制措施；对其他风险所涉及的业务流程，要把关键环节作为控制点，采取相应的控制措施。

内控是通过有关企业流程的设计和实施的一系列政策、制度、程序和措施，控制影响流程目标的各种风险的过程。内控是全面风险管理的重要组成部分，是全面风险管理的基础设施和必要举措。一般来说，内控系统针对的风险是可控纯粹风险，其控制对象是企业中的员工，其控制目的是规范员工的行为，其控制范围是企业的业务和管理流程。

企业制定内控措施，一般至少包括以下内容。

（1）建立内控岗位授权制度。对内控所涉及的各岗位明确规定授权的对象、条件、范围和额度等，任何组织和个人不得超越授权做出风险性决定。

（2）建立内控报告制度。明确规定报告人与接收报告人，报告的时间、内容、频率、传递路线、负责处理报告的部门和人员等。

（3）建立内控批准制度。对内控所涉及的重要事项，明确规定批准的程序、条件、范围和额度、必备文件以及有权批准的部门和人员及其相应责任。

（4）建立内控责任制度。按照权利、义务和责任相统一的原则，明确规定各有关部门和业务单位、岗位、人员应负的责任和奖惩制度。

（5）建立内控审计检查制度。结合内控的有关要求、方法、标准与流程，明确规定审计检查的对象、内容、方式和负责审计检查的部门等。

（6）建立内控考核评价制度。具备条件的企业应把各业务单位风险管理执行情况与绩效薪酬挂钩。

（7）建立重大风险预警制度。对重大风险进行持续不断的监测，及时发布预警信息，制定应急预案，并根据情况变化调整控制措施。

（8）建立健全以总法律顾问制度为核心的企业法律顾问制度。大力加强企业法律风险防范机制建设，形成由企业决策层主导、企业总法律顾问牵头、企业法律顾问提供业务保障、全体员工共同参与的法律风险责任体系。完善企业重大法律纠纷案件的备案管理制度。

（9）建立重要岗位权力制衡制度，明确规定不相容职责的分离。其主要包括授权批准、业务经办、会计记录、财产保管和稽核检查等职责。对内控所涉及的重要岗位可设置一岗双人、双职、双责，相互制约；明确该岗位的上级部门或人员对其应采取的监督措施和应负的监督责任；将该岗位作为内部审计的重点等。

企业应当按照各有关部门和业务单位的职责分工，认真组织实施风险管理解决方案，确保各项措施落实到位。

（二）关键风险指标管理

关键风险指标管理是对引起风险事件发生的关键成因指标进行管理的方法。关键风险指标管理可以管理单项风险的多个关键成因，也可以管理影响企业主要目标的多个主要风险。例如，假设企业现在关心的主要目标是年度盈利指标，影响年度盈利指标的风险因素有许多，包括年度销售额、原材料价格、制造成本、销售成本、投资收入、利息、应收账款等。

1. 关键风险指标管理的步骤

关键风险指标管理的步骤一般分为以下六步。

（1）分析风险成因，从中找出关键成因。例如，在某企业中，经过数据分析，认定影响盈利的主要风险是信用风险，其代表性的风险事件是客户还款不及时，导致应收账款大量增加。

（2）将关键成因量化，确定其度量模型，分析确定导致风险事件发生（或极有可能发生）时该成因的具体数值。上文企业中，应将应收账款进一步量化，得到月度坏账损失额、每月月末回收的应收账款和客户结构变化率等三个量化指标，并得出预警值。

（3）以该具体数值为基础，以发出风险信息为目的，加上或减去一定数值后形成新的数值，该数值即为关键风险指标。

（4）建立风险预警系统，即当关键成因数值达到关键风险指标时，发出风险预警信息。

（5）制定出现风险预警信息时应采取的风险控制措施。

（6）跟踪监测关键成因的变化，一旦出现预警，即实施风险控制措施。

2. 关键风险指标分解

企业目标的实现要靠企业的各个职能部门和业务单位共同的努力，同样，企业的指标要分解到企业的各个职能部门和业务单位。对于关键风险指标也是一样。

但是，对于关键风险指标的分解要注意职能部门和业务单位之间的协调。关键是从企业整体出发把风险控制在一定范围内。对一个具体单位而言，不可采用"最小化"的说法。比如，信用管理部门负责信用风险的管理，如果其强调最小化信用风险，紧缩信用，则会给负责扩大市场占有率和销量的市场部门和销售部门造成伤害，从而影响企业整体目标的实现。

对于关键风险指标的分解，要兼顾各职能部门和业务单位的诉求。一个可行的方法是在企业的总体领导和整体战略的指导下进行职能部门和业务单位间的协调。

（三）落实风险管理解决方案

（1）高度重视，要认识到风险管理是企业时刻不可放松的工作，是企业价值创造的根本源泉。

（2）风险管理是企业全员的分内工作，没有风险的岗位是不创造价值的岗位，没有理由存在。

（3）落实到组织，明确分工和责任，全员进行风险管理。

（4）为确保工作的效果，落实到位，要对风险管理解决方案的实施进行持续监控改进，并与绩效考核联系起来。

五、风险管理监督与改进

风险管理基本流程的最后一个步骤是风险管理监督与改进。企业应以重大风险、重大事件和重大决策、重要管理及业务流程为重点，对收集风险管理初始信息、进行风险评估、制定风险管理策略、提出和实施风险管理解决方案的落实情况进行监督，采用压力测试、返回测试、穿行测试以及风险控制自我评估等方法对风险管理的有效性进行检验，根据变化情况和存在的缺陷及时加以改进的弥补。

企业应建立贯穿于整个风险管理基本流程，连接各上下级、各部门和业务单位的风险管理信息沟通渠道，确保信息沟通的及时、准确、完整，为风险管理监督与改进奠定基础。

企业各有关部门和业务单位应定期对风险管理工作进行自查和检验，及时发现缺陷并改进，其检查、检验报告应及时报送企业风险管理职能部门。

企业风险管理职能部门应定期对各部门和业务单位风险管理工作实施情况和有效性进行检查和检验，要根据在制定风险策略时提出的有效性标准的要求对风险管理策略进行评估，对跨部门和业务单位的风险管理解决方案进行评价，提出调整或改进建议，出具评价和建议报告，及时报送企业总经理或其委托分管风险管理工作的高级管理人员。

企业内部审计部门应至少每年一次对包括风险管理职能部门在内的各有关部门和业务单位能否按照有关规定开展风险管理工作及其工作效果进行监督评价，监督评价报告应直接报送董事会或董事会下设的风险管理委员会和审计委员会。此项工作也可结合年度审计、任期审计或专项审计工作一并开展。

企业可聘请有资质、信誉好、风险管理专业能力强的中介机构对企业全面风险管理工作进行评价，出具风险管理评估和建议专项报告。报告一般应包括以下几方面的实施情况、存在缺陷和改进建议：

（1）风险管理基本流程与风险管理策略；

（2）企业重大风险、重大事件和重要管理及业务流程的风险管理及内部控制系统的建设；

（3）风险管理组织职能体系与信息系统；

（4）全面风险管理总体目标。

## 案例　风险管理的应用案例

### TCL 的风险管理的应用案例

1997 年，TCL 与河南美乐集团实现强强联合，成立河南 TCL－美乐电子有限公司，把 TCL 从一个地方小企业发展成为一个全国性企业。TCL 的国际化始于 1998 年，当年 6 月，TCL 成立海外业务部，并且选择越南作为其海外业务扩张的第一站。

1999 年 6 月，在接手原香港陆氏公司在越南的一个工厂后，TCL 越南公司成立。越南公司全年的彩电销量只有 80 万台，国际彩电巨头如索尼、三星等都先于 TCL 在那里建有生产基地，竞争十分激烈。TCL 越南项目一投产就处于亏损状态。到 2001 年，越南公司终于达成盈亏平衡。继越南之后，TCL 在印度、印度尼西亚、菲律宾的分支公司纷纷成立。

这一时期，TCL 在国内除保持彩电产品的上升势头外，全面拓展到白色家电、计算机、手机等领域，积蓄企业的力量。

2001 年 6 月，TCL 成立"增强国际竞争力实施方案"工作组，着手制定集团中长期战略规划，由此出台了后来的"阿波罗计划"。

"阿波罗计划"的第一步是 2002 年 4 月开始的 TCL 整体上市行动。

2002 年 9 月 29 日，TCL 整体上市计划获得了证监会批准，而其"换股公募"的发行上市方案在国内证券市场尚属首创。TCL 以重组、上市、战略扩张为主题的"阿波罗计划"向前迈进了实质性一步。

2004 年 1 月 7 日，TCL 在完成了对 TCL 通讯科技控股有限公司（以下简称"TCL 通讯"）的吸收合并之后，以上网申购的方式踏上了集团整体上市的"阳关大道"。该计划为 TCL 拓展海外市场融得了 25 亿元的资本。为了拓宽自己的国际营销网络，学习丰富的国际贸易经验，降低采购成本，TCL 决定和香港长城数码联手，于是"阿波罗计划"的第二步开始启动。

2002 年 9 月 7 日，TCL 和香港长城数码共同出资 1 000 万元港币成立新的合资公司——TEAM - WAY 有限公司，以共同开拓国际市场。在合资公司中，TCL 占 70% 的股份，香港长城数码占 30% 的股份。TCL 总裁李东生、香港长城数码董事局主席吴少章分别任合资公司正、副董事长，TCL 董事、多媒体事业本部总裁胡秋生担任合资公司总经理。

随着国际家电巨头的竞逐，TCL 感到新兴市场的开发空间正变得日益有限，预期这些市场必将步入与国内市场类似的窘境。而欧美成熟市场则不同，这些市场的消费者对质量和品牌的认可度较大，市场容量大、利润率高，这对于产能快速扩张的中国企业来说是一个具有巨大诱惑力的市场。但这些市场消费者的品牌意识很强，对于质量和技术的要求也更为严格。如果通过自有品牌进行扩张，TCL 要进入这个已经被成熟品牌占领了 4/5 份额的市场，显然困难重重。

2002 年，德国老牌电视企业施耐德破产后寻求买家，机会降临到 TCL 头上，TCL 毫不犹豫地决定全资并购。2002 年 10 月 25 日，TCL 全资并购的德国施耐德在德国慕尼黑正式开业，拉开了 TCL 海外并购的序幕。它标志着 TCL 国际化的区位选择和进入模式的一个新的方式，即利用当地品牌、渠道、制造，绕开反倾销等贸易壁垒，进军欧美发达国家市场。

然而，施耐德在德国的社会形象是一个保守的、不断破产转卖的私人企业，产品还不如 TCL 先进。现在德国电视机很便宜，市场已经饱和，如果再买，只能买高精尖产品，但德国人知道，施耐德生产不了高精尖产品，如果把 TCL 的超薄高精尖电视机贴上施耐德的品牌到德国去卖，德国人不可能接受。

TCL 没有扭转施耐德的颓势，自正式接手的那一天起，施耐德就持续地亏损。三年半时间里，TCL 在施耐德更换了 4 名 CEO，但还是对如何改善经营状况束手无策。施耐德最后的结局是倒闭。

为了继续开拓欧洲市场，TCL 又把目光转向连年亏损的法国汤姆逊，该企业当时身陷困境，2003 年在欧洲和北美市场亏损高达 17 亿美元。

并购前，TCL 花了 1 000 万欧元请波士顿咨询公司做了并购汤姆逊的可行性报告。可是咨询报告描绘的前景并不乐观，风险偏大。然而这并没有阻挡住 TCL 并购的步伐。2003 年 11 月，TCL 与汤姆逊为了进行彩电和 DVD 业务的全球合并重组，计划成立 TTE 电子有限公司（以下简称"TTE"）。2004 年 1 月 28 日，李东生与汤姆逊总裁达哈利在法国总理府签署双方彩电、DVD 业务合并的正式合同，TTE 正式成立。TCL 成为新公司主要股东，占 67% 的股份，汤姆逊持有余下的 33% 股份。

并购战略如果不是建立在科学分析、认真研究的基础上，很可能会变成企业的负担，对企业未来发展极其不利。TCL 为并购决定付出了沉重的代价。TTE 的经营状况每况愈下，从 2004 年 8 月成立到同年 12 月，TTE 的主营业务收入为 158 亿元，亏损了 6 386 万元；2005 年第一季度主营业务收入锐减为 86 亿元，亏损增至 7 708 万元。其中，原汤姆逊业务在 TTE 业务中的比重迅速下降成为业绩下滑的主要原因。加之 TTE 急需的大量启动资金，以及 TCL 移动分拆上市给集团资金周转带来的巨大压力，短短一个月内，TCL 向银行借款将近 20 亿元。TCL 的资金危机暴露无遗。

TCL 不得不采取措施转亏，与汤姆逊达成协议，进行欧洲事务重组：终止欧洲除 OEM 业务外的所有电视机的销售和营销活动；对 TCL 多媒体欧洲公司目前在欧洲从事业务的大部分员工进行重组；作为计划的一部分，TCL 多媒体在欧洲的部分附属公司，包括德国、西班牙、意大利、瑞典、捷克和匈牙利的销售公司进行重组；TCL 多媒体将视情况变现其在欧洲的资产和库存。

汤姆逊则以援手 TCL 多媒体欧洲业务重组的代价，换走了一纸解除禁售的协议。随即，汤姆逊私下配售 TCL3.9 亿股，减持 TCL 多媒体 10%～19.3% 的股份。于是，汤姆逊由对 TCL 的联合公司变成 TCL 的投资成员，以种种借口完全把这个"烫手的山芋"抛给了 TCL。

TCL 第三次并购的策划和实施者是 TCL 通讯董事长兼 CEO 万明坚。万明坚在市场下滑的背景下力主并购连续四年亏损的阿尔卡特，想与并购汤姆逊一样，使该并购成为 TCL 的第二个发展里程碑。

2004 年 10 月 9 日，TCL 董事长兼总裁、TCL 通讯董事长李东生与阿尔卡特董事长谢瑞克在北京签订了成立双方手机合资公司的正式合同。翌日，TCL 和阿尔卡特合资成立的 TCL 阿尔卡特移动电话有限公司 TAMP（TCL&Alcatel Mobile Phone Limited）正式挂牌。业内评价说这是我国企业首次真正意义上在全球范围全面整合手机业务，它标志着 TCL 通讯跻身世界手机一线阵营并建立起领先优势。

TCL 通讯并购阿尔卡特手机业务后，一直没有一个准确定位，几近裹足不前。在并购阿尔卡特后，TCL 通讯员工的不满情绪开始膨胀。由于融合进度缓慢，合资公司的销售情况不见增长，TCL 为了填补阿尔卡特手机业务每月几千万元人民币的亏损，TCL 通讯的员工开始普遍降薪。TCL 通讯的营销及研发人员开始流失。

更值得一提的是，开始被看好的阿尔卡特手机 3G 技术并没有对 TCL 开放，协议中涉及的技术都是 2G 或 2.5G 的技术，3G 技术为阿尔卡特的另外一家合资公司所有。另外，亏损的巨大压力导致 TCL 自身在研发方面投入的减少，其研发体系不断弱化，使最初设想并购所带来的技术导入效果大打折扣，进而影响到 TCL 对液晶显示器等真正能打开欧美市场的高端产品的投资和并购。一连串的跨国并购并没有给 TCL 带来期望中的技术和市场，相反，却使 TCL 陷入困境，损失巨大。

三次并购后，由于整合困难，TCL 陷入了连年亏损的境地。2006 年 6 月 3 日，TCL 全资子公司 TCL 实业控股与中国银行（香港）有限公司、建银国际融资有限公司、法国兴业亚洲有限公司、荷兰银行香港分行签订联合贷款协议，欲贷一笔 6.5 亿元港币、3 年期的银团贷款，用于维持公司的营运资金周转。在银团贷款分销完成之前，由银行先期提供 6.5 亿元港币、3 个月期限的过桥贷款。有证券界人士分析，粗略计算，TCL 2006 年年底到期的短期贷款超过 20 亿元，即使 TCL 在融资方面能够受到多方优惠，但仍随时面临资金链断裂的风险。

从 TCL 三次大型的海外并购，到 TCL 陷入投资黑洞，再到整个企业面临欧洲业务重组一系列的过程，TCL 的教训是深刻的，其并购决定也略显草率。作为一家有行业影响力的上市公司，TCL 三次并购都是从信心百倍开始，以亏损结束。每次的过程和结果都如出一辙，TCL 在重复着同样的错误。值得我们深思的是，TCL 从浮华到沧桑的真正原因是什么，TCL 从这几次"学费"昂贵的海外并购中能够得到什么样的启发。我们可以从企业战略失败以及导致失败的相关因素进行分析。

一、三次海外并购决策的失误

国资委的《中央企业全面风险管理指引》第十二条明确规定，在战略风险管理方面，企业应该广泛收集与本企业有关的本行业状况、科技进步、技术创新、市场对本企业产品或者服务的需求、与战略合作伙伴的关系、本企业对外投融资流程中曾发生或者易发生错误的业务流程或者环节等方面的重要信息。而纵观 TCL 三次海外并购决策，在收集被并购方信息、尽职调查方面做得非常不到位，遗失了部分关键信息，导致并购后遇到了一些意想不到的问题。

在并购施耐德时，TCL 本意是希望施耐德能将 TCL 带进欧洲的通信、信息等领域，顺利打开欧洲市场。但 TCL 对施耐德的信息判断并不准确，不知道施耐德在德国的社会形象是一个保守的、不断破产转卖的私人企业，产品还不如 TCL 先进。另外，德国电视机很便宜，市场已经饱和，而施耐德技术老化，生产不了高精尖产品。TCL 并购汤姆逊，是因为 TCL 认为汤姆逊彩电以 RCA 品牌销售，是一个有实力的成熟品牌，有着比较大的上升空间，可以推动销量的上升。但实际运营后发现，RCA 这个产品的市场位置比原来想象中的要低得多。很多消费者虽然知道 RCA 这个品牌，但他们同时也知道这个品牌已经老化了，在诸如沃尔玛等大卖场的某个偏僻的角落里才能找到它落寞的身影。步履维艰的汤姆逊这些年来根本没有在这个品牌的营销渠道和市场推广上持续投入，RCA 这个品牌没有被很好地维护和保养，致使其老化，同时，RCA 原来在北美市场什么产品都做，品牌定位模糊不清。

再来看万明坚并购阿尔卡特，对手机市场尤其是阿尔卡特在手机领域实力方面判断出现偏差。当时手机行业从整体上来说要比彩电行业乐观，阿尔卡特虽然在研发上实力强大，但在手机领域尚不属于一线品牌。我国手机产业自 20 世纪 90 年代末以来，始终高速发展，2004 年实现快速增长，增长率为 30% 左右。2004 年全球手机出货量为 6.645 亿部，我国境内生产的手机约占 35.1%；我国手机用户为 3.348 亿户（新增 6 487 万户），约占全球用户总数的 20%。我国已成为全球手机生产销售第一大国，其中产量的 60% 多为出口。国内外品牌达数百种，竞争非常激烈。阿尔卡特在手机领域的市场占有率不高，不知道 TCL 有什么理由能凭着它立足世界手机市场。

总之，TCL 在推行海外并购战略决策时准备不足。如信息收集不够充分、对可能遇到的风险和困难评估不准，以及制定的应对策略不够等，导致企业出现了战略性的决策失误。试想如果 TCL 在做决策前能够仔细研究整个行业的发展状况，认真了解手机和彩电行业新的技术动向，认真汲取企业在并购施耐德过程中失败的教训，那么 TCL 也不会一再失败。

## 二、决策和治理机制形同虚设

从 TCL 海外并购的失利中我们可以看出，整个决策失败的重要原因之一是企业内部控制机制的严重缺位。具体表现在：首先，TCL 没有建立一套完善的决策制定和评估机制，在并购德国施耐德时，TCL 没有请专业机构做详细的调查，而是凭经验判断和决策；在并购汤姆逊时，TCL 虽然请波士顿咨询公司进行了咨询，但是无视评估结果而执意地进行了并购；第三次并购的决策最具戏剧性，尽管李东生认为再次进行大规模并购会使企业面临很大的风险，但是由于 TCL 通讯董事长万明坚的坚持，他还是认可了万明坚的决定。在关系到集团未来发展战略的关键问题决策方面，TCL 缺乏严密的论证、决策机制，并购战略受领导者个人偏好影响很大，缺乏集体决策和制衡机制。其次，TCL 的公司治理结构中也有股东大会、董事会和经理层，而且完全是按照现代公司的治理机制来设置的，力求权力既能够有效分配又能够相互制衡。但是从海外并购的三次决策过程，我们更多地感受到"功劳"和"权威"在关键时刻都能脱离机制的约束。而没有约束的自由是非常危险的，TCL 为这种自由付出了很大的代价。

深交所 2006 年颁布的《上市公司内部控制指引》明确强调，公司应当建立规范的公司治理结构，明确决策、执行、监督等方面的职责权限，形成科学、有效的职责分工和制衡机制。公司重大投资的内部控制应遵循合法、审慎、安全、有效的原则，控制投资风险，注重投资收益。公司应当指定专门的机构，负责对公司重大投资的可行性、投资风险、投资回报等事宜进行专门研究和评估，监督重大投资项目的进行。试想，如果 TCL 的内部控制机制足够完善，权力之间能够相互制衡，责、权、利能够对等，同时在做海外并购决策时能够听从专家的意见，结果可能是另一种情况。

## 三、并购后的整合之难

根据国资委的《中央企业全面风险管理指引》第十五条的规定，在运营风险方面企业应该收集与本企业、本行业相关的管理状况、企业文化等方面的信息。TCL 在并购过程中对这方面准备得非常不充分，因而导致其在进行文化、人力资源整合时措手不及，结果不但没有实现整合带来的协同效应，反而使自己替别人背负了沉重的债务负担。

TCL 在对阿尔卡特手机业务进行整合的过程中，文化方面的冲突极具代表性。在此并购案中，TCL 一开始就忽视了文化整合，没有对两者文化的差异进行判断，也没有采取相应的业务整合措施。

此外，TCL 在人力资源整合上也存在很大失误。在并购时，阿尔卡特投入了固定资产、知识产权和 600 多名研发专业人员以及销售和营销管理人员。但到 2004 年年底，高层经理中的原阿尔卡特员工基本都离职了；到 2005 年 3 月，一线经理（主要是市场、销售部门经理）也相继离职。对施耐德和汤姆逊的并购上，也跟阿尔卡特一样，被并购公司的原有文化、管理制度与 TCL 截然不同，而 TCL 对如何整合两种文化、实现无缝对接是准备不足的。

四、结语

从海尔宣布退出和美国同业对手美泰克的竞购战，到中海油宣布撤回其对优尼科公司的并购要约，到华为退出对英国马克尼的并购，再到 TCL 并购大牌企业之后被迫进行欧洲市场的重组，可见我国企业的国际化过程之艰辛。TCL 在海外并购过程中表现出的执着着实让人敬佩，然而这几次"练兵"却差点给企业带来了毁灭性的灾难。因此，对于企业国际化我们不得不进行更深刻的思考：国际化固然是企业做大做强的必由之路，但企业只有建立起完善的内部控制机制、不断学习先进的经营和管理经验、增强自主创新能力，才能在激烈的竞争中游刃有余，取得长足发展。

# 8.2　风险管理工具方法

## 8.2.1　风险矩阵

一、风险矩阵概述

风险矩阵，是指按照风险发生的可能性和风险发生后果的严重程度，将风险绘制在风险矩阵图（也称风险热度图、风险坐标图等）中，展示风险及其重要性等级的风险管理工具。风险矩阵的基本原理是根据企业风险偏好，判断风险发生可能性和后果严重程度，计算风险值，以此作为主要依据在矩阵中描绘出风险重要性等级。

风险矩阵由美国空军电子系统中心（Electronic Systems Center，ESC）的采办工程小组于 1995 年 4 月提出。在项目管理过程中，风险矩阵是识别项目风险重要性的一种结构性方法，它能够对项目风险的潜在影响进行评估，是一种操作简便，且把定性分析与定量分析相结合的方法。自 1996 年以来，ESC 的很多项目都采用风险矩阵进行风险评估。为了改进风险矩阵的应用，美国的 MITRE 公司还开发了一套风险矩阵应用软件。

其实，从 1969 年起，美国就开始在国防高技术采办中实施系统的风险研究。他们积极探索风险管理技术，制定详尽的风险管理指南，成立专门的风险管理组织，开展富有成效的风险管理工作。现在，风险管理在美国国防采办中已经成为一项"法定性"的工作。

"风险矩阵"译自 risk matrix，与其说它是一种常用的风险评估方法，不如说它是一种有效的风险管理工具。

在 ISO Guide 73：2009《风险管理——术语》标准中，国际标准化组织（International Organization for Standardization，ISO）把风险矩阵作为术语来对待，对其定义如下。

风险矩阵：一种通过定义后果和可能性的范围，对风险进行展示和排序的工具。

该定义看似简单，却给出了以下约定。

- 首先，风险矩阵是一种工具。该工具用于展示风险，并对风险进行排序。
- 其次，风险矩阵关乎两个要素：风险发生的后果及其可能性。
- 最后，使用这种工具时，需要定义后果和可能性的范围。该范围可以是定性的，也可以是定量的。

风险矩阵可以用列表的形式绘制，也可以用图谱的形式绘制。在风险管理实务中，在风险识别阶段一般用列表展示，如表 8 - 2 所示；在风险分析和评价阶段一般用图谱形式，以展示各风险的分布状况，如图 8 - 6 所示。

表 8 - 2　　　　　　　　　　列表式风险矩阵

| 风险名称 | 风险源 | 风险原因 | 后果性质 | 后果大小 | 可能性 | 风险等级 | …… |
|---|---|---|---|---|---|---|---|
| 风险 1 | | | | | | | |
| 风险 2 | | | | | | | |
| 风险 3 | | | | | | | |
| …… | | | | | | | |
| 风险 $n$ | | | | | | | |

注：表中阴影部分（后果大小、可能性、风险等级）在风险分析后才能填写。

在 ISO/IEC 31010：2009《风险管理——风险评估技术》标准中，ISO/IEC 称风险矩阵为后果/可能性矩阵，见 ISO31010：2009 B. 29（即附录 B 的第 29 种方法）。

在图 8 - 6 中：

区域 I 为红色区域，位于矩阵图的右上角；

| | | | | | | | |
|---|---|---|---|---|---|---|---|
| 发生可能性等级 | E | IV | III | II | I | I | I |
| | D | IV | III | III | II | I | I |
| | C | V | IV | III | II | II | I |
| | B | V | IV | III | III | II | I |
| | A | V | V | IV | III | II | II |
| | | 1 | 2 | 3 | 4 | 5 | 6 |
| | | 风险后果程度 | | | | | |

**图 8 - 6    图谱式风险矩阵**

区域 V 为灰色区域，位于矩阵图的左下角；

在灰色区域与红色区域之间，从左下到右上，又被分为绿色区域（区域 IV）、蓝色区域（区域 III）和黄色区域（区域 II）。

这种图很直观，从左下角到右上角，越接近右上角的区域，表明其风险越大，组织的决策者越应该重点关注。反之，越接近右下角的区域，企业的高管层给予的关注可越少。

在风险管理的初级阶段，一般只对风险矩阵做"红、黄、绿"三级区分，如图 8 - 7 所示。这样，管理者很快就能识别出哪些风险在需要高度关注和频繁关注的红色区域，以及哪些风险在可以不用投入太多精力和资源的绿色区域。

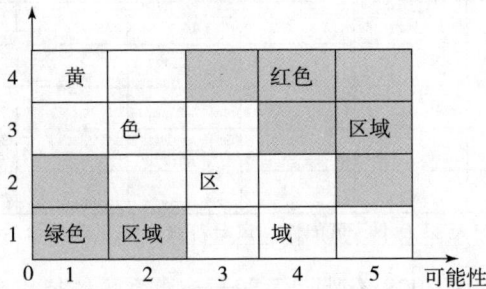

**图 8 - 7    风险管理初级阶段常用的风险矩阵**

值得注意的是：当利用风险矩阵做定量风险分析时，我们把构建的内容称为"风险坐标图"。

二、风险矩阵的输入与输出

要使用风险矩阵工具方法，就需要构建风险矩阵；要构建风险矩阵，就必须事先确定"后果准则"和"可能性准则"，然后画出二维矩阵单元图。通过风险分析，获得特定风险的后果 C 值及其发生可能性 L 值。有了这些输入条件和"数据"（含定性的文字说明），就可以在风险矩阵图上进行处理。如果想要明确风险的重要性，就还要确定"风险重要性准则"。所以，风险矩阵法的输入一般包括以下方面。

1. 后果准则

后果准则，亦称"后果程度准则"或"C 准则"。后果准则主要用来判定识别风险的后果严重程度。后果严重程度可以定性描述，也可以半定量或定量描述，这主要取决于组织的管理需求或决策需求。风险后果的不同程度被称为"后果水平"或"后果等级"。

（1）定性后果准则。

对定性后果准则而言，最常见的是用"极低（或很低）、低、中等、高、极高（或很高）"这样的词语来描述后果的水平。有时也可用"A、B、C、D、E"等字母来划分后果的程度水平，还可以用其他文字来描述相应的后果程度，如表 8 - 3 所示。

表 8 - 3　　　　　某企业对其战略风险的后果准则的描述

| 后果等级 | A | B | C | D | E |
|---|---|---|---|---|---|
| 后果程度 | 极低（或很低） | 低 | 中等 | 高 | 极高（或很高） |
| 后果描述 | 对战略实施几乎没有影响 | 对战略实施有轻微影响 | 对战略实施有一定程度的影响 | 对战略实施有较大影响 | 对战略实施有重大影响，甚至导致战略实施失败 |

在定性评估中，为了保证评估的准确性，企业往往要求准则的制定者对不同后果水平的描述尽可能具体、准确，最好能用数量描述，这样就能在一定程度上弥补定性评估结果"因人而异"的不足。

值得注意的是：在定性后果准则中，对后果水平进行量化描述并不意味着它就不再是定性准则。判断一个准则是定性后果准则还是定量后果准则，关键要看其度量后果的表示方式，而不是描述的形式和内容。

国资委于 2006 年 6 月 6 日发布了国资发改革〔2006〕108 号文件，即《关于印发〈中央企业全面风险管理指引〉的通知》，其附件《风险管理常用技术方法简介》中专门列举了风险坐标图方法，其中对定性后果准则的举例如表 8 - 4 所示。

表 8-4　　　国资委《中央企业全面风险管理指引》推荐的定性后果准则

| 后果形态 | 后果水平 | | | | |
|---|---|---|---|---|---|
| | 极轻微的 | 轻微的 | 中等的 | 重大的 | 灾难性的 |
| 企业日常运行 | 不受影响 | 极度影响（造成轻微的人身伤害，情况立刻受到控制） | 中度影响（造成一定的人身伤害，需要医疗救援，需要外部支持才能控制局面） | 严重影响（企业失去一些业务能力，造成严重人身伤害，情况失控，但无致命影响） | 重大影响（重大业务失误，造成重大人身伤亡，情况失控，给企业造成致命影响） |
| 财务损失 | 较低的财务损失 | 轻微的财务损失 | 中等的财务损失 | 重大的财务损失 | 极大的财务损失 |
| 企业声誉 | 负面消息在企业内部流传，企业声誉没有受损 | 负面消息在当地局部流传，对企业声誉造成轻微损害 | 负面消息在某区域流传，对企业声誉造成中等损害 | 负面消息在全国各地流传，对企业声誉造成重大损害 | 负面消息流传世界各地，政府或监管机构进行调查，引起公众关注，对企业声誉造成无法弥补的损害 |

（2）半定量后果准则。

半定量后果准则是对定性后果准则的"数据化"表示，一般用 6 以内的自然数来表示，如 1、2、3、4、5 等。

1 表示某风险后果的影响程度"极低"；2 表示某风险后果的影响程度"低"；3 表示某风险后果的影响程度"中等"；4 表示某风险后果的影响程度"高"；5 表示某风险后果的影响程度"极高"。

在半定量后果准则中，对应的后果水平或程度是阶梯式和跳跃式的，即只能是 1、2、3、4、5 这几个整数，而不会出现 1.8、2.3、4.5 等小数。半定量后果准则举例如表 8-5 所示。

表 8-5　　　　　　　　半定量后果准则举例

| 项目 | 1 级 | 2 级 | 3 级 | 4 级 | 5 级 |
|---|---|---|---|---|---|
| 战略风险 | 对战略实施几乎没有影响 | 对战略实施有轻微影响 | 对战略实施有一定程度的影响 | 对战略实施有较大影响 | 对战略实施有重大影响，甚至导致战略实施失败 |
| 对年度经营目标的影响 | 影响年经营目标1%以下 | 影响年经营目标 1%～5%（不含5%） | 影响年经营目标 5%～12%（不含12%） | 影响年经营目标 12%～18%（不含18%） | 影响年经营目标18%及以上 |

注意：在半定量评估中，为了保证评估的准确性，同样要求各个描述尽可能具体、准确，能定量描述最好。这样就可以避免不同评估人员对同一风险产生不同的评估结果。

另外，半定量后果准则和定性后果准则可以利用表 8 – 3 进行统一，但后面要讲的定量后果准则则不可以与它们进行整合，除非对定量后果对应的数据和量纲进行处理。这是因为定性和半定量后果准则定义的等级都是离散的，而定量后果准则定义的等级是连续的。

（3）定量后果准则。

定量后果准则是风险管理实务中最常用的后果准则之一，它一般分为"无量纲定量后果准则"和"有量纲定量后果准则"。定量后果准则用于定量风险评估，定量风险评估常用风险矩阵图（又称：风险坐标图）来表示。

①无量纲定量后果准则。

无量纲定量后果准则虽然很像半定量后果准则，但是在半定量后果准则中，各后果水平只能用 1、2、3、4、5 等自然数来表示，不能出现 1.2、3.6、4.52 这样的数值。半定量后果准则在风险矩阵图中对应矩阵的单元格，并按矩阵的单元格进行阶梯式跳跃，而不能连续、平滑地变化。

在无量纲定量后果准则中，数据是连续的，在确定区间内可以对应坐标图中的任何一个点，而不是一个单元格；如果用风险矩阵图表示，其单元格的意义也不再是半定量或定性时的意义了。此时，其单元格只表示纯数学坐标单元格，不再表示风险等级。

所以，无量纲定量后果准则不像半定量后果准则那样有阶梯状分级，而是把风险后果的影响程度界定在 0 和某个正整数 $N$ 之间（如 $N = 5$、6、7、10 等），中间有无数个连续的等级。又可把无量纲定量后果准则称为无级变速准则。在风险管理实务中，一般选 $N = 5$，用数学的"域"表示该准则为 $[0, 5]$，即 $0 \leqslant N \leqslant 5$，表示在 0 到 5 的区间内连续"无级变速"。（注：在数学"域"中，圆括号"（）"表示不包含，方括号"[ ]"表示包含）。

表 8 – 6 以某企业年度经营目标和某工程项目的进度风险管理为例说明无量纲定量后果准则。

表 8 – 6　　　　　　　　　　　无量纲定量后果准则举例

| 项目 | 范围 |
| --- | --- |
| 对年度经营目标的影响 | 0 ~ 100% |
| 对工程进度目标的影响 | 0 ~ 100% |

②有量纲定量后果准则。

有量纲定量后果准则对应有量纲的风险后果，且该量纲与风险后果的形态一致，如财务损失或收益可用货币金额来表示，工程进度可用天数、周数来表示，生命安全可用人数来表示。其风险后果的取值多是连续的。当评估生命安全风险时，数据是离散的，因为其量纲是人数，人数只能取整数。具体举例如表8－7所示。

表8－7 有量纲定量后果准则举例

| 项目 | 范围 |
|---|---|
| 利润风险的定量后果准则 | 0～5 000 万元 |
| 对客户投诉的响应时间准则 | 0～8 小时 |

特别值得注意的是：有量纲定量后果准则在用风险矩阵图或风险坐标图表示时，一幅矩阵图只能描述一种或一类风险的分布情况。评估人员不能把不同后果形态的风险放在同一个有量纲的风险矩阵图里，除非这些后果形态具有相同的量纲。例如，把人员的生命安全风险后果折算成货币，即可与经营收入风险后果列示在同一风险矩阵图里。

当把不同后果形态的风险放在同一定量风险矩阵图中时，需要把不同的量纲进行统一化处理，如归一化处理或半定量等级处理，处理结果如表8－8所示。

表8－8 不同量纲的统一化处理

| 项目 | 1 级 | 2 级 | 3 级 | 4 级 | 5 级 |
|---|---|---|---|---|---|
| 后果水平 | (0，1) | [1，2) | [2，3) | [3，4) | [4，5] |
| 利润风险的定量后果准则 | 影响利润 50 万元以下 | 影响利润 50～250 万元 | 影响利润 250～600 万元 | 影响利润 600～900 万元 | 影响利润 900 万元以上 |
| 对客户投诉的响应时间准则 | 0～30 分钟 | 30～60 分钟 | 1～4 小时 | 4～8 小时 | 8 小时以上 |

根据表8－8的处理结果，我们还可以把各种定量后果准则与定性和半定量后果准则按后果等级进行统一化处理。这样企业就可以跨职能、跨后果形态，统一评估企业的总体风险，但得到的风险值（风险等级）应该是定性的或半定量的，没有量纲。

在国资委于2006年6月6日发布的《中央企业全面风险管理指引》的附件《风险管理常用技术方法简介》中，对定量后果准则的举例如表8－9所示。

表 8 – 9　　　　　国资委推荐的定量后果准则（2006 年）

| 评分 | 1 | 2 | 3 | 4 | 5 |
|---|---|---|---|---|---|
| 企业财务损失占税前利润的百分比 | 1% 以下 | 1% ~ 5% | 6% ~ 10% | 11% ~ 20% | 20% 以上 |

表 8 – 9 为定量描述，但其表现形式和内容实质为半定量描述。正确的定量描述如表 8 – 10 所示。

表 8 – 10　　　国资委推荐的定量后果准则的正确表现形式

| 评分 | (0，1) | [1，2) | [2，3) | [3，4) | [4，5] |
|---|---|---|---|---|---|
| 企业财务损失占税前利润的百分比 | 1% 以下 | 1% ~ 5% | 5% ~ 10% | 10% ~ 20% | 20% 以上 |

表 8 – 9 和表 8 – 10 的核心区别在于：表 8 – 10 的数据是连续的，在评估打分时，可以打小数分，如 3.8、2.6 等。但如果用表 8 – 9 进行评估，则不可以打小数分，只能打整数分。

2. 可能性准则

（1）定性可能性准则。

定性可能性准则就是用语言文字来表示风险发生可能性的等级，如表 8 – 11 所示。

表 8 – 11　　　　　　　定性可能性准则举例

| 等级划分 | 1 级 | 2 级 | 3 级 | 4 级 | 5 级 |
|---|---|---|---|---|---|
| 定性描述一 | 极低 | 低 | 中等 | 高 | 极高 |
| 定性描述二 | 一般情况下不会发生 | 极少情况下才发生 | 某些情况下发生 | 较多情况下发生 | 常常发生 |

ISO/IEC 31010：2009《风险管理——风险评估技术》标准中对定性可能性准则的描述如表 8 – 12 所示。

表 8 – 12　　　ISO/IEC 31010：2009 对定性可能性准则的描述举例

| 说明 | 详细描述 |
|---|---|
| 很可能的 | 从略 |
| 可能的 | 从略 |
| 不太可能的 | 从略 |
| 稀有的 | 从略 |
| 渺茫的 | 从略 |

国资委《中央企业全面风险管理指引》在其附件《风险管理常用技术方法

简介》中也列举了定性可能性准则的描述方法，如表 8 – 13 所示。

表 8 – 13　　　　　国资委 2006 年推荐的定性可能性准则

| 等级划分 | 1 级 | 2 级 | 3 级 | 4 级 | 5 级 |
|---|---|---|---|---|---|
| 等级描述 | 今后 10 年内发生的次数可能少于 1 次 | 今后 5 ~ 10 年可能发生 1 次 | 今后 2 ~ 5 年可能发生 1 次 | 今后 1 年内可能发生 1 次 | 今后 1 年内至少发生 1 次 |

值得注意的是：定性评估是对级别而言的，而不是对各级别对应的描述而言的。在定性评估中，为了保证评估的准确性，往往要求评估人员的描述尽可能具体、准确，甚至能有定量描述，这样就能在一定程度上弥补定性评估结果"因人而异"的不足。

（2）半定量可能性准则。

为了方便定性可能性准则在风险评估实务中的应用，人们常常用 1、2、3、4、5 等整数来描述可能性的高低，如：1 表示某风险后果在某时间段内发生的可能性"极低"；2 表示某风险后果在某时间段内发生的可能性"低"；3 表示某风险后果在某时间段内发生的可能性为"中等"；4 表示某风险后果在某时间段内发生的可能性"高"；5 表示某风险后果在某时间段内发生的可能性"极高"。

于是得到表 8 – 14 所示的半定量可能性准则。有了数字，风险评估人员即可对其进行数学运算。半定量可能性准则增加了风险评估的便捷性和可比性。

表 8 – 14　　　　　　　半定量可能性准则举例

| 半定量级别 | 1 | 2 | 3 | 4 | 5 |
|---|---|---|---|---|---|
| 等级描述 | 可能性极低 | 可能性低 | 可能性中等 | 可能性高 | 可能性极高 |

在风险管理实务中，常常会遇到半定量可能性准则与定性可能性准则的统一性问题。表 8 – 15 即可解决此问题。

表 8 – 15　　　　半定量可能性准则与定性可能性准则的统一

| 半定量级别 | 1 | 2 | 3 | 4 | 5 |
|---|---|---|---|---|---|
| 定性级别 | 极低 | 低 | 中等 | 高 | 极高 |
| 定性描述 | 一般情况下不会发生 | 极少情况下发生 | 某些情况下发生 | 较多情况下发生 | 常常发生 |

值得注意的是：半定量可能性准则和定性可能性准则可以进行统一，但后面要讲的定量可能性准则不可以与它们进行整合，除非其数据经过处理。主要因为定性和半定量可能性准则的数据都是离散的、不连续的，而定量可能性准则的数据是连续的域。

（3）定量可能性准则。

定量可能性准则一般用概率来表示，如表 8 - 16 所示。

表 8 - 16 　　　　　　　　定量可能性准则

| 概率等级 | 无级变速 |
| --- | --- |
| 一定时期内风险或某个后果发生的概率 | 0 ~ 100% 或者（0，1） |

针对不同的后果形态，有时，它们对应发生的可能性准则也不尽相同。在风险评估实务中，为了便于分析，通常要求综合使用定性可能性准则、半定量可能性准则或定量可能性准则，这就要求它们三者之间能够形成统一。表 8 - 17 就是一种简单的可能性等级统一的示例。

表 8 - 17 　　　　　定性、半定量、定量可能性准则的统一

| 概率等级 | 1 级 | 2 级 | 3 级 | 4 级 | 5 级 |
| --- | --- | --- | --- | --- | --- |
| 定性描述 | 极低 | 低 | 中等 | 高 | 极高 |
| 半定量描述 | 1 | 2 | 3 | 4 | 5 |
| 定量描述 | 10% 以下 | 10% ~ 30% | 30% ~ 70% | 70% ~ 90% | 90% 以上 |

在表 8 - 17 中，半定量的等级"3"对应定性的"中等"，也对应定量的概率"30% ~ 70%"，它们三者同属"3 级"可能性。

3. 风险重要性准则

当后果准则、可能性准则以及控制准则确定后，组织可根据自己的风险偏好对风险重要性（或可接受程度）制定准则，这种准则被称为风险重要性准则或风险接受准则。

例如，某公司采用半定量方法实施风险评估，设定后果准则为 6 级，分别用 1、2、3、4、5、6 表示，其中 1 表示后果很轻，6 表示后果很严重；设定可能性准则为 5 级，分别用 1、2、3、4、5 表示，其中 1 表示可能性很低，5 表示可能性很高。其风险矩阵图如图 8 - 8 所示。

设定风险重要性准则如表 8 - 18 所示。

表 8 - 18 　　　　　　　　风险重要性准则举例

| 风险等级 | 重要性等级 | 对应颜色 | 控制等级 |
| --- | --- | --- | --- |
| 1 ~ 3 | 可接受 | 灰色 | 不需控制，或已有充分的控制 |
| 4 ~ 6 | 低 | 绿色 | 已有充分且适当的控制 |
| 7 ~ 10 | 中等 | 蓝色 | 有适当的控制 |
| 11 ~ 16 | 重要 | 黄色 | 在适当的控制下能够被接受 |
| 17 ~ 30 | 很重要 | 红色 | 需要有效的控制措施，否则不被接受 |

| 发生可能性等级 | 5 | 5 | 10 | 15 | 20 | 25 | 30 |
|---|---|---|---|---|---|---|---|
| | 4 | 4 | 8 | 12 | 16 | 20 | 24 |
| | 3 | 3 | 6 | 9 | 12 | 15 | 18 |
| | 2 | 2 | 4 | 6 | 8 | 10 | 12 |
| | 1 | 1 | 2 | 3 | 4 | 5 | 6 |
| | | 1 | 2 | 3 | 4 | 5 | 6 |
| | | 风险后果程度 | | | | | |

**图 8 - 8　某公司半定量风险矩阵图**

在定性和半定量风险评估中, 风险重要性准则通常用色带来表示。当表 8 - 18 所示的风险重要性准则确定后, 即可得到图 8 - 9 所示的风险矩阵图。

| 发生可能性等级 | 5 | IV | III | II | I | I | I |
|---|---|---|---|---|---|---|---|
| | 4 | IV | III | II | II | I | I |
| | 3 | V | IV | III | II | II | I |
| | 2 | V | IV | IV | III | III | II |
| | 1 | V | V | V | IV | IV | IV |
| | | 1 | 2 | 3 | 4 | 5 | 6 |
| | | 风险后果程度 | | | | | |

**图 8 - 9　某公司风险重要性等级矩阵图**

图 8 - 9 表明: 该公司把风险分为 I 、II 、III 、IV 、V 五个重要性级别, 相关叙述如下。

• 红色区域 I 表示很重要。落在该区域的风险需要立即报告给 CEO 或董事长, 需要紧急应对, 需要良好的控制措施。

• 黄色区域 II 表示重要。

• 蓝色区域 III 表示中等。

• 绿色区域 IV 表示低。

• 灰色区域 V 表示可接受。可接受表示重要性等级很低, 或公司对落在该区域的风险已有足够的、合适的控制措施。

除上述方面外，还有一个非显性输入，即"控制准则"，用于评价组织现有的控制水平，与风险大小或风险等级相关。

三、风险矩阵的优点和局限

风险矩阵法的输出很简单，也很直观。有了上述的输入条件和"数据"（含定性的文字说明）后，便可在风险矩阵图上按照横轴和纵轴的标示"刻度"（或"量级"）描绘该风险的风险等级，再对照风险重要性准则，便可知道该风险的重要性级别。所以，风险矩阵法的输出主要有两个，分别是特定风险的风险等级和特定风险的重要性级别。

风险矩阵的主要优点：一是为企业确定各项风险重要性等级提供流程化、规范化、可视化的工具，增强风险沟通和报告效果，有利于企业采取有效的监管预警和应对措施；二是简便明了、直观易懂，列示形式灵活多样，适用于各类企业不同类型和不同层级的风险管理责任部门。

风险矩阵的优点包括以下几项：便于使用；可以有多种变形应用，如定性的、半定量的、定量的应用；可以获得组织、项目或系统的整体风险分布状况；能快速判断风险的重要性水平。

风险矩阵的主要缺点：一是需要对风险重要性等级标准、风险发生可能性、后果严重程度等做出主观判断，可能影响使用的准确性；二是风险矩阵风险重要性等级是通过相互比较确定的，因而无法通过数学运算由列示的个别风险重要性等级得到总体风险的重要性等级。

风险矩阵的局限包括以下几个。第一，应用风险矩阵需要设计出一个适合具体情况的矩阵，但事实上很难有一个适用于组织各种相关环境的通用指标体系（如同时满足企业的战略风险、财务风险和声誉风险的指标体系）。第二，很难清晰地界定等级，尤其在定性描述中。第三，具有很强的主观色彩，不同的分级者或评估者得出的结果会有明显的差别。第四，无法对风险进行总计（例如，人们无法对不同的定性或半定量的风险等级进行数学运算或逻辑运算，从而获得不同风险等级的总风险；也无法确定多少个"低风险"相当于一个"中等风险"）。

四、应用程序

企业应用风险矩阵工具方法，一般按照绘制风险矩阵图、制定风险重要性等级标准、分析与评价各项风险、在风险矩阵中描绘出风险点、对风险矩阵展示的风险信息进行沟通报告和持续修订等程序进行。

企业应以风险后果严重程度为横坐标、以风险发生可能性为纵坐标，绘制风险矩阵图。企业可根据风险管理精度的需要，确定定性、半定量或定量指标来描述风险后果严重程度和风险发生可能性。

表示风险后果严重程度的横坐标等级可定性描述为"微小、较小、较大和重大"（也可采用 1、2、3、4 四个半定量分值），表示风险发生可能性的纵坐标等级可定性描述为"不太可能、偶尔可能、可能、很可能"（也可采用 1、2、3、4 四个半定量分值），从而形成 16 个（4×4）方格区域的空白风险矩阵图（见图 8 - 10）。还可以根据需要通过定量指标更精确地描述风险后果严重程度和风险发生可能性。

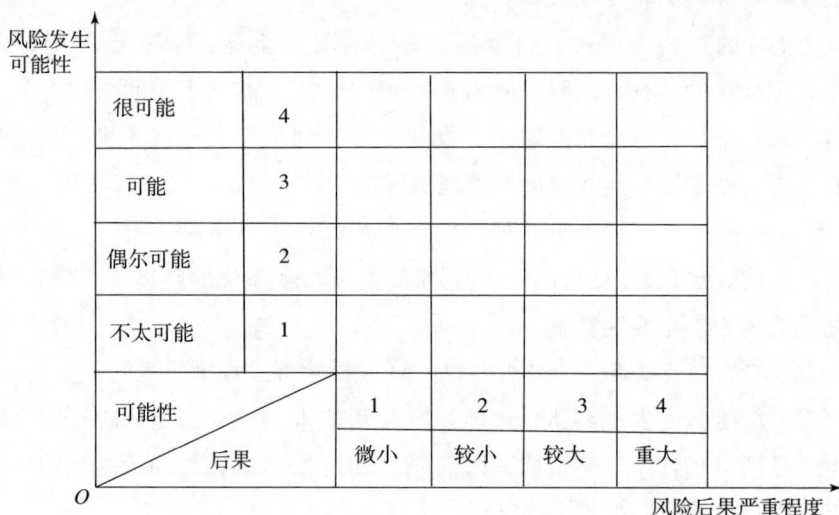

图 8 - 10　空白风险矩阵图

企业在确定风险重要性等级时，应综合考虑风险后果严重程度和发生可能性以及企业的风险偏好，将风险重要性等级划分为可忽视的风险、可接受的风险、要关注的风险和重大的风险等级别。对于使用半定量和定量指标描绘的风险矩阵，企业可将风险后果严重程度和发生可能性等级的乘积（即风险值）划分为与风险重要性等级相匹配的区间。风险重要性等级判断参考标准如表 8 - 19 所示。

表 8 - 19　　　　　　　　　风险重要性等级判断参考标准

| 风险值 | 风险等级代码 | 风险级别描述 | 等级含义 |
|--------|--------------|--------------|----------|
| 1 ~ 4 | I | 可忽视的风险 | 无须采取控制措施 |
| 5 ~ 8 | II | 可接受的风险 | 可考虑建立规章制度，定期检查 |
| 9 ~ 12 | III | 要关注的风险 | 采取明确的预警监控和应对措施 |
| 13 ~ 16 | IV | 重大的风险 | 需配置资源，积极应对 |

　　企业在逐项分析和评价需在风险矩阵中展示的风险时，注意考虑各风险的性质和企业对该风险的应对能力，对单个风险的发生后果严重程度的量化应注重参考相关历史财务数据。该过程可以通过相关问卷或表单辅助进行。综合各方专家意见后，得到每一风险发生可能性和后果严重程度的评分结果。

　　企业应将每一风险发生可能性和后果严重程度的评分结果组成的唯一坐标点标注在建立好的空白风险矩阵图中，标明各点的含义并给风险矩阵图命名，完成风险矩阵图的绘制。企业应将绘制完成的风险矩阵图及时传递给企业管理层、各职能部门和业务部门。还可将风险矩阵图纳入企业风险管理报告，以切实指导风险预警和应对活动，改善风险管理效果。

　　企业应根据风险管理的需要或企业管理层的要求，定期或不定期地更新风险矩阵所展示的各类风险及其重要性等级。

　　企业应用风险矩阵，应明确应用主体（企业整体、所属企业或部门），确定所要识别的风险，定义风险发生可能性和后果严重程度的标准，以及定义风险重要性等级及其表示形式。风险矩阵适用于企业各类风险重要性等级的展示，也适用于各类风险的分析评价和沟通报告环节。

　　企业应用风险矩阵工具方法，应遵循《管理会计应用指引第 700 号——风险管理》中对应用环境的一般要求。企业应用风险矩阵工具方法，应综合考虑所处的外部环境、企业内部的财务和业务情况以及企业风险管理目标、风险偏好、风险容忍度、风险管理能力等。同时企业应用风险矩阵工具方法，应由承担风险管理责任的职能部门和业务部门负责具体实施。企业风险管理专职部门负责风险矩阵应用的培训、组织、协调、指导，并根据承担风险管理责任部门绘制的风险矩阵图列示的风险重要性等级，汇总编制企业整体的风险矩阵图。

　　企业必要时可组成风险管理专家组，以便对风险发生可能性和后果严重程度做出客观、全面的分析和评价。

## 案例　风险矩阵的应用案例

### SecA 公司与风险矩阵

　　人才是企业发展的重要因素，如果掌握企业核心技术的骨干人员非预期离职，则可能给企业带来严重的后果，这些后果可能包括核心技术泄露、研发项目中断、产品生产或维护难以为继等。这里以 SecA 公司高级技术人员非预期离职为例，说明风险矩阵的定性应用。

SecA 公司是高新技术企业，其高级技术人员主要包括：掌握企业主要产品技术的核心技术人员，参与企业新产品研发项目的核心人员等，如 CTO、总工程师、研发部经理、项目经理、高级产品经理等。企业在进行知识产权保护的同时，也注意到人力资源风险可能对企业的中长期发展造成重大影响，于是授权风险管理部和人力资源部对企业的人力资源风险进行评估。

1. 确定风险准则

风险准则是评价风险重要性的依据，对一个组织而言，在实施风险评估之前，应该建立一套准确的风险准则，或称为"风险评估参照表"。这套风险准则至少应该包括后果准则、可能性准则、控制准则、风险重要性准则。下面就给出 SecA 公司的基本风险准则。

①确定 SecA 公司人力资源风险的后果准则，如表 8 - 20 所示。

表 8 - 20　　　　　　　　　　后果准则

| 后果等级 | 对各个后果等级的定性说明 |
| --- | --- |
| 重大 | 核心技术泄露，研发项目中断，产品生产或维护难以为继等 |
| 中度 | 非核心技术泄露，研发、产品生产或维护受到局部影响等 |
| 轻微 | 核心技术未泄露，研发、产品生产或维护几乎不受影响等 |

②确定 SecA 公司人力资源风险的可能性准则，如表 8 - 21 所示。

表 8 - 21　　　　　　　　　　可能性准则

| 可能性等级 | 对各个可能性等级的定性说明 |
| --- | --- |
| 较高 | 发生的可能性（或概率）大于50% |
| 中等 | 发生的可能性（或概率）为30%～50% |
| 较低 | 发生的可能性（或概率）为10%～30% |
| 很低 | 发生的可能性（或概率）小于10% |

③确定 SecA 公司人力资源风险的控制准则，如表 8 - 22 所示。

表 8 - 22　　　　　　　　　　控制准则

| 控制等级 | 可预测的情形 |
| --- | --- |
| 良好的 | 在特定情况下，不止一人知道该怎么做，且能及时准备就绪 |
| 适当的 | 在特定情况下，只有一人知道该怎么做，且能及时准备就绪 |
| 不适当的 | 在特定情况下，没有一人知道该怎么做，或没人能够被依靠 |

④确定 SecA 公司人力资源风险的风险重要性准则，如表 8 - 23 所示。

表 8 - 23 风险重要性准则

| 风险重要性等级 | 对各个风险重要性等级的定性说明 |
|---|---|
| 重大风险 | 图 8 - 11 所示的灰色区域Ⅲ，对此类风险应立即重点防范 |
| 中等风险 | 图 8 - 11 所示的白色区域Ⅱ，对此类风险应尽快适度增加防控措施 |
| 轻微风险 | 图 8 - 11 所示的绿色区域Ⅰ，在资源有限的情况下，对此类风险保持监测 |

SecA 公司人力资源风险矩阵如图 8 - 11 所示。图 8 - 11 显示了以下几项内容。

| 后果程度 | 大 | Ⅱ | Ⅱ | Ⅲ | Ⅲ |
|---|---|---|---|---|---|
| | 中 | Ⅰ | Ⅰ | Ⅱ | Ⅲ |
| | 小 | Ⅰ | Ⅰ | Ⅰ | Ⅱ |
| | | 很低 | 较低 | 中等 | 较高 |
| | | 可能性等级 | | | |

图 8 - 11 SecA 公司人力资源风险矩阵

- SecA 公司采用定性评估方法。
- SecA 公司把企业的风险后果程度分为三个级别：大、中、小；把可能性分为四个级别：很低、较低、中等、较高。
- SecA 公司把企业的风险重要性等级分为三级：轻微风险（对应绿色区域Ⅰ，五个单元格）、中等风险（对应白色区域Ⅱ，四个单元格）、重大风险（对应灰色区域Ⅲ，三个单元格）。

2. 对特定风险进行定性评估

利用后果准则和可能性准则，对 SecA 公司首席技术官（Chief Technology Officer，CTO）、Y 产品线产品经理、QM 项目的项目经理三人进行风险评估。

设：

- CTO 的非预期离职风险为 $Rh_1$；
- Y 产品线产品经理的非预期离职风险为 $Rh_2$；
- QM 项目的项目经理的非预期离职风险为 $Rh_3$。

根据上述后果准则、可能性准则，利用专家评议法（这是风险评估中人为因素最大的环节），得到以下评估结果。

- $Rh_1$：离职的可能性"较低"，离职后造成的影响为"大"。
- $Rh_2$：离职的可能性"中等"，离职后造成的影响为"中"。
- $Rh_3$：离职的可能性"较高"，离职后造成的影响为"中"。

3. 定性风险评估的输出

把以上评估结果填入风险矩阵，可得到以下输出，如图 8-12 所示。

| 后果程度 | 大 | | $Rh_1$ | | |
| | 中 | | | $Rh_2$ | $Rh_3$ |
| | 小 | | | | |
| | | 很低 | 较低 | 中等 | 较高 |
| | | 可能性等级 | | | |

**图 8-12　SecA 公司高级技术人员离职风险矩阵**

将图 8-12 与图 8-11 结合分析，可以得出以下评估结论。

- $Rh_1$ 位于中等风险区域，$Rh_2$ 位于中等风险区域，$Rh_3$ 位于重大风险区域。
- $Rh_1$ 和 $Rh_2$ 同处白色中等风险区域，说明二者具有相同的风险重要性等级。
- $Rh_3$ 处于重大风险区域，说明眼下 SecA 公司急需关注 QM 项目的项目经理，并要提前对其离职做好应对工作。

## 8.2.2　风险清单

风险清单，是指企业根据自身战略、业务特点和风险管理要求，以表单形式进行风险识别、风险分析、风险应对、风险沟通和报告等管理活动的工具方法。风险清单适用于各类企业及企业内部各个层级和各类型风险的管理。企业应用风险清单工具方法的主要目标，是使企业从整体上了解自身风险概况和存在的重大风险，明晰各业务部门、职能部门的风险管理责任，规范风险管理流程，并为企业构建风险预警和风险考评机制奠定基础。企业应用风险清单工具方法，应遵循《管理会计应用指引第 700 号——风险管理》中对应用环境的一般要求。

风险清单应由企业负责风险管理的职能部门牵头组织实施，明确风险清单编制的对象和流程，建立培训、指导、协调以及考核和监督机制。各业务部门、职能部门对与本部门相关的风险清单的有效性负直接责任，有效性包括风险清单使用的效率和效果等。

　　企业应用风险清单工具方法，一般按照编制风险清单、沟通与报告、评价与优化等程序进行。企业一般按经营层和业务层两个层级编制风险清单。经营层风险清单的编制一般按照构建风险清单基本框架、识别风险、分析风险、制定重大风险应对措施等程序进行；业务层风险清单的编制可根据经营层风险清单梳理出的与本部门相关的重大风险，依照上述流程进行。中小企业编制风险清单，也可不区分经营层和业务层。

　　企业风险清单基本框架一般包括风险识别、风险分析、风险应对三部分。风险识别部分主要包括风险类别、风险描述、关键风险指标等要素，风险分析部分主要包括可能产生后果、关键影响因素、风险责任主体、风险发生可能性、风险后果严重程度、风险重要性等级等要素，风险应对部分主要包括风险应对措施等要素。企业构建风险清单基本框架时，可根据管理需要，对风险识别、风险分析、风险应对中的要素进行调整。

　　风险管理职能部门应从全局角度识别可能影响风险管理目标实现的因素和事项，建立风险信息库，在各业务部门、职能部门的配合下共同识别风险。风险识别过程应遵循全面系统梳理、全员参与、动态调整的原则，对识别出的风险进行详细描述，明确关键风险指标等。

　　风险管理职能部门应对识别出的风险进行归类、编号，根据风险性质、风险指标是否可以量化、风险管理归口部门等进行归类，并以此为基础填制完成风险清单基本框架中风险类别、风险描述、关键风险指标等要素。

　　风险管理职能部门应根据已填列的风险识别部分的内容，在与相关业务部门、职能部门沟通后，分析各个风险可能产生的后果，确定引起该后果的关键影响因素及风险责任主体，并填制完成风险清单基本框架中可能产生后果、关键影响因素、风险责任主体等要素。各风险责任主体可基于风险偏好和风险应对能力，逐项分析风险清单中各风险发生的可能性和后果严重程度，确定风险重要性等级，并填制风险发生可能性、风险后果严重程度、风险重要性等级等要素。风险重要性等级的确定方法和标准可参见《管理会计应用指引第 701号——风险矩阵》。风险管理职能部门应以风险重要性等级结果为依据确定经营层的重大风险，报企业风险管理决策机构批准后反馈给相关风险责任主体。风险管理职能部门应会同各风险责任主体结合企业的风险偏好、风险管理能力等制定相应的风险管理应对措施，填制风险清单基本框架中风险应对措施要素，由此填制完成经营层风险清单。风险管理职能部门及各责任主体可对经营层重大风险进行进一步的分析，也可直接对某一业务流程进行细化分解，形成业务层风险清单。各业务部门、职能部门应用业务层风险清单进行风险管理的程序与经营层风险清单类似，但应当加强流程细节分析，突出具体应对措施，力求将风险管理切实落到业务流程和岗位责任人。风险管理职能部门应将风险清单所呈现的风险信息及时传递给相关风险责任主体，确保各责任主体准确理解相关的风险信息，有效开展风险管理活动。为提高风险清单应用的有效性，风险管理职能部门可将其纳入企业风险管理报告，并按照相关流程进行报告。

风险管理职能部门应会同各风险责任主体定期或不定期地根据企业内外部环境变化，对风险清单是否全面识别风险并准确分类、是否准确分析风险成因及后果、是否采取了恰当的风险应对措施进行评估，及时对风险清单进行更新调整。

风险清单的主要优点：能够直观反映企业风险情况，易于操作，对各类企业都有较强的引导性和广泛的适用性，能够适应不同类型企业、不同层次风险、不同风险管理水平的风险管理工作。利用风险清单来识别风险的方法的优点：①由于风险清单是由保险和风险管理专家所提供的，故可获得职业分析家的意见；②利用风险清单可免费或支付少量费用就获得专家服务；③可以让没有任何风险知识的人员来回答，方便实用。

但风险清单也有缺点。风险清单的缺点主要有以下几点。①风险清单的制成是按一般企业设计而并非为特定的企业设计的。其常常是由市场上现行出售的保单转换而成并非以特定企业所可能面临的潜在损失形态为依据设计而成。故企业在运用时可能会发现其忽略了风险清单很多不可保的风险和未包括在内的风险。②由于填表人员绝大多数并不知道表中问题是怎样提出来的，风险清单使得他们仅仅回答完表中的问题，而不能激发他们的思维获得更多的信息。

由于风险清单经济单位具有特殊性，所以企业可以自行设计风险清单或风险检查表，虽然这很耗时，但它能使风险管理人员考虑在风险清单中未包括的潜在损失，并更加重视本企业所具有的特殊风险。自行设计的风险清单可以以对自己最有利的方式进行排列。风险清单所列举的风险往往难以穷尽，且风险重要性等级的确定可能因评价的主观性而产生偏差。

## 案例　风险清单的应用案例

### 日本企业对风险清单的应用

日本是世界上长寿企业最多的国家。100 年历史以上的企业有 25 321 家，200 年历史以上的企业有 3 937 家，300 年历史以上的企业有 1938 家，500 年历史以上的企业有 147 家，1 000 年历史以上的企业有 21 家。

专家后藤俊夫认为，日本之所以能够成为世界上长寿企业最多的国家，与日本企业家的风险管理意识和能力是密不可分的。我们来看看日本企业是如何应对企业的四种常见风险的：自然风险、人事风险、伦理风险和业务风险。

一、自然风险管理清单

受灾前，灾害初期，修复、重建的相关措施如图 8 - 13 所示。

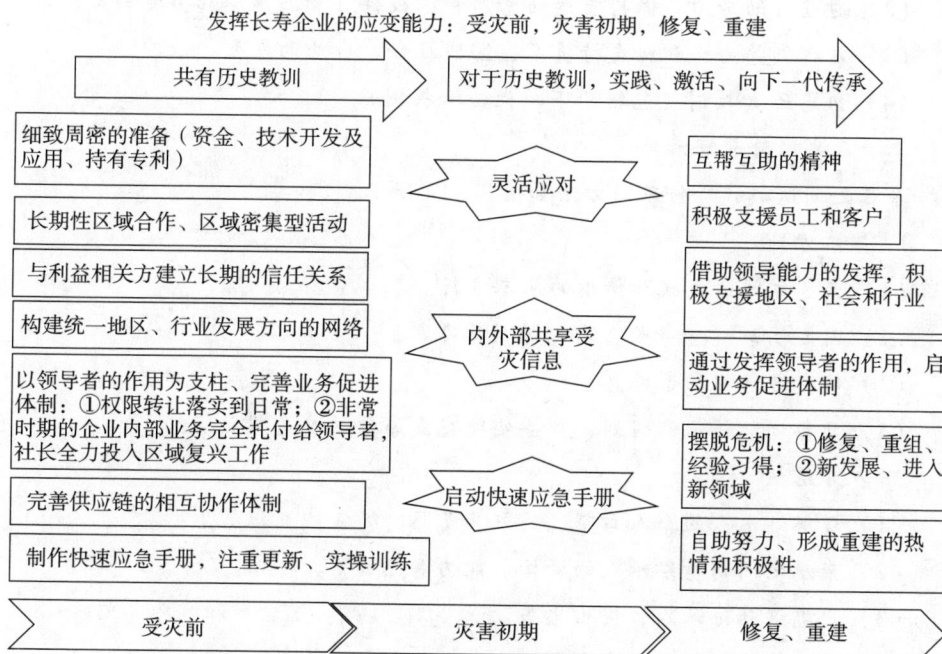

**图 8 - 13　受灾前，灾害初期，修复、重建相关措施**

1. 受灾前

（1）学习历史性现象、案例（共享过去的教训）。

（2）事先制定快速应急手册、确定体制机制，适时更新，并进行实地训练。

（3）保有技术、专利等，使持续性应用开发成为可能。

（4）确保筹措紧急业务资金的方法。

（5）构建可统一地区、行业发展导向的网络。

（6）长期致力于区域合作（相互合作）、区域密集型的活动。

（7）确保生产、原料、物流、仓储据点的相互合作体制。

（8）完善权限移交后的业务促进体制。

2. 灾害初期

（1）确保系统能够启动快速应急手册。

（2）企业内外统一共享受灾信息。

（3）在现场，采取灵活、弹性的行动，酌情处理。

3. 修复、重建

（1）业界、利益相关者之间共享"互帮互助"的精神。

（2）通过自助努力，保持重建的意愿和积极性（新发展、业务延续）。

（3）发挥领导力，积极支持员工、区域社会、行业的发展。

（4）勿忘历史教训（包括向下一代传承教训）。

二、人事风险管理清单

亲属之间达成代际传承的方法如图 8-14 所示。

1. 基本方针

（1）亲属之间达成代际传承的基本方针。

（2）固定董事（含社长在内）的退休年龄。

（3）确定继承人的条件。

（4）具备代际传承的规划，具备处理突发事件的应急措施。

2. 人才选拔

（1）理解继承人的个人希望，听取其意见。

（2）亲属之间商量继承人的资格、能力和意愿。

（3）定期评估继承人，提出忠告。

（4）运用宏观视野寻求业务人才。

（5）积极采用年轻人才。

（6）积极支持女性大显身手。

3. 教育

（1）给予继承人有关商业教育和体验的机会。

（2）继承人需有意识地学习企业和家族的历史。

基本方针

针对事业传承，亲属之间达成一致的基本方针

以防万一，设立应对偶发性事件的计划

人才选拔

亲属之间，商量继承人的资格、能力和积极性

积极任用年轻人才

教育

给继承人提供机会，参加商业相关的教育和培训

展现经营者的工作乐趣

创业家族

拥有继任候选人

储备继承人

完善环境

在企业内部培养可以辅佐继承人、做参谋的干部和人脉

建立前辈带后辈的机制

周边环境配套，一同促进事业传承

家族团结、达成一致的基本方针

业绩

规避人事风险和继承人缺位的风险

广求贤才、合理用人领导者

培养、教育继承人百年经营

业态转换

经营创新

二次创业

第三方继承并购

婚养子为继承人女儿为继承人

建立收养关系

创业者　　第二代　　第三代　　第四代

时间

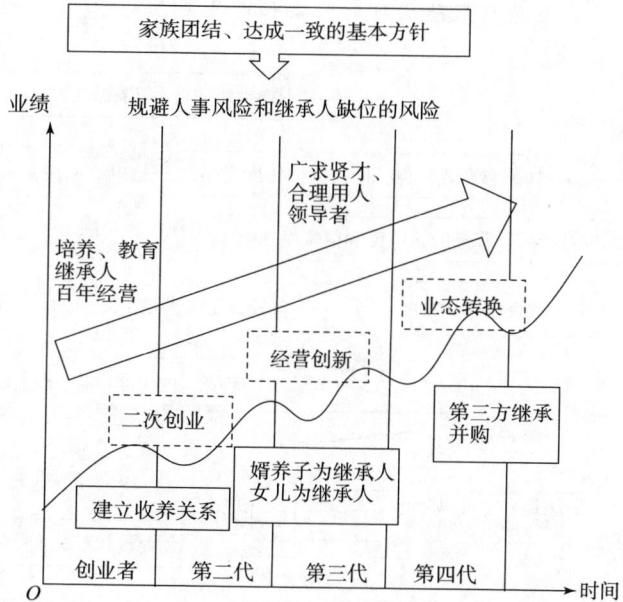

**图 8-14　亲属之间达成代际传承的方法**

（3）继承人需充分理解企业理念、企业风土和家训。

（4）面向年轻员工，开展注重实践和体验的教育。

（5）经营者展现工作的乐趣和兴趣。

**4. 创业家族**

（1）拥有继任候选人。

（2）创业家族成员拥有存续家族事业的强烈意志。

（3）及早储备继承人。

**5. 完善环境**

（1）注意营造易于继承人工作的环境。

（2）在企业内部储备可成为继承人参谋、左膀右臂的干部，并积累人脉。

（3）积极培养辅助型角色。

（4）制定前辈带后辈的机制。

（5）周围环境也需配套，一同促进代际传承。

三、伦理风险管理清单

企业伦理风险管理的方法如图 8－15 所示。

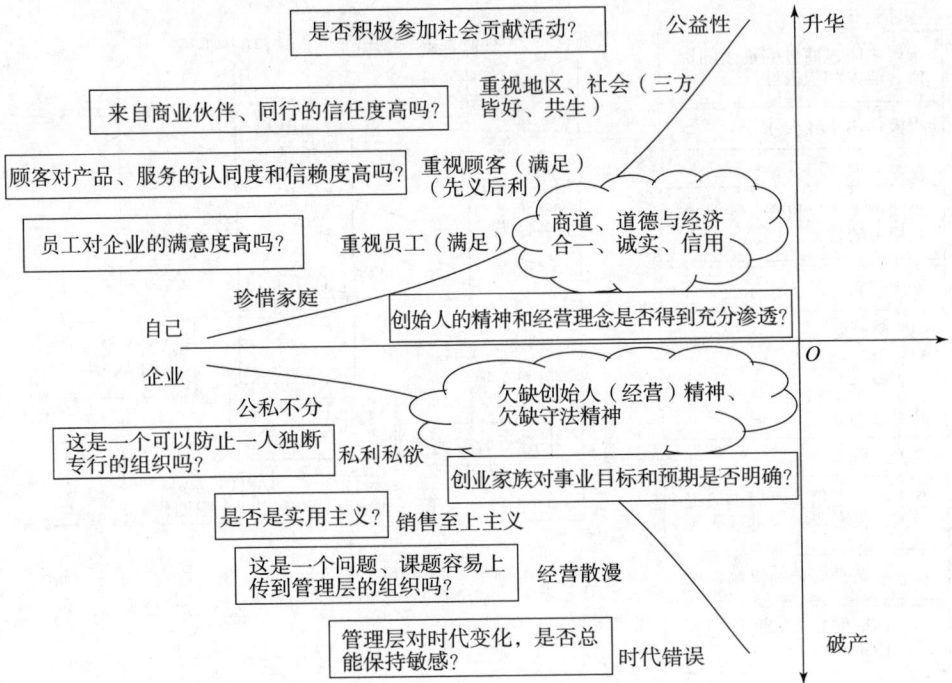

**图 8－15　企业伦理风险管理的方法**

1. 企业经营、战略

（1）具有创业精神和经营理念，并渗透到企业的管理层和员工中。

（2）企业内部的经营信息（企业业务规划、结算、重要事项）是公开的。

（3）企业高层对时代变化保持敏感性。

（4）企业高层关心伦理风险，日常言行中表现出较高的伦理意识。

（5）对法律、政策的变化保持敏感性，经常收集和分析相关信息。

（6）企业经营中出现的问题和课题可以较为容易地上传到企业高层。

（7）企业是一个可以防止决策者独断专行的组织。

（8）当发生问题时有完整的应对危机管理的程序和制度。

（9）善于学习其他先进企业的做法。

（10）不能陷入短期内迅速扩大企业规模和赚钱的欲望陷阱中。

2．创业家族和企业业务的关系

（1）创业家族对企业业务有着明确的目标和期待。

（2）企业积极任用创业家族以外的外部董事。

（3）企业意志优先于创业家族的意向。

（4）与创业家族之间的沟通顺畅。

（5）对创业家族的继承人有着明确的选定标准。

（6）如果创业家族的继承人不称职，企业有相应的对策。

3．员工、顾客满意度

（1）对企业的商品和服务有自豪感。

（2）企业商品和服务得到顾客的信赖。

（3）员工对企业的满意度高。

（4）员工离职率低。

（5）企业得到供应商、经销商的信赖。

（6）同业企业对企业怀有敬意。

4．地区贡献

（1）获得社区的较高评价。

（2）积极从事社会贡献活动。

5．风险管理

（1）企业内部具有严守法律的精神。

（2）对违法、违规行为严格处罚，绝不姑息。

四、业务风险管理清单

业务风险管理清单如图 8 - 16 所示。

1．商业模式

（1）制定明确的商业模式。

（2）商业模式要明确表示发生意外状况时的应对方针。

2．经营计划和事业价值

（1）有明确的事业目标。

（2）长期经营计划明晰。

（3）长期战略应同时涵盖业务目标和主要业绩指标。

（4）经营计划要与继承计划联动。

3．PDCA

（1）定期评估绩效、找到问题、解决问题。

商业模式

1. 制定明确的商业模式
2. 商业模式要明确表示发生意外状况时的应对方针

经营计划和事业价值

1. 长期战略应同时涵盖业务目标和主要业绩指标
2. 经营计划要与继承计划联动

PDCA

1. 定期评估绩效、找到问题、解决问题
2. 创业家族定期检查、修正经营计划

经营稳定性（所有者和创业者）

1. 创业家族理解业务性质、目的，并达成一致
2. 创业家族拥有处理异议的方法乃至机制
3. 创业家族明确表示家训要成书，并永久遵守

与区域社会共存共荣

1. 创业家族积极行动，以便从区域社会获取支援
2. 创业家族时刻留意与区域社会的共存共荣，推进具体合作

环境的结构变化

高远志向、创业者精神

环境的结构变化

与竞争对手合作

化危机为动力！

彻底的业务变革

集全社会之力勇敢应对！

与区域共生

绝不妥协，用心做好物

经营的稳定性

区域合作导向　重视顾客、员工

创业家族

超长期的、立足全局的判断

客观视角　向历史学习

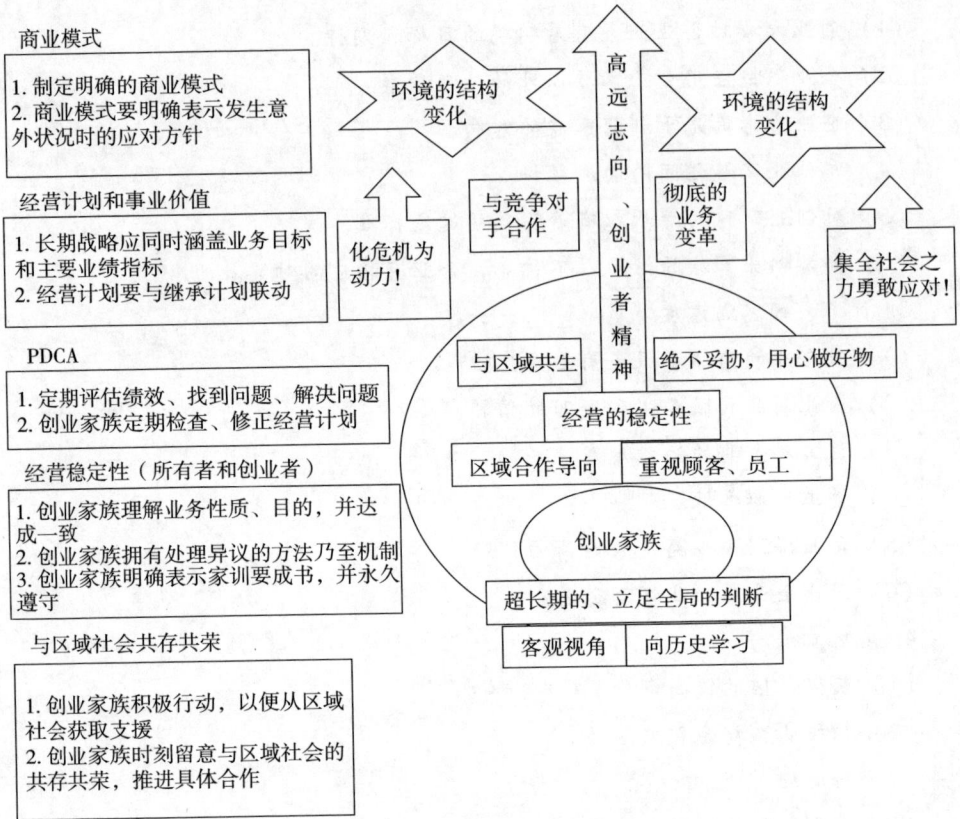

**图 8-16　业务风险管理清单**

（2）创业家族定期检查，修正经营计划。

（3）定期掌握企业价值，以期解决问题。

4．经营稳定性（所有者和创业者）

（1）创业家族明确表示家训要成书，并永久遵守。

（2）即使创业家族离开业务岗位，也有选择最佳业务领域的决策权。

（3）创业家族股东的共识之一在于长期持股。

（4）创业家族要知道自家企业具备的社会属性。

（5）创业家族拥有处理异议的方法乃至机制。

（6）创业家族定期集会，讨论案件。

（7）创业家族理解业务性质、目的，并达成一致。

5．与区域社会共存共荣

（1）创业家族积极行动，以便从区域社会获取支援。

（2）创业家族时刻留意与区域社会的共存共荣，推进具体合作。

6. 风险管理

（1）对法律法规、社会、文化、经济等环境变化保持敏锐性，及时收集、分析相关信息。

（2）完善应急准备，应对内外环境变化和业绩恶化。

（3）经营管理层高度关注业务风险，根据需要迅速决断、做好上传下达工作。

综上，遭遇风险是企业发展过程中的常态，企业要做的不是怨天尤人、等待救援，而是要积极思策、坚定行动！

# 第 9 章
# 企业管理会计报告

## 9.1 企业管理会计报告概述

### 9.1.1 企业管理会计报告的含义

一、管理会计报告的定义

对于管理会计报告的定义，学术界一直以来有很多相似和相近的概念，如内部财务报告、内部管理报告等，但对这么多定义相似的概念，学术界并没有严格的定义和明确的区分。就连多年致力于管理会计报告研究旳张先治教授也有时将管理会计报告等同于内部报告，有时作为内部报告的组成之一，等同于基于管理会计的报告。

管理会计报告，与财务会计报告有着本质的不同。管理会计报告应该是反映和披露企业实施的管理措施效果的信息集成系统，是建立在企业已有的管理哲学基础之上的，为企业内部使用者实施预测、决策、控制和评价服务的信息体系。更强调管理会计报告是一种管理结果和效果的呈现，是一种信息体系。管理会计报告是反映企业经营管理过程与经营结果状况的书面文件，主要包括企业内部使用的，用于内部的决策、控制、评价及沟通的各种会计报表及其说明。而现行的财务会计报告主要服务于外部利益相关者，反映企业的财务状况、经营成果和现金流量等信息，只能在履行"受托责任观"的领域内发挥其作用，无法提供支持企业决策的运营管理信息。管理会计报告可以满足相关管理者独特的、个性化的、相关性强的信息需求，在企业的经营管理中正在扮演着越来越重要的角色。

二、管理会计报告的本质与内涵

对于管理会计报告的本质与内涵研究，学术界目前从三大理论视角展开：

基于会计学的本质和目标的管理会计报告本质与内涵研究、基于系统论的管理会计报告本质与内涵研究、基于代理理论的管理会计报告本质与内涵研究。

会计学，是建立在财务活动与成本资料的收集、分类、分析和解释的基础上的，协助人们决策的信息系统。可见，会计学的本质就是信息系统。董洪晔认为信息系统是管理会计的本质，认为信息系统是管理会计报告的重要支撑，尤其是以分析为导向的信息系统。管理会计报告，作为不同信息需求者的正式交流语言，从会计相关性角度来看，是一个借助会计通用语言，发挥会计信息及其相关信息的预测、规划、控制和决策功能的会计信息系统。企业内部报告的本质是为企业管理当局提供其经营决策和全面控制的依据。管理会计报告的作用是为企业经营管理提供有用信息，以便相应的管理人员及时调整和控制管理策略。

内部管理决策者、部门经理等作为管理会计报告的使用人，拥有一定的管理、决策权限，工作具有不确定性、波动性，他们处理的往往不是一两个典型的问题，而是一系列大小问题的复杂组合，而内部报告具有综合性、汇总性和易于理解等特点，基于会计相关性的内部报告解释和加工信息的方式能满足内部管理决策者履行职责的需要。从系统论的角度看，内部报告是一个提供企业经营管理完全信息的报告系统。加工处理是这个系统的核心，经济事件的信息经过加工过程转变为可以满足系统目标的输出内容，输出内容包括特别报告、产品成本、客户成本、业绩报告等。内部报告整体作为一种重要的、正式的沟通媒介，向管理者提供可靠的、准确的、及时的正式信息。可见，基于系统论，管理会计报告是管理会计信息系统加工过程的反映和结果的输出呈现。

毛洪涛和王新进行了基于代理理论的管理会计研究，他们认为，"从代理理论的角度来看，除了提高运营效率、追求利润最大化以外，调和合约各方利益关系、降低合约各方代理成本、促进合约各方利益帕累托改进，被认为是管理会计，这个信息系统的重要目标"。管理会计报告就是这种协调、改进的过程和结果的信息呈现和书面展示。管理会计报告实质上是反映企业资源配置、应用，经管责任履行情况的信息文件，也是企业缔约过程中，或在既定契约下管理者报告或沟通的手段。

## 9.1.2 企业管理会计报告的分类

管理会计报告体系是一个三维框架，我们可以从三个维度对管理会计报告进行划分：以管理会计报告体系的目标即预测、决策、控制、评价为第一维度，以管理会计报告体系的内容为第二维度，以管理会计报告体系的服务对象为第三维度。该管理会计报告体系整体框架从企业的战略出发，根据战略地图分解为战略管理、经营管理和业务管理三个层次，不同层级的管理者为了达到预测、决策、控制和评价的目标，需要获取企业在财务、客户、内部业务流程、学习与成长等方面的信息，为进一步的管理策略提供决策的有效依据。管理会计报告的维度划分如图9-1所示。

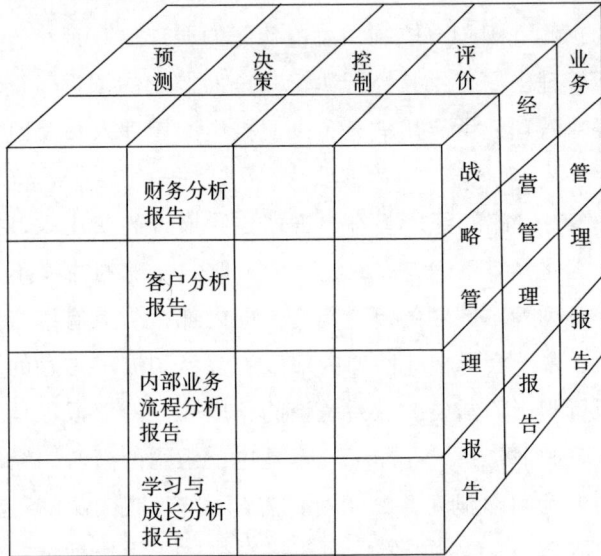

**图9-1 管理会计报告的维度划分**

一、从管理会计报告的目标维度进行划分

管理会计报告的目标是构建管理会计报告体系的起点和落脚点，本质上，管理会计报告应该成为实现管理会计职能的有力工具。管理会计是旨在提高企业的经济效益，并通过一系列专门的方法对资料进行加工、整理和报告，使企业管理者能够据以对日常发生的各项经济活动进行规划与控制，并帮助决策者做出专门决策的会计分支。因此，管理会计报告的总体目标就是为企业的管理当局提供相关、及时、准确的信息，帮助企业各级管理人员据以对相关经营管理活动进行预测、决策、控制和评价。

（1）管理会计报告的预测支持目标。预测支持目标主要体现在按照企业未来的战略目标，充分考虑经济规律的作用和经济条件的约束，有目的地预测企业未来的销售、利润、成本与资金变动的趋势和变动水平，从而有效合理地配

324

置企业的资源。预测是基于历史发展的客观规律和企业未来前景的，管理者既要考虑企业的财务成果，也需要关注企业客户群的未来需求、企业的内部业务流程以及企业的学习与成长。

（2）管理会计报告的决策支持目标。企业管理的重心是决策，即各级管理层在搜集和整理相关资料的基础上，选择科学的方法做出恰当的分析，按照既定标准从中选出最优方案。企业的经营管理就是一个个决策的连接，有宏观的决策，也有微观的决策。战略管理报告、经营管理报告和业务管理报告能够为战略层、经营层、业务层的科学决策提供及时、全面、相关、适当的信息。

（3）管理会计报告的控制支持目标。企业的经营活动只有按照既定的计划有效运行，最终才能达到预期目标。控制是不断定期收集反馈信息，对比预算或计划，判断、分析和处理差异的过程，信息的全面、及时与准确是关键的因素，各层的管理会计报告应满足相应层级管理者对财务、客户、内部业务流程以及学习与成长各个维度控制的需求。

（4）管理会计报告的评价支持目标。管理会计的职能最终是通过责任中心来具体落实的，在责任会计中，各级管理者需要考评各责任单位的实际执行与计划预算的差距，发现问题，明确责任，明确奖惩。管理会计报告应该定期为责任中心的业绩评价提供数据，完成业绩管理目标。

二、从管理会计报告的内容维度进行划分

平衡计分卡引入管理会计报告体系后，管理层对企业的管理和控制需从战略出发，在各项业务中将战略贯彻和实施，其中，管理会计报告的任务是向不同层级的管理者提供其管理所需要的信息。基于平衡计分卡的管理会计报告体系的鲜明特点就是为不同层面的管理者提供有力的管理工具，使其能够随时掌握相关信息，及时调整管理策略，从而保证整个企业都在为其总体战略目标而共同努力。可以说，管理会计与平衡计分卡的结合，恰好符合战略管理会计的理念，将企业的管理提升到战略的高度，对企业的内部信息进行战略审视，真正使战略执行变得具体、可行。

管理会计报告的内容扩展为财务、客户、内部业务流程、学习与成长四个维度后，传统的片面强调财务因素的错误得到更正，这种更加全面的管理会计报告体系不仅能够从财务指标这一滞后性指标发现企业的问题，也能从客户、内部业务流程、学习与成长方面找到导致财务问题的动因，实现问题的源头管理。通过管理会计报告，各级决策者不仅关注财务结果这一短期指标，而且能从客户满意度、企业学习环境氛围等长远的角度审视企业的管理问题。美国通用电气公司总裁杰克·韦尔奇就曾提出："管理就是把浮躁的问题简单化，把混乱的事情规范化。"以平衡计分卡为基本内容的管理会计报告体系实现了这一目标，其是一套能够使企业管理者快速而全面地考查企业运营状况，指导企业实施有效管理的报告体系。

管理会计报告体系为企业提供了一个全面的管理衡量框架，是一个将企业的管理经营效果（滞后指标）与驱动管理效果的因素（先行指标）建立起联系的管理框架。如果企业营造了一个学习型组织结构，员工的技能不断提升，企业的组织结构满足管理的需要，这样就可以保证产品和服务的质量，有助于降低成本，缩短生产流程周期，优化内部流程，提高内部经营的效率和改善效果；生产周期的缩短和内部流程质量的提高，有助于及时交货；及时交付给客户高质量的产品和服务，会带来更高的客户满意度和忠诚度，这不仅有利于保持现有客户，还有利于开拓新市场，获得潜在客户的认可，从而增加销量，最终提高企业的财务业绩。管理会计报告体系的内容如图 9 - 2 所示。

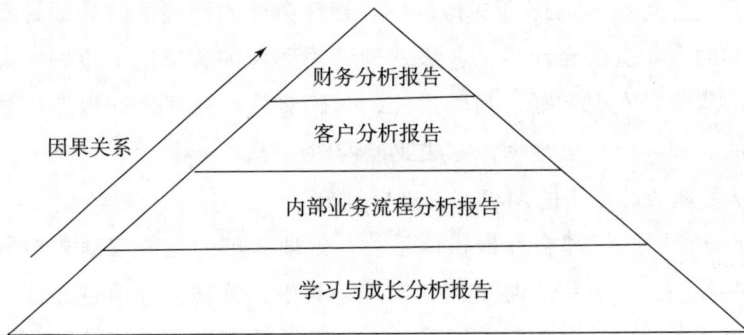

**图 9 - 2   管理会计报告体系的内容**

因此，管理会计报告体系不是财务业分析报告、客户分析报告、内部业务流程分析报告和学习与成长分析报告的简单结合，而是围绕企业的管理会计报告目标建立起来的完整的因果关系链；不仅是获取对各个维度管理效果的报告，更是希望通过因果关系链协调不同部门的目标，使它们能够共同为实现企业的管理目标做出贡献。

其实，这就是企业宏观管理的一个缩影，意在告知企业的管理者，在对企业进行管理和监控的时候，不能只关注财务指标这样的结果指标，要更多关注导致这些结果的业绩动因指标。因为，业绩动因指标往往是容易改变的，而结果指标是一系列动因导致的结果，其产生具有必然性。业绩动因是完成企业战略目标的根源因素，对其要加强监管和引导，这些动因的良好业绩必然会导致结果指标的良好表现，更能给企业带来竞争能力的突破。

三、从管理会计报告的服务对象维度进行划分

管理会计报告的职能是为企业内部管理者提供有助于管理和决策的信息，因此其报告模式应该区别于财务会计报告的单一编报单位模式，而采取灵活多变的分层编报模式。特别是在事项会计理论下的新会计模式中，管理会计报告是按照信息使用者的特定需求输出的定制报告。它能够为不同层次的报告使用者加工、整合、输出不同综合程度的信息，满足个性化的需求。这样的管理会计报告体系能够提供层次分明的信息，保证将正确、相关的信息及时地传递给相应的管理者，便于各个层面的管理者掌握各自管辖范围内的信息，可大大提升管理的针对性和有效性。

战略管理报告、经营管理报告和业务管理报告三个报告层次并不是相互独立的，而是相互制约、相互支撑、相互协同和相互促进的。这可以用图 9 - 3 来描述：我们可以发现，企业的战略管理报告位于金字塔的顶端，以企业战略的制定、执行和实现为最高目标。战略目标按照战略地图层层分解，形成经营层面的管理目标和业务层面的管理目标。由此可知，战略管理报告制约着经营管理报告，经营管理报告又制约着业务管理报告。同时，业务管理报告采集了基层最详细、最相关的信息，使之服务于贴近基层管理实践的管理人员；在此基础上加以汇总，为经营机构管理者提供相关管理报告；管理会计报告高度汇总信息提供给高级管理层，反映了企业相对宏观的信息，为企业实现战略目标而服务。可见，业务管理报告支撑着经营管理报告，经营管理报告又支撑着战略管理报告。

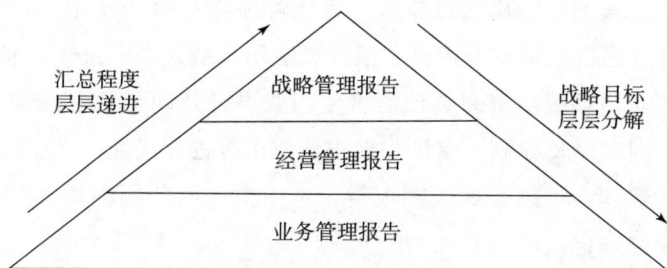

**图 9 - 3　管理会计报告的服务对象**

管理会计报告体系中服务对象的层层递进和分解关系也为管理目标的一致性和管理的反馈职能提供了有效的保证。管理目标的一致性体现为：当企业的战略目标由于外部环境的剧烈变化而调整时，企业的战略管理目标会发生变化，由此引发了经营管理和业务管理的目标跟着有所更新和改变，最终形成适应新

的外部环境的新目标层次。管理的反馈职能表现为：当企业的业务管理报告目标无法顺利实现时，经营管理报告和战略管理报告的目标也就难以顺利实现，这种反馈机制使得管理者不得不调整其管理策略，使企业能够自下而上层层实现管理目标。

### 9.1.3 企业管理会计报告的流程

根据《管理会计应用指引第 801 号——企业管理会计报告》，企业管理会计报告流程如下。

（1）企业管理会计报告流程包括报告的编制、审批、报送、使用、评价等环节。

（2）企业管理会计报告由管理会计信息归集、处理并报送的责任部门编制。

（3）企业应根据报告的内容、重要性和报告对象等，确定不同的审批流程。经审批后的报告方可报出。

（4）企业应合理设计报告报送路径，确保企业管理会计报告及时、有效地送达报告对象。企业管理会计报告可以根据报告性质、管理需要进行逐级报送或直接报送。

（5）企业应建立管理会计报告使用的授权制度，报告使用人应在权限范围内使用企业管理会计报告。

（6）企业应对管理会计报告的质量、传递的及时性、保密情况等进行评价，并将评价结果与绩效考核挂钩。

（7）企业应当充分利用信息技术，强化管理会计报告及相关信息集成和共享，将管理会计报告的编制、审批、报送和使用等纳入企业统一信息平台。

（8）企业应定期根据管理会计报告使用效果以及内外部环境变化对管理会计报告体系、内容以及编制、审批、报送、使用等进行优化。

（9）企业管理会计报告属内部报告，应在允许的范围内传递和使用。相关人员应遵守保密规定。

## 案例　管理会计报告的应用案例

### JH 集团管理会计报告

**一、JH 集团简介**

2009 年 6 月 26 日，JH 集团股份有限公司（以下简称"JH 集团"）经国务院国有资产监督管理委员会批准，由新兴 JH 集团有限公司和新兴发展集团有限公司出资设立。2010 年 8 月 16 日，JH 集团 A 股在上海证券交易所挂牌上市。目前，JH 集团下属二级全资子公司 37 家，二级控股子公司 8 家，三级全资子公司 20 家，三级控股子公司 9 家，三级参股公司 1 家，四级控股子公司 3 家，共 78 家下属企业，这些企业分布在全国 21 个省、自治区、直辖市。截至 2014 年年末，公司总资产 207 亿元，净资产 122 亿元，营业收入 222 亿元。公司的主营业务为服装鞋帽、轻纺印染、制革装具、橡胶制品的生产和销售；医药、化工、资源开发的投资与管理；实业投资与管理；商贸、物流项目的投资与管理；进出口业务、技术开发、技术服务及管理咨询。

二、"225 体系"的实践运用

JH 集团"225 体系"是公司结合长期的企业管理实践，对企业管理经验的深度概括，从而形成的一套应对市场变化和内部管理控制的运营机制。公司"225 体系"的主要内容包括："两制"（模拟法人制与研产供运销用快速联动机制）、"两个中心"（利润中心与成本费用中心）、"五个体系"（指标体系、责任体系、跟踪体系、评价体系、考核体系）。其内在的逻辑关系如下："两制"是报告基础，"两个中心"是报告单位，"五个体系"是报告指标。

1. "225 体系"的"两制"

（1）模拟法人制。

模拟法人制是指公司利用市场理念，以成本为价值主线，以利润为中心单位，引入市场的价格调配机制到公司内部生产经营价值链的各个环节和各个内部的核算单位，实现内部每个核算单位的自主经营、自负盈亏的经营机制。首先，按照公司的价值链（研发、采购、生产、物流、营销、资金等）划分内部各个核算单位作为公司内部的责任主体；其次，分解依据外部市场信息制定的动态经营指标，落实到各个核算单位；最后，通过完善公司的考核、评价与激励机制，使员工的工资薪酬与其个人的价值贡献直接挂钩，激励员工从"要我干"到"我要干"，这不仅实现了公司内部组织体系的权利、责任、利益的有机统一，还实现了公司内部资源的优化配置，使公司员工、内部资源以及要素流程都整合到实现公司价值最大化的目标上。

为保障模拟法人制更畅通有效的运行，JH 集团还配套设立了三套相应的辅助机制。一是产品买断制，主要是指公司在内部各个核算单位间产品流转的各环节，以市场价值为基础，实行内部市场定价，进行内部的买断。产品买断制包括两种：内部产品买断和最终产品买断。内部产品买断是指生产过程中前后传递工序之间的在产品买断，最终产品买断是指产品完工后，销售部门和车间、销售部门和事业部等之间的买断。二是业主委托采购制，主要是将公司的分厂或车间、事业部等采购主体作为作业主体，将负责采购的相关单位看作办事机构，由业主委托办事机构进行采购的运营机制。在此机制下，分厂或车间、事业部作为采购主体（业主）委托物资采购部门进行采购，而物资采购部门只负责采购的业务办理，推行类似于市场的公开招标采购。三是质量协商制，主要是指公司的生产部门的各个环节、各道工序之间实行质量相互协商的机制。生产的每个环节、每道工序，都以客户需求为导向，以实现产品价值为目的，采用符合产品质量标准要求的原材料，使用相应的工艺标准，生产出符合检验标准的产品。其核心理念是每个生产环节或每道工序生产出的产品满足下一个环节或下一道工序的质量与价格要求，但又不是以付出高成本耗费为代价生产远超标准质量的最优产品。

通过推行以上三种机制，公司形成了人人关心采购市场、人人关心产品市场、人人关心生产成本和标准质量、人人以最低成本提供标准质量的产品的模式。分厂或车间、事业部作为业主，共同来关心采购市场，共同决定采购质量和采购价格是否达到要求。采购部门的采购价格高了或者采购质量低了，由采购部门负责处理。这样，生产单位就监督了公司的采购环节，实现了各个模拟法人单位的自主经营、自负盈亏，实现了把市场压力传递到生产单位和内部各个环节，从而更加有效地实现公司的价值创造。

（2）研产供运销用快速联动机制。

研产供运销用快速联动机制是指公司以客户需求和市场情况为导向，将四个市场（资源市场、产品市场、物流市场、资本市场）的四个维度（时间维度、品种维度、价格维度、区域维度）信息，通过信息共享平台及时地在公司内部进行公布共享，从而实施研发、生产、采购、物流、营销、用户六个环节快速联动反应的机制。公司的研产供运销用快速联动机制按照范围大小又分成了大规模联动和小规模联动。大规模联动主要是指公司整体层面上的研发、生产、采购、物流、营销、用户六个环节的一体联动，此联动一般是每周实施一次。小规模联动是指公司各部门间根据相关需求开展的局部联动，主要包括供需联动、区域联动、内部联动、高层联动、多元联动等，此联动则是按照实际需求适时适地开展。

公司通过研产供运销用快速联动机制，重点解决了市场快速反应和深挖利润源泉两个问题，从而为各层次信息需求主体提供决策信息支持，并且实现价值创造。一是解决市场反应速度的问题，实现快速反应，为各层次信息需求主体提供决策信息支持，提高企业经营决策效率。对涉及整体利益、重要事项与重大决策的情况而言，公司通过每周的大规模联动实现各个环节的统一协调和快速联动。对只是局部问题与具体事项而言，公司通过及时实施的小规模联动实现即时协商、立刻解决。二是解决公司深挖利润源泉的问题，实现价值创造。通过及时将市场信息通过信息平台共享，各个环节共同把握资源、产品、物流、资本四个市场，及时调整产品的区域差（在哪个区域进行销售）、时间差（在什么时间生产完）、品种差（生产什么品种好）、价格差（获得最好的价格），深挖研发、采购、生产、物流、营销、用户六个利润源泉，实现快速联动创效益与价值创造。

2. "225 体系"的"两个中心"

在管理流程化、流程表单化、表单信息化的管理理念上，公司按照研发、生产、采购、物流、营销、用户等价值链环节分成若干个利润中心。在此基础上，再将每个利润中心继续分成若干个成本费用中心，并以成本费用中心作为最小的绩效控制单元，以追果溯因的方式进行成本分析和管理，从而不断降低制造成本，提升企业的管理控制能力，实现价值增值。

（1）利润中心。

利润中心是指公司内部能够核算内部收入、内部成本从而计算出内部利润的内部责任主体。在模拟法人制下，每个公司法人和每个模拟法人单位都是一个利润中心。模拟法人利润中心可以按照两条线进行划分：第一条线是按公司组织结构划分的，第二条线是按企业价值链划分的。①公司法人利润中心。公司法人利润中心承担的考核指标主要有以下八项：营业收入、利润总额、成本费用占营业收入比重、经营净现金流量比率、存货净值、产成品净值、货款回收率指标、EVA。②模拟法人利润中心。模拟法人利润中心按照企业价值链可划分为研发利润中心、生产利润中心、采购利润中心、物流利润中心、营销利润中心、用户利润中心等六个利润中心。这六个利润中心形成了六个利润源泉，对企业进行有效的管控。

（2）成本费用中心。

成本费用中心是各级利润中心下无法再进一步细化分解的成本单元和费用单元，是对成本和费用进行归集、分配，承担控制、考核责任的中心。生产单位分解到分厂、班组、岗位，销售单位分解到业务员，其他单位分解到研发人员、采购员、运输队、各个职能部门，这些单位或岗位均是成本费用中心，受上级利润中心的管控，承担完成自身职责和降低成本费用的职能。成本费用中心承担的考核指标按照其自身职责和功能来确定，要突出重点，不能一味求全，更不能越级承担上级利润中心的综合性指标。

3. "225体系"的"五个体系"

"五个体系"是贯穿在公司各个层面和集中机制的指标体系、责任体系、跟踪体系、评价体系和考核体系的统称。这"五个体系"的设立体现了计划、执行、检查、处理的PDCA闭环管理思想，也是"225体系"报告的基础和保障。它做到了扎根市场、扎根基层、扎根项目，通过"五个体系"的保障，建立了人人要算账、人人会算账、人人算细账的机制。

"五个体系"是紧密联系、不可分割的有机整体。其中：指标体系是"五个体系"的根本和基础，是"225体系"的事前体系；责任体系是预算指标的责任落实，是考核体系的依据和前提；跟踪体系是预算指标执行过程中的信息反馈和监控，是"225体系"的事中体系；评价体系是"225体系"中的分析与对标体系，是预算完成情况的反馈和修正体系，与考核体系同为"225体系"的事后体系；考核体系是对预算指标执行过程和结果的考核奖惩，以确保预算指标的完成，是"225体系"的反馈系统。"五个体系"关系图如图9-4所示。

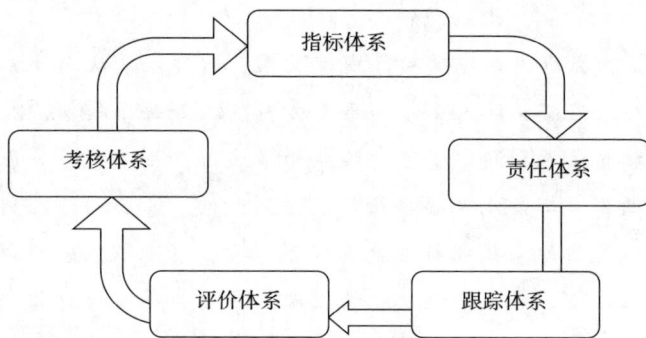

图9-4 "五个体系"关系

（1）指标体系。

指标体系在公司层面至少包括经营指标、财务指标、资金指标、投资指标、市场指标、科技创新指标、人力资源指标、社会责任指标和发展成果与员工共享指标等九项指标，具体到各个层级会有所不同，并且越到基层指标分解得越细，有些层级直接将指标分为经济效益指标、战略指标和补充指标。各项指标会逐层细化分解到每一个工作岗位，使每项指标都能得到细化支撑，确保各项指标一级支撑一级。其他层面主要的核心指标有营业收入、利润总额、EVA、成本费用占收入比、经营现金净流量比率、存货净值、货款回收率、产成品净值、资产负债率等。这些指标的设立都简洁、有效，实现了指标任务明确、考核简单易行。

（2）责任体系。

责任体系将预算责任层层明确到每一个层级和每一个责任人，并采取签订责任书的形式予以落实。它按照两条线进行纵向到底、横向到边的分解。第一条线：公司—生产事业部—车间—班组—基层员工；第二条线：公司—机关职能部门—机关管理人员、业务人员。预算责任包括指标责任和重点工作责任。指标责任要有明确的测算基础和测算依据，实现层层分解、层层支撑、层层包保；重点工作责任要按照项目管理的机制，明确时间节点、进度目标、阶段效果、具体责任人。下达的预算目标必须层层落实到最基层单位和岗位管理责任人，做到人人有指标、人人有责任、人人有考核，建立层层分解、环环相扣、全面到位的责任控制体系。

（3）跟踪体系。

跟踪体系是指公司层面和研发系统、生产系统、采购系统、物流系统、营销系统、资金系统等预算跟踪体系，根据各层面不同的业务性质采取"日跟踪、周联动、旬平衡、月分析"的形式，最终使整个生产经营达到系统最优、效率效益最佳的状态。跟踪体系的重点主要是动态跟踪以及对过程的控制，它是保证预算完成的关键环节。以生产为例，日跟踪主要是指每日跟踪各生产班组的生产进度情况、材料消耗完成情况以及其他问题；周联动在生产中也即周调度，主要总结分厂一周产量、质量以及其他各项经济技术指标完成情况、成本及材料消耗情况；旬平衡主要是指协调各部门的资金收支，尽量保证公司资金收支的平衡；月分析主要是总结分析分厂当月各项预算指标完成情况、对没有完成的指标及时分析原因、制定下月生产计划和经营指标。

（4）评价体系。

评价体系主要是指根据责任书对各部门或个人进行评价，通过评价结果查找发展短板和不足，制定相应措施，从而真正实现月月有提高、季季有进步、年年有水平。与同行业先进水平对标、与历史最好水平对标、与国际先进水平对标，坚持对标既要有标杆又要有标准，既要有数量又要有定额。具体对标的指标主要有经济运行（如 EVA）、市场竞争（如市场占有率）、财务表现（如主营业务利润率、盈余现金保障倍数等）、创新能力（如专利数量）和人力资源（如全员劳动生产率）等几个方面。

（5）考核体系。

考核体系主要是指对考核对象在一定时期内（月、季度、年）的预算指标完成情况进行考核或奖惩，它也是发放工资薪酬的依据。公司考核根据"业绩上薪酬上职级上，业绩下薪酬下职级下"的思想，坚持刚性原则、严格兑现，实现指标分解、责任落实与业绩考核的衔接和统一，促进预算目标落地。考核指标主要包括经济指标（如销售收入）、管理指标、重点工作等。例如，某部门的考核打分表如表9-1所示。

表9-1　　　　　　　　部门考核打分情况

| 得分（$X$） | 级别 | 奖惩 |
| --- | --- | --- |
| $110 \leqslant X$ | A | 升职 |
| $100 \leqslant X < 110$ | B | 评优 |
| $80 \leqslant X < 100$ | C | 留用 |
| $X < 80$ | D | 降职或解聘 |

**三、JH集团管理会计报告分析**

考察JH集团"225体系"的实践，我们发现"225体系"之所以能够在实践中出绩效，主要依赖于贯穿在"225体系"中的管理会计报告体系的完善。正是贯穿在"225体系"中的各管理会计报告要素之间相互作用、配合有序、运转有效、整体统一地为企业经营管理提供财务与非财务、经济与非经济信息，使系统内部的前馈信息、控制信息与反馈信息都能及时有效地生成、传递，才显著提升了公司的管理绩效，为公司经营决策提供信息支持与创造价值。

（1）从整体上看，管理会计报告体系作为一种正式的对内报告形式，向管理者提供及时的、可靠的、相关的正式信息，弥补了现行财务会计报告的一些缺陷，帮助公司的战略层、经营层、业务层之间进行有效的信息传递、协调与沟通，为公司管理者提供决策信息支持，使公司资源得到有效整合，提高公司经济效益，实现价值创造，尽可能地实现公司价值最大化。

（2）从运行上看，管理会计报告体系在集团的董事会、监事会、高管到子公司工人7个层次间进行收集、传递、反馈与评价。公司根据各层次对管理信息的需求，将从公司总部到子公司的工人（业务员）7个层次，都作为独立的信息报告或使用主体（信息节点），并且每个层次都划分为利润中心或成本费用中心，都具有预算、责任、跟踪、评价和考核5个方面的信息报告功能。通过"五个体系"，公司将战略层管理会计报告、经营层管理会计报告、业务层管理会计报告全部落到实处，并且实践中运行效果良好。这些中心有的是公司法人，有的是模拟法人；在第1到5层次内部，还具有研产供运销用快速联动机制。这些层次通过"五个体系"，贯彻、传达与执行公司总部的战略，对指标进行层层分解、责任进行层层落实；每一个层次都是一个分析、决策、评价、考核主体，信息实现层层上报。信息的采集、加工与处理作为管理会计报告的核心，直接决定着管理会计报告产品和服务的内容、质量，并且应该根据不同的流程设计不同的评估指标。JH 集团通过对各层次的信息节点进行独立的信息收集、加工与处理，使得公司信息收集、传递、反馈与评估都极其方便，从而真正实现了信息的决策支持，实现管理会计报告的价值创造。在对 JH 集团相关部门负责人和员工进行访谈时发现，相关人员都能通过预算指标分解、考核、评价与跟踪，做到人人都清楚自己的权利、责任与利益所在，也能算出每月的工资账，积极性非常高。

（3）从效果上看，管理会计报告体系是全面预算管理、成本管理、薪酬管理、绩效管理和分析评价等管理会计工具方法在实践运用中的"神经网络"，遍布在整个公司经营管理中，在公司同时推行解决内部降本增效的"模拟法人制"与解决外部市场变化的"研产供运销用快速联动机制"中，管理会计报告体系实现对公司战略层面、经营层面和业务层面的业务信息、财务信息及时地收集、传递、反馈与评估，实现对集团公司的各板块、各子公司、各中心、各部门、各岗位的全局域、全方位、全时段的管理控制，凸显了为公司经营决策提供信息支持与创造价值的功效。

当然，"225 体系"实施中也存在一些问题，需要逐步解决。一是人工成本控制的"困境"，加强人工成本控制和考核，会降低成本，提升收益水平，但会带来基层员工特别是工人较高的流失率，员工更迭频繁，同时又存在招工难现象，不但为公司带来人员招聘、培训等费用，也带来成本费用控制方面的难题。二是考核、评价与报告目标较多，造成目标多元化，易冲淡主题。三是"225体系"的 7 个信息层次之间存在信息脱节现象，信息传递流程、传递方式和传递频率都不能完全满足决策的需要。四是原因追溯体系有待进一步完善，信息报告中更多是结果信息的报告，而原因信息由于信息节点较多，信息传递手段少、频率低、信息过滤慢等，很难追溯，影响了决策与控制的效率。

四、案例总结

本案例立足于管理会计报告的理论与运用实践，并根据财政部对管理会计报告体系的指导思想和重要原则，通过对 JH 集团"225 体系"实践的考察可知，其构建的管理会计报告体系与运行机制，是对公司管理会计实践的深度概括，是一套使公司能充分应对市场变化的运营机制，是公司实现决策科学、管理提升和可持续发展的有力保障。它主要有以下三个方面的创新。（1）一条报告主线。报告体系以纵向的"集团总部—集团事业部—法人子公司—运营中心—分厂—班组—工人"七个层级为一条报告主线，上级将指标层层分解给下级，下级通过指标完成情况将信息层层上报给上级，上级又可以根据下级上报的信息进行原因层层追溯，从而使公司大而不散、分而不乱，真正实现了指标层层分解、责任层层落实、压力层层传递、活力层层激发、信息层层上报、原因层层追溯。（2）实现业务与财务一体化。报告体系对公司相关的投融资活动、经营活动和财务活动进行了全面、全方位、全过程的管理控制，实现了全体员工的积极参与、各级业务部门和单位的积极支持，将组织的关键信息都融合在报告体系中，从而真正实现了业务活动与财务管理的一体化、业务信息与财务信息一体化。（3）形成纵横交错的信息生成与传递有机体。

从纵向看，报告体系从集团总部到工人各个信息节点，企业的战略、组织、岗位、作业、流程都通过各层面管理会计报告来进行信息的层层生成与及时传递；从横向看，报告体系明确了报告的主体、内容和流程，三者作为一个有机整体，共同保障管理会计信息最大程度上对决策者有用。可见，报告体系内在高度融合、紧密联系，共同围绕各个信息节点的信息生成与传递，形成了一个密不可分的有机整体。

# 9.2　战略层管理会计报告

## 9.2.1　战略层管理会计报告的含义

战略层管理会计报告是为满足战略层进行战略规划、战略制定、战略执行、战略评价以及其他方面的管理活动提供相关信息的对内报告。战略层管理会计报告的报告对象是企业的战略层，包括股东大会、董事会和监事会等。

战略层管理会计报告应包括可以帮助战略层进行决策和对企业表现进行了解的报表，是对财务、业绩、综合业务表现的概述，对内外部环境的分析，对企业内外部风险的分析，对战略实施情况的分析等。报告内容和格式方面要求精练简洁，总结主要结果，分析主要原因，给出企业行动规划，提出相应建议。

常见的战略层管理会计报告有年度部门重点工作计划报告、内部审计报告、重大事项报告等。

## 9.2.2　战略层管理会计报告的内容

战略层管理会计报告的报告主体是首席执行官（Chief Executive Officer,

CEO）、执行总裁、总经理、董事会及其他高层管理者，报告的主要信息为企业战略目标制定、战略规划、战略执行与战略评价等过程产生的信息等。

战略层管理会计报告包括但不限于战略管理报告、综合业绩报告、价值创造报告、经营分析报告、风险分析报告、重大事项报告、例外事项报告等。这些报告可以独立提交，也可以根据不同需要整合后提交。

经营分析报告的内容应包括过去经营决策执行情况回顾、本期经营目标执行的差异及其原因、影响未来经营状况的内外部环境与主要风险分析、下一期的经营目标及管理措施等。下面以制造业经营分析报告为例具体分析。

随着市场竞争程度越来越激烈，企业要想在越来越激烈的竞争中持续提升自己的竞争能力，创造自己的核心竞争力，就要不断提升自己的生产经营管理能力，加强对企业日常生产经营的管理控制。要想加强对企业的管理控制，就应当从各方面、从不同的角度对企业的经营情况进行分析。企业管理者除了应当关注自身企业生产经营活动中的财务指标外，还应当增加对非财务指标的关注程度，企业所处的经营环境会对企业的生产经营产生重大的影响。

制造业水平是衡量一个国家生产能力的重要体现，其收入在国民生产总值中占有很大的比例。国家制定的一些政策、竞争对手的发展情况、行业的境况、客户的需求都会对制造业产生较大影响。因而经营分析报告可从以下五个部分进行分析：企业经营状况分析、行业情况分析、竞争对手经营状况分析、客户关系分析以及国家政策分析。

（1）企业经营状况分析。对于市场上的任何企业来说，如果想要在竞争中取得经久不衰的发展，就必须要注重企业自身的生产经营状况，企业尤其是制造业企业的生产经营活动是企业创造价值的最根本的方式。企业必须要及时对自身的生产经营活动进行分析，从而及时发现问题。从购买到生产再到销售，企业要对每个环节进行把控，从而使企业的日常生产经营状况始终处于一个良好的状态。

（2）行业情况分析。企业所处行业的整体发展情况，对企业的经营管理、决策制定起着指导作用。根据制造业的特点，原材料价格的变化、生产设备价格的变化等都会对制造业企业的利润产生影响。企业应当对原材料和生产设备所属的行业进行分析，从全国范围内选取最适合自己的原材料和设备的产地；还应当对自己所属行业的经济状况进行全方位而准确的把握，从而为自己的生产经营准确地预测和及时地调整。

（3）竞争对手经营状况分析。在当今激烈的市场竞争中，企业只有时刻保持自身的核心竞争力和自己在行业中的竞争优势，才能够在日趋严峻的竞争形势中谋得一席之地。企业的核心竞争力是目前企业在市场中同其他企业竞争取胜的关键，企业要想永久地保持自己的核心竞争力，就要时刻关注自己的竞争对手的发展状况。及时发现竞争对手存在的不足，寻找竞争对手的薄弱环节，使自己在竞争对手的薄弱环节做得更好，只有自己的优势出来了，才能够超越竞争对手。

（4）客户关系分析。制造业企业所生产的产品，销售中面对的最大客户就是平常生活中的消费者。假设企业生产的产品面对的最主要客户是社会上的普通居民，那市场上还会有很多同类产品的竞争。企业只有及时了解客户的需求方向，生产客户需要的产品，及时按客户的需求改进改良产品，生产满足客户需求的产品，才能增加自己在市场中的份额。目前很多企业对客户的分析不到位，只是依靠某些人的主观判断进行决策，缺乏一个比较科学的分析框架。企业在生产之前要调查客户对产品的需求，在生产的时候要充分考虑客户的需求，把客户作为产品生产的中心考虑因素。积极开拓新客户并把新客户转换成自己的忠实客户、同老客户加强联系是目前企业应当做的。企业中应当有专门的部门来对客户进行全面的分析，并且及时向高层反馈客户的信息。

（5）国家政策分析。国家制定的经济政策能够指导各个企业的发展方向，尤其是在国民生产中占很高地位的制造业企业，国家更是会时刻关注。企业只有及时地了解国家的政策，才能够准确地把握社会的发展情况，这对企业改变经营策略起着很大的作用。国家在政策和规则方面会适时地进行宏观调控。因此企业要关注国家颁布的新经济政策，这对于及时规划企业未来的发展起着十分重要的作用。

另外，战略管理报告的内容应包括内外部战略环境分析、战略选择与目标设定、战略执行及其结果，以及战略评价等。

综合业绩报告的内容应包括关键绩效指标预算及其执行结果、差异分析以及其他重大绩效事项等。

价值创造报告的内容应包括价值创造目标、价值驱动的财务因素与非财务因素、内部各业务单元的资源占用与价值贡献，以及提升企业价值的措施等。

风险分析报告的内容应包括企业全面风险管理工作回顾、内外部风险因素分析、主要风险识别与评估、风险管理工作计划等。

重大事项报告是针对企业的重大投资项目、重大资本运作、重大融资、重大担保事项、关联交易等事项进行分析的报告。

例外事项报告是针对企业发生的自然灾害、管理层变更、股权变更、安全事故等偶发性事项进行分析的报告。

### 9.2.3　战略层管理会计报告的编制要求

根据《管理会计应用指引第 801 号——企业管理会计报告》的要求，战略层管理会计报告应精练、简洁、易懂，报告主要结果、主要原因，并提出具体的建议。

战略层管理会计报告使用者是股东大会、董事会和监事会等企业的战略管理层。如何用精练、简洁、易懂的文字将战略管理、综合业绩、价值创造、经营分析、风险分析、重大事项、例外事项等事项编制成一个能反映主要结果以及问题产生的原因，并对此提出具体改进建议的复合性较强的管理会计报告，是战略层管理会计报告的编制难点。

精练，就是抓关键点。企业在经营活动中发生事项很多，当下最受影响和急需处理的事项，在编制的管理会计报告中，就要特别突出。例如，一家生产包装品的企业，2018 年上半年盈利 600 多万元，下半年亏损 1 000 多万元，经查询会计记录和业务活动，发现上级客户端要求企业将产品单位售价下降 1 分钱，由于该客户是企业大客户，企业对其降价要求无法拒绝，但其销售数量巨大，而企业对下级供应商又无法实施压价权，从而对当年利润产生重大不利影响。此项销售活动涉及战略管理、风险分析、经营分析、价值创造等内容，这就可以作为战略层管理会计报告分析提炼的关键点。

简洁，就是简单、直接明了。能直接用数字或者图形进行比对分析反映情况的，就可以不采用文字描述，如需要用文字说明，也要言简意赅。

易懂，就是编制出的战略层管理会计报告能让战略管理层人员容易理解。战略管理层人员因自身学识、文化、专业等差异，从不同的角度审阅管理会计报告会对报告有不同的认识和看法，为了正确表达报告的内容，编制报告应尽可能通俗，对专业术语要灵活转化。

## 案例　战略层管理会计报告的应用案例

### JH 集团战略层管理会计报告应用案例

在案例 39 中，我们详细介绍了 JH 集团"225 体系"的管理模式，形成了一套应对市场变化和内部管理控制的运营机制。为了进一步改善 JH 集团"225 体系"管理会计报告的实践效果，也为了给其他企业提供借鉴和指引，本案例结合组织层级等相关理论以及 JH 集团"225 体系"运用实践，提炼出基于战略层、经营层、业务层的管理会计报告框架体系与运行机制，并在本案例中对JH集团战略层管理会计报告进行分析。JH集团战略层、经营层、业务层三层面的管理会计报告框架如图9-5所示。

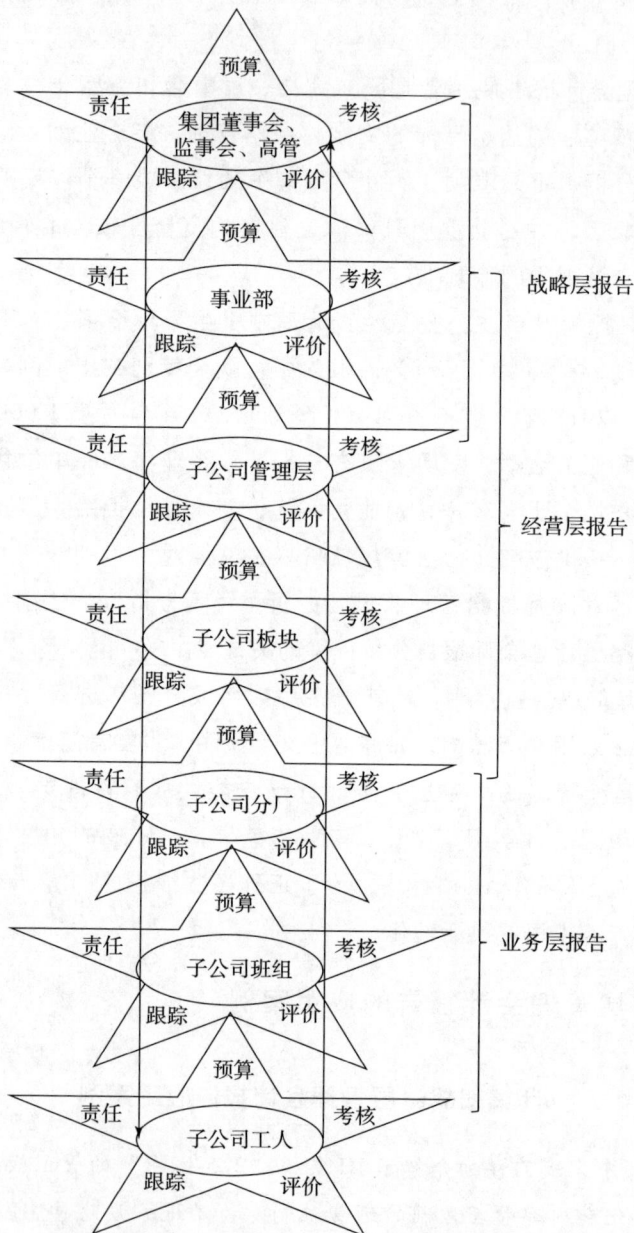

图 9-5 JH集团战略层、经营层、业务层三层面的管理会计报告框架

一、基于战略层的管理会计报告体系的主要特征

考察和分析 JH 集团"225 体系",我们提炼出基于战略层的管理会计报告体系的以下特征。

对应管理层级,将公司的战略层作为管理会计报告的高层次主体,尽可能地满足报告主体的决策信息需求。从组织理论来看,现代组织为了实现管理的有效性,要求将组织进行层级划分来管理;从系统理论来看,任何复杂的系统要想实现有效运转和发挥其整体最大功能,都要求在结构上分层次;从企业管理实践来看,大多数成功的大企业也都呈现层次性的结构。企业作为一个复杂系统,其层次的划分还应该满足管理的相应要求,不同层次有着不一样的信息需求,为了满足企业管理的需要以及不同层次的信息需求,管理会计报告的信息必须与企业管理层级相对应,对应负有决策职责的战略层、负有协调职责的经营层以及负有执行职责的业务层。JH 集团的管理会计报告体系中报告主体分为战略层(高层)、经营层(中层)、业务层(基层),管理会计报告也据此划分为战略层管理会计报告、经营层管理会计报告、业务层管理会计报告。每个层级报告主体及其报告信息的侧重点如表 9-2 所示。

表 9-2　　　　　　　不同层级报告主体及报告的信息对比

| 层级 | 报告主体 | 报告的主要信息 |
| --- | --- | --- |
| 战略层 | CEO、执行总裁、总经理、董事会及其他高层管理者 | 反映战略目标制定、战略规划、战略执行与战略评价等过程产生的信息等 |
| 经营层 | 公司各业务单元、子公司以及附属单位的主管 | 经营决策、资本规划、业务规划、供应商管理、客户管理等 |
| 业务层 | 各个成本、投资、利润中心 | 研发、采购、生产、销售以及辅助业务等;成本、投资、利润等 |

二、基于战略层的管理会计报告体系的主要内容

管理会计报告是对管理会计履行职能的反映,是围绕整个企业经营管理全过程展开的。战略层管理会计报告是以企业价值可持续稳定增长为目标,通过为企业提升核心竞争力、有效配置成本、利润、资金提供适时信息,满足企业履行预测决策职能的信息需求,它是整个管理会计报告体系的起点。经营层管理会计报告强调的是在决策目标和经营方针已经明确的前提下,为执行既定的决策方案而进行的有关规划和控制,以确保预期目标的实现,满足企业履行规划控制职能的信息需求。业务层管理会计报告是按照分权管理的思想,根据内部管理层次的相应权限、职责以及所承担的相应义务的内容与范围,通过考核评价各个相关方面的履责情况,满足企业履行考评职能的信息需求,它通过反

映权、责、利的情况，保障企业管理沿着正确的方向前进。

鉴于企业经营活动类型的不同，战略层管理会计报告的主表可以分别设置经营活动预测决策报告、投资活动预测决策报告和融资活动预测决策报告。经营活动预测决策报告是以一定的期间和业务范围为基础的，通过分析不同经营方案给企业带来的贡献损益进行决策的报告，其重点是确定不同经营方案的相关收入和相关成本。投资活动预测决策报告主要以企业内部项目投资决策为主，如果企业资金富余，可以自行选择金融资产投资、证券投资等外部投资方式。投资活动预测决策报告是指通过比较不同投资项目的投入产出比率来选择对企业价值创造最有利的投资项目的报告。在编制投资活动预测决策报告时，要注意相关成本和机会成本的确定。融资活动预测决策报告是指根据企业的生产经营、对外投资和调整资本结构的需要，帮助管理决策层对筹资的方式、数额、结构等进行决策的报告。融资活动预测决策报告是根据资金需要的预测来选择适合企业的筹资渠道和方式的报告。而决策的根源在于对未来的预测，因此，应该在附表中对特定的经营活动加以反映，如销售预测情况、成本预测情况、利润预测情况以及资金需求量预测情况等。

三、案例小结

本案例立足于管理会计报告的理论与运用实践，并根据财政部对管理会计报告体系的指导思想和重要原则，通过分析提炼出基于战略层、经营层、业务层管理会计报告框架体系及其运行机制。从理论上来说，管理会计报告体系整体上能够克服财务会计报告的局限性，有助于防范并化解企业内部及外部不可控的风险，为企业管理当局提供多方面的决策信息支持，并且为企业规划、决策、控制和评价等管理活动提供辅助，实现企业价值最大化。从实践上来说，管理会计报告运行机制使企业经营管理者可以对企业的内部财务进行分析，并且通过对企业管理活动信息的收集、传递、反馈与评估，能够为当前企业内部资源的整合与共享注入新鲜的活力，这对提高企业经营管理效率和维持企业的高效运转十分必要。总之，基于战略层、经营层、业务层三层面的管理会计报告体系，本质上是使用管理会计工具方法来收集、传递、反馈、评估企业管理活动的信息，保证管理会计信息的及时、相关和可理解性的运行系统。

# 9.3　经营层管理会计报告

## 9.3.1　经营层管理会计报告的含义

经营层管理会计报告是为经营层进行规划、决策、控制和评价等管理活动提供相关信息的对内报告。经营层管理会计报告的报告对象是经营管理层。

经营层管理会计报告应包括可以帮助经营层进行管理和对企业表现进行了解的报表，如预算执行分析报表、盈亏平衡分析报表、贡献式利润表等。报告内容和格式方面要求具有全局观、大局观，要对企业经营进行全面分析，同时分析要有深度。

常见的经营层管理会计报告有全面预算管理报告、投资分析报告、盈利分析报告、绩效评价报告、资金管理报告、成本管理报告等。

## 9.3.2　经营层管理会计报告的内容

经营层管理会计报告的报告主体是公司各业务单元、子公司及附属单位的主管，报告的主要信息为经营决策、资本规划、业务规划、供应商管理、客户管理等信息。

经营层管理会计报告包括但不仅限于预算报告、投资分析报告、项目可行性报告、融资分析报告、盈利分析报告、资金管理报告、成本管理报告、绩效评价报告等。下面以全面预算管理报告为例展开分析。

预算报告的内容一般包括预算目标制定与分解、预算执行差异分析以及预算考评等。预算报告在管理会计报告体系中的地位是不言而喻的，其与业务成本计算、业绩评价以及薪酬激励机制等都有着密切的联系，因此制定一套成熟并且完善的预算报告，对于其他相关的管理活动会起到重要的协同作用。

根据全面预算的指导思想，预算报告主要包含三个方面的内容：经营预算报告、财务预算报告、资本预算报告。目前很多企业在预算编制的过程中，更多的是把预算与降低企业成本或者完成企业制定的目标相联系，这只是片面地理解了预算的定义。很多企业在编制预算的时候，没有把预算看作合理配置企业资源的一种有效手段，因而其在编制预算的时候更多的是注重利润表的实现，资产负债表在一定程度上被忽视。目前全面预算的出现，很好地解决了以上问题。

（1）经营预算报告。经营预算是指与企业日常经营的业务直接相关、具有实质性的企业生产经营活动的一系列预算的统称。此处以制造企业为例，着重对经营预算报告中的销售预算报告和生产预算报告以及成本费用预算报告进行分析。制造企业的收入来源是生产产品的销售收入，只有产品销售了企业才能挣钱。制造企业利润的创造是销售收入和制造成本与费用的差额，只有增加销售、加快生产、控制成本与费用才能够为企业创造更大的利润。

销售预算是指企业编制的，企业在一定的区域和时间内组织销售，而对销售数量和销售额的一种估计。这个预算额受到市场上很多因素的影响，比如客户的需求、原材料的价格、季节的变换等。销售预算作为全面预算的关键和起点，对一个企业起着非常重要的作用。销售预算过少会影响企业的利润，销售预算过多会占用企业的资源，造成机会成本的产生。

生产预算是企业为了规划一定期间内所需的产量而编制的一种营业预算。生产预算需要根据预计的销售量按产品种类的不同分别编制，由于企业的生产和销售不可能做到"同步同量"，因此企业在编制生产预算的时候必然要考虑企业期初和期末应当有的库存，这对制造企业尤其重要。生产预算一定要注意保持生产量、销售量和存货之间合适的配比，避免出现储备不足、产销脱节和存货积压，生产预算的编制可分为年度、季度和月度。

（2）财务预算报告。财务预算是指对企业的现金收支情况、日常生产经营的成果和企业的总体财务状况所进行的预算。财务预算包含的主要内容有现金收支预算、损益预算。

现金收支预算是指企业在一定的预算期内由于生产经营活动和投资活动所引起的预计现金流入、流出以及现金的盈余和短缺的情况估计。现金收支预算可使企业相关人员对企业的现金情况得到一个准确及时的了解，避免企业现金短缺情况的发生。

损益预算主要是针对企业的利润进行预测，企业通过对自己的利润进行有效合理的预测，可获得企业在预算期内利润变化的原因，从而为企业管理层的决策提供有效的依据。企业的最终目的还是制造利润，及时发现利润减少的原因，并找到解决方案，能够保证企业目标的最终实现。

（3）资本预算报告。资本预算是指企业为了今后能够更好地发展，在经营中可获得更多报酬而做出的资本性支出计划。资本预算充分反映了企业资金的来源和企业将这些资金运用到什么地方。

企业的资本预算应当包括两个部分：投资预算和筹资预算。通过资本预算，首先企业能够使自己的资本分配方案更加科学合理，使企业的价值得到最大的增加，其次，对资本预算进行过程控制，可以避免不良资本的产生，并且使资本始终控制在预算之内。与经营预算和财务预算相比，资本预算现在的应用范围不是很大，在很多企业资本预算没有得到足够的重视。

但现在企业已然进入以战略为导向的时代，资本预算通常跟企业的经营发展战略密切相关。企业面临着激烈的竞争，自有资本越多，企业的竞争力才能够越强，所以企业抓住合适的机会，利用手中闲余的资本进行准确的投资，获得额外的收益也变得越来越重要。投资预算可让企业获得额外的收益，筹资预算可让企业少付出资本成本。企业现在可使用的筹资方式主要有两种——债务筹资与权益筹资，但是这两者各有利弊。利用筹资预算合理确定两者筹资的比例，选择更适合企业的筹资方案，对企业的发展有着非常重大的影响。

另外，投资分析报告的内容一般包括投资对象、投资额度、投资结构、投资进度、投资效益、投资风险和投资管理建议等。投资分析报告是重要的会计报告，反映企业投资的实施情况，应确保内容真实、数据可靠、分析客观、结论清楚，为报告使用者提供满足决策需要的信息。综合来讲，投资分析报告主要应包括以下两部分内容。

（1）投资管理的情况说明。它由投资可行性分析、投资进展情况和投资期间管理控制构成。对于首次计划投资的项目，企业可以自行组织或委托具有资质的投资咨询机构编制专项投资可行性分析报告。投资可行性分析报告的内容应包括投资对象、投资额度、投资资金来源、可行性、预计投资效益、投资风险及应对措施、需要说明的其他重大事项、投资管理建议等。投资管理的情况中应重点说明该投资在技术和经济上的可行性、可能产生的经济效益和社会效益、可以预测的投资风险、投资落实的各项保障条件等。对于已投资项目，需要说明投资项目进展和投资控制情况。投资控制通常包括进度控制、财务控制、变更控制等。

（2）投资后评价或投资管理建议。投资项目实施完成后，企业应对照项目可行性分析和投资计划组织开展投资后评价。投资后评价的主要内容一般包括投资过程回顾、投资绩效和影响评价、投资目标实现程度、持续能力评价、经验教训或投资管理建议等。可以根据需要以附件形式提供支持性文档。

投资分析报告的框架如图 9 - 6 所示。

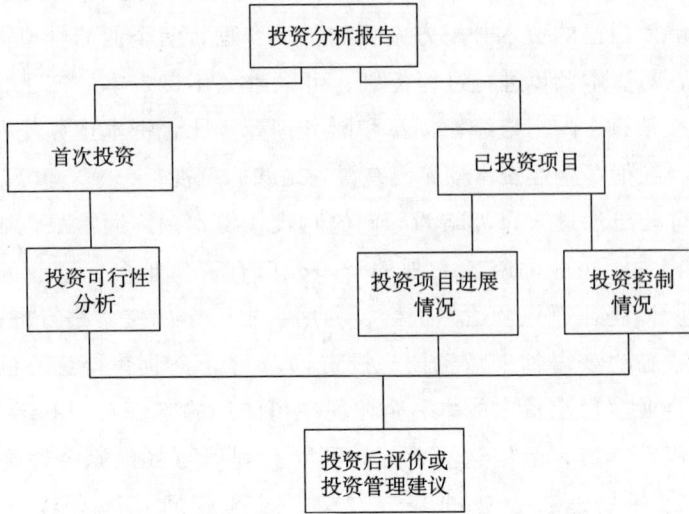

**图 9 - 6 投资分析报告的框架**

融资分析报告主要应包括以下两部分内容。

（1）融资管理的情况说明。融资决策分析通常用于拟融资项目，编制融资计划，一般包括融资规模测算、融资用途、融资方式、融资机构的选择、融资成本、融资程序、融资潜在风险及应对措施、还款计划、需要说明的重大事项等，据此编制融资方案。融资方案经审批通过后，进入实施阶段，一般由财务部门与特定有关部门共同负责落实，并建立融资管理台账。企业还应对已融资项目定期进行融资管理分析，包括融资偿付计划和已融资项目进展管理，具体涵盖还款计划、还款期限、资金成本、偿付能力、融资潜在风险和应对措施、融资目标实现程度、融资后资金管理等内容。对于常规或定期的融资计划、还款计划可作为预算管理的一部分，纳入企业预算管理，以确保按期偿还融资。

（2）融资管理评价或建议。募集资金完成后，对融资活动及募集资金的使用进行分析，包括融资效益、融资目标实现程度、持续能力评价、经验教训或融资管理建议等。可以根据需要以附件形式提供支持性文档。

融资管理报告的框架如图 9 - 7 所示。

项目可行性报告的内容一般包括项目概况、市场预测、产品方案与生产规模、厂址选择、工艺与组织方案设计、财务评价、项目风险分析，以及项目可行性研究结论与建议等。

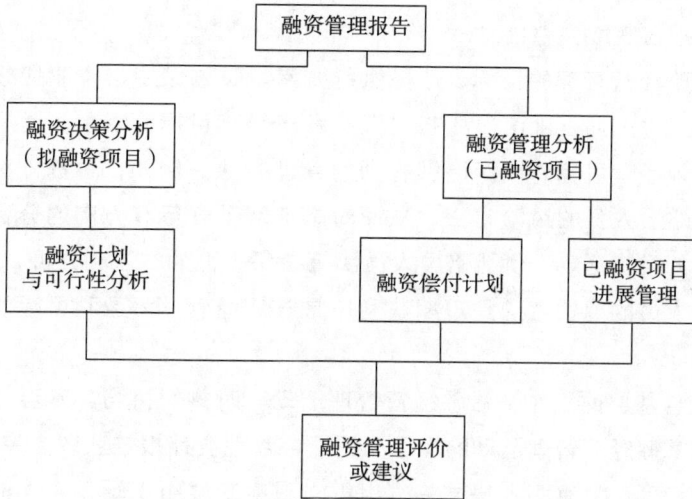

**图 9 - 7　融资管理报告框架**

盈利分析报告的内容一般包括盈利目标及其实现程度、利润的构成及其变动趋势、影响利润的主要因素及其变化情况，以及提升盈利能力的具体措施等。企业还应对收入和成本进行深入分析。盈利分析报告可基于企业集团、单个企业，也可基于责任中心、产品、区域、客户等进行。

资金管理报告的内容一般包括资金管理目标、主要流动资金项目如现金、应收票据、应收账款、存货的管理状况、资金管理存在的问题以及解决措施等。企业集团资金管理报告的内容一般还包括资金管理模式（集中管理还是分散管理）、资金集中方式、资金集中程度、内部资金往来情况等。

成本管理报告的内容一般包括成本预算、实际成本及其差异分析，成本差异形成的原因以及改进措施等。

业绩评价报告的内容一般包括绩效目标、关键绩效指标、实际执行结果、差异分析、考评结果，以及相关建议等。

## 9.3.3　经营层管理会计报告的编制要求

根据《管理会计应用指引第 801 号——企业管理会计报告》的要求，经营层管理会计报告应做到内容完整、分析深入。

经营层管理会计报告使用者是经营管理层人员。只有获取完整的信息，将全面预算管理、投资分析、项目可行性、融资分析、盈利分析、资金管理、成本管理、绩效评价等相关事项进行深入分析，才能制作出与经营管理目标相关的对内部管理行之有效的管理会计报告。执行目标和参与业务，能为编制经营层管理会计报告获取完整信息。

（1）明确经营管理的目标，选择执行方案。时刻保持与企业战略层人员的有效沟通，通过沟通正确读懂战略层人员发出经营目标的缘由，运用科学知识指引管理，为经营目标的执行提供有利的管理方法。例如，融资分析，通过沟通，明确战略层人员的风险喜好，从而对融资活动进行有方向的分析比较，罗列可能形成的融资活动，供战略层人员决策参考；再如，盈利分析，通过沟通，明确战略层人员的愿景意向是短期获利还是长期经营，为盈利目标的执行选择对口的方案。

（2）参与基层的工作，熟悉经营管理活动。时刻保持与各基层单位的有效互动，熟悉掌握经营管理活动的操作流程，为管理会计报告获取更完整的信息。例如，成本管理，只有深入基层单位组织，观察基层组织活动，才能更好地对成本进行掌控、管理、分析、评价。

（3）不断学习管理会计相关知识并运用到实践中，使其拥有丰富的理论知识和实操经验。例如，项目可行性报告，除了对企业自身条件进行管理分析，还要对外部环境进行分析，这样才能做出有效的报告；再如，全面预算管理和绩效评价，除了对已发生的事件进行考察取数分析，还要对相关文件进行学习管理分析，只有具备理论与实际相结合的综合分析能力后，才能将获取的所有信息进行筛选，从中找出具有价值和使用价值的信息，为编制报告进行分析和得出结论提供强大的支撑力。

## 案例　经营层管理会计报告的应用案例

### JH集团经营层管理会计报告案例

在案例39中，我们详细介绍了JH集团"225体系"的企业管理模式，形成了一套应对市场变化和内部管理控制的运营机制。为了进一步改善JH集团"225体系"管理会计报告的实践效果，也为了给其他企业提供借鉴和指引，本案例结合组织层级等相关理论以及JH集团"225体系"运用实践，提炼出基于战略层、经营层、业务层的管理会计报告框架体系与运行机制，见图9-8。在案例40中，我们已经介绍了JH集团战略层管理会计报告的内容和特征，在本案例中我们会进一步对JH集团经营层的管理会计报告进行分析。

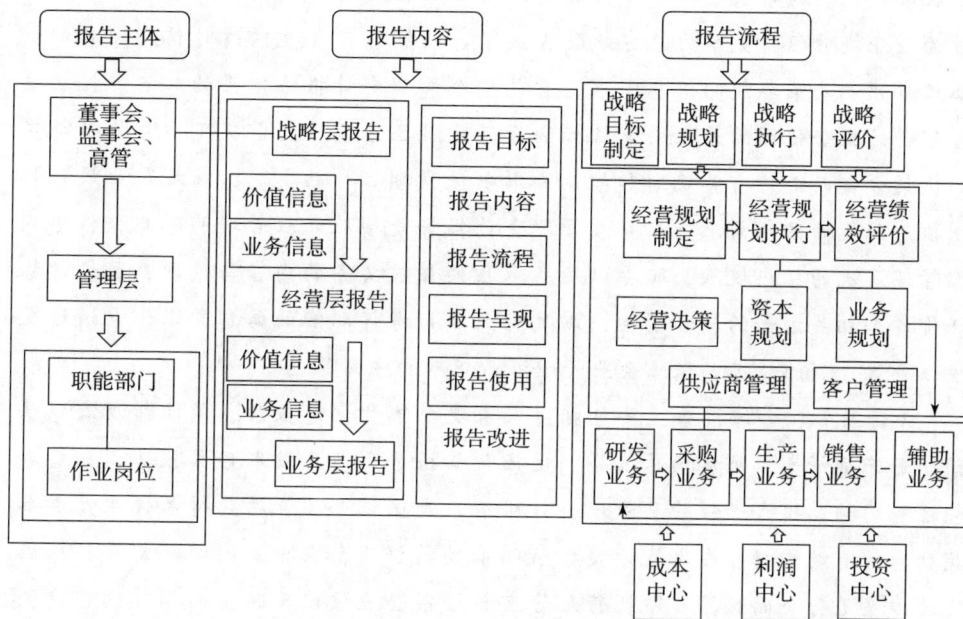

**图 9-8　基于战略层、经营层与业务层的管理会计报告框架体系与运行机制**

一、基于经营层的管理会计报告体系的主要特征

考察和分析 JH 集团 "225 体系"，我们提炼出基于经营层的管理会计报告体系的以下特征。

以管理会计报告目标（决策信息支持与价值创造）作为报告流程的逻辑起点，通过企业的规划、决策、控制与评价等管理活动来进行信息的收集、传递、反馈与评估，从而保证信息生成的有效性。管理会计报告流程是管理会计信息生成的过程，包括信息内容确定、信息收集、信息传递、信息反馈和信息评估。分析图 9-8，JH 集团的管理会计报告体系实质是因各个层面对决策信息要求与价值创造责任的不同，通过企业的规划、决策、控制与评价等管理活动来进行信息的收集、传递、反馈与评估，从而形成自上而下的战略规划、经营规划执行与评价过程，以及自下而上的业务活动及经营管理活动的信息不断汇总、归纳、精炼并畅通传递，保证信息生成的有效性，从而改善企业经营管理中指标层层分解、责任层层落实、压力层层传递、活力层层激发、信息层层上报、原因层层追溯的效果。

二、基于经营层的管理会计报告体系的主要内容

管理会计报告是对管理会计履行职能的反映，是围绕整个企业经营管理全

过程展开的。战略层管理会计报告是以企业价值可持续稳定地增长为目标，通过为企业提升核心竞争力、有效配置成本、利润、资金提供适时信息，满足企业履行预测决策职能的信息需求，它是整个管理会计报告体系的起点。经营层管理会计报告强调的是在决策目标和经营方针已经明确的前提下，为执行既定的决策方案而进行有关规划和控制，以确保预期目标的实现，满足企业履行规划控制职能的信息需求。业务层管理会计报告是按照分权管理的思想，根据内部管理层次的相应权限、职责以及所承担的相应义务的内容与范围，通过考核评价各个相关方面的履责情况，满足企业履行考评职能的信息需求，它通过反映权、责、利的情况，保障企业管理沿着正确的方向前进。

经营层管理会计报告主要包括：未来现金流量预计报告、预计利润表以及预计资产负债表，销售预算报告、生产预算报告、产品成本预算报告、销售和管理费用预算报告。经营层管理会计报告，是保证企业资源获得最佳生产率和获利率的有效依据。在决策方案已经明确的前提下，在企业内部就需要按照既定的方案进行全面预算，即经营层管理会计报告应该以反映全面预算的信息为基础编制。因此，反映全面预算的报表项目应该包括预计资产负债表、预计利润表和未来现金流量预计报告等。

三、案例小结

管理会计报告体系具有良好的拓展性和广泛的适用性，可以在绝大多数制造业企业中推广，但企业在运用本案例的管理会计报告体系时需要注意以下几点。首先，企业需要有一定的规模并需要有一定的管理会计基础。任何一套体系的使用，一定要符合成本效益原则，本案例构建的管理会计报告体系也不例外。管理会计报告体系的运用，需要企业存在多个决策层级并且有不同的管理重点与信息需求，由于框架体系里需要使用较多的管理会计工具方法，从而也要求企业有一定的管理会计基础。其次，企业的相关人员需要具备一定的管理素质。管理会计报告信息只有被使用者阅读、理解，并作为决策时的参考，才能发挥管理会计报告的决策信息支持与价值创造的作用。因此，企业在运用本案例管理会计报告体系时，需要企业相关人员具有一定的专业知识，并对相关信息及分析结果有一定的运用能力。最后，企业需要有配套的信息系统与信息平台。管理会计报告体系的有效性是无法脱离信息技术作为依托的。企业的信息技术是管理会计报告信息生成、收集、传递、反馈的工具，如果没有配套的信息系统与信息平台的保障，难以实现企业内的信息整合，从而也就难以通过管理会计报告的信息对企业进行有效的管理控制。

# 9.4　业务层管理会计报告

## 9.4.1　业务层管理会计报告的定义

业务层管理会计报告是为企业开展日常业务或作业活动提供相关信息的对内报告。其报告的报告对象是企业的业务部门、职能部门以及车间、班组等。

业务层管理会计报告应包括可以帮助业务单元更好进行日常工作的报表。报告内容和格式方面要求内容充实、数据可靠，对业务管理者感兴趣的方面需重点叙述。

## 9.4.2　业务层管理会计报告的内容

业务层管理会计报告的报告主体为各个成本、投资、利润中心，报告的主要信息为：研发、采购、生产、销售以及辅助业务等信息；成本、投资、利润等信息。

业务层管理会计报告应根据企业内部各部门、车间或班组的核心职能或经营目标进行设计，包括但不仅限于研究开发报告、采购业务报告、生产业务报告、配送业务报告、销售业务报告、售后服务业务报告、人力资源报告等。

研究开发报告的内容一般包括研发背景、主要研发内容、技术方案、研发进度、项目预算等。

采购业务报告的内容一般包括采购业务预算、采购业务执行结果、差异分析及改善建议等。采购业务报告要重点反映采购质量、数量以及时间、价格等方面的内容。

生产业务报告的内容一般包括生产业务预算、生产业务执行结果、差异分析及改善建议等。生产业务报告要重点反映生产成本、生产数量以及产品质量、生产时间等方面的内容。

配送业务报告的内容一般包括配送业务预算、配送业务执行结果、差异分析及改善建议等。配送业务报告要重点反映配送的及时性、准确性以及配送损耗等方面的内容。

销售业务报告的内容一般包括销售业务预算、销售业务执行结果、差异分析及改善建议等。销售业务报告要重点反映销售的数量结构和质量结构等方面的内容。

售后服务业务报告的内容一般包括售后服务业务预算、售后服务业务执行结果、差异分析及改善建议等。售后服务业务报告要重点反映售后服务的客户满意度等方面的内容。

人力资源报告的内容一般包括人力资源预算、人力资源执行结果、差异分析及改善建议等。人力资源报告要重点反映人力资源使用及考核等方面的内容。

### 9.4.3 业务层管理会计报告的编制要求

根据《管理会计应用指引第 801 号——企业管理会计报告》的要求，业务层管理会计报告应做到内容具体，数据充分。

业务层管理会计报告使用者是企业内部划分的各基层单位，如研究开发部、采购部、生产部、配送部、销售部、售后服务部、人力资源部等。需要充分获取各基层单位的数据，编制形成各业务单位内容具体有效的管理会计报告。

要想充分获取企业内部各基层单位的数据，可以按以下步骤进行。

第一步，掌握各基层单位的核心职能或经营目标。例如，研究开发部，职能是研发，一个项目的研发背景、研发时间、研发人员、研发内容、研发费用、研发进度、研发成果、研发时效、市场行情都要在企业的可控范围内进行。

第二步，参考历史数据，编制预算数据，进入执行阶段。通过与往年数据比较和对未来市场分析，依职业判断编制可执行预算，按部就班执行。例如，采购业务部，可根据近三年采购商品的时间、数量、价格、质量等历史交易情况和近一年企业需要情况以及未来三年市场活跃程度、政府调控因素等可能存在的内、外部环境影响编制预算数据和执行相关业务活动。

第三步，跟踪业务进度，定期或不定期地形成各基层单位数据执行结果，并对差异进行分析和提出改善建议。预算的目标是为了更好地执行，执行的结果则是为了下一次更好地编制预算。例如，人力资源部对人员的使用和考核：查阅应聘人员甲提供的应聘资料，认为其已经具备应聘岗位的能力，甲面试通过后，企业聘用甲。在甲工作期间，人力资源部应对甲的工作能力进行考核，考核甲是否确实已具备上岗能力，是否达到企业招聘时的标准，以及甲的为人、品德和在岗位工作的专业能力、敬业程度，以及是否有培养和升职的可能，并对考核情况进行分析，找出差异原因，为下次招聘提供改善建议。

总之，对管理会计信息的归集、处理、报告的责任部门，在编制企业管理会计报告之前，必须深入企业经营活动，时时掌握企业经营活动动态，充分利用信息技术平台，加强管理会计信息和相关信息的集成和共享，及时、有效地将企业管理会计报告送达报告使用人处，以便更好地服务于企业。

## 案例 业务层管理会计报告的应用案例

### JH 集团业务层管理会计报告应用案例

在案例 39 中，我们详细介绍了 JH 集团"225 体系"的企业管理模式，形成了一套应对市场变化和内部管理控制的运营机制。在案例 40、41 中，我们已经介绍了 JH 集团战略层和经营层管理会计报告的内容和特征，在本案例中我们会进一步对 JH 集团业务层管理会计报告进行分析。基于战略层、经营层与业务层的管理会计报告框架体系与运行机制如图 9-9 所示。

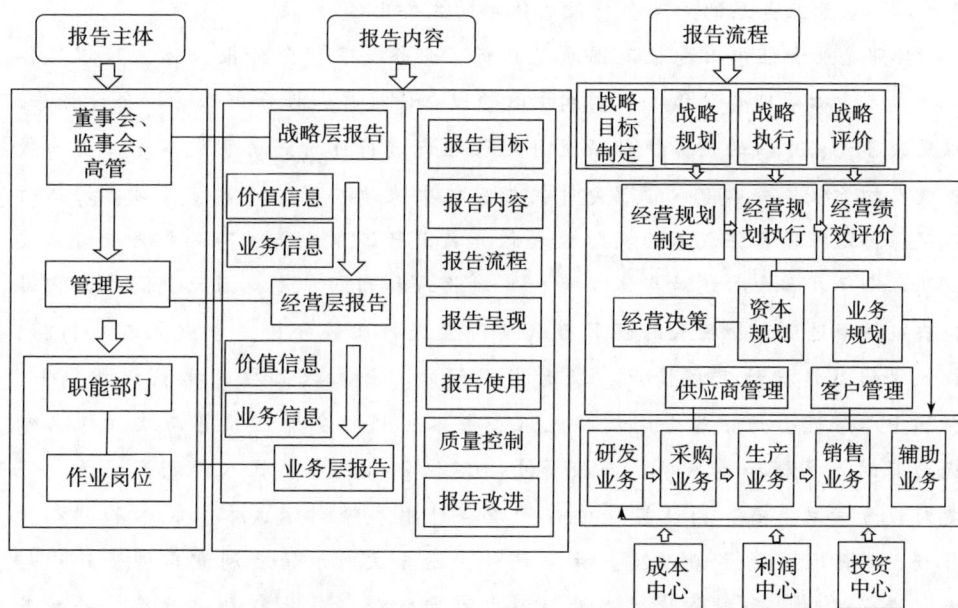

图 9-9 基于战略层、经营层与业务层的管理会计报告框架体系与运行机制

一、基于业务层的管理会计报告体系的主要特征

考察和分析 JH 集团"225 体系"，我们提炼出基于业务层的管理会计报告体系的以下特征。

构建规范的"目标—内容—流程—呈现—使用—控制—改进"管理会计体系运作流程，将企业管理活动中的价值信息与业务信息都在三层主体报告中体现，保证信息及时、相关和可理解。现代企业的各种管理活动以及各项业务都是围绕价值最大化目标来开展的，管理会计体系运作流程也基于价值化的目标，将企业的价值信息与业务信息都统一在各层面报告中体现，实现价值引导业务、业务体现价值。企业通过构建规范的"目标—内容—流程—呈现—使用—控制—改进"管理会计体系运作流程，用制度和组织运转尽可能满足三个层面的信息需求，从而在满足三个层面的信息需求上使企业价值目标统一、组织安排合理、资源配置到位、利益分享协同。这样，各层次、各岗位都围绕价值目标开展业务，各尽其责、各履其职，实现对战略层统一目标、经营层协调到位和业务层执行认真的有效配合，将企业管理活动中的价值信息与业务信息都在三层主体报告中体现，从而使企业管理的民主与集中得到统一、分权与集权得到统一、个体利益与整体利益得到统一，以更好地为企业提供决策信息支持，实现企业价值最大化。

二、基于业务层的管理会计报告体系的主要内容

按照企业责任中心责权范围履行目标，业务层管理会计报告体系可以具体分为成本中心管理会计报告、利润中心管理会计报告和投资中心管理会计报告，以反映各责任中心的预算执行情况并对管理者进行评价。由于成本中心负有控制成本的责任，成本中心管理会计报告应该反映分解可控成本责任预算的执行情况，可以根据责任成本的实际数和预算数进行编制，并对二者之差进行必要说明。由于利润中心既对成本负责，又对收入和利润负责，因此利润中心内部报告应该通过成本、收入的预算数和实际数进行比较分析，考核成本、利润、收入等诸多指标的完成情况，及时发现问题，并采取必要的措施纠正偏差。利润中心管理会计报告全面反映收入、成本、利润在责任预算与实际执行情况之间的差异额和差异率。而投资中心不仅要对成本、收入和利润负责，还要对投资效果负责，因此投资中心管理会计报告除列示成本、收入和利润预算数、实际数、差异额以及差异率之外，还应该列示销售利润率、资产周转率、投资报酬率和剩余收益率的预算数、实际数、差异额和差异率，并对其进行评价。

三、案例小结

结合案例40、案例41，我们可以看出，企业不同的管理层次，有着不同的管理重点和信息需求。战略层、经营层、业务层三层次管理会计报告，必须在明确各层次的管理重点与信息需求的基础上，报告符合各层次信息需求的核心内容与重点信息，并且三者之间要相互结合、有效配合、共同报告，有效地满足企业管理的需要，从而实现企业价值最大化的目标。

# 第 10 章
# 科技与分析

## 10.1 管理会计信息系统

### 10.1.1 管理会计信息系统的含义

（一）管理信息系统的概念

"管理信息系统"一词在我国出现于 20 世纪 70 年代末 80 年代初，根据我国的特点，最早从事管理信息系统工作的学者给管理信息系统的定义，登载于《中国企业管理百科全书》。该定义为："管理信息系统是一个由人、计算机等组成的能进行信息的收集、传递、存储、加工、维护和使用的系统。管理信息系统能实测企业的各种运行情况，利用过去的数据预测未来，从企业全局出发辅助企业进行决策，利用信息控制企业的行为，帮助企业实现其规范化目标。"

管理信息系统具有系统、信息和管理三方面的含义。

1. 系统

系统具有输入（input）、处理（processing）和输出（output）这三个关键性环节。这三个环节为一般系统必须具备的基本组成部分。

2. 信息

基于计算机的信息技术，结合现代化的管理思想、方法和手段等相关理论，对组织中的管理数据或管理信息进行收集、传输、存储、分析、加工与处理。

3. 管理

支持和服务于组织各管理层次的信息处理及管理。能在合适的时间、合适的地点，提供需要的信息。管理信息系统不仅是一个技术系统，而且是一个管理系统。

（二）管理信息系统的特点

**1. 面向管理决策的系统**

管理信息系统是继管理学的思想方法、管理与决策的行为理论之后的一个重要发展。它是一个为管理服务的信息系统，必须能够根据组织各管理层次和管理职能的需要，及时提供所需要的信息，为管理提供支持。

**2. 综合性的系统**

管理信息系统是一个对组织进行全面管理的综合性系统。在建设管理信息系统时，可根据需要逐步应用个别领域的子系统，然后进行综合，最终达到应用管理信息系统进行综合管理的目标，管理信息系统综合的意义在于产生更高层次的管理信息，为管理决策服务。

**3. 人机相互作用的系统**

管理信息系统的目的在于支持和服务管理决策，在管理信息系统中，各级管理人员既是系统使用者，又是系统的组成部分。因此，在开发过程中需要正确界定人和计算机在系统中的作用、接口，充分发挥人和计算机的各自优势，使系统总体性能达到最优。

**4. 现代管理方法与手段相结合的系统**

人们在管理信息系统应用的实践中发现，只简单地采用计算机技术提高处理速度，而不采用先进的管理方法，则管理信息系统的应用仅仅是用计算机系统仿真原手工管理系统，充其量只是减轻了管理人员的劳动负担，其作用的发挥十分有限。管理信息系统要发挥其在管理中的作用，就必须与先进的管理手段和方法结合起来，在开发管理信息系统时，要融入现代化的管理思想和方法。

**5. 多学科交叉的边缘科学**

管理信息系统要求研究者从计算机科学、运筹学、社会学、经济学、心理学、管理科学等相关学科中抽取相应的理论，构成其理论基础，从而形成一个特色鲜明的多学科交叉的边缘科学。

## 10.1.2　管理会计信息系统的应用过程

一、管理会计信息系统的应用原则

企业建设和应用管理会计信息系统，一般应遵循以下原则。

（1）系统集成原则。管理会计信息系统各功能模块应集成在企业整体信息系统中，与财务和业务信息系统紧密结合，实现信息的集中统一管理及财务和业务信息到管理会计信息的自动生成。

（2）数据共享原则。企业建设管理会计信息系统应实现系统间的无缝对接，通过统一的规则和标准，实现数据的一次采集，全程共享，避免产生信息孤岛。

（3）规则可配原则。管理会计信息系统各功能模块应提供规则配置功能，实现其他信息系统与管理会计信息系统相关内容的映射和自定义配置。

（4）灵活扩展原则。管理会计信息系统应具备灵活扩展性，通过及时补充有关参数或功能模块，对环境、业务、产品、组织和流程等的变化及时做出响应，满足企业内部管理需要。

（5）安全可靠原则。应充分保障管理会计信息系统的设备、网络、应用及数据安全，严格权限授权，做好数据灾备建设，使系统具备良好的抵御外部攻击能力，保证系统的正常运行并确保信息的安全、保密、完整。

二、管理会计信息系统应用程序

管理会计信息系统的应用程序一般包括输入、处理和输出三个环节。

（1）输入环节，是指管理会计信息系统采集或输入数据的过程。管理会计信息系统需提供已定义清楚数据规则的数据接口，以自动采集财务和业务数据。同时，系统还应支持本系统其他数据的手工录入，以利于相关业务调整和满足补充信息的需要。

（2）处理环节，是指借助管理会计工具方法进行数据加工处理的过程。管理会计信息系统可以充分利用数据挖掘、在线分析处理等商业智能技术，借助相关工具对数据进行综合查询、分析统计，挖掘出有助于企业管理活动的信息。

（3）输出环节，是指提供丰富的人机交互工具、集成通用的办公软件等成熟工具，自动生成或导出数据报告的过程。数据报告的展示形式应注重易读性和可视化。

最终的系统输出结果不仅可以采用独立报表或报告的形式展示给用户，也可以输出或嵌入其他信息系统，为各级管理部门提供管理所需的相关、及时的信息。

三、推进管理会计信息系统的应用措施

1. 巩固成效，抓好系统复制移植工作

全面总结成熟的试点经验，详细梳理系统应用对成本管理、预算监控、班组核算、定额管理、物资采购等工作的影响，制定标准化管理流程和规范化操作手册，形成可复制、可移植的样本。组织各机务段业务、财务、物资管理人员和生产骨干进行专题培训，帮助其全面熟悉系统操作流程，把握关键控制环节。另外，还可建立推广应用专家小组，指导各机务段部署系统硬件，移植成熟的管理模式、制度标准等。建立问题清单，对重大问题和难点问题组织现场指导，及时解决。

2. 创新会计管理理念

首先，企业应当正确地认识到财务共享服务模式，确保财务在进行管理和统计工作时能够充分地显示财务岗位在企业发展中的作用，实现财务岗位价值。先进的会计巡查力度，全面管控会计核算与预算改革工作，确保两项工作落到实处。领导人员的先进管理理念与模式，对员工思维转变起到了引领与榜样作用，对部门监督管理水平提升与财务内控工作有序开展有着现实意义。企业应当进一步拓展协调发展的宣传渠道，包括通信与网站、板报等形式强化员工认识，促使员工能够对两项工作的协调发展给予更多支持与建议，从而加快单位现代化发展步伐。思维意识发生转变，员工工作主观能动性随之提高，规避了消极怠工等情况出现，更利于财政体制发展政策在单位内部贯彻执行。加强预算与核算部门的联系，加大部门预算执行力度，提高核算合理程度。完善考核制度，实现各部门权责利一体，要求各部门预算都应当有对应的会计核算。利用现代信息技术分析财务数据，实现会计核算常态化管理，根据预算评价结果调整两项工作进度，实现两项工作紧密结合。合理编写预算统计表，提高两项工作的兼容性。

3. 合理设置会计科目

会计科目设置的系统性与合理性，能够确保账面信息的准确性与可靠性，从而加快两项工作协调发展进程。首先，应确保会计管理项目的系统性。会计科目是两项工作落实的重要基础，应当加强会计科目的细化，优化运行流程，夯实财务管理工作的制度基础，并加强对两项工作落实的规范性监督与法律约束力，确保财务管理工作成效。其次，设立学习小组，加强与其他企业的交流共识。积极借鉴先进的会计科目设置经验，分析其他企业的成功案例，根据单位运行实际情况，合理制定会计科目设置方案，确保两项工作协调有序开展。

4. 加强技术管理团队建设

两项工作协调开展不能缺乏人力资源的支持；对此，企业应当加强技术管理团队建设，不断提高会计管理水平。加强创新型财会人才的引进，加快会计核算与部门预算工作的革新步伐，增添工作动力。加强培训教育，提升员工职业操守与工作能力，使其能够轻松应对两项工作协调发展相关工作。在财务人员的岗位培训中请专家介入指导，不断增强员工业务能力。除此之外，企业应当紧跟时代发展步伐，加强时代发展趋势分析，引导财会人员掌握先进技术与新理念，提高素质能力水平，为工作开展献计献策的同时，拓展两项工作协调发展的路径。

## 案例 管理会计信息系统的应用案例

### A 公司管理会计信息系统应用案例

一、背景分析

1. 公司组织结构

A 公司目前下设北京营业总部和上海、天津等 10 家分公司，以及多家外地筹备处，各分公司又下设多家地区支公司。如：北京营业总部又下分东城支公司和崇文支公司等。

2. 公司现状

A 公司下设 10 家分公司以及多家外地筹备处，各分公司又下设多家地区支公司，对这些下属公司的财务，A 公司实行垂直化管理。公司原有的财务软件已经运行了将近 5 年，基本能满足公司初期会计核算的需求，但随着计算机技术的发展、公司业务的拓展和财务管理水平的不断提高，旧系统已经不能满足公司财务管理的需要。从而开始使用用友的 NC 网络财务软件。

3. 系统更新动因分析

（1）旧系统已经不能满足公司现行财务管理的需要。

近两年内分支机构在全国范围内快速发展，旧的财务软件在总、分公司之间的管理中存在着断层，旧的系统已不能满足财务管理的需要。

（2）旧的系统无法进行深入化管理。

总公司不能随时了解分公司的财务经营情况，无法深入进行财务工作的垂直化管理。NC 网络财务软件打破了传统的分散式财务管理模式，提供了集中式财务管理。它将异地的分支机构通过网络连接起来，真正实现了"天涯咫尺"的网络化财务管理。

二、实施过程

A 公司项目实施整个过程可以分为三个阶段。

第一阶段：项目准备。这一阶段主要是进行用户需求调研、讨论和分析，制定项目实施计划，准备培训教材，拟订初步的项目应用方案。

第二阶段：项目建设。这一阶段的工作是进行系统安装、项目组培训、组织测试、确定基础数据准备方案和方案的完善。

第三阶段：项目交付。这一阶段是整个项目实施的关键，也是任务最重的时期。首先对 A 公司总部及所属分公司的全体财务人员进行集中培训，并进行考核；制定新旧系统切换计划；按照初始化方案开始建账、分配权限、监督检查各核算单位的账套初始化工作；设置统一报表格式和公式；编写客户化手册、制定系统运行制度、内部支持体系。并按照验收标准对各核算单位逐一进行验收，验收通过的正式启用新系统。

三、需求分析

总体目标：通过 NC 网络财务系统帮助 A 公司在财务管理、控制力度上实现质的飞跃，实现从财务会计到管理会计的转变。

1. 提升公司财务管理

新的财务管理信息系统能够提升整个 A 公司的财务管理水平和决策效率：①所有账套都在总公司的控制范围之内，所有财务信息都是实时的、动态的。②总公司可以随时查询和监控各分公司的资金状况、分析各险种的收入和支出、进行穿透式查账，从报表数据、账户余额一直追踪到每一笔业务凭证。③总公司可以根据当前的新信息做出及时的判断和决策，发现违规和错误行为可以立即做出处理，实现公司效益的最大化。

2. 进行集中式的财务管理

新的财务系统实现财务管理的三个层次要求：财务核算、管理会计支持和决策支持。这使 A 公司的财务管理实现在分布异构环境下信息和资源的共享、远程财务在线处理、远程报表传送、远程报账、远程审计及远程财务监控。这使 A 公司可对下属单位的财务核算、预算和资金进行实时监控和管理，发挥总部计划、控制作用。

3. 优化领导决策机制

系统利用大型数据库提供的联机分析处理服务进行数据建模和提供决策支持，可帮助公司实现财务业务数据的跨年度对比分析和跨单位并账处理，并充分利用历史数据为公司领导提供决策支持信息。

信息系统建设的过程可以分为四个阶段：数据、信息、知识、行为。真实及时、集中管理的数据是信息化建设的基础；通过对各种数据的整理和加工，抽取出管理需要的信息；在掌握了大量的有价值的信息后，结合公司的管理要求，总结出适合自己业务特点的管理模型和分析方法，形成管理知识和经验；用总结出的管理经验来指导公司的经营行为，经营行为又会最终以各种数据的形式来反映，从而构成信息化建设的闭环。

四、实施方案

1. 总体框架

针对 A 公司的财务管理现状，在原有网络环境和核算体系基础上，A 公司财务管理信息系统采用如图 10 - 1 所示的总体框架，以完成与公司其他系统的对接和协同工作。

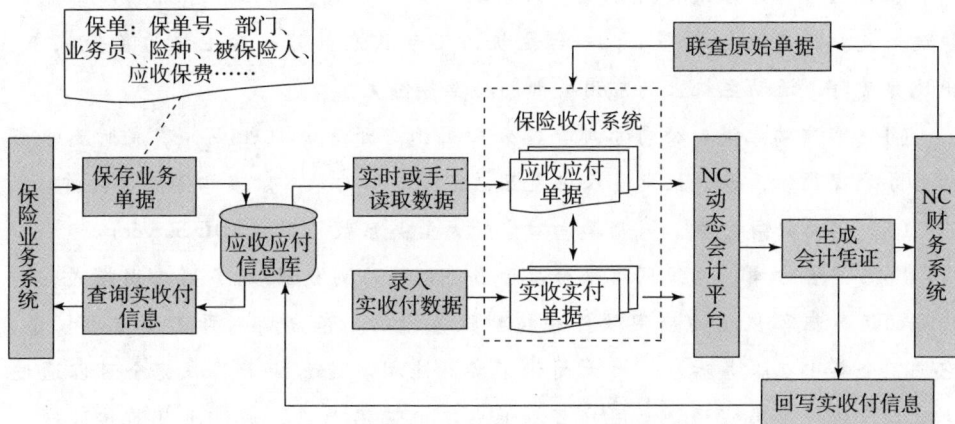

**图 10 - 1　财务管理与公司整体系统对接总体框架**

2. 功能模块

基于 A 公司财务管理系统的应用需求，财务系统整体应用架构中包括以下模块：总账、现金银行、应收管理、应付管理、报账中心、固定资产、存货核算、全面预算、全面成本管理、IUFO 报表、收付系统。

由总账、应收管理、应付管理、报账中心、现金银行、固定资产、存货核算系统组成集中会计核算的财务会计平台，并通过收付系统实现该平台数据与 A 公司核心业务系统的无缝连接和实时共享，减少数据冗余，避免违规操作，满足 A 公司内部财务核算需求。

3. 网络硬件环境解决方案

为了更好地发挥新财务管理信息系统的管理功能，在利用公司原有网络环境基础上，新系统提出以下网络环境解决方案。

（1）技术架构。应用系统采用三层架构，将应用服务器与数据库服务器分离，其间通过高速以太网连接。在客户端只需安装微软的网页浏览器 IE；主干为 100M 快速以太网，为大量数据传递、数据查询提供足够带宽；总公司内部以及北京营业总部利用公司本地局域网，各外地分公司采用带宽的帧中继专线，能提供高性能、高保密性的点到点通信。

（2）服务器配置方案。总公司设置三台中心服务器，作为总部的数据服务器、应用服务器和 Web 服务器。两台 HP LH6000 服务器作为数据服务器，采用高可靠性集群并配置磁盘阵列，采用磁带机备份，充分保证数据的安全性及系统的稳定性。一台高性能的 HP LC2000 服务器作为应用服务器和 Web 服务器。

（3）财务信息系统备份方案。采用双机热备方式，保证在系统崩溃时能够快速恢复。正常运行状态下，一台主机为活动状态，另一台主机为备份状态。出现异常时，活动主机上的应用全部切换至备份主机。

（4）客户端配置。公司总部、各分公司由若干客户机组成，完成所属账套的财务处理业务，客户机负责人机交互，完成数据的录入、查询等界面操作。

（5）网络计算方案。采用面向对象的大型关系数据库（SQL Server）。

（6）平台方案。系统网络平台基于当前先进的浏览器/服务器应用模式，将传统的运行在客户端的应用软件移植到服务器端。客户端不再需要应用程序，它们完全集中在服务器端，大大简化了实际应用。这意味着用户完全可以通过浏览器来执行应用程序。使用户可以低成本地使用网络，通过浏览器传递网上众多的数据。该方案适用于局域网、广域网等各种网络环境。

（7）安全机制。系统提供了理想的安全性保障功能。JAVA 语言在安全性方面做了严格的限制，保证了浏览器操作的安全。大型关系型数据库均有着良好的安全性，并可与操作系统相结合。应用软件提供了多层次的安全控制功能，包括用户权限管理（模块权限、功能权限、科目权限）、操作日志监控、数据的联机备份与恢复等功能，保证系统的安全性，保证数据的安全性、正确性。用户还可通过自设防火墙保证 Web 服务器的安全。

五、总结

集中式的财务管理系统与保险业务系统无缝、实时对接，改变了财务管理系统与业务系统相互独立的局面，为公司优化管理、控制风险、降低成本、增强核心竞争力，提供了非常及时、有效的管理和决策工具。

# 10.2　数据管控与分析

随着互联网发展，会计已经从传统的手工记账发展到现在的智能记账，也就是通过计算机、手机等平台的记账软件记账，这种变化使得企业的管理会计水平得到显著的提高，但同时也增加了信息数据泄露的风险。企业信息数据的泄露所面临的后果是极其严重的，因此管理会计需要加强对信息数据的管理和控制。相关工作人员要提高网络安全防范意识，对企业的财务信息予以重视，制定相关防范措施，如设定防火墙、定期杀毒维护等。

（1）建立预算项目库管理机制。企业建立财经领导小组负责总体工作，财务处是绩效评价的归口管理部门，负责组织工作，专项资金项目的日常管理由各职能部门负责，实施项目库制度，包括立项、日常管理和结项。各职能部门对所有申报项目建立项目库，按照企业战略发展需要安排项目，实施 3～5 年的滚动管理，非入库项目当年预算资金不予考虑，已入库项目可以优先安排资金，可以提前项目执行时点，避免项目资金由于预算拨付的限制到位晚、项目执行进度拖延、资金运用不及时的情况发生。

（2）实行预算项目"自评 + 他评"制度。专项资金项目实施完成后，实行"自评 + 他评"制度，由项目负责单位对照申报表中的绩效指标设定，撰写专项资金绩效自评报告，然后由财务处组织职能部门聘请专家检查考核，所有考核结果报企业绩效考评小组最后决定，对每年的评价结果实施经济利益反馈。

## 案例　管理会计中数据管控的案例

### M 集团管理会计中的数据管控

#### 一、案例背景

M 集团是一家以家电制造业为主的大型综合性企业集团，涉足房产、物流等领域，已形成产业多元化、发展规模化、经营专业化、业务区域化和管理差异化的产业格局。

最近几年，受内外宏观经济形势的影响，M 集团陷入业绩快速下滑、股价迅速下降的困境。

2011 年年底，在完成 IT 组织架构的调整之后，M 集团决定从整个集团层面来规划和部署财务数据平台，对原有的二级产业集团数据仓库进行整合。为此，M 集团的目的是对集团数据平台进行扩展，进一步完善财务数据平台的功能。

目前，这一信息化平台已成为 M 集团建设 BI（Business Intelligence，商业智能）系统的重要组成部分，成为 M 集团财务领域的唯一数据来源和数据提供出口。

#### 二、M 集团存在的难点与问题

作为大型综合性现代化企业集团，M 集团拥有健康的财务结构和良好的管理思维和意识。M集团多年的高速发展，也带动了相关业务信息化系统的大规模建设，随之而来的则是商业智能及其相关应用的不断发展和壮大。

近几年，各二级产业集团都相继实施了BI系统，但仅限二级产业集团内的数据分析。至于M集团，在2012年以前，并无成熟的BI系统架构，其经营分析和展现仍以Excle为主，造成M集团在实施财务数据平台的过程中存在诸多问题。

1. 财务数据与业务的统一问题

在当今的商业环境中，看似杂乱无章、错综复杂的信息往往隐藏着巨大的商业价值。为此，企业需要对高质量、完整的源数据进行统一管理，能正确反映原始经济业务事项。然而，许多企业在实施方面的情况并不理想。很重要的原因之一是，其对财务数据平台建设的定位和业务需求的统一性并没有清楚的认识，导致脱离了商业需求，无法消除财务部门、业务部门和IT部门之间割裂的状态。

2. 分散业务统一管理的问题

M集团旗下分公司众多，包括冰箱、空调、洗衣机、压缩机等多个事业部，涉及投资、采购、物流、生产和销售等多个环节。然而，M集团的原管控模式，分子公司众多，导致业务较分散，集团难以分析和对比下属公司的经营成果和合理配置资源，易出现"信息死角"、管理难以统一、集团知情权受到挑战、经营管理效率低下的情况。

3. 统一规划与分步实施的问题

M集团要建设涵盖全集团面貌的财务数据中心，采用了集团统一规划、业务部门分步实施的思路，这是建设一个庞大集团数据中心较可行的办法，但数据中心"谁建设谁管理"的做法，造成部门系统割据，数据流向不清、规范不一，缺乏对数据的整体规划。

为此，集团预算系统以升级为契机，以业务需求为基础，通过搭建四层数据存储架构、加强数据管理和优化数据分析模型，成功搭建了一个以商业需求为基础的财务数据信息化平台。

三、解决措施

1. 财务与业务的融合

对于M集团的财务数据平台，有经验的实施团队、较高的信息化程度以及有效的沟通方式是其实施成功的必要条件。除此之外，还必须要将业务活动作为连接预算管理和财务数据平台建设的纽带。

在建设集团 BI 系统之前，集团只能获取汇总的财务数据，并不了解各事业部的经营状况。为此，M 集团通过研究自身的业务模块，充分考虑业务战略决策和支持的需求，建立的财务数据信息化平台具有很强的业务适应能力，能够及时将业务变化、经营问题和原因及时反映在报表、查询、统计当中。

通过梳理业务流程，整合分散的业务数据源，形成一致的数据源，保证集团可随时从系统中获取相关的业务数据并加工成会计信息，保证财务数据能及时准确地反映经济业务的状况；并通过设置关键指标分析，汇总数据和明细数据的关联等，进而洞察出经营管理问题的根源，做到追本溯源。

2. 四层数据存储架构

数据仓库是整个财务数据平台的核心，其数据来自各分散的业务系统，这就要求数据标准和口径的统一。因此，在 M 集团财务数据平台建设之初，搭建一个标准的数据仓库成了 M 集团的首要目标。

为此，通过大量调研和分析，M 集团在逻辑上为整个数据仓库设计了四个层次的数据存储区域：临时数据存储层、操作数据存储区、数据仓库和数据集市。其数据来源于各业务系统中的原始数据。

临时数据存储层是各个业务系统的原始数据的临时存储区，主要包括主数据表、交易数据表和接口数据表。操作数据存储区包含业务表（其中对存在关联关系的表进行了合并）、经过聚合的非规范化表、中间表、指标因子表、指标结果表。数据仓库建立了多维数据模型，包括维度数据和事实表数据，是对操作数据存储区的数据进行抽取、清洗和转换，进一步按目标展现的要求进行维度（时间、组织、产品、客户等多个维度）化处理，并纳入主题下进行管理。数据集市是数据仓库的子集，是根据已经维护的映射关系进行数据转换、汇总，并将数据存储在目标表中。

3. 数据的集中管理和控制

M 集团的财务数据信息化平台不仅是存储数据的空间，而且还以使用过程的数据管理为主要内容，实时将分散的业务数据加载到数据中心，对数据进行统一组织、管理，增强了集团对数据集中管理和控制的能力。

M 集团通过优化其分子公司的业务流程和业务结构、设置数据校验机制和开发多个业务系统基础数据的同步校验机制，保证了数据的一致性、准确性、完整性、同步管理和监控；并通过抽取、清洗和转换优化，便于集团查询和管理不同公司的同维度数据，以增强数据的对比分析及追溯。除此之外，通过开发基于 Informatica 的 C/S 架构的调度平台，进一步提升了系统管理员对调度信息的获取能力和系统的维护能力，保证数据调度的实时监控，降低运营成本。

4. 多主题下的多维联机分析

基于预算系统的财务数据平台，除了要建立一个有效数据库和强化数据管理之外，另外一个挑战是集团对数据的分析，如何将晦涩的数字转化成所需的信息与知识，并与预算数据进行对比，这也是困扰 M 集团的难题。

M 集团下属机构众多，数据量大，为解决这个问题 M 集团在预算系统的基础上，优化了数据分析模型，建立了多业务科目主题的多维联机分析架构，即销售分析、回款分析等，从而助力 M 集团从多维角度来分析集团和下属企业的预算执行状况，从而判断集团在价值链分析的基础上所做的相关决策是否合理。

四、实施成效

商业智能系统的建设，整体上实现了系统整合和数据的集中管理，提升了 M 集团的综合管理能力、风险预测能力和科学决策水平。

1. 建立了统一的管控平台

M 集团的财务数据平台，始终围绕集团战略规划，以集团业务为导向，集成整合了下属企业 ERP、营销系统、预算等业务系统，释放了硬件资源，从技术业务和管理上建立了财务数据平台。从纵向来看，M 集团的财务数据平台渗透到各分子公司价值创造的各个环节，深入集团的规划、设计、采购、生产、销售、运输等多个环节；从横向来看，该平台打通不同部门和系统间的数据壁垒，实现信息集成共享和数据集中管理与分析。这一纵一横就形成了集团统一的管控平台。

2. 实现了过程监控

M 集团的财务数据信息化平台与预算系统实现了集成和整合，从而集分析、控制于一体，不仅注重对财务结果的反映，也要求对业务过程的反映。比如，通过设定事业部收支及业务指标和计划统计风险报表，将事业部的实际经营情况与制定预算和绩效挂钩，同时给出一个调节尺度，集团能随时掌握和监控各事业部预算执行情况和分析预算差异的成因。

3. 提升了 M 集团的综合管理和统一协调能力

M 集团通过财务信息平台的建设，实现对下属企业的财务与营运状况从单纯的报表上报转变为主动查看与管理，从人工加工数据获取的方式变成数据仓库商业智能系统生成的方式；并通过财务、生产、销售及采购的综合信息，及时地预警跟踪，防范信息阻塞带来的风险，既能帮助决策层及时发现问题并快速响应，也能对经营管理进行统一规划，有效配置资源，规避经营和财务风险，提高各分子公司对集团效益的贡献度。

# 10.3　大数据

## 10.3.1　大数据的含义

对于"大数据"（big data），研究机构高德纳咨询公司给出了这样的定义："大数据"是需要新处理模式才能具有更强的决策力、洞察发现力和流程优化能力的海量、高增长率和多样化的信息资产。

麦肯锡全球研究所给出的大数据的定义是：一种规模在获取、存储、管理、分析方面大大超出了传统数据库软件工具能力范围的数据集合，具有海量的数据规模、快速的数据流转、多样的数据类型和价值密度低四大特征。

大数据技术的战略意义不在于掌握庞大的数据信息，而在于对这些含有意义的数据进行专业化处理。换而言之，如果把大数据比作一种产业，那么这种产业实现盈利的关键，在于提升对数据的"加工能力"，通过"加工"实现数据的"增值"。

从技术上看，大数据与云计算的关系就像一枚硬币的正反面，密不可分。大数据必然无法用单台的计算机进行处理，必须采用分布式架构。它的特色在于对海量数据进行分布式数据挖掘。但它必须依托云计算的分布式处理、分布式数据库和云存储、虚拟化技术。

随着云时代的来临，大数据也吸引了越来越多的关注。分析师团队认为，大数据通常用来形容一个公司创造的大量非结构化数据和半结构化数据，这些数据下载到关系型数据库用于分析时会花费过多时间和金钱。大数据分析常和云计算联系到一起，因为实时的大型数据集分析需要像 MapReduce 一样的框架来向数十、数百甚至数千的计算机分配工作。

大数据需要特殊的技术，以有效地处理大量的容忍经过时间内的数据。适用于大数据的技术，包括大规模并行处理（Massively Parallel Processing，MPP）数据库、数据挖掘、分布式文件系统、分布式数据库、云计算平台、互联网和可扩展的存储系统。

随着科学技术的不断创新与发展，随着时间应用需求的不断增长，人们社会生活中随处可以看到大数据的现象。大数据也是最近几年来被提及的热门词汇，我们每一个人都生活在大数据的环境中，在谈论着大数据。例如：云计算、社交网络、物联网等已经逐渐被人们熟知，这对推动人类社会的数据种类、数据规模的扩大起着积极的作用。单从字面上看大数据是一个抽象的概念，简单的意思是数据量的庞大，但只以数据量的庞大来衡量大数据是远远不够的。综合专家和学者的研究，大数据又称为巨量资料，主要是指通过新的处理模式才能够具有的更强的决策力、洞察发现力、流程优化能力的海量、高增长率以及多样化的信息资产。目前大数据已经成为社会各界广泛关注的焦点话题，大数据的规模、涌现的速度、处理的难度都超过了目前的一些常规技术，其是主流软件工具不能获取的、不能够进行统一管理、科学处理与分析的数据。大数据的发展对管理会计在企业中的应用起着极为重要的推动作用，在大数据的依托下企业开展管理会计工作，能够使企业快速地、全面地获得多方位的信息，从而使管理会计能够高效地对这些信息进行处理，提升企业的整体经营效率。

## 10.3.2　大数据时代管理会计现状分析

一、大数据时代管理会计存在的问题

1. 管理会计理论体系相对滞后

从整体上看，管理会计在理论方面尚未形成科学的、全面的理论管理体系，而我国关于管理会计理论的研究则是在国外理论研究的基础上引入的，在我国缺乏实践的基础，这也就导致目前管理会计理论在我国缺乏实践做指引、理论研究方法缺失、缺乏独具中国特色的管理理论体系、相对成型的理论研究成果较少。在大数据和智能化时代，本书所介绍的关于管理会计的理论、相关的实际应用技术很多还只是停留在理论的研究层面，无法适应大数据和智能化时代提出的新要求。在实际研究中发现，目前在我国企业中管理会计的应用只进行到初级阶段，在方法和决策思路方面还存在一定的局限性，并未形成全面的、系统的、规范的、科学的管理会计方法体系。管理会计理论体系相对滞后已成为不争的事实。

2. 复合型管理会计人才大面积匮乏

具有专业素养的管理会计专业人才是基于大数据和智能化时代企业管理会计体系搭建的重要条件，如果缺乏这方面的人才将严重制约管理会计的发展。我国企业经过多年的发展已经意识到人才是非常大的资本。管理会计在企业中的应用对财务人员提出了更高的要求，要求他们不论是业务能力，还是专业素养都应该符合管理会计应用的要求。基于大数据和智能化的管理会计体系的构建，要求财务人员具备较强的财务会计核算能力、熟练运用管理软件、充分运用统计学和数学的知识，实现对企业各项管理活动的预测和分析。然而目前很多企业缺乏这样复合型的管理会计人才。

### 3. 缺乏信息安全保障

各种财务管理信息化的应用软件随着现在信息技术的发展和网络技术的普及越来越多，要将现代财务管理软件应用到管理会计信息化建设中，要求企业必须结合自身实际情况进行选择。目前应用较为广泛的是用友软件、金蝶软件，这些软件开启了我国管理会计信息化建设的先河。随着现在信息技术的不断发展和日趋成熟，一些财务管理软件的开发还停留在初级阶段，根本无法满足企业在经营决策的制定、成本管控等方面提出的要求。另外，信息安全也缺乏有力的保障。一些企业管理会计信息中所涉及的商业机密面临着被泄露的危险，一旦出现木马侵蚀或计算机病毒等网络危机时极可能会导致该企业会计信息的泄露，最终影响企业的发展。

### 二、大数据对管理会计形成的优势

### 1. 能够提升战略规划有效性

大数据能够大大提升企业战略规划的有效性实现企业的战略发展规划，这是管理会计中的一项重要职能。要想企业战略发展筹划顺利实施就必须要有决策和预算这两方面重要的内容做保障。大数据时代的到来使得移动互联网得到了迅速的普及和广泛应用，企业可以在最短的时间内实现信息资源的共享，在最短的时间内获得所需要的各种信息。而企业的客户和广大消费者也能够借助互联网平台向企业及时反馈所使用产品的体验、对产品的评价等。正是在大数据和智能化的支撑下企业信息的传递效率才得到大幅提升，这能够方便企业更加快捷地制定出战略经营发展规划。管理会计在收集到的这些有价值的、潜在的信息基础上进行预算和决策，为企业在激烈的市场竞争中做出合理的判断提供强有力的数据保障。

### 2. 能够全面降低企业经营决策中的财务风险

在传统的管理会计中，会计信息的搜集方式和手段较为单一。由于企业和客户之间缺乏紧密联系，企业很难及时了解到客户的个性化需求，企业此时获得的信息也就缺乏有效性、及时性，从而使得企业无法结合客户的需求做出正确的、科学的决策方案。但是在大数据的条件下，企业实施管理会计时可以通过互联网等先进的现代信息技术搜集到企业所需要的各种信息，原来存在于企业财务管理中的呆板的、具有很强局限性的、传统的财务数据得到了扩展，扩展到整个企业、整个行业，甚至是当前的市场经济大环境。企业此时获取数据更加及时、更加便捷，获取的数据也更加全面，这样就能够帮助企业对产品成本、售后服务、营销情况等相关的数据进行整理与分析，站在多角度、不同的层面对企业在经营管理中存在的问题进行深究，从而有效规避企业在进行决策时存在的财务风险。

3. 能够有效促进预算和决策的合理性和科学性

在大数据时代，企业内部实现信息的流通和传递更为简单，这在很大程度上提升了企业资源共享效率，各职能部门之间的分工协作更加统一、更加融合。与传统的管理会计相比，在大数据环境下信息的传播速度更快，信息分享的途径更为便捷，企业能够在短时间内迅速掌握在经营中存在的问题，告别了原来封闭式的、传统的信息管理系统，也规避了原来各个部门长期形成的局部意识从而导致企业信息共享受到阻碍的问题。企业可以在内部构建统一的信息共享模式，各职能部门的传递速度更快，这也为企业预算和决策的合理性和科学性提供了支持。

## 10.3.3 大数据下管理会计的发展格局

1. 在全面预算管理中的应用

在信息时代，全面预算管理是企业业务流程的重要组成部分，它能够帮助企业实现对各类业务的规划，并且为业务的结果提供相应的评价依据，帮助企业改善绩效，把握未来的发展方向和速度。在大数据时代，充分利用智能化等先进的手段实施全面预算管理能够帮助企业尽快适应瞬息万变的市场环境。例如，通过智能化的预算管理可以根据企业的相关数据在最短的时间内生成预算报表，利用其他的相关软件在企业中应用。

2. 在企业全面成本管控中的应用

成本管理同样是管理会计中的重要内容，企业在保证产品质量的同时，要尽可能降低成本。目前作业成本法是管理会计中以成本动因为基础分配的成本管理方法，这种成本核算方法比传统会计的成本核算方法更为准确。这就需要企业构建一个合理的作业成本池，以此来保证成本信息的真实性和可靠性。在大数据和智能化时代，实现成本管理的信息化，要充分利用大数据技术对产品成本的组成部分和比例进行科学的分析，然后再生成成本信息的各类指标和比例，为企业的管理者提供决策数据依据。实现成本管理的智能化就在于通过科学的、合理的方法降低信息的失真率，从而提升企业核心竞争力。

3. 在企业全面绩效管理中的应用

目前平衡计分卡是一种功能相对较为完整的企业绩效评估工具，它主要适用于企业长期战略管理和规划的范畴。平衡计分卡需要对财务数据和非财务数据全面地比较和分析，这就需要企业充分利用大数据技术实现非财务数据的信息化，然后再通过智能化分析实现对平衡计分卡各个部分的综合评价。

4. 信息化系统的升级

传统的企业信息管理系统很难使企业与外部信息实现及时同步，而信息的滞后性又会明显影响企业对信息的使用效果。在大数据和智能化时代，不论是资金的流动、企业进行纳税申报，还是上级领导部门发放政策通知都可以通过云计算为核心的信息平台实现信息的快速共享。因此，企业可以充分利用这一时机，高效传输数据，实现企业信息利用效率和利用能力的最大化。在智能化和云计算技术的支撑下，企业能够在最短的时间内构建更为专业的、更为全面的信息管理系统，从而实现企业信息化系统的完美升级改造。

很多企业都曾经遇到难辨票据真假、无法掌控员工的真实出差天数等难题。此时，大数据将在财务审计中发挥重要的作用，比如结合天气信息、航班信息、票务信息等辨别财务信息的真假。

其实，这只是大数据时代财务变革的一个简单的例子。在大数据平台下，管理会计能够更精细化、更有效率地为企业决策提供有用信息。同样，在大数据时代，会计人员也面临着前所未有的机遇和挑战。

## 案例　大数据在管理会计中的应用案例

### 某自营电商公司管理会计大数据应用案例

一、问题提出

企业在日常经营活动过程中会积累大量数据，这些数据涵盖采购、仓储、生产、市场、客户、竞争对手等企业全供应链乃至行业全产业链方面面所涉及的业务发生发展产出，这些数据在近些年来已经引起了广泛的关注，利用这些企业日常积累下来的大量数据，能够在一定程度上细化分析，总结出既往企业资源的投入产出效果，并能够支持企业未来改善资源投入产出效果的战略应用，对从企业管理层到一线业务人员均具有较强的指导意义。

目前，我国的大数据应用仍处于发展阶段，大数据挖掘和大数据应用的主要职责通常为企业研发部门所承担，财务部门基本被隔离在外。其原因主要包括以下几个方面：一是企业财务系统通常独立于其他业务系统，财务模块同其他数据模块之间的数据接口所对接的通常是汇总数据，且仅同财务入账信息相关，财务人员很少接触其他业务系统中的详细业务数据，这在一定程度上限制了财务人员的视野。二是企业管理层对财务部门的期望仍有很多是基本需求，如按时结账、准确报税、定期出具企业整体财务报表等，财务人员所需要完成的工作内容也相对粗略。三是大数据挖掘是具有技术基础的工作，通常财务人员缺乏处理大量数据的专业软件操作能力，在日常的工作中同企业一线业务部门及研发部门的接触和合作不够深入，造成企业财务人员在使用大数据上存在壁垒。

随着管理会计在企业财务部门中的位置日趋重要，管理会计逐步走出原来传统财务会计的范畴，开始参与企业战略制定和企业日常经营活动中。因此，企业管理会计可以也应该成为大数据和企业财务结合的切入点，在大数据的挖掘和分析中，从财务视角对企业大数据的应用提出意见和建议。此外，管理会计具有参与全产业链各步骤得天独厚的优势，企业的各项经济活动最终都会反映在财务结果中，财务视角更易以全盘的管理视角来审视所发生的业务及其成果，实现以财务结果作为基础，关联全业务流程相关大数据。

本案例以某自营电商公司为例，利用其海量订单所关联的业务数据及所产生的财务结果数据，实现将公司层面财务报表细化至单品层面，并分两个阶段实现不同的管理目标和达到产出效果。

二、某自营电商公司管理会计应用大数据阶段分析

第一阶段：财务准则下细化损益报表至单品层面。

该阶段主要目标为搭建公司整体经营成果及损益报表同单品之间的关系框架，基于公司已有的业务数据维度和数据系统，将足够的维度和财务结果产生动因纳入该基本框架。在该阶段会涉及大量的业务访谈、流程梳理、研发部门沟通等步骤。

（1）在收入成本科目中，该公司的收入及成本均基于销售订单，订单数据包括订单编号、单品销售价格、所属类别、销售期间等信息，另外以订单编号为关联点，取得退货系统中单品层面退换货信息，这些信息将作为单品损益分析层面的主要维度。基于公司订单数据系统，可以取得某个期间的单品层面的收入数据；基于单品编码，可以取得库存系统中该单品当期库存成本；基于订单编号，可以取得订单中所使用的优惠券数据，并按照优惠券不同类别进行区分，非单品直接相关的优惠如满减优惠，根据订单相关单品销售价格按比例进

行分拆，得到单品间接销售优惠。

涉及系统：订单数据系统、优惠系统、库存系统。

$$单品收入 = 单品该期间销售收入 - 单品该期间退货支出 -$$
$$单品该期间直接/间接相关优惠券$$
$$单品成本 = 单品该期间基于加权平均法得到的销售成本$$

（2）在该自营电商公司的履约成本科目中，主要包括仓储成本、配送成本、售后成本三类。仓储成本主要包括当期租赁仓库支出租金或自建仓库当期折旧，及仓储人员相关人工成本。基于仓储管理系统中，各单品当期的收货、储存、发货信息，取得当期各单品在库时长，并基于单品编码取得库存系统中单品基础体积信息。当期仓库租金或当期折旧基于当期在库单品在库时长及体积在单品间进行分摊。仓储人工成本基于仓储人工分类：主要负责上架的人工成本按照仓储系统当期各单品收货信息、收货数量及体积在当期上架单品中进行分摊；仓储拣货人工成本则按照仓储系统当期各单品出库信息、发货数量及体积在当期发货单品中进行分摊；仓储理货人工成本则可类比于租金折旧成本分摊方式，按当期在库时长及体积在当期各单品中进行分摊。此外，由于各单品未必各期均会销售，可能会出现仓储费用分摊到部分单品但该单品并无当期收入的情况。

涉及系统：库存系统、财务系统、薪酬系统。

$$单品仓储费用 = 单品当期仓库租金或当期折旧 + 单品仓储上架人工成本 +$$
$$单品仓储拣货人工成本 + 单品仓储理货人工成本$$

（3）配送成本同单品销售订单直接相关。配送成本主要包括干线运输成本及支线配送成本两类。干线运输成本同线路本身长度主要相关，同所配送的商品重量次相关。基于干线配送系统数据中，当期该条干线运输线路成本，及当期该干线运输线路实际运输单品距离及单品标准重量，将当期该条干线运输线路成本分配至单品层面。支线配送成本包括配送车辆成本及配送人工成本等，其主要成本动因基本一致，同配送订单数量相关，由于支线配送的复杂程度较干线配送更高，因此基于成本效益原则，选择配送系统数据中当期配送订单数量及重量数据为关键分配基础，将支线配送成本进一步分配至单品层面。

涉及系统：干线配送系统、支线配送系统、薪酬系统、库存系统、财务系统。

$$单品配送成本 = 单品干线运输成本 + 单品支线配送成本$$

（4）售后服务成本同售后服务订单相关，通常所提供的售后服务可以同单品直接相关，基于客服系统所记录的各客服人员当期完成的服务次数及所服务相关的订单信息，将提供的售后服务按次数分摊至单品层面。回退商品损失则基于各回退单品可变现收入扣减回退单品成本直接记录于单品层面。

涉及系统：售后服务系统、薪酬系统、财务系统。

单品售后服务成本 = 单品售后服务费用 + 单品回退商品损失

（5）市场费用在该公司损益表中亦为重要科目，该费用记录至单品层面将涉及较多假设和估计。市场费用的投入类型多样且其投入多为未来收入而非当期收入，因此在基于企业会计准则将当期市场费用分配至单品层面时，将出现较多费用动因假设。市场费用可以大致区分为流量采买成本及整体品牌形象成本两个主要类型。流量采买成本发生来源多样，有基于点击次数收费，亦有按期间收费或者按曝光次数收费等计费方式。从流量采买效果角度，流量采买成本与用户最终消费该单品有关，但其联系过程非常复杂，因此在流量采买成本中，视导致用户点击单品的结果为该流量采买成本带来的效果。基于上述分析，流量采买成本基于当期所有单品的页面点击分配至单品层面。另外，这里同样会出现某些单品当期有点击发生但无销售收入的情况。整体品牌形象成本主要为在媒体投放的广告或举办的活动等，其目的是维护和提高公司整体形象及曝光率，该费用的发生同公司整体经营相关，因此将当期全部单品销售收入作为单品层面的分配基础相对比较公正。

涉及系统：流量数据系统、财务系统、订单数据系统。

单品市场费用 = 单品流量采买成本 + 单品承担整体品牌形象成本

此外，损益表中如管理费用、研发费用等，亦同订单直接相关程度较低，同样假定关键费用动因，并基于关键动因将各项此类费用分配至单品层面。

至此，公司层面损益报表已分拆至单品层面，其应用则可分不同层面。从公司管理者层面，可以主要关注异常报告及战略单品业绩表现，如当公司损益出现异常波动时，是哪些关键单品的何种因素导致，并相应调整后续经营策略，或基于不同关键维度的分析结果，确立公司内部标准或寻找差距产生的原因；从公司经营者层面，可以进行日常关键单品业绩表现监控，基于80/20等原则，定义关键单品并监控其业绩表现变化趋势，当出现不利趋势时，适时调整经营方针；从公司业务人员角度，可以及时监控其管辖的单品情况，进行细节管理。公司管理会计团队可基于细化数据进行深入分析研究，向不同层面使用者提供目的不同的分析支持，亦可以将数据形成不同层面的展示报表，更为直观地提供给各层级使用者。

　　第二阶段：产品生命周期下细化损益报表至单品层面。

　　该阶段主要目标为在第一阶段的基础上，引入产品生命周期的概念，将第一阶段所实现的财务准则口径下的单品损益，通过一定的管理调整，实现该单品在其生命周期下的损益分析。其同财务准则口径下的单品损益分析的主要区别在于：某些成本费用的项目，并不按照财务准则的要求记录于费用发生的期间，而是体现在该单品实现销售的期间，该口径下的单品损益分析可以体现该单品从采购到销售最终实现的损益情况，从长期来看其结果同财务准则口径下的单品损益结果亦趋同。

　　要实现上述目标，则需将部分费用科目的计算逻辑进行调整，在财务准则口径下应记录于当期的费用，需按一定原则进行递延，将当期尚未实现销售的单品所应承担的费用，递延至实际实现销售的期间，下面以仓储费用为例进行说明。仓储费用的发生同当期需存储的商品相关，而当期需存储的商品并非当期均实现了销售，当商品销售节奏波动较大的时候，财务准则口径下的当期损益在短期内可能会对该单品实际短期损益有一定的误导。

　　例如：单品 A 单独租赁一个仓库进行储存，每月仓储租金 10 万元。单品 A 年初有 100 万件，1 月销售 10 万件，2 月未销售，3 月销售剩余 90 万件，销售均发生在月末，销售毛利为每件 1 元（无其他收益成本费用）。在财务准则口径下，单品 A 的各月损益分别体现为 0 元、-10 万元、80 万元，每件产品销售损益分别为 0 元、0 元及 0.89 元。从短期角度来看，如按照该数据进行管理，单品 A 的损益情况分析可能对将采取的管理手段产生误导，即认为将产品延期销售可能取得的收益更优。从产品生命周期角度来看，1 月及 2 月所发生的仓储租金，有一部分所储存的产品并未在当期实现销售，其对应发生的费用将递延至后续实现销售期间。在该原则下，单品 A 各月计入当期的仓储费用分别为 1 万元、0 万元、29 万元，各月损益分别为 9 万元、0 万元、61 万元，每件损益分别为 0.9 元、0 元及 0.68 元。在前述阶段中，所得到的数据均为期间数据，且为历史期间数据。作为管理会计，除了应及时准确地提供历史数据的分析支持之外，亦应在预测方面为各报告使用者提供有用的数据支持。因此该阶段的目标为在第一阶段的基础上，增加一些关键假设，得到最终产出时点下单品后续可能实现的损益情况。通过对关键假设的调整，使得各层级报告使用者通过预测结果的变化和倾向，相应调整实际应对战略，达到最优结果。关键假设主要包括产品性质、采购销售节奏、潜在收益成本等。通过对这些关键假设进行调整，取得在该时点、该假设的条件下，单品后期可能实现的损益情况。

如某电子产品，其产品性质决定了其更新换代的速度很快，6 个月后的销售价格将可能明显降低，销量在 9 个月后出现明显下降。在引入该单品 3 个月末时，供货商提供了优厚的采购返利支持，公司在判断是否需要在此时点进行囤货时，可以参考基于上述假设条件以及该单品在过去 3 个月所发生的单品损益数据和后续期间该单品可能实现的损益情况。

收入成本科目中，需输入销售节奏假设、单品平均成本变化假设以及价格变化节奏假设。销售节奏假设可以通过一定原则基于产品所属类别性质进行自动设置匹配，亦可以进行人工调整以观察假设变化对结果的影响。单品平均成本变化假设主要为供货商所提供的潜在收益成本带来的相应影响，在前例中，即供货商提供的优厚的采购返利支持，如公司进行采购囤货，则可以取得该采购返利并拉低平均成本。价格变化节奏假设亦可基于产品性质进行自动设置匹配或进行人工调整。

在履约费用中，仓储成本则需要输入采购节奏假设，该假设结合销售节奏假设可以推导出库存变化假设。基于第二阶段实现的将单品层面仓储费用拆分至当期实现损益的单品单个成本和递延确认的单品单个成本，模拟得出在该采购销售节奏假设下，各期仓储费用的情况。配送成本则可基于前期实际的单件单品配送成本，得出该销售节奏假设下，各期发生的配送费用的情况。售后费用、管理费用、市场费用等亦可以参照前期实际数据，结合采购和销售节奏假设，推算假设期间费用数据。至此所形成的单品层面数据产出，同样可在不同层级和维度上进行应用，把握关键单品的预计损益，结合系统配合其他假设，预估后期整体损益情况，或基于后期整体损益预算安排，对关键单品调整经营战略，最终实现损益预算目标。

综上，在上述财务数据结合企业大数据使用的过程中，企业管理会计团队需同各业务部门及研发人员充分沟通，以了解业务的流程、相关形成的数据、数据的内容和定义、数据的存储方式等，使用研发专业数据开发工具，最终形成不同层级的数据分析报表及结果展示方式。基于不同企业的实际情况和数据资源，企业管理会计团队以财务视角为出发点，引入和关联业务关键数据，将企业拥有的大数据以财务的视角进行串联，站在企业整体的角度利用大数据进行分析、战略数据支持和应用，并反过来对财务管理会计团队的能力进行提升，迎合大数据趋势，与业务紧密结合，成为企业内部关键战略单元，这将是企业管理团队的发展趋势。